KB096056

한국
의정사
30년

韓國

한국 의정사 30년

議政史

제헌制憲에서 10대까지

이형 지음

三十年

청아출판사

제1부

韓·國
議政史
三十年

제헌(制憲)국회가 개원한 1948년 5월 말부터 제5대 국회가 종말을 고한 1961년 5월 16일까지 5대에 걸친 약 13년 동안의 우리나라 건국 초기의 의정사(議政史)는 문자 그대로 파란과 고난의 연속이었다.

임기 2년으로 못 박은 제헌국회는 그나마 2년의 임기를 마칠 수 있었으나 개원한 지 엿새 만에 6·25전쟁을 맞게 된 제2대 국회는 2년 10개월을 부산에서 피난살이를 할 수밖에 없었다. 전쟁 발발 후 9·28서울 수복 때까지 서울에 남아 있던 의원 중 3명이 살해당하고 27명이 납북되는 등 많은 희생을 치렀다. 휴전협정이 맺어진 후 정부가 환도를 하자 53년 9월 21일 함께 서울로 올라온 국회는 잔여 8개월을 서울에서 보내고 54년 5월 30일에 임기를 마쳤다.

피난지 부산에서는 혹독한 정치 파동을 겪은 끝에 이른바 발췌 개헌안이라는 기형 헌법을 만들어 냈다. 국회의원들이 군과 경찰에 의해 연행, 감금되고 공개 투표를 강요당한 독재의 산물이었다.

건국에서 5·16쿠데타에 이르는 동안 제대로 4년의 임기를 채운 국회는 제3대밖에 없었다. 그러나 임기를 채웠다고 국회가 순탄했던 것은 아니었다. 엄연히 한 표 차로 부결된 개헌안을 부족분 0.333을 수학의 사사오입론(四捨五入論)에다 갖다 붙여 억지로 한 표를 만들어

넘으로써 부결 이틀 만에 가결로 조작해 버린 개헌 파동 촌극이었다. 이른바 사사오입 개헌 파동이다.

4대 국회에서는 결과적으로 이승만을 물러나게 만든 원인(遠因)을 제공한 24보안법 파동을 겪게 된다. 이승만의 연임을 확실히 보장하기 위해 여당은 갖가지 사전 보안책을 강구했는데, 그중의 백미(白眉)가 보안법 개정이었다. 야당과 언론의 입과 손발을 묶을 양으로 구상된 보안법은 야당 의원들에 의한 의사당 점거 농성으로 이어지고, 이들 농성 의원들을 강제 퇴출시키기 위한 무술 경위의 동원이 있었으며, 자유당의 단독 강행으로 법은 통과되었다. 그 결과 야당계 의원들이 뭉쳐 호헌동지회가 구성되었으며 이어 민주당이 탄생했다. 부정선거가 판을 친 3·15 정·부통령 선거는 전 국민의 거족적 항의를 불러왔으며 끝내 이승만의 아성이 무너졌다. 여당인 자유당이 붕괴되면서 4대 국회도 함께 붕괴된다. 4대 국회는 58년 6월 초에서 60년 6월 29일까지 2년 남짓한 단명이었다.

가장 공정하게 선출되어 부정이나 억지가 없었던 5대 국회는 5· 16쿠데타로 9개월 만에 해산을 당하고 만다. 사건이라고 이름 붙일 만한 말썽이나 사건이 없었던 국회가 5대였다. 독재와 싸워서 쟁취한 정부요 국회였던 탓에 5대 국회는 올바르게 법을 지켰으며 결과적으로 비교적 평온한 시기를 향유했다. 그 평온을 깬 것이 군사 쿠데타였다. 5대 국회는 쿠데타 군의 포고령 하나로 막을 내리고 만다. 4대와 5대가 정상적으로 임기를 마쳤다면 66년 5월에나 끝났을 5대에 걸친 18년간의 의정사가 12년 9개월 만인 61년 5월에 자취를 감추게 되는 운명을 맞게 되었던 것이다.

건국 초기의 의정사를 돌이켜 보면서 만약 이승만이 법만 제대로 지켰더라면 그리고 군에 의한 쿠데타가 없었더라면 4대나 5대 국회가 그렇게 단명으로 끝났을 리가 없었을 것이고, 나라의 법질서가 더 공고히 지켜졌을 것이라는 아쉬움이 남는다. 새롭게 세운 나라가 첫 단추부터 잘못 끼워져서 그 잘못을 시정하기 위해 많은 세월 동안 노력과 희생이 있었으며 아직도 그 후유증에서 벗어나지 못하고 있다는 느낌을 갖게 된다.

◈ 목차

광복 정국

1절 미군정

　1945년 8월 15일 일본이 무조건 항복을 하게 되자 한국은 36년간의 일제 속박에서 벗어나 해방을 맞이한다. 해방이 되기 1주일 전인 8월 9일 소련은 일본에 선전포고를 하고 북한으로 진군해 들어왔다. 그들은 곧바로 평양, 함흥 등 북한의 주요 도시를 점령하였으며 미군은 이보다 뒤늦은 9월 9일에야 인천에 상륙, 서울을 비롯한 남한 일대에 주둔하게 된다. 미리 정해진 계획에 따라 미국과 소련은 남북한을 나누어 점령하고 38선을 책정하여 각기 양 지역에 군정(軍政)을 실시했다.

　남한에 진주한 미군은 군정청을 설치하고 남한의 모든 행정을 담당하였는데 그들은 좌익 세력이 만든 인민공화국이라는 일종의 정권인수 조치를 인정하지 않았을 뿐만 아니라 민족진영의 중경(重慶) 임시정부 영입 계획도 무시했다. 한국인에 의한 주권행사를 일체 인정하지 않았던 것이다. 해방과 동시에 정치활동을 시작한 한국인들은 송진우의 한국민주당, 안재홍의 국민당, 여운형의 조선인민당, 박헌영의 조선공산당 등을 창설하였고, 그 외에도 여자국민당, 독립노동당, 조선민주당, 신한민주당 등 무려 50여 개의 정당들이 난립했다. 45년 10월 16일에는 이승만이 귀국하고 11월 24일에는 김구를 비롯한 임시정부 요인들이 귀국했다.

- 미소공동위원회와 한국 신탁통치

1945년 12월 28일 모스크바에서 열린 3개국 외상회의가 조선에 신탁통치를 실시한다고 발표하자 온 나라가 신탁통치 반대파와 찬성파로 양분되었다. 민족진영은 처음부터 신탁 반대의 기치를 올렸고 당초엔 반대편에 섰던 조선공산당은 반대 표명 6일 만인 1946년 1월 2일, 갑자기 삼상회의 결정을 찬성하고 나섰다. 좌우의 제휴에 의한 민족통일 운동이 와해되는 첫 계기였다.

1946년 봄, 미·소 양국은 미소공동위원회를 열고 한국의 신탁통치안을 실천에 옮기기 위한 작업을 시작했다. 신탁통치를 전제한 한국의 임시정부에 참여하느냐의 여부를 두고 민족진영 간에 합의점이 도출되지 못해 1947년으로 해를 넘긴 끝에 여름에 와서야 흐지부지 결렬되고 만다. 이때 미소공동위원회에 청원서를 제출한 정당단체 수가 남조선 425, 북조선 38, 도합 463개나 되었다. 나라 정치에 참여하려던 군소정당 단체가 얼마나 난립하고 있었는지 알 만할 것이다.

미소공동위원회의 결렬은 한국의 정계를 더욱 혼돈 속으로 몰아갔는데 당시 정국의 움직임은 크게 나누어 세 파로 분류될 수 있었다. 민족진영의 한민당은 이승만의 주장에 따라 민족통일 총본부의 주장처럼 모스크바 삼상회의 결정을 백지화하고 38선과 신탁통치가 없는 즉각적인 독립을 주장하였고, 김구를 중심으로 한 임정계의 한국독립당은 국민회의를 구성, 반탁 원칙하에 좌우합작을 이룩해 남북통일을 실현하자는 주장이었으며, 김규식의 중간 우파와 여운형의 중간 좌파는 좌우합작부터 추진하자는 주장이었다. 그러나 미군정은 좌우 양측을 배제한 중간파를 지지해서 중도파 중심의 입법의원을 만들고 한국인 민정장관에 안재홍을 임명함으로써 형식상 한국인이 행정을 맡은 행정부를 한국인에게 이양하는 절차를 취했다. 그리고 이들이 구성한 임시 행정부를 임시정부라고 칭하였다.

1947년 9월에 미국은 '유엔 감시하에 한국에서 총선거를 실시하고 그 결과 정부가 수립되면 미·소 양국은 철수한다'는 새로운 한국 독립 방안을 유엔에 제출, 이를 실현시키기 위한 유엔 한국위원회 설치를 제의했다. 소련의 반대를 무릅쓰고 유엔 총회는 이 안을 통과시켰지만 소련은 유엔 위원단의 북한에서의 활동을 허용하지 않았다.

1948년 2월 유엔 소총회는 '가능한 지역에서 만이라도 총선거를 실시해서 독립정부를 수립한다'는 결의를 했고, 한국은 즉각 이 결의를 받아들여 5월 10일 남한만의 총선거를 실시해서 제헌국회를 구성한다. 제헌국회는 7월 12일에 통과된 헌법을 17일에 공포하고 8월 15일 대한민국 정부 수립을 선포한다.

유엔 감시하의 총선거 실시를 반대했던 북한은 8월 25일 북한만의

총선거를 실시해서 인민회의를 구성하고 9월 9일에 조선민주주의
인민공화국 설립을 선포했다. 남과 북은 서로 다른 정부를 가지고 별
도의 국가로서 발족하게 된 것이다. 1945년 9월 14일에 발표한 조선
인민공화국의 조각에서는 이승만을 주석으로 추대하고 있는데 미군
정이 이 조선공화국을 공식적으로 부인했음에도 불구하고 인민공화
국 대표 허헌과 이강국은 그 후 귀국한 이승만에게 인민공화국 주석
취임을 계속 간청했다. 귀국 직후 이승만은 이 제의를 신중히 고려하
겠다고 말했었지만 약 2주일 후에 주석 취임을 정식으로 거절한 것
으로 알려져 있다.

2절 미소공동위의 경과

　광복에서 남한정부 수립까지의 남한 정국은 45년 12월의 모스크바 삼상회의가 결의한 한국의 신탁통치 문제와 임시정부 수립을 돕겠다고 설치된 미소공동위원회 때문에 혼미를 거듭한 3년이었다. 3개국 외상회의가 발표한 조선에서의 신탁통치 실시 문제는 나라 전체를 반탁과 찬탁 양론의 대립으로 치닫게 했으며 그 와중에 개최된 미소공동위원회는 46년 3월부터 47년 7월까지 1년 4개월 동안 미·소 양측의 설전만 되풀이하다가 아무런 성과 없이 막을 내렸다.

　1946년 3월 20일 서울의 덕수궁에서 열린 1차 회의에서 양측은 임시정부 수립을 위한 한국 내 협의 대상자 선정 문제에서부터 의견 충돌을 빚었다.

　회의 벽두 소련은 협의 대상의 기준으로서 '1. 삼상회의의 결정을 지지할 것 2. 진정한 민주주의 신봉자여야 할 것 3. 장차 한국을 대소련 침략의 요새지로 만들려는 반소련 정당이나 인물이 아닐 것'이라는 3개 조건을 제시하고 나섰다. 이에 대해 미국 측은 한국민은 모스크바 협정에 원칙적으로 반대하고 있으며 특히 신탁통치에는 절대다수가 반대하고 있으니 외상회의의 결정에 반대하는 정당과 사회단체를 협상 대상에서 제외한다는 것은 부당하다고 맞섰다.

양측은 참가 대상자 결정 문제를 가지고 의견 절충에 한 달을 끌다가 4월 17일에 절충안을 마련했다. '협의 대상은 모스크바 협정 지지를 약속하고 서약서에 서명해야 한다'는 골자의 공동 성명서를 발표했다. 그러나 이 서약이 신탁통치를 받아들인다는 뜻인지 아닌지 그 해석을 놓고 입장 차이를 좁히지 못해 결국 실패하고 만다.

그러나 한국 문제 해결의 처리 지연에 따른 대내외의 압력에 못 이겨 5월 21일에 제2차 공동위원회의 재개를 발표한다. 이에 대해 좌익 진영과 중간파들은 적극 참여 의사를 결정했으나 김구의 한국독립당과 일부 김구 추종자들은 참여를 보류했다. 이에 따라 47년 6월 25일에 남한 정당, 사회단체 425개와 북한 36개, 총 461개 정당, 사회단체가 참가를 신청했다. 그런데 그 정당, 사회단체가 신청한 당원과 단체회원 수가 7천만 명이나 되어서 당시의 남북한 인구의 2배를 넘었었다. 이들은 같은 해 6월 25일 남한의 대표들로 서울에서 회의를 갖고 북한은 7월 1일에 평양에서 그곳 대표들이 합동회의를 가졌다.

그러나 2차 회의도 소련 측의 '삼국 외상회의 결정 고수'와 미국 측의 '의사표시의 자유 보장'이라는 의견 차이로 1차 회담 때의 의견 대립이 재연된 데다가 미군정이 불법 파괴활동 발생을 이유로 남로당과 좌익계 인사의 대대적 검거를 시작하는 바람에 대립 사태는 급속도로 악화되었다. 소련 대표 스티코프는 이러한 미군정의 조치를 공동위원회 업무를 지지한 좌익 요인을 탄압하는 것이며 공위를 방해하는 처사로 보았고, 미국 측의 브라운 대표는 소련 측의 주장이 남한 내정에 간섭하는 것이라며 오히려 북한 측이 감금하고 있는 주요 인사의 석방을 요구하고 나섰다.

미국은 2차 공위가 결렬 상태에 이르자 가능성이 없어진 미소공위를 거부하고 한국 문제를 유엔에 이관시키기로 했다. 미국 대표 브라운은 47년 9월 17일 미국의 국무장관 마샬의 지령을 받아 "미소공위가 성과를 얻지 못하게 되고 한국 문제가 국제연합 총회에 상정됨에 따라 신탁통치를 거치지 않고 한국을 독립시키는 수단이 강구되길 바란다."라고 말했으며, 스티코프는 "한국 문제의 유엔 상정은 미·소 간의 협정을 직접 위반하는 것"이라고 반박했다. 마샬의 제안은 9월 21일 유엔 운영위원회에서 가결되었다. 47년 10월 18일에 개최된 미소공동위 제62차 본회의에서 브라운은 "유엔에서 한국 문제 토론이 끝날 때까지 공위 업무를 중단하자"라고 제의하였고, 스티코프는 10월 21일 소련 측 대표단 철수를 발표하고 대표단을 평양으로 철수시킴으로써 공위는 종막을 고하고 말았다.

미·소 간의 냉전이 한창이었던 당시의 국제정세가 한국의 통일된 독립정부의 수립에까지 영향을 미쳤다고 볼 수 있는 대목이다.

3절 정치 요인 암살

    무질서하고 어지러운 정국은 끝내 주요한 정치 요인들의 암살로 이어졌다. 해방된 해인 45년 12월 30일에 한국민주당의 고하 송진우(古下 宋鎭禹)가 암살당했고 47년 7월 19일에는 인민당의 몽양 여운형(夢陽 呂運亨)이 그리고 같은 해 12월 2일에는 설산 장덕수(雪山 張德秀)가 살해되었다.

- 고하 송진우

    당시 고하는 모스크바 삼상회의의 한국 신탁통치 문제로 임정(臨政)과의 사이에 이견을 보이고 있었는데 반탁에 앞장서고 있었던 임정은 신탁통치를 관철하겠다는 군정을 거부하고 민족독립을 선포, 정권을 인수하자는 주장이었으며, 고하는 반탁은 하되 미군정과의 충돌은 삼가야 한다는 주장이었다. 고하는 임정 요인들에게 반탁을 주장하되 방법을 신중히 하자고 말함으로써 정면으로 대립하는 것이 좋은 결과를 가져오지 못한다고 설명한 것으로 알려져 있다. 그는 유엔과 맞서기보다 유엔의 신탁 결정을 일단 수용하되 신탁의 기간을 가능한 한 단축시키도록 하는 것이 우리가 독립을 쟁취하는 데 더 빠른 길이 될 것이라고 믿고 있었던 것 같다.

그는 45년 12월 17일 신탁통치안이 외신으로 전해지자 '한동안 시끄럽게 되겠다'고 앞으로 있을 국내의 소용돌이를 미리 예측하고 있었다. 아닌 게 아니라 그 안을 전해 들은 국민은 큰 충격을 받았고 정당과 사회단체는 맹렬한 반탁운동을 일으켰다. 서울의 거리에는 철시(撤市) 상태가 이어지고 미군정의 한국인 관공서 직원들은 집무를 거부하고 나섰다. 미군정은 '탁치는 독립정부의 수립을 돕기 위해 당분간 원조와 후원을 하자는 것'이니 한국민들은 냉정하라고 설득했으나 소용이 없었다.

임정은 이 같은 국민적 호응을 등에 업고 대한민국 임시정부의 이름으로 신탁 반대성명을 미·영·중·소 4개국에 보내면서 군정으로부터 정권을 인수할 계획을 세웠다. 임정의 주권 행사 움직임에 군정은 '질서교란'이라는 명목으로 임정 요인들을 국외추방하겠다고 위협했다. 물론 미군정도 한국민의 감정을 유발하면서까지 임정 요인들의 국외추방을 기도하지는 않았을 것이고, 다분히 협박용이었을 가능성이 컸지만 사태가 긴박해진 것만은 사실이었다.

군정 사령관 하지는 '임시정부 요인은 일단 수용하였다가 중국으로 추방하겠다'는 내용의 방송원고를 군정의 경무부장 조병옥에게 보였으며, 조병옥은 하지를 달래면서 자신이 임정과의 교섭을 맡겠다고 나섰다. 한민당의 송진우는 만약 임정이 군정을 부인하고 독립을 선포한다면 반드시 큰 혼란이 야기될 것이며 그것은 결과적으로 공산당을 유리하게 할 것이라고 강조했고, 조병옥도 우리의 현실이 군정 기간을 통과하지 않으면 독립을 얻기 어려운 처지이니 군정과의 마찰은 심사숙고해야 된다고 강조했다.

특히 송진우는 '우리의 사정은 군정과의 알력을 피해야 할 처지이고 또 갑작스레 스스로 정치를 하게 된 한국인들에겐 얼마간의 정치 훈련 기간을 거친 후 자치 능력이 충분히 생긴 다음에 독립정부를 갖는 것이 더 바람직하다'는 견해를 평소 지론으로 가지고 있었다. 그래서 모스크바 삼상회의의 결정을 보는 눈도 남들과 많이 달랐다. 그 결정이 조선을 독립시키지 않겠다는 것이 아니니 갈라진 남북이 완전한 독립국가가 되기 위해서도 그 기반을 닦기 위한 시간이 있어야 한다고 전망했던 것이다.

신탁통치 문제 외에도 송진우의 한민당과 임정 간에는 한민당이 임정에 제공한 정치자금을 둘러싸고 부정재(不淨財)를 받아서는 안 된다는 일부 임정 요인과 한민당 사이에 감정적인 언쟁이 있었으며, 친일파 숙청론을 두고도 임정 측의 국내 인사들의 친일론을 제기한 임정 측 국외파와 한민당의 국내파 사이에 껄끄러운 앙금이 없지 않았다.

고하를 암살한 한현우는 46년 4월 8일에 체포되었다. 그는 법정에서 "송진우는 굴욕적인 신탁통치에 찬성하고 반탁론의 진압까지 맡고 나섰기에 암살했다."라고 진술했는데 고하의 찬탁 운운은 사실과 맞지 않은 구절이었다. 고하는 비록 한국인들에게 충분한 정치훈련의 시간이 필요하다고는 생각하고 있었으나 죽기 전날인 12월 29일 신탁통치 반대를 위한 국민대회 준비위원장의 이름으로 '끝까지 투쟁하자'는 담화를 내고 반탁의 태도를 분명히 밝혔기 때문이다.

범인 한현우는 47년 2월 14일 징역 15년의 선고를 받고 복역하다가 48년 8월 15일 대한민국이 수립되면서 일반사면 혜택으로 형기의 4분의 1이 감형되었는데 6·25 직후 북한 점령하에서 석방되어 일본으로 망명해 버렸다.

- 몽양 여운형

암살의 두 번째 희생자는 몽양 여운형이었다. 그는 47년 7월 19일 오후 1시경 대낮에 서울 종로구 혜화동 파출소 바로 근처에서 저격을 당했다. 암살범들은 암살 이유를 그가 좌우합작과 남북협상에 적극적으로 앞장서서 민족분열에 책임이 있기 때문이라고 했다. 남북간의 협상 추진이 왜 민족을 분열시킨다는 것인지 그 이유가 애매하지만 몽양은 해방 사흘 후인 8월 18일부터 시작해서 10여 차례나 테러를 당한 바 있었고, 수차 신변을 위협하는 협박을 받곤 했다. 암살되기 바로 전날 밤에 미소공동위의 미국 측 대표 브라운 소장을 만난 그는 자신에 대한 테러 위협에 적절한 대책을 강구해 줄 것을 요청한 것으로 기록되어 있는데, 그의 말로는 브라운에게 수도경찰청장 장택상이 자기에게 서울을 떠나라고 하면서 만약 그가 서울에 남아 있으면 자기는 그의 신변을 책임질 수 없다고 말했다는 사실을 전했다는 것이다. 그러나 암살이 있은 후 경찰의 총책임자 조병옥은 "조선 경찰은 여운형 씨에게 누차 경호를 담당하겠다고 요청했으나 거절 당한 만큼 경찰로서 광의적 책임은 있을지언정 협의적으로는 책임을 느끼지 않는다."라고 말했다. 그날 몽양은 한영(韓英) 친선 축구경기에 참석하기 위해 집을 나섰다는 것인데 암살범 스스로가 인정하고 있듯이 당시 몽양은 국민들 사이에 대단한 인기를 누리고 있었던 것이 사실이다. 풍채가 좋은 데다가 웅변가였고 사람들을 휘어잡는 카리스마가 있었다고 전해진다.

당시 몽양 암살 뒤에 경찰 개입이 있었다는 풍문이 자자했는데 관여까지는 몰라도 사건 확대를 막기 위한 조치를 취했다는 혐의를 들을 만한 의혹은 있었던 모양이다. 암살사건의 주범 김홍성은 "수도청은 우리의 범행을 단독법으로 만들어 주었다. 그래서 경찰은 직접 저격한 이필형만을 연행해 갔다."라고 말했다. 공범의 하나인 신동우도 '모든 정치 테러가 그렇듯이 배후가 없다는 것은 말이 안 된다. 그러나 이 사건에서 나 이상의 배후를 밝히기는 어렵다'고 말하고 있다. 구속된 이필형은 한지근이라는 가명의 19세 소년으로 변신하여 재판에서 소년수라는 이유로 사형이 아닌 무기징역을 확정받아 개성소년형무소에서 복역하던 중 6·25 와중에 행방불명된 것으로 알려져 있다.

- 설산 장덕수

암살의 세 번째 희생자인 설산 장덕수는 한민당의 지략가였다. 47년 12월 2일 종로경찰서의 경사 박광운이라는 자와 무직 배희범이라는 자에 의해 살해당했다. 그보다 4개월 전에 암살당한 몽양의 빈소를 찾아가 "몽양이 이렇게 먼저 가다니." 하고 관을 붙들고 통곡을 한 설산이었다. 장덕수와 여운형은 8·15 해방 후 줄곧 맞서 싸우는 정적의 사이였는데 설산은 몽양의 정치노선을 비판, 성토하고 몽양은 설산을 날카롭게 비판했다. 그러나 설산은 몽양이 언젠가는 민주진영으로 돌아올 것이라 믿었으며 몽양을 세게 몰아붙이지는 않았다. 그런 뜻에서 설산의 죽음은 몽양이 추진했던 좌우합작 운동의 실질적 종식을 뜻하는 것이 되었다. 뿐만 아니라 몽양의 죽음으로 근로인민당이 몰락했어도 미군정의 하지가 한 가닥 미련을 버리지 못하고 있던 좌우합작의 길이 설산의 죽음으로 아예 끊어져 버리는 계기가 되기도 했다.

장덕수의 혜안은 그가 트루먼 미 대통령의 특사 웨드마이어와 만났을 때 제시했던 '남한 단독정부 수립의 단계적 방략'을 보면 짐작할 수 있다. 그는 "미소공동위가 결렬되면 한국 문제는 유엔으로 넘어갈 것이고 유엔의 권능을 동원해서 남북한 총선거를 실시하자는 결정이 날 것이다. 자유로운 선거를 하게 되면 민족진영이 승리할 수 있을 것으로 보지만 필경 소련은 유엔 감시하의 총선거를 거부할 것이고 그렇게 되면 유엔은 유엔 감시가 가능한 지역부터 투표를 해서 정부를 세우게 된다. 유엔이 승인하는 합법정부가 탄생되는 것이다."

라고 한국의 앞날을 정확히 내다보고 있었다. 그의 예언이 직시한 대로 한국은 남한만의 단독선거를 통해 대한민국을 탄생시켰다. 얼마나 놀라운 예언이었던가.

미소공동위에의 참석 문제를 놓고도 한민당 상임위원회에서 '우리 당은 미소공동위에 참가해야 한다'는 것을 주장하고 그래야 하는 일곱 가지 이유를 논리정연하게 설명했다. 그는 미소공위 참가의 불가피성을 이승만과 김구에게도 역설했지만 두 지도자 모두 부정적 반응을 보이자 다음과 같은 말을 남기고 돌아섰다.

"민족의 지도자는 국민들이 받들 때 민심의 흐름을 잡아 이끌어야 합니다. 고집만 피우시면 국민이 이탈합니다. 또한 진정한 지도자는 민심을 새로운 길목으로 잡아 이끌어야 합니다. 감정에만 들뜬 그릇된 민심에 영합하기만 한다면 그는 벌써 지도자가 아닙니다."

미소공위 참가 문제는 6월 하순에 열린 정당, 사회단체 대표자 합동회의에서 일단 만장일치로 불참을 가결했으나 장덕수의 조리 있고 논리정연한 참가 이유 설명을 듣고는 앞서 의결한 결정을 뒤집고 참가 쪽으로 의견을 모으게 된다. 이것은 우리나라의 정치를 바꾸어 놓은 순간이었다.

여기서 여담 한 토막을 말하고 넘어갔으면 하는 생각이다.

– 역사의 가정

역사에 가정(假定)은 있을 수 없다는 것이 상식이기는 하지만 우리 역사상 가장 어려운 시기에 정치적으로 뛰어났던 주요 정치 요인들을 연이어 잃은 국민으로서는 가정을 통해서나마 그 아쉬움을 달래고 싶은 심정이 아니 들 수가 없을 것 같다.

정치적 혜안이 남달랐던 고하나 설산, 국민의 인기를 크게 받았던 몽양이 만약 죽지 않고 우리의 광복 정국을 이끌 수 있었다면 우리나라 정치사는 그리고 역사는 분명 딴 방향으로 흐르지 않았을까. 그러니까 보다 바람직한 방향으로 나아갔을 가능성이 크지 않았을까 하는 생각을 지울 수가 없다는 얘기이다. 세 정치 지도자가 서거한 후 많은 사람들이 꽤 오랫동안 이러한 역사의 가정을 꿈꾸면서 그들을 아쉬워했던 것으로 알려져 있다.

4절 이승만과 김구

　이승만과 김구는 광복 정국을 움직인 두 거봉이었다. 둘은 다 같은 황해도 출신이었다. 이승만이 한 살 위여서 김구는 이승만을 형님이라고 부르고 이승만은 김구를 아우님이라고 했다. 비교적 가까운 사이였던 둘은 신탁통치 반대 입장에서 생각을 같이했고 반탁운동을 함께 벌였지만, 미소공동위원회가 '유엔의 감시 가능한 지역(그러니까 유엔 감시단의 입국을 금지하는 북한을 제외한 남한)에서의 선거'를 결의하면서부터 둘 사이는 급속으로 냉각되었다.

　이승만은 이때 유엔 한국위원회에 '미군정은 중간파를 후원함으로써 공산분자가 활약할 수 있는 기회를 주고 있으므로 오늘날 많은 국민들은 유엔위원회가 과도기의 선거를 허락하여 3~4주일 내로 한국대표단을 설립, 합의공정(公定)을 주장하든지 아니면 남한에서 선거를 실시하여 줄 것'을 요청하고 남한만의 단독선거를 강조했다.

　이에 반해 유엔 한국위의 소위원회가 '남한의 가능지역' 총선거를 결의하자 김구는 우사(尤史) 김규식(임시정부 외교부장과 학무부장을 역임

함)과 공동으로 단독선거안 반대를 선언하고 1948년 1월 26일에 '미
· 소 양군 철군과 남북 요인 회담'을 거쳐 총선거에 의한 통일정부
수립의 방안을 피력했다. 이것은 이승만과 민족진영의 대표주자였
던 한민당 측의 주장을 정면으로 거부하는 것이었다. 그리고 같은 해
4월 19일 김구와 김규식 등 남북협상 팀은 끝내 북한으로 가게 된다.

- 남북협상

북으로 떠나기에 앞서 김구는 "38선이 영원히 굳어 버리면 민국의
앞길은 불행이다. 되든 안 되든 북한행은 해 봐야 할 게 아닌가. 설사
협상이 실패한다고 해도 북한행은 해야 한다."라고 소신을 밝혔는데,
북으로 가는 김구 스스로도 북한 방문의 결과가 기대하는 만큼 클 수
없으리라는 것을 염려하고 있었던 것이다. 북행을 앞두고 1948년 4
월 19일 김구는 남북 요인 협상에 대한 다음과 같은 요지의 성명을
발표한다.

"(전략)… 이번 길에 실패가 있다면 그것은 전 국민의 실패일 것
이요, 성공이 있다면 그것은 전 민족의 성공일 것이다. …(중략)우
리는 미리부터 특별한 방안을 작성하지 않고 피차에 백지로 임하
기로 약속하였다. 왜 그러냐 하면 민족통일 자주독립도 조국을 건
설하려는, 환언하면 조국을 위하여 민주주의 통일독립을 전취하
는 현 단계에 처한 우리에게는 벌써 우리의 원칙과 노선이 명백히

규정되어 있는 까닭이다. 그러므로 모든 방안의 작성과 해결은 이 원칙과 노선에 부합됨을 전제조건으로 한 것뿐이다. (중략)…우리 조국의 독립이 민족자결과 국제협력의 정신에서 완전히 성공되리라는 것은 이미 우리의 상식이 되어 있다. 그러므로 우리가 소련의 위성국가를 만들려고 가느니 혹은 친소반미의 정책을 정하러 가느니 하는 유언은 일종의 억측 아니면 모략선전밖에 안 될 것이다. 우리의 국제정책은 평등·호조의 입장에서 우리의 민주 자주의 통일독립을 호의로써 협조하는 우방과는 일절 친선을 도모함에 있는 것이다. …(후략)"

남한의 단독선거를 바랐던 이승만은 유엔 소위의 결의를 "이제는 유엔의 협조와 미국의 후원으로 모든 장애가 해소되고 우리의 앞길이 순조롭게 열리게 되었다."라고 환영한 데 반해 김구는 북한행이 실패로 돌아간 뒤에도 "유엔 소위가 소련의 태도를 시정하지 못하고 한국 문제에 관한 당초의 유엔의 경정에 위배되는 남한만의 단독선거를 실시한다는 것은 민주주의의 파산을 세계적으로 선고함이나 다름이 없다고 본다. 나는 조국을 분단하는 남한의 단선(單選)도, 북한의 인민공화국도 반대한다."라고 천명했다. 이승만과 김구는 이렇게 해서 결별했다.

- 백범, 우사의 공동성명

북에서 돌아온 김구와 김규식은 남북협상에 관한 공동성명을 발표했다. 그 내용을 보면 비록 협상 타개는 이루지 못했으나 몇 가지 중요한 합의 내지는 묵계가 있었던 것은 아니었는지 시사하는 대목이 없지 않다. 공동성명의 요지는 다음과 같다.

"금번 우리의 북행은 우리 민족의 단결을 의심하는 세계인에게는 물론이요, 조국의 통일을 갈망하는 다수의 동포들에게까지 많은 기대를 이루어 준 것이다.…(중략) 연석회의에서 국제협조와 기타 수개 문제에 대하여 우리의 종래 주장이 다 관철되지 못한 것은 우리로서는 유감으로 생각하는 바이나 …(중략)… 앞으로 각자가 노력하여 남북 지도자들이 자주 접촉하는 데서 원활히 해결할 수 있으리라고 믿는다. 우리는 행동으로써만 우리 민족이 단결할 수 있다는 것을 증명한 것뿐 아니라 사실로도 우리 민족끼리는 무슨 문제든지 협조할 수 있다는 것을 체험으로 증명하였다. 앞으로 북조선 당국자는 단전(斷電)도 아니하며 저수지도 원활히 개방할 것을 쾌락하였다. 그리고 조만식 선생과 동반하여 남행하겠다는 우리의 요구에 대하여 북조선 당국자는 금차에 실행할 수는 없으나 미구에 그리 되도록 노력하겠다고 약속하였다."(필자 주=당시한국은 북측에서 공급하는 전력을 사용하고 있었다. 북측은 종종 전력 공급을 중단함으로써 말썽을 빚었다.)

김구가 남북협상에 실패하고 돌아온 후 일부 이승만 지지자들로부터 많은 비난을 받게 된 것은 예기되었던 귀결이었는데 설산 장덕수 암살사건의 배후에 김구의 한독당(韓獨黨)이 있다 해서 한때 한독당 간부들이 체포 구금되는 사건까지 있었다.

뿐만 아니라 이른바 제헌국회에서의 국회 프락치 사건 때는 범인들의 군사재판에 두 번이나 증인으로 출두해야만 했는데 결과적으로 이 국회 프락치 사건은 이승만이 우익진영의 단독 영도자로 자리매김하는 데 큰 도움을 주었다.

이 사건 재판에 증인으로 출두하라는 요청을 받게 된 김구는 이승만에게 전화를 걸어 '하지에게 연락해서 내가 법정에 서지 않도록 해달라'고 청을 했으나 당시 이승만은 좌우중도파 인사들을 주축으로 한 정부수립 구상을 하고 있었던 하지와 의견이 맞지 않아 거의 연락을 끊고 있었던 터라 그 청을 들어줄 수 없는 처지였다. 설사 그가 어렵게 청을 했다고 하더라도 하지가 그 청을 들어줄 가능성은 극히 희박했다.(백영철,《제1공화국과 한국민주주의》218쪽, 김기팔,《정계야화: 백범 김구 편》31쪽 참조)

이 문제로 항간에서는 이승만을 아량이 없는 사람이라고 비난했다. 이 소문을 전해 들은 이승만은 김구가 자기와 하지와의 관계를 모르고 오해하고 있다고 말했다는데,(앞의 책,《정계야화: 우남 이승만 편》346쪽 참조) 두 사람의 성격이나 인품으로 보아 두 분 간의 오해 운운은 근거 없는 일과성 헛소문에 불과했을 것으로 믿어진다.

김구는 남한정부가 수립된 이듬해인 1949년 6월 26일 현역 육군 소위 안두희에 의해 암살되고 말았다. 현장에서 체포된 범인은 군법회의에서 종신형을 받았으나 수감된 지 1년이 되기 전에 풀려나 다시 군에 복귀까지 했다. 김구 암살의 배후는 어느 정도의 심증만 남긴 채 끝내 밝혀지지 못했으며 그 수년 후 안두희의 죽음으로 영영 역사의 뒤안길로 파묻히고 말았다.

한편 김구와 함께 남북협상을 추진했고 이북에 함께 갔던 김규식은 1950년 6·25때 북으로 납치되어 그해 12월에 사망한 것으로 알려져 있다. 남북협상을 주도했던 정치 지도자들의 최후는 이러했다.

제헌국회

1절 5 · 10선거

- 선거 전의 정당, 사회단체 동향

1948년 3월 1일 유엔 조선(朝鮮)임시위원단은 감시를 위해 위원단이 들어갈 수 있는 조선의 일부 지역에서 선거실시를 감시하며 이 선거는 늦어도 48년 5월 10일 이내에 실시되어야 한다고 결의했다. 위원단은 '선거는 성년자(成年者)가 참가하는 무기명 투표로 언론, 신문 및 집회의 자유 등 민주적 제 권리가 인정 차(且) 존중되는 자유분위기 리(裡)에 실시되어야 한다'는 조건을 넣을 것도 결의했다.

이어서 위원단은 선거의 자유 분위기 보장을 위하여 부정한 법령의 폐지와 정치범 석방을 점령군 당국에 건의하였다. 이 같은 과정을 거친 후 위원회 위원들은 점령 당국자와 한국인 지도자들로부터 의견을 청취하고 5 · 10선거를 감시하게 된 것이다.

이에 앞서 1947년 정월에 도미한 이승만은 국제연합에 한국 문제를 호소하는 한편 미 국무성에 6개 항목에 걸친 제안을 한 바 있었다. 그 제안의 첫 번째가 '총선거에 의하여 남북 통일정부가 수립될 때까지 남한에 과도정부를 수립할 것'이라는 조항이었다.

이러한 움직임에 대하여 중간파와 공산당 측은 '단독정부' 수립을 책동한다고 비난하고 나섰고 민족진영에서는 서울에다 한국민족대표자대회를 소집, 과도입법의원 의원과 국민의회의 의원들을 개인 자격으로 참석케 하여 총선거운동을 적극 추진하기로 하였다. 한편 한독당과 임시정부 정통파인 국민의회는 총선을 반대하면서 대신 남북협상을 통한 정부 수립을 기도하였다.

– 제헌국회의 탄생

남북협상파 정치인의 거의 모두가 선거에 불참한 가운데 선거 가능한 지역(남한)의 총선거가 1948년 5월 10일에 단행되었다. 미군정 당국은 선거의 준비와 집행에 책임을 지고, 유엔 위원단은 언론, 출판, 집회의 자유가 용인, 보장된 가운데 자유 분위기 속에서의 선거가 실시되는지 여부를 감시하기로 되어 있었다. 선거에는 유권자의 80퍼센트가 등록을 하고 그중 92.5퍼센트가 투표에 참가했다. 선거에 후보자를 낸 정당과 사회단체 수는 48개에 이르렀으나 남북 협상에 참가했던 한독당과 천도교(天道敎)청우당 등은 몇몇 소수 당원이 개인 자격으로 입후보한 것을 빼고는 당선 가능성 있는 간부급은 전원 선거 참여를 거부했다.

총 200석의 의석을 두고 948명이 입후보해서 4.7대 1이라는 높은 경쟁률을 보였다. 선거의 결과는 4·3사건으로 치안이 불안했던 제주도의 3개 선거구 중 2개구가 선거를 치르지 못해 정원보다 2명이 적은 198명이 당선되었다. 당선자의 성분을 보면 무소속이 가장 많은 85명, 독립촉성국민회가 54명, 한민당이 29명, 대동청년단 12명, 민족청년단 6명, 기타 군소 정당 및 단체가 12명으로 나타났다.

선거가 끝난 후 선거감시단인 유엔 한국위원회는 '1. 민주주의 기본 권리가 인정 및 존중된 상당히 자유로운 분위기가 유지되었으며 2. 5·10선거는 조선 총인구의 약 3분의 2를 차지하고 있는 지역에 있어서의 선거인의 유효한 자유의사의 표현이었다'고 결론지었다. 그동안 남북협상을 선전 자료로 사용해 오던 이북에서는 1948년 8월 25일 총선거를 통하여 최고인민위원회를 결성하고 9월 9일에는 북한 정권을 수립하였다.

- 국회 개원과 정·부의장 선출

총선에서 당선된 198명의 제헌의원들은 5월 31일에 정식으로 국회를 구성하고 최연장자인 이승만을 의장으로 선출했다. 의장 선거에서 이승만은 188표라는 압도적 다수를 얻어 쉽게 당선되었고 부의장 2명은 독립촉성국민회의 신익희와 한민당의 김동원이 당선되었다. 부의장 선거는 한 번에 1명씩 선출하는 방식으로 진행되어 첫 부의장 1차 선거에서는 신익희 76표, 김동원 69표, 이청천 33표, 이윤영 11표, 김약수 5표 등으로 결과가 나왔다. 그러나 당선 정족수인 과반수 득표자가 없어 1, 2 순위자인 신익희와 김동원을 놓고 결선투표를 실시한 결과 신익희 116표, 김동원 80표로 신익희가 당선되었고, 두 번째 결선투표에서 김동원 101표, 이청천 95표로 김동원이 당선되었다.

의장으로 당선된 이승만은 이날 개원사에서 '1. 본 국회는 기미년 3·1운동 이후 상해(上海)에서 조직된 임시정부를 계승하는 것이며 2. 이북의 450만 동포가 하루속히 선거를 실시하여 국회의석 100석을 채울 것과 3. 미군은 한국군 편성이 완료될 때까지 주둔할 것' 등을 강조하였다. 국회는 개원 익일인 6월 1일부터 3일 사이에 9개 분과위원회 구성과 분과위원장 등을 선출하고 가장 시급했던 헌법기초위원회 구성과 새 나라의 기틀이 될 헌법 제정 작업에 착수했다.

- 헌법 제정 작업

국회는 헌법 제정 기초위원 30명을 선출하고 전문위원 10명을 위촉했다. 헌법기초위원회는 위원장에 한민당 소속 서상일 의원을 선임하였고 전문위원에는 헌법학자 유진오 등이 자리 잡았다. 전문위원 유진오에 의하면 당초 헌법 초안의 원안(原案)이나 참고안은 국회를 중의원·참의원 양원제로 구성하고 정부 형태는 의원내각 제도를 채택했다고 한다. 국회 양원제와 내각책임제는 기초위원회의 주도권을 쥐었던 한민당의 주장이어서 원안 그대로 쉽게 채택되었는데 대통령제에 대한 집착이 강경했던 이승만의 뜻에 의해 하루아침에 단원제, 대통령중심제로 바뀌었다는 것이다.

헌법 초안이 이렇게 하룻밤 사이에 고쳐진 경위는 유진오의《헌법 기초 회고록》에 상세히 나와 있다. 그의 수기에 의하면 1948년 6월 21일 한밤중에 인촌 김성수 집에 불려간 그에게 인촌은 "대통령으로 모셔야 할 단 한 분밖에 없는 후보자인 이승만 박사가 내각책임제에 절대로 반대하는 태도를 바꾸지 않는 이상 한국민주당도 더는 내각 책임제를 고집할 수 없어 헌법을 대통령중심제로 바꾸는 데 찬성하기로 했다."라고 한민당의 입장을 설명했다. 그 자리에 있었던 사람들 중 김준연이 내각책임제에 대한 관련 조항을 연필로 이곳저곳 가필하여 대통령중심제 규정으로 고치던 경위를 유진오는 이렇게 적고 있다.

"김준연이 '어렵게 생각할 것 없지 않소. 간단한 일이에요. 몇 조문만 빼고 앞뒤 연결이나 맞추면 되거든요. 우리끼리 안을 만들어 놓았지만 전문가의 의견을 들어보자는 거요'라고 말하기에 나는 바꾸는 것이 그리 간단치 않음을 설명했다. 그는 다시 '우리들이 우선 이렇게 만들어 보았으니 급한 대로 앞뒤 의미가 통하는지 안 통하는 지나 보아주시오. 중대한 모순이나 없는지'라고 말해 문맥은 통한다고 말했더니 그냥 그것을 원안으로 만들었다."

- 유진오,《헌법 기초 회고록》, 73~84쪽 참조

새로 건립하는 한 나라의 가장 기틀이 되는 기본법인 헌법이 어떤 한 개인의 대통령 자리를 만들기 위해서 비전문가의 손에 의해

즉흥적으로 하루저녁에 급조되었다는 사실에 놀라움과 아쉬움 그리고 그에 앞서 일종의 노여움을 함께 느끼게 된다.

- 〈사상계〉 제6권 제7호 1958년 6월호, 유진오, 《헌법 제정의 유례》, 31쪽 참조

그렇게 급히 변조된 탓에 우리나라 최초의 헌법은 대통령제이면서 세부적으로는 내각제의 요소를 많이 간직한 이상한 기형 헌법이 되고 말았다. 이승만이 어느 정도로 대통령제 집착에 강경했느냐 하면 국회의장의 자격으로 헌법기초위에 출석한 그가 "우리 대한민국 헌법을 대통령제로 하지 않고 내각책임제로 한다면 나는 만일 대통령으로 추대되더라도 그것을 사퇴하겠다."라고 공언했을 정도였다.

대통령직에 대한 이승만의 집착은 오래전부터 가져왔던 것으로 알려져 있다. 1919년에 수립된 상하이 임시정부는 국무총리를 수반으로 하는 국무원제(지금의 내각책임제에 해당됨)를 채택하고 이승만을 국무총리로 선출했다. 그는 한성(漢城, 서울)의 임시정부에 의해서도 집정관 총재(내각의 총리직)로 선임되자 미국에 머물면서 대외적으로 스스로를 대통령이라고 칭하였다. 이때 상하이 임정은 여러 차례 상하이로 귀임할 것을 종용하면서 임정의 체제에 없는 대통령직의 참칭을 삼가라고 요청했으나 그는 이를 무시하고 대통령 칭호 사용의 정당성을 주장했다. 심지어 그는 상하이 임정 요원들이 그런 식으로 자신의 독립운동을 방해한다면 그에 대한 책임을 져야 할 것이라고 오히려 임정 간부들에게 응수했다.

이승만의 고집에 못 이겨 상하이 임정은 국무원제를 대통령제로 개정까지 했으나 그는 계속 미국에 머물다가 임정이 수립된 지 1년

반이나 지난 1920년 8월에 잠시 상하이로 귀임했다. 그러나 그의 상하이 체류는 5개월로 끝을 내고 다시 하와이로 돌아가서는 안창호가 이끄는 상하이 임정을 비난하고 나섰다. 그는 "안창호파는 파동을 일으켜 독립운동을 방해한다. 지금 상하이나 북경에 있는 사람들의 행동은 그대로 버려둘 수 없으니 상당한 조처가 있어야 하겠다."라고 주장했다. 임정은 1922년 6월에 가서야 상하이로 복귀하지 않고 미국에서 임정을 비난하고 다니는 이승만을 불신임 결정하고 말았지만, 그는 계속 대통령 자리를 고수하면서 임정의 대통령 행세를 했다.

그해 8월 15일까지 한국의 주권정부 수립을 세계에 공표하기로 내정하고 있던 국회로서는 대통령제 문제를 가지고 마냥 시일을 끌 수 없는 처지였다. 한민당과 독립촉성회 등 이승만을 지지하던 세력은 이승만에게 코를 꿰다시피하여 울며 겨자 먹기로 대통령제를 채택할 수밖에 없었다.(조병옥 《나의 회고록》 199쪽 참조)

정부 형태가 이승만의 요구대로 대통령제로 바뀌자 국회 심의 과정에서 격렬한 비판이 야기되었다. 김약수(조선공화당), 이문원(무소속), 조봉암(무소속), 김옥주(조선민족청년단), 원장길(대동청년단) 등의 의원들이 반대통령제 논리를 폈는데, 그중에서도 특히 조봉암은 대통령제가 독재를 초래할 위험성이 다분하다는 것을 지적하였다. 이승만의 요구에 굴복하는 결과가 얼마나 심각한 후유증을 낳게 될 것인지 그때 이미 조봉암은 예리하게 감지하고 있었던 셈이다.

조봉암은 "이 초안이 만들려는 대통령은 … 지금의 세계에서는 그 예를 볼 수 없을 만치 … 강대한 권한을 장악한 대통령이다. 주요 사항은 국무회의의 의결을 경과하여야 한다고 했으나 그 국무위원의 멤버를 대통령이 임명하는 것이므로 그 대통령의 안을 반대할 수 있는 국무위원이란 실제에 있어서 없다는 것을 생각해야 될 것이다. … 미국의 대통령제는 우리나라 같은 데서는 적당하지 않다고 생각한다. 어느 한 사람에게 그러한 거대한 권력을 부여하면 독재의 폐단이 있을 것을 염려한다. 당연히 불란서식 대통령제여야 될 것이다."라고 역설했다. 그러나 한민당 등 이미 이승만 지지 태세를 굳힌 대통령제 옹호 세력들에 의해 대통령중심제 안은 통과되었던 것이다. (유진오 《헌법 기초 회고록》 73~84쪽 참조)

– 초기의 원내 단체 변천

제헌국회가 개원한 지 반년도 되지 않은 사이에 원내의 단체모임은 심한 변천을 거듭하고 있었다. 소집 당시에는 무소속이 절대다수를 점하고 있었기 때문에 이들이 정치적 성향을 분명히 나타내기 시작하면서 원내 단체의 이름과 소속 의원들의 이합집산이 잦았던 것은 이해가 가는 일이었다.

단체교섭 제도가 마련된 국회법 개정이 있기까지 원내 단체들은 단순한 친목 단체로서 공식적인 정치적 회합은 가지지 않았으며 따라서 단체조직을 통한 행동도 없었다. 그러면서도 국회가 소집된 후 제1차 정기회기를 마치기까지 원내 단체는 급하게 변천을 거듭했다. 이들 원내 단체들을 시기적으로 분류해 보면 다음과 같다.

국회소집 직전: 대동청년단, 독립촉성회, 무소속, 한국민주당

국회 개회 직후: 태백(太白)구락부, 31구락부, 무소속구락부, 한국민주당

정부 수립 직후: 이정(以正)회, 동인(同仁)회, 성인(成仁)회, 청구(靑丘)회, 한국민주당

여순 반란 후 유엔에 의한 정부승인 전후: 대한국민당, 대한노농당, 사회당, 민주공화당, 무소속, 한국민주당

제1회 정기국회 폐회 당시: 한국민주당, 이정회, 대한노농당, 청구회, 동인회, 성인회, 무소속

- 초대 대통령 선출

이승만을 대통령으로 당선시킨 한민당의 속셈은 설사 이승만이 대통령중심제의 대통령이 되더라도 정부 운영에 있어서는 그를 당선시킨 한민당을 의존할 수밖에 없고 한민당의 복안대로 모든 것이 운영되어 나갈 가능성이 크다고 믿고 있었다. 이러한 한민당의 믿음은 통치자 1인의 의사에 따라 정부 형태나 권력의 구조까지 바꿀 수 있다는 실례를 만들어 놓음으로써 제1공화국 하에서의 이승만의 독재를 가능하게 만드는 길을 터준 격이 되었으며 이는 우리의 헌정사에 적지 않은 파란을 낳게 만들었다는 점에서 헌정사상 큰 의미를 지니는 것이라고 할 수 있다.

헌법이 공표된 지 3일 후인 7월 20일 국회에서 대통령 선거가 실

시되었다. 투표 결과는 출석의원 196명 중 이승만 180표, 김구 13표, 안재홍 2표, 서재필 1표 등이었다. 오후에 실시된 부통령 선거 1차 투표에서는 이승만과 독촉국민회, 한민당이 지지하는 이시영이 113표, 김구는 65표를 얻었고, 2차 투표에서 이시영 133표, 김구 62표로 이시영이 당선되었다.

정 · 부통령 취임식은 7월 24일에 있었다.

2절 한민당과 이승만

- 한민당의 오산

이승만을 우리나라 초대 대통령으로 선출하는 데 결정적으로 기여한 것이 한민당이었음은 잘 알려진 사실이다. 당초 한민당이 계획한 대로 내각책임제 정부 체제에서 이승만을 실권 없는 대통령으로 추대하고 자신들이 실권을 잡을 계산을 했던 한민당의 달콤한 꿈은 대통령을 실권이 없는 상징적 존재에서 실권이 있는 권력형 대통령으로 헌법을 고치는 시점에서 한갓 헛된 꿈으로 변해 버렸다.

한민당의 속셈을 일찍부터 간파했던 이승만이 실권 없는 대통령에 취임하기를 거부한다고 한민당에 통고하고, 이승만밖에 대통령으로 업고 나갈 사람이 없었던 한민당이 울며 겨자 먹기로 그에 굴복할 수밖에 없었던 것이 당시의 실정이었다. 여운형이 피살되고 남북협상을 주도한 김구와 김규식이 남한만의 단독선거를 반대, 5·10선거에 불참했던 상황에서 대통령으로 당선될 수 있는 대중적 지지를 받을 만한 지도자로는 이승만 하나만 남아 있었기 때문이다. 이승만이 대통령에 당선되는 시점에서 이승만은 더 이상 한민당과의 제휴를 필요로 하지 않는 입지를 마련한 셈이었다.

사정이 그렇게 변했음에도 불구하고 한민당은 그때까지만 해도 이승만과의 제휴 관계가 오래 지속될 것이라고 믿고 있었다. 이승만이 한민당이 요구하는 새 정부의 각료를 그대로 임명해 주리라고 낙관하고 있었던 것이다. 그래서 국무총리에는 김성수가 임명되고 김 총리 밑에 외무장관 조병옥, 상공장관 김도연, 기획처장 김준연 등 주요 각료들을 정해 놓기까지 했다.

한민당은 이승만이 귀국하기 전부터 그에게 전폭적인 지지를 보냈으며 귀국 후엔 그의 거처(돈암동 소재의 저택으로 나중에 돈암장이라고 불렸음)를 마련해 주었을 뿐 아니라 매달 15만 원이라는 거액의 정치 자금까지 제공하고 있었으니, 한민당 스스로뿐만 아니라 일반 국민들의 인식도 이승만이 한민당의 영수이며 한민당이 곧 남한정부의 주체라고 인식하고 있었을 정도였다. (《한국의 정당》, 한국일보간 176쪽 참조)

그러나 대통령 이승만은 한민당의 그러한 기대와는 달리 자신 나름대로의 조각 원칙을 세운 뒤 그 복안대로 밀고 나갔다. 그는 한민당계 인사의 발탁을 되도록 피하고 자신의 측근들을 기용하되 정계 각파에 각료직을 고루 배분하는 일종의 연립내각을 구상하고 있었던 것이다. 그는 한민당의 구성 인맥에 대해 일종의 불신을 가지고 있었던 모양이다. 미군정하에서 실질적으로 여당과 같은 역할을 담당했던 한민당이 미군정의 여러 실정(失政)에 공동책임이 있다고 판단했음인지 군정하에서의 여러 비리와 권력 남용으로 인심을 잃은 한민당을 새로 수립하는 정부의 중심세력으로 참여시키고 싶은 생각이 없었던 것은 확실해 보였다. 그가 환국한 후 가장 앞장서서 자신을 지지해 주었던 한민당과의 결별을 결심하면서 이승만은 몇 가지 그 이유를 밝힌 바 있다.

– 이승만의 정치적 계산

첫째는 한민당의 생리가 자신의 정치신념과 맞지 않다는 것이었다. 그는 "나의 평생 목적하는 바는 민주주의요, 인민대중을 모아서 이전의 군주주의, 즉 소수에 의한 정체(政體)를 혁신해서 인민대중이 다스리자는 것인데 그와 반대로 특수 계급만을 모아서 내각을 그 사람들로 조직한다면 나의 평생 목적에 위반되는 것이므로 한민당 여러분에게 조용히 말하여 한민당을 개방해서 노동자와 농민을 많이 넣으라고 누차 권유했으나 그중에 나의 말을 양해한 사람도 있었지만 반대하는 분들이 극렬해서 개혁이 못된 것도 다 아는 사실이다."라고 한민당을 내각에 참여시키지 않는 이유를 그 당의 구성이 특수 계급만으로 이루어져 있기 때문이라고 못을 박았다.

그는 한민당을 중심으로 인사 등용을 했다가는 편파적으로 될 수밖에 없다는 점도 강조했다. "내가 귀국한 후로 한민당이 전적으로 나를 지지했고 나도 그분들을 친신(親信)해서 나 자신이 그 당원 같은 감을 가지게 된 것이고 또 내가 잘 알고 있는 분들이 그 당에 있어서 국사에 극력 분투해 나가는고로 조금도 의심이 없었던 것이고 그런 중에서 내가 언제든지 사람을 쓸 일이 있을 적에는 그중에서 택하여 쓰기도 하고 남에게 천거도 해보았는데 그 반동이 민간에 의혹이 생겨서 나는 '한민당의 모든 세력자와 부호한 사람들의 의도를 받아 가지고 대다수 민중의 화복(禍福)은 돌아보지 않았다'라는 말이 있어서 그때부터 형편을 조사해 본즉 경향 각지에 좀 유력하다는 인물은 거의 한민당 당원이 되고 있어서 어디서든지 그 사람들을 빼놓고는 지도자 방면으로 사람을 얻기가 어렵게 되고 봄에 이것을 고의로 만들고 있다고는 할 수 없으나 오늘까지 형편이 이렇게 된 것은 사실이었다."

이 같은 이승만의 천명은 그가 한민당을 기용하기 어렵다는 의사를 공개적으로 표명한 것이었다.

- 대한민국 최초의 조각

7월 24일 대통령 취임식을 마친 이승만은 그날부터 조각에 착수했다. 헌법에는 국무총리를 대통령이 지명하고 국회의 인준을 받도록 되어 있었다. 이승만은 7월 27일 국회에 출석하여 국무총리 지명자를 발표했다. 그는 국무총리 후보자를 발표하기에 앞서 당시 국무총리 후보로 유력하게 거론되고 있던 3명의 정치인들을 차례로 거명하며 자신이 그들을 지명하지 않는 이유부터 설명했다. 총리 후보 지명자를 발표하는 방법으로는 극히 이례적인 것이었다. 그는 우선 "김성수는 인격이 훌륭하고 애국심이 강하고 공평 정직하다는 것 그리고 여러 정당 단체들로부터 고루 추앙을 받고 있다는 점에서 국무총리로 적격하지만 총리 자리 못지않게 중대한 다른 책임자 자리를 맡길 생각이며, 신익희는 임시정부에서 오랫동안 일해 왔고 정치수완이 능한 것을 고려하면 국무총리감이지만 국회의장을 맡아야 할 사람이기 때문에 지명을 하지 않을 것이며, 조소앙은 내가 깊이 신뢰하며 추앙하고 있지만 5·10선거를 반대하고 남북협상에 참여한 것과 관련하여 의혹이 남아 있어 지명하지 않았다."라고 설명했다.

이 같은 이례적인 설명 후 지명 요청한 후보는 중앙에서 이름조차 잘 알려지지 않았던 조민당(朝民黨) 부당수 이윤영(李允榮)이었다. 후보자 지명에 앞서 몇몇 유력한 총리 후보감들에 대해 지명하지 못하는 이유를 설명해 둔 것은 의원들이 딴생각을 버리고 자신이 지명한 이윤영을 인준해 주어야 한다는 일종의 압력 작전으로 해석되었다.

그러나 의원들의 상식과 기대에서 너무 크게 벗어난 이윤영은 의원들의 큰 반발을 샀다. 인준 표결은 재석 193명에 가 59표, 부 132표, 무효 2표라는 압도적 표 차의 부결이었다. 군소리 없이 이승만의 지시대로 움직일 인물의 총리 임명 제의에 제동이 걸린 셈이었다. 이승만은 다음 후보 지명자 선택을 고심한 끝에 중국에서 광복군 참모장으로 있다가 귀국 후 민족청년단을 이끌고 있는 이범석을 택했다. 이범석에 대한 국회의 대세는 불만과 반대였다. 그러나 한민당의 김성수와 차기 국회의장으로 이승만의 막후 내락을 받은 신익희가 한민계와 무소속 의원들의 설득과 무마에 힘쓴 결과 이범석의 총리 지명안은 찬성 110표, 반대 84표로 어렵사리 가결되었다.

이승만은 총리 후보자 지명에서도 그랬지만 조각에 있어서도 한민당의 의견을 전적으로 배제해 버렸다. 한민당은 처음 지명자인 이윤영의 인준을 부결했을 때 다음은 김성수가 지명될 것으로 기대했지만 이승만은 이윤영의 인준 부결 직후 "전 민족의 대다수가 지금 현재 있는 정당이 정권을 잡게 되는 것을 원치 않는 바인데 그중 한 정당의 유력한 분으로 정권을 잡게 하면 대다수 동포들이 낙망할 것"이라고 김성수의 지명 가능성을 정면으로 부인해 버렸다. (주= 이기택, 《한국 야당사》, 18쪽 참조) 대신 이승만은 김성수에게 국무총리가 아닌 재무장관으로 입각해 줄 것을 종용하였으나 김성수는 이를 거절했다. 총리 자리가 아닌 일개 장관 자리를 받기에는 한민당의 자존심이 용납하지 않았고 또 당 전체의 분위기나 불만도 그럴 수밖에 없었을 만큼 컸다. 이승만은 여러 차례 무임소장관으로라도 입각해 줄 것을 김성수에게 종용했으나 그는 끝내 고사했다.

- 한민당의 퇴색

김성수에게 주려던 재무장관 자리는 김도연이 맡게 되고 이 외에도 제1공화국의 첫 내각에는 민희식, 전진한, 장택상, 이인, 허정, 윤치영 등 한민당 출신이 많이 발탁되었는데 그들 모두가 한민당의 추천으로 이루어진 것은 아니고 또 그들이 한민당원이어서 기용했다고 보기도 어려웠다. 윤치영과 김도연, 허정 등은 이승만과의 개인적인 친분 관계로 입각되었으며 전진한, 민희식은 한민당이기는 하나 정통파가 아닌 비주류였고 이인, 장택상도 오래전에 한민당과 실질적으로 손을 끊고 있는 터여서 누가 보더라도 한민당이 철저히 배제되었다는 것은 명백해 보였다.

한민당은 자신들이 집권할 것을 전제로 공들여서 장만해 놓은 밥상을 송두리째 빼앗긴 결과가 되어 버렸다. 한민당의 도움으로 정권을 잡게 된 이승만은 대통령 당선과 동시에 더 이상 한민당의 도움이 필요 없다고 판단, 미련 없이 한민당을 버리고 말았다. 누가 보더라도 그것은 이승만의 분명한 정치적 배신이었다.

배신을 당한 한민당도 이 마당에 와서는 이승만과의 결별을 공적으로 밝히지 않을 수 없었다. 정부 구성이 일단락을 지은 1948년 8월 8일 한민당은 〈신생 정부에 대한 우리 당의 태도〉라는 성명서를 발표하고 "본 당은 신 정부에 대하여 시시비비주의로써 임할 것"이라고 태도를 밝혔다. 이승만 절대 지지 노선에서 이승만 정권에 대한 시시비비주의를 표방함으로써 반이승만 노선을 선언한 셈이다. 이승만이 한민당을 버리자 한민당원으로 당선된 많은 의원들이 대거 탈당하는 사태가 벌어지고 그 후로 한민당의 세력은 위축 일로의 길을 걷게 된다. 이때 한민당에 등을 돌린 의원은 윤치영(서울 중구), 정현모(경북 안동 을), 한암국(경북 상주), 이호석(경북 성주), 장병만(경북 칠곡), 서이환(경북 울능), 강기문(경남 산청), 이주형(경남 밀양), 박찬현(부산 정구), 문시환(부산 중구) 등이었다.

대한민국은 1948년 8월 15일 정식으로 정부를 수립하고 그날 밤 자정(子正)을 기해 미군정으로부터 통치권을 이양받았다. 대한민국이 새로 건국된 것이다.

3절 반민족행위처벌법

- 처벌법에 대한 정부 자세

이승만 정권은 출범 초기부터 국민의 여망과는 동떨어진 방향으로 국사를 처리하기 시작했다. 제헌국회는 정부 수립이 선포된 다음 날부터 반민법(反民法) 심의에 착수해서 8월 16일 그 초안을 국회 본회의에 보고하고 심의를 시작했다. 이승만 대통령과 한민당은 반민법의 제정을 뒤로 미루거나 법률의 내용을 관대한 것으로 만들려는 입장을 가지고 있었다. 그러나 대다수 의원들과 국민 여론은 법의 조속한 통과와 반민자들에 대한 신속한 처벌을 촉구하고 있었다.

민족정기(精氣)를 바로잡기 위한 반민족 행위자 처벌 문제를 둘러싸고 정부는 국회와 정면 대결을 벌이게 된다. 국회 본회의에 보고된 반민법 초안은 국민이 바라던 만큼 준엄한 처벌이 되지 못하고 다소 모호한 표현 등으로 대상자들이 중벌을 피해 갈 수 있는 여지를 남겨 주는 것이었다. 그러나 반민족 행위자에 대한 관대한 배려를 바라는 이승만의 입장 표명이 오히려 의원들을 자극해서 본회의에서의 법안 처리는 초안보다 더욱 강경해지고 표현도 더욱 단호한 것으로 바뀌었다.

국회가 강경해진 데에는 의원들을 자극하는 두 가지 사건이 작용했다. 하나는 김인식 의원 등 일부 국회의원들이 반민법 제정과는 별도로 행정부 내의 친일파를 당장 숙청할 것을 건의한 일이고, 다른 하나는 시내 도처에서 법 제정을 반대하는 삐라(전단)를 뿌리던 사람들이 국회의사당 안 방청석에서까지 반민법 제정을 규탄하는 삐라를 살포한 일이다.

국회 속기록에 게재되어 있는 반대 삐라의 내용은 '1. 대통령은 민족의 신성(神聖)이다. 절대로 순응하라. 2. 민족 처단을 주장하는 놈은 공산당의 주구이다. 3. 의회는 여기에 속지 말고 가면(假面)의원을 타도하라. 4. 민의를 위반하는 의원은 자멸이다. 5. 한인(韓人)은 지금 뭉쳐야 한다'는 것 등이었다. 행정부 내의 친일파 숙청을 주장한 의원들은 이들이 정부 요직에 있을 경우 설사 반민법이 제정된다고 하더라도 행정부가 그것을 제대로 집행하기 어렵다고 지적했다. 국회의사당에 반민법 제정 반대를 주장하는 전단이 살포된 것은 정부 내의 친일파들이 배후에서 조종한 것으로 추정되었으며 이들 친일파들은 심지어 의원들을 돈으로 매수하거나 협박하는 수법까지 사양하지 않았다.

그러나 반민법 제정에 대한 의원들의 결의는 결연했다. 새로 마련된 헌법 101조는 "이 헌법을 제정한 국회는 1945년 8월 15일 이전의 일제시대에 일본인에게 협조하여 악질적인 반민족 행위를 한 친일파를 처벌하는 특별법을 제정할 수 있다."라고 규정하고 있었고, 국회는 이 조항에 근거해서 1948년 9월 7일 반민족 행위 처벌법을 통과시켰다.

- 법 제정과 공포

전문 3장 32조로 된 반민족행위처벌법은 9월 29일 법률 제3호로 대통령 이승만에 의해 공포되었다. 당초 정부는 이 법률안이 이송되어 오자 국무회의에서 만장일치로 거부하기로 결정했었다. 거부의 이유로는 특별재판부를 국회의원도 포함해서 구성하는 것은 3권 분립의 원칙에 어긋나고, 법관의 자격을 법률로 정한다는 헌법에 위배되며, 반민족 행위를 일제하에서 가졌던 직위 위주로 규정한 조항은 8·15 이전의 악질적 반민족 행위를 처벌한다는 헌법 제101조에 위배된다는 것 등을 들고 있었다.

그러나 이 같은 구차스러운 이유까지 붙여 가며 거부하기로 했던 반민법은 그때 국회에 계류되어 있던 양곡 수매 법안 등 몇 가지 시급히 통과되어야 할 법안의 통과에 지장이 있을 것을 우려해서 국무회의가 울며 겨자 먹기로 공포에 동의했던 것으로 알려져 있다. 또 이승만으로서도 이 법안을 거부하면 공공연히 친일파, 민족반역자를 지지 옹호한다는 비난을 받게 될 것이 분명했으므로 정면으로 거부권 행사를 하기가 어려웠을 것이다.

법이 공포되자 국회는 즉각 반민족행위특별조사위원회(이른바 반민특위)를 설치하고 처벌해야 할 친일분자의 대상을 16개항에 걸쳐 규정했다. 이 중 주요한 항목을 소개하자면 한일합방을 위해 적극적으로 일본 정부와 통모한 자, 일제로부터 작위를 받은 자, 일본 국회의원이 된 자, 독립운동자나 그 가족을 살상한 자, 밀정 행위로 독립운동을 방해한 자, 군경으로 악질 행위를 한 자, 종교·문화·사회·경제의 각 방면에 걸쳐 반민족 행위를 한 자, 반민족 언론 또는 저술을 통해 일제에 협력한 자 등이었다.

이들 반민족 행위자 중에서 일본 정부와 통모하여 한일합방에 적극 협력한 자와 한국의 국권을 침범한 조약 또는 문서에 조인한 자와 이를 모의한 자는 사형 또는 무기징역에 처하고 그 재산의 전부나 절반을 몰수하며, 일제로부터 작위를 받은 자와 일본 국회의원이 된 자, 독립운동자나 그 가족을 살상한 자는 무기징역 또는 8년 이상의 징역과 그 재산의 전부 또는 절반을 몰수한다고 규정하였다. 또 정부 내의 친일분자 숙청을 위해 일제 치하에서 고등관 이상, 훈(勳) 5등 이상을 받은 자는 이 법의 공소시효가 끝날 때까지 공무원이 될 수 없다고 명시해 놓았다.

– 반민특위의 구성과 활동

반민특위가 활동을 개시하면서 이승만과 그 밑에서 일하는 친일 세력들의 반민특위 활동에 대한 견제가 노골화되기 시작했다. 일제 시대 주요 관직과 경찰 등에 있던 자들을 정부 관리로 등용한 이승만은 처음부터 반민자 처벌을 탐탁하게 여기지 않고 있었으며 친일 파들은 이승만에게 충성을 맹서하면서 자신들의 구명책을 강구하게 되었다.

국내에 정치적 기반이 없던 이승만은 자기의 정치적 기반을 구축 하기 위한 방편의 하나로 친일 관료들을 포용하고 이들을 정부 요직 에 기용하였다. 건국 초기의 무질서한 행정 체계를 바로잡고 공산 세 력에 대항하기 위해서는 이들의 행정기술과 경험을 이용할 수밖에 없다는 것이 친일파 등용의 명분이었다. 이승만에게 구제된 친일 관 료들이 그에게 충성을 맹서하고 그의 절대 지지자가 된 것은 당연한 귀결이었다고 하겠다.

반민특위에 대한 이승만의 견제는 날이 갈수록 심해졌다. 특위의 활동을 견제하기 위한 특별 담화를 수차 발표하고 특위 위원들을 경 무대로 불러 직접 압력을 가하기도 했다. 이승만의 끈질긴 방해와 압 력에도 불구하고 반민특위는 절대적인 국민의 지지를 받으며 활동 을 계속했으며 많은 친일분자들을 체포, 재판에 회부했다. 반민특 위가 파악한 반민족 행위자 7천여 명 가운데 실제로 조사한 건수는 682건, 이 중 체포가 305건, 검찰 송치 559건이라는 기록을 남겨 놓 고 있다. 그럼에도 불구하고 반민특위 소속 특별검찰부가 기소한 건 은 221건인데 특별재판부가 재판을 종결한 것은 불과 38건뿐이었으 며, 그나마 대부분이 집행유예나 보석으로 풀려나서 실제로 처벌받 은 민족반역자는 거의 없었다. 민족반역자를 철저히 소탕했던 이북 과는 너무나 대조적이었으며 이 때문에 많은 시민들이 이승만 정부 에 대한 비판의 도가 높아졌다고 듣고 있다.

반민특위 활동에 대한 방해 공작은 일본 경찰 출신으로 우리나라 경찰에 자리를 옮겨 앉은 자들이 중심이 되어 추진되었는데 이들은 심지어 자구책의 하나로 요인 암살 계획까지 세웠다고 알려져 있다. 이 계획은 불발로 끝이 났지만 아무튼 이들 친일 세력은 집요하게 반민특위 해체를 위한 음모를 꾸며 나갔다.

1949년 2월 초 이승만은 노덕술, 최연 등 악질 친일 경찰 간부들의 체포 소식을 받고 "근자 조사위원회는 경찰관 2, 3명을 데리고 다니며 사람을 잡아다가 구금, 고문한다는 보도가 있는데 이는 국회가 조사위원회를 조직한 본의도 아니요, 정부로서도 포용할 수 없는 짓"이라는 담화를 발표했다. 이승만은 반민특위가 진행시키고 있던 정부 각 기관 내의 반민법 해당자에 대한 조사를 중지시켰는데 그에 앞서 그가 특위 위원장에게 노덕술의 석방을 촉구했다가 거절당하자 공산 파괴분자들의 활동을 돕는 것이라며 특위 활동을 신중히 하라는 위협적인 담화를 내기까지 했다. 그러나 반민자 공판에 즈음해서 대법원장 김병로는 민족정기를 되살리고 모든 민족의 울분을 일소함으로써 나라의 백년대계를 위한 기틀을 바로잡겠다는 결의를 다짐했다.

이승만 정부는 반민특위의 활동이 한창이던 1949년 5월 하순, 이른바 국회 프락치 사건으로 13명의 국회의원을 구속했는데 그중에는 2명의 반민특위 위원이 포함되어 있었으며 나머지도 친일파의 숙청, 외국군의 철수, 남북 정치회의 개최 등 평화통일 방안을 제시해 오던 소장의원들이 대부분이었다. 그로 말미암아 국회 프락치 사건으로 반민특위의 활동은 크게 위축되었다. 그렇지 않아도 이승만 정부의 비협조와 위협 그리고 친일 세력들의 각종 음모에 시달려 온 위원들은 그때부터 신변의 위협마저 느끼게 되었다.

- 중단된 법 집행

1949년 6월 7일 새벽 친일 경찰들은 경찰관 40명을 출동시켜 반민특위 본부를 습격했다. 이들은 특위 직원과 특경 대원들을 모조리 붙들어 무장해제를 시키고 트럭에 태워 중부경찰서로 연행했다. 소식을 듣고 달려간 검찰총장 겸 특검 책임자인 권승렬도 경찰에게 몸수색을 당하고 사무실에 출입조차 못 하도록 저지당했다. 경찰의 위세는 그야말로 안하무인이었고 눈에 보이는 것이 없는 것처럼 보였다. 적반하장도 유분수(有分數)라고 해야 할 사건이었다. 중부서에 연행된 특위 직원과 특경 대원은 경찰로부터 심한 고문을 당했으며 전체 연행된 35명 중 1개월 이상 치료를 받아야 할 중상자 2명을 포함해서 전치 1, 2주일 이상의 부상을 입은 자가 22명이나 되었다고 한다.

습격이 있은 전날 내무부차관 장경근은 "앞으로 발생할 모든 사태에 대한 책임은 내가 질테니 특경대를 무장해제 시켜라. 웃어른께서도 말씀이 계셨다."라고 이승만의 사전 양해가 있었음을 시사했다. 경찰에 의한 반민특위 피습 사건은 국회에서 큰 논란을 일으켰는데 경무대에서 이승만을 만나고 온 국회 내무치안위원장 라용균은 이 특경대 무장해제는 국무회의를 거치지 않고 대통령이 친히 명령한 것이라고 공개해 의원들의 분노를 돋우었다.

뿐만 아니라 사건 경위 보고차 국회로 불려 나온 내무차관 장경근이 "특경대는 내무부가 인정한 국가경찰관이 아닌데도 특위가 임의로 임명하여 경찰관 호칭을 사용, 신분증명서까지 소지하고 경찰관 임무를 불법적으로 행사했다. 내무부가 누차 그 불법성을 지적, 해산을 종용했으나 특경대의 경찰권 행사가 더욱 늘어나 부득이 강제 해산시켰다."라고 국회가 가결한 법안과 국회 결의를 정면으로 무시하는 발언을 서슴지 않았다. 국회는 결국 내각 총사퇴를 결의하였지만 이 결의안은 실효성이 있는 것이 아니었다. 반면 국회는 정부와 맞서 싸울 기력을 잃고 오히려 반민법 공소시효를 50년 6월 20일에서 49년 8월 31일로 단축시키는 제안을 가결하였다.

반민특위는 반신불수가 되고 특위 위원과 특별 검찰관들도 전원 사표를 냄으로써 반민특위 자체가 물갈이를 할 수밖에 없었다. 그나마 변질된 특위도 얼마 못 가서 해체하게 되고 친일파 숙청이라는 국민 모두의 숙원이었던 사업은 용두사미로 끝을 맺었다.

1949년 9월 22일 사실상 기능이 마비 상태에 빠져 버린 반민특위의 법적인 종말을 짓기 위해 본회의는 반민특위 특별조사기관 및 특별재판 부속기관 폐지안을 가결시켰다. 반민특위 재판부의 미결사건은 단심제로 대법원에서 행하기로 하고 범죄 수사 및 소송 절차와 형의 집행도 일반형사법에 의하여 대검찰청에서 행할 것을 요청하였다. 이로써 반민특위는 유종의 미를 거두지 못한 채 종지부를 찍게 되었다. 그렇게 됨으로써 해방 후 친일파와 친일 잔재의 처리 문제는 흐지부지되고 결과적으로 민족정기의 정립과 사회정의의 구현은 좌절되고 말았다. 자신의 권력 기반 유지를 위해 친일분자들을 감싸고 돈 이승만은 정권의 출범 초기부터 법 위에 군림하는 자세를 국민 앞에 드러낸 격이었다.

처음부터 잘못 채워진 단추는 끝내 제1공화국의 붕괴로 이어지고 그 연장선상에서 뒷날의 군사독재의 원인(遠因)을 제공하는 등 계속 잘못 채워져 나갔다. 우리나라 정치사에 왜곡된 역사가 그려지기 시작한 첫 장이 바로 이 반민특위 활동의 좌절이었다고 볼 수도 있겠다.

4절 정부와 국회의 반목

- 이승만의 국회 경시

반민족행위자처벌법을 둘러싼 제헌국회와 새 정부 간의 반목은 차츰 심각한 도를 더해 갔다. 정부와 국회 간의 마찰은 사실 반민법 문제가 불거지기 전인 정부 출범과 동시에 시작되었다고 보는 것이 옳을 것 같다. 정부와 국회 간의 마찰이라고 하지만 이 마찰은 바로 국회와 대통령 이승만 개인 간의 마찰이라고 하는 것이 정확한 표현일 것이다. 자신들이 압도적인 표수로 뽑은 대통령 이승만에 대한 제헌의원들의 불만과 노여움은 엉뚱한 최초의 총리후보 지명과 기대에 못 미친 총리 임명 그리고 기대에 벗어난 내각 조직 때부터 싹트기 시작했다.

국회의원들은 국무총리를 비롯한 많은 장관들이 기대 이하의 자격 미달 인사들로 채워진 것이 이승만이 국회를 경시하기 때문이라고 여겼다. 의원들이 그를 선출하기 전에 가졌던 존경심은 내각 구성과정에서 많이 줄어든 데다가 국회가 요구하는 대통령의 국회 출석을 번번이 무시해 버리는 이승만의 자세에 큰 배신감을 갖게 되었다.

이승만에 대한 제헌의원들의 불만은 차츰 노여움으로 변해 갔으며 의원들에 대한 정부의 푸대접은 그 노여움에 상승작용을 하게 만들었다. 의원 당선자들 중의 대부분은 매우 어려운 경제사정에 처해 있었다. 일제시대 독립운동에 가담했거나 동조한 탓에 제대로 직장을 구할 수 없었던 인사들도 많았지만 해방 후에 정치운동에 가담한 이들도 각 지역의 유지이면서 경제적으로는 어려움을 겪는 사람이 대다수였다. 많은 지방 출신 의원들이 서울에 주거할 주택을 가지지 못했으며 집을 장만할 만한 재력도 없었다. 하는 수 없이 이들의 상당수가 서울에서 혼자 홀아비 생활을 하거나 일부는 서울에 유학 중인 자제들과 셋방을 얻어 자치생활을 하기도 했다.

- 푸대접 받는 의원들

차를 가진 의원들은 열 손가락으로 꼽을 정도였고 국회의원의 등원은 경전(京電=경성전기회사, 한전의 전신)에서 기증받은 다섯 대의 트럭에 포장을 치고 양편에 의자를 설치한 간이 수송차를 이용했다. 이 트럭 수송차는 동대문, 마포, 용산, 돈암동, 장충동 등 다섯 개 노선을 만들어 의원들을 출퇴근시켰다.

홀로 상경한 많은 지방의원들은 국회의원 숙소로 지정된 서울호텔에 유숙하고 있었는데 거기서 제공하는 식사가 신통치 않았다. 호텔 측은 정부가 지불하는 국회의원들의 식사비용이 너무 적어서 영업 적자를 내고 있다는 이유로 볼품없는 빈약한 식사를 제공해 오다가 그나마도 정부 수립 이틀 전인 8월 13일부터 식사 제공을 중단하고 말았다. 호텔 측은 하루가 다르게 비등하는 물가고(物價高) 때문에 8월 들어 당초에 책정되었던 국회의원 식사비용을 3배로 인상하여 줄 것을 정부에 요구했으나 거절당하자 식사 제공 자체를 중단하고 말았던 것이다. 호텔에서 식사를 못 하게 된 의원들은 부득이 시중의 식당에서 매식을 하게 되었는데 그 비용이 만만치 않았다. 국회의원이라는 체면도 있고 해서 아주 싸구려 밥만 사 먹을 수도 없는 처지여서 경비 지출이 만만치 않았을 것은 뻔했다. 치솟는 물가고에 의원들이 받는 세비(歲費)는 턱없이 부족해졌다.

생활비도 충당하지 못하는 세비를 받는데 정부는 의원들에 대한 배려를 전혀 하지 않았다. 이렇게 불편한 생활이 석 달, 넉 달 지속되자 의원들의 노여움과 정비례해서 반이승만 무드가 급상승 기류를 탔다. 어렵사리 제헌의원으로 당선되어 나랏일에 몰두하고 있는 자신들은 사는 집도 자동차도 비서도 사무실도 없는데 이승만이 채용한 친일파들은 큰 집과 자동차에 호의호식하고 있다는 반감이 갈수록 커져 갔다.

– 친일파 제거 문제로 대립

정부 내의 친일파를 제거해야 된다는 논의는 김인식 의원이 정부 요직에 있는 교통부 장관 민 모, 법제처장 유 모, 상공부 차관 임 모를 거명하면서 이들의 일제 시 친일 행적을 구체적으로 폭로한 탓에 숙청 대상이 될 정부 내 친일분자를 선정하기 위한 임시 특별위원회를 구성하기에 이르렀다. 그러나 행정부는 국회의 이 같은 움직임을 송두리째 무시해 버렸으며 심지어 여론에 시달린 전기 임 모 상공부 차관이 제출한 사표를 반려하는 일까지 생겨 의원들의 심기를 더욱 불편하게 만들었다. 뿐만 아니라 앞서 약술한 국회의사당 안에서의 반민법 제정 반대 전단 살포가 정부 내 친일분자들의 배후 조종에 의한 것으로 추정된 데다가 국회에서 반민법 심의가 시작되자 의원들에 대한 매수 작전이 발각되었고 심지어 협박까지 수반하고 반민법 제정 추진자를 공산당원으로 몰아붙이는 전단이 서울 시내에 살포되는 일까지 벌어졌다.

또 8월 27일에는 국회의사당의 방청석에서 반민법 철회를 촉구하는 전단이 회의 중인 의원들을 향해 던져지는 일이 발생했다.

최초의 국회의사당은 지난 1995년에 철거된 일제시대의 총독부 청사였던 정부 청사의 일각을 빌려 임시 의사당으로 사용하고 있었다. 개인 사무실은 말할 것도 없고 비서조차 둘 수 없는 의원들이 많았다. 지금 생각하면 그 초라한 더부살이 의사당의 볼품이 금석지감을 금하지 못하게 하지만 제헌의원들의 기개나 자부심만은 대단했다.

그런 속에서도 반민법은 오히려 강경한 쪽으로 가닥을 잡아갔다. 때마침 정부에 채용되었던 일제 시의 검사와 경찰 간부들이 자신들의 일제 시 행각을 반성, 사표를 제출했다. 이들의 사표 제출을 이승만의 동정을 얻기 위한 전술의 일환으로 보는 시각도 있었으나 반민법 제정 의원들을 고무하는 작용도 동시에 가져왔다.

– 제헌의원들의 반발

반민법의 제정 과정에서뿐만 아니라 제헌국회 의원들은 이승만이 요구하는 다른 안건도 거의 모두 반대했다. 국회에서 발언할 수 있는 정무위원의 임명을 요청하면 그 승인을 마다하고 정부로 반환하기 일쑤였다. 이유는 임명 요청에 필요한 요건을 제대로 갖추지 못했다는 것이었다. 이승만이 유엔에 파견할 특사에 대한 국회의 지지를 요청하는 통첩을 보내면 요건이 미비하다고 반려했고, 이승만이 미군정으로부터 행정권 인수 작업을 시간이 걸리더라도 꼼꼼히 진행하겠다고 말하면 국회는 조속히 진행해야지 왜 시간을 끌어야 하느냐고 조속한 진행을 촉구했으며, 이승만이 새 나라의 연호를 '민국(民國) 몇 년'으로 하자고 제안하면 국회는 '단기(檀紀) 몇 년'으로 하자고 연호법을 제정하여 그대로 밀고 나갔다.

일반 국민이 보기에 당시의 제헌국회는 이승만이 제안하는 조치는 그것이 좋건 나쁘건 일단 시비를 걸고 이승만이 말하는 것은 대부분 받아들이지 않는 것으로 비쳐졌을 정도였다. 이승만과 국회 간의 마찰은 시간이 지나면서 약간 뜸해지기는 했으나 제헌국회의 임기 내내 계속되었으며, 그것이 국정 운영에 적지 않은 장애 요인으로 작용하였던 것이 사실이다.

5절 보안법 제정

- 보안법 제정의 필요성

제헌국회가 보안법을 서둘러 제정한 데는 그럴만한 이유가 있었다. 5·10 제헌국회 선거에서 볼 수 있었듯이 1948년의 정부 수립 후에도 남한에는 남북협상에 미련을 버리지 못하는 사람들이 적지 않았고, 이들은 여러 가지 방법으로 남한의 단독정부 수립에 반대하는 의사를 분명히 하고 있었다. 정부 수립 후인 9월 12일에는 중앙청 국기 게양대에 북한의 인공기(人共旗)가 게양된 일이 있었고, 13일에는 서대문의 독립문 위에 역시 이북의 인공기가 게양되었다. 인공기는 1948년 9월 9일 평양에 수립된 인민공화국이 국기(國旗)로 정한 깃발이었다.

인공기 게양뿐만 아니라 서울 시내 도처에 '조선인민공화국 만세'라는 전단이 붙여지고 인민공화국의 수립을 전후해서 이를 환영하는 전단이 뿌려졌다. 농촌 지역에서는 인근 산봉우리에 인민공화국 수립을 축하하는 봉화를 올린 곳도 없지 않았다. 국민들의 상당수가 그때까지만 해도 통일된 한국정부 수립에 적지 않은 꿈을 걸고 있었으니 좌익 세력이 그 같은 흔들리는 마음에 불을 지피고 싶기도 했을 것이다.

이북의 김일성은 1948년 8월 15일 남한이 대한민국을 건국하자 25일 후인 9월 9일 평양에 '조선민주주의 인민공화국'이라는 이름으로 북한 단독정부의 수립을 선포했다. 이북의 인민공화국 선포에 앞서 남한에 있는 좌익 세력들이 이른바 지하(地下) 선거의 형식으로 남한 대표를 선출하는 작업을 하고 있었는데, 이렇게 비밀리에 선출된 대표들은 인민공화국 선포 전에 황해도 해주에서 개최키로 되어 있던 남한 지역 인민 대표자 대회에 참석하기로 되어 있었다. 말하자면 남한도 이북의 정부 수립에 참여하는 형식을 취하기 위한 것이었다. 이들 좌익 세력은 남한의 대한민국보다 이북의 인민공화국 선포를 더 크게 환영하고 머지않아 남한이 인민공화국에 흡수될 것을 믿고 또 그렇게 되기를 바라고 있었다.

이러한 좌익 세력의 선동 바람에 국민들의 마음은 동요되고 뒤숭숭해졌다. 난리가 나리라고까지는 생각지 못했으나 많은 국민들이 사회가 무질서해지고 불안해질 것 같은 느낌들을 가지고 있었다. 이렇게 불안 요인이 겹쳐서 생기자 국회의원 32인이 '좌익 계열의 내란'을 방지하기 위해 '대한민국 내란행위 특별처리법'의 제정을 제안하게 된다.

- 법 통과에 무관심했던 의원들

좌익 세력의 민심 선동을 막고 이들의 움직임을 근원적으로 단속하려는 것이 이 법안 제안의 목적이었다. 당초 대다수 의원들은 제기된 이 법안에 그다지 큰 관심을 가지지 않았다. 그래도 법제사법위는 일단 법률의 초안을 작성해서 9월 29일에 이를 본회의에 제출하기로 결의했다. 본회의에 보고된 '내란행위 특별처리법'은 본회의에서 서둘러 처리할 기색을 보이지 않았으며, 국회는 오히려 10월 14일부터 20일간의 휴가를 갖기로 함으로써 법안 심의를 미루고 말았다. 그런데 국회가 휴회로 들어간 지 5일째 되는 날 전남 여수·순천 지역에서 군에 의한 반란이 일어났다. 여수에 주둔해 있던 국군 제14연대 병력이 반란을 주도, 여수와 순천 지역의 좌익 세력이 동조해서 여수와 순천의 치안을 장악했다. 반란군은 여수·순천의 인근 지역인 벌교, 보성, 광양, 구례, 장흥 등지까지 일부 또는 전부를 점령하게 되었다. 휴회로 들어갔던 국회는 곧바로 국회 본회의를 소집, 사건의 전말을 보고 받았으며 그때까지 미루어 오던 '내란행위 특별처리법'의 제정을 서둘게 되었다.

국회의원들은 법사위에 조속한 시일 내에 법안 심의를 마치고 본회의에 법안을 제출해 주기를 촉구했으며, 법사위는 11월 9일 전문 5개항으로 된 '국가보안법'이라는 새 이름의 법안을 본회의에 제출했다. 법사위에서 이 법안의 심의가 계속되고 있는 동안에도 여순 반란 사건은 진압이 잘 되지 않고 진압 차 파견된 일부 군 병력이 반란군에 합세하는 사건이 생겼는가 하면, 11월 2일에는 경북 대구 주둔

제6 연대의 일부 병력이 반란을 일으켰다가 진압군에 밀려 퇴주하는 일이 발생했다.

– 반대파의 통과 저지 공작

보안법안은 그러한 어수선한 분위기 속에서 심의가 계속되었는데 우여곡절 끝에 초안이 본회의에 상정되자 김옥주 의원 외 47명의 의원들이 국보법안의 폐기를 요구하는 동의안을 제출하고 나섰다. 이들이 폐기를 주장한 이유는 '1. 일제시대에 군국주의 유지를 위해 만들어졌던 치안유지법과 같은 내용의 반민주적 국보법을 우리나라에서 만드는 것은 민주주의에 역행하는 모순된 일이며, 2. 민주주의 국가에서 권력으로 사상 문제를 막을 수는 없는 일이며, 3. 이 같은 국가보안을 위한 법률은 국회보다 정부가 해야 할 일이고, 4. 이 법안이 시행된다면 공산당보다 통일운동에 동조하는 애국자들을 다치게 할 우려가 없지 않다'는 것 등이었다.

폐기 동의안은 표결에 부쳐진 결과 재석 122명 중 찬성 37표, 반대 69표로 부결되었다. 찬성표가 제안 의원 47명보다 10표 줄어든 것은 토론 과정에서 10명이 폐기안 지지 의사를 철회했기 때문이다.

폐기 동의안이 부결된 후에도 보안법 반대를 위한 움직임은 집요하게 계속되었다. 법안 통과를 신속히 하기 위해 대체토론을 생략하고 바로 축조 심의에 들어가자는 찬성파의 제의를 반대하는 측은 대체토론의 생략이 불가하다고 반대했다. 1차로 법사위에서 제출된 법안 초안은 정부의 법무장관과 검찰총장이 용어와 형량(刑量) 등에 문제점이 있다는 의견을 제시하였기 때문에 약간의 수정을 가하는 것이 불가피한 일로 보였으나, 문제점이 있다고 의견을 말했던 법무장관과 검찰총장이 막상 수정할 점의 지적을 요구하자 구체적인 수정 내용을 제시하지 않았다. 그래서 법사위는 당초의 초안에 약간의 자구 수정을 가하고는 원안과 거의 동일한 법안을 다시 본회의에 제출했다. 내용이 같은 초안이었기 때문에 이미 16명이나 되는 의원에 의해 대체토론을 충분히 마친 터라서 사실상 토론의 재탕이 필요한 것은 아니었다. 대체토론을 생략할 수 없다는 반대파의 주장은 법 통과를 지연시키기 위한 전술에 불과했으며 표결 결과 이 동의안 또한 부결되었다.

축조 심의에 들어가서도 법안 제1조 심의에서부터 반대파는 1조 자체를 삭제하자는 수정안을 제출하였는데 이도 표결에서 부결되었다. 2조 역시 반대파가 수정을 제의했으나 동의 성립에 필요한 재청자 수의 부족으로 부결되었다. 보안법 반대 지지자의 수가 갈수록 줄어들자 반대파도 더 이상 법 통과 지연을 밀고 나갈 방도를 잃고 말았다. 나중에 일어난 일이지만 국보법을 집요하게 반대했던 의원들의 대부분은 이른바 국회 프락치 사건으로 검거되어 법의 심판을 받게 되고 1심 재판에서 대부분이 징역형을 받게 되었다.

- 통과된 보안법 개요

한편 보안법 제정에 찬성하는 의원들은 기존 형법(刑法, 일제시대 형법을 미군정에서 약간 수정한 것)으로는 국가 전복을 꾀하는 공산당을 처벌하기 힘들고 그 좌익 세력이 국내 각지에서 반란을 일으키고 있는데 그들을 제재하기 위한 법의 제정을 반대하는 것은 그들의 폭동이나 반란을 지원하는 일이며 국보법 폐기를 주장하고 있는 공산당을 돕는 일이 된다는 것을 찬성 이유로 내세웠다. 국보법은 11월 19일 재석 121명, 찬성 84표, 반대 3표, 기권 34표로 가결되었다.

통과된 보안법의 주요 골자는 새로 건국된 나라의 안전을 위태롭게 하는 활동을 규제함으로써 국가의 안전을 확보하자는 것이었다. 전문 6개조로 된 보안법의 제1조는 '이 법은 국가의 안전을 위태롭게 하는 반국가 활동을 규제함으로써 국가의 안전과 국민의 생존 및 자유를 확보함을 목적으로 한다'고 그 목적을 명시하고 있으며, 제2조에서 '이 법에서 반국가단체라 함은 정부를 참칭하거나 국가를 변란할 것을 목적으로 하는 국내외의 결사 또는 집단으로서 지휘통솔 체제를 갖춘 단체를 말한다'고 규제대상을 밝혀 놓았다.

대한민국 최초로 제정된 국가보안법 전문 6조의 내용은 다음과 같다.

제1조 국헌을 위배하여 정부를 참칭하거나 그에 부수하여 국가를 변란할 목적으로 결사 또는 집단을 구성한 자는 죄에 의하여 처벌한다.

1. 수괴(首魁)와 간부는 무기, 3년 이상의 징역 또는 금고에 처한다.
2. 지도적 업무에 종사한 자는 1년 이상 10년 이하의 징역 또는 금고에 처한다.
3. 그 정을 알고 결사 또는 집단에 가입한 자는 3년 이하의 징역에 처한다.

제2조 살인, 방화 또는 운수, 통신 기관 건조물, 기타 중요시설의 파괴 등의 범죄 행위를 목적으로 하는 결사나 집단을 조직한 자나 그 간부의 직에 있는 자는 10년 이하의 징역에 처하고 그에 가입한 자는 3년 이하의 징역에 처한다.

범죄 행위를 목적으로 하는 결사나 집단이 아니라도 그 간부의 지령 또는 승인하에 집단적 행동으로 살인, 방화, 파괴 등의 범죄 행위를 감행한 때에는 대통령은 그 결사나 집단의 해산을 명한다.

제3조 제2조의 목적 또는 그 결사, 집단의 지령으로써 그 목적한 사항의 실행을 합의 선동 또는 선전을 한 자는 10년 이하의 징역에 처한다.

제4조 본법의 죄를 범하게 하거나 그 정을 알고 총포, 탄약, 도검 또는 금품을 공급, 약속, 기타의 방법으로 자진 방조한 자는 7년 이하의 징역에 처한다.

제5조 본법의 죄를 범한 자가 자수를 한 때에는 그 형을 경감 또는 면제할 수 있다.

제6조 타인을 모함할 목적으로 본법에 규정한 범죄에 관하여 허

위의 고발 위증 또는 직권을 남용하여 범죄 사실을 날조한 자는 해당 내용에 해당한 범죄 규정으로 처벌한다.

부칙 이 법은 공포한 날로부터 시행한다.

(이상 제헌국회 의사록에서 전재)

이 국가보안법이 제정된 지 1년 만에 이 법에 의해 검거 내지 입건된 사람이 11만 8,621명이 되었고, 1948년에서 49년 사이에 132개 정당과 사회단체가 해산되었다. 단시일 내에 수감되는 사람이 워낙 많아서 18개 형무소와 1개 형무소 지소로는 수용이 어렵게 되자 2개의 형무소를 급하게 새로 건설하기까지 했으니, 보안법의 집행과 효능이 어느 정도로 작용하였는지 알 만할 것이다.

6절 국회 프락치 사건

- 외군 철수 건의안

정부의 대공 수사관들이 국회 내 소장파 의원들에 대한 수사를 시작한 것은 1949년 3월부터로 알려져 있다. 남북협상파가 주류를 이룬 이들 소장파는 한국의 통일을 저해하는 요인 중의 하나가 미군의 남한 주둔이라고 판단하고 1948년 10월 12일 외군 철수 결의안을 국회에 제출했다. 표현은 외군 철수로 되어 있었으나 북한 지역에 영향을 미칠 수 없는 남한에서의 외군 철수 주장은 곧 미군 철수를 지칭하는 것이었다.

노일환, 이문원 등이 주도한 미군 철수 결의안은 박종남 외 46명의 의원들이 연서로 제출하였는데 대다수 의원들의 반대로 국회에서의 결의안 채택은 불발로 끝나고 말았다. 이들 소장파 의원들은 제5장에서 상술한 국가보안법 제정에도 제동을 걸고 장내 투쟁을 벌였으나 역부족으로 실패로 돌아갔었다. 그러나 김약수, 노일환, 박윤원,

황윤호 등은 국회 프락치 사건으로 이문원 등이 구속된 후에도 미군 철수 후 미군고문단이 남한에 남는 것을 반대하는 서한을 유엔 한국 위원회에 제출하는 등 계속 반미적인 행동을 멈추지 않았다.

국회 프락치 사건을 담당한 합동수사반은 4월 하순에 이문원을 체포하고, 5월 17일에는 국가보안법 위반 혐의로 국회의원 이구수, 최태규 등을 체포했다. 이 와중에도 체포되지 않았던 노일환 등 소장파 의원들은 5월 27일 이문원 등의 석방결의안을 국회에 상정하였으나 대다수 의원들이 이들과의 연계를 꺼려서 석방결의안을 외면하고 말았다. 합동수사팀에 합류해 있던 헌병사령부는 6월 21일 국가보안법 위반 혐의로 국회의원 노일환, 강욱중, 김옥주, 김병회, 박윤원 등을 추가로 체포했고, 4일 후엔 국회부의장 김약수를 마저 체포했다.

– 헌병사령부 주도 합동수사팀

합동수사팀에는 검찰과 경찰 외에 헌병사령부(헌사)까지 합세하였는데 검찰과 경찰 조직에 좌익 프락치가 다수 침투해 있어 수사의 보안 유지에 어려움이 있다는 것이 헌병사령부가 수사팀에 합세하게 된 이유라고 대외적으로 알려져 있다. 그러나 실상은 프락치 사건 자체를 헌사가 주도하고 있었다는 것이 사실이 아니었나 추정된다. 검찰은 체포된 국회의원들을 7월 30일 기소했으며 이들에 대한 수사 과정에서 다시 다른 소장파 의원들의 혐의가 드러나 그들을 추가로 체포하였다.

헌병사령부는 8월 10일 국가보안법 위반 혐의로 원장길, 배중혁, 김영기, 차경모 등을 체포하고, 8월 14일에는 같은 혐의로 서용길, 신성균, 김봉두 등을 체포했다고 발표했다. 이로써 네 차례에 걸쳐 체포된 의원 수는 18명이 되었는데 이들 중 원장길, 김익노, 김영기 등 3명은 혐의가 가벼워서 석방되었고, 구속된 15명 중 차경모와 김봉두는 1차 공판에서 불기소처분되어 최종적으로는 13명이 재판을 받게 되었다.

- 18의원 체포, 13의원 유죄 확정

체포된 13명에 대한 재판은 1949년 11월 17일부터 1950년 3월 15일까지 16회에 걸쳐 진행된 끝에 13명 전원에게 유죄가 선고되었다. 노일환과 이문원은 징역 10년, 김약수와 박윤원은 8년, 김옥주 등 4명은 6년, 최태규 등 5명은 3년의 형이 각각 선고되었다. 피고들은 모두 1심 판결에 불복하고 항고를 하였는데 얼마 후 6·25전쟁이 발발하면서 2심 재판은 받지 못하게 되었다. 전쟁통에 감옥에서 나온 13명 중 서용길 1명만 남한에 남고 나머지 12명은 모두 북으로 간 것으로 알려져 있다.

국회 프락치 사건은 다분히 진보적 중도파 세력에 대한 정치적 응징의 성격을 띤 것이었다고 볼 수 있다. 이들 소장파들은 미국으로부터의 자주성 확보, 평화통일, 사회주의 경제원리, 친일파의 엄중처단 등 이승만이 지향하던 정치노선에 정면으로 반대하는 주장을 내세우고 지속적으로 원내 투쟁을 이어가고 있었다. 이들은 김구와 여운형이 이끌던 좌우합작을 지향하는 중도진영의 조직이 몰락하거나 총선을 거부한 후에도 제헌국회에 진출하여 중도진영의 세력 정비를 꾀하고 있었다. 여운형이 암살당하고 김구와 한독당만이 대표적인 중도 협상 세력으로 남게 됨에 따라 이들 진보적 중도파는 김구를 중심으로 모여들었던 것으로 보인다. 이러한 사실 또한 이승만의 비위를 거슬러 놓은 요인이었다.

- 중도 진영의 방황

사실 좌우합작을 주도한 중도 진영의 소장파들은 김구가 암살되기 전에 경교장 출입이 잦았던 것으로 알려져 있으며 그러한 소장파들의 움직임 때문에 국회 프락치 사건이 발생하자 김구를 이 사건에 관련시키려는 일부 우익 세력도 없지 않았지만 그의 관련설을 입증할 만한 물증은 나오지 않았다.

그렇지 않아도 김구가 남북협상에 실패하고 돌아온 후 그에 대한 반대 세력의 정치공세는 치열했다. 정부 관계자들이 김구를 국회 프락치 사건의 배후 조종자로 몰아 정부 전복의 음모를 꾸몄다고 비난한 일이나, 설산 장덕수 피살 사건을 한독당 계열의 짓으로 주장, 한독당 간부를 공범자로 체포 구금한 사건들이 모두 김구의 정치적 실각을 겨냥한 반대파(이승만 지지 세력으로 추정)의 짓이었다고 김구 지지자들은 믿고 있었다.

특히 장덕수 암살 사건에서는 하수인인 박 모가 철저한 김구 숭배 자였을 뿐만 아니라 남북협상을 지지하는 자였다는 점에서 김구를 암살 배후와 연계짓기가 어렵지 않았을 것으로 보인다. 김구는 암살 범을 재판하는 군사법정에 두 차례나 증인으로 출두하기도 했다. 결 과적으로 이 장덕수 암살 사건은 이승만이 우익 진영의 유일한 영도 자로 자리를 굳히는 데 결정적 계기가 되었다고 말할 수 있다.(이형, 《조병옥과 이기붕》, 62쪽 참조)

물론 김구와 소장파의 연결은 무슨 구체적이고 조직적인 것이 아 니라 다분히 원칙적인 것이었지만 그들은 자주정부, 민족통일, 친일 파 처단 등의 원칙에서 김구의 한독당과 일치하는 바가 있었던 것이 사실이다. 그러나 정치 조직의 구성이나 합작을 추구한 것은 아니었 던 것으로 알려져 있다. 결국 이들은 남로당과 연계되어 남한정부를 전복시키려는 공산주의 음모에 가담했다는 죄목으로 체포되고 몰락 의 길을 걷게 된다.

앞에서 소개한 합동수사팀은 남로당이 노일환을 포섭하고 노일환 이 남로당이 제공하는 자금으로 소장파 의원들로 하여금 미군 철수 를 요구하는 국회결의 추진에 힘을 실어주도록 조종했다고 그들의 죄상을 밝혔다. 또 이문원에 대한 남로당의 접근은 1949년 1월부터 시작되었던 것으로 합동수사팀은 보고 있었는데, 검찰 수사 과정에 서 남로당에 가입했다고 자백했던 이문원이 재판에서는 이를 부인 하는 바람에 남로당이 주장하는 미군 철수를 앞장서서 추구했다는 사실 외에는 남로당과 관련된 그의 구체적인 활동의 증거는 밝히지 못하였다. 다만 남로당 중앙당의 월북문건(남로당의 활동 상황을 북한에 있는 남로당 지도자 박헌영에게 보고하는 문서) 운반자로 지목된 모 여인한 테서 압수한 문서에 이문원, 노일환 등을 상대로 한 공작 활동 개요가 기록되어 있었다는 내용을 가지고 소장파 국회의원들의 체포에 자신을 얻었던 것으로 밝혀졌다.

1심 재판에서 전원 유죄 판결을 받은 피고인들은 모두가 항고했으나 6·25전쟁의 발발로 국회 프락치 사건이 1심 재판의 선고만으로 끝을 맺고 2심을 열지 못한 채 피의자의 거의 모두가 북으로 가버린 탓에 합동수사팀의 수사가 명백한 결말을 짓지 못하고 만 셈이 되었다.

7절 내각책임제 개헌안 논의와 예산안 시비

- 한민당의 개헌안 추진

　건국헌법 제정 과정에서 대통령 이승만의 강한 압력에 당초의 내각책임제를 포기하고 대통령중심제를 받아들였던 한민당은 내각 구성에서까지 이승만으로부터 철저히 외면당하자 이승만의 독선을 저지하기 위해서는 정부 형태를 본시의 원안대로 대통령책임제에서 내각책임제로 개헌하는 길밖에 없다고 결심하게 되었다.

　개헌 문제에 관해서는 이 같은 정부 형태뿐만 아니라 2년으로 정해진 제헌의원의 임기를 4년으로 연장하자는 논의도 일고 있었다. 기왕에 개헌을 할 바엔 국회의원 임기 연장도 동시에 하자는 의견을 가진 의원들의 수가 적지 않았다. 한민당은 임기 연장 희망자와 이승만의 독선에 반감을 가진 많은 의원들을 포섭하면 개헌이 쉽게 이루어질 가능성이 있다는 계산을 하게 된다. 그렇지 않아도 한민당은 개헌에 필요한 의원 수 확보를 위해 이승만에 비판적인 국민당과 합당하여 민국당을 새롭게 발족시킴으로써 원내 제1당의 세력을 형성하는 데까지는 성공했다. 그러나 새로 구성된 민국당 소속의원만으로는 개헌안 통과에 필요한 재적의원 3분의 2(133명) 이상을 충족하기에 크게 미달이었다.

50년 1월 19일 공식적으로 내각책임제 개헌 추진을 결정한 민국당은 1월 27일 79명의 의원 이름으로 내각책임제 개헌안을 국회에 제출했고, 국회의장 신익희는 당일로 이를 대통령에게 전달, 이승만은 2월 6일 이를 공고했다.

- 이승만의 극렬 반대

이에 앞서 이승만은 내각책임제가 정치 불안을 초래하기 쉬운 제도이므로 우리 실정에 맞지 않을 뿐만 아니라 그런 개헌을 추진하는 것은 국가를 혼란에 빠뜨리는 것이므로 개헌 공작을 즉시 중단해야 한다고 성명하고, 개헌 저지를 위한 중립성 의원들의 포섭에 발 벗고 나섰다. 이승만의 조직적 의원 포섭 공작은 국회 부의장 윤치영에 의해 선도되었다. 윤치영은 개헌 저지를 목적으로 한 대한국민당이라는 새 정당을 결성, 소속 의원들로 하여금 개헌 저지에 앞장서도록 독려했다. 대통령 이승만의 후광을 등에 진 새 정당은 창당 작업 개시 1개월도 되기 전인 1월 26일에 창당을 마치고 윤치영, 이재형 등 52명의 의원들을 참여시켰다. 국민당은 창당과 동시에 개헌 저지 운동을 전개한다고 선언했다.

내각책임제 개헌안 제출에 대해서 이승만은 "만일 국회의원 전부가 내각책임제를 찬성하여 헌법을 개정한다고 하더라도 나는 대통령의 지위를 포기하고서라도 국민과 함께 내각책임제 반대 투쟁을 벌일 것"이라고 선언을 했다. 이승만의 이 같은 강경한 개헌 반대 발언에 대해 국회의장 신익희는 그에 맞서는 개헌 지지 선언을 발표하였으며 찬성·반대 양 파는 각기 중립적인 국회의원 포섭에 나섰다.

– 개헌안 부결

개헌안은 공고된 날부터 30일이 지난 3월 3일 국회 본회의에 상정되어 5일간의 찬반 토론을 거친 후 3월 13일 표결로 들어갔다. 표결 결과는 예상했던 대로 재석 179명 중 찬성 79, 반대 33, 기권 66, 무효 1로 부결이었다. 기권 표가 많았던 것은 내각제 반대파가 포섭한 의원들의 반란 표를 막기 위해 그들에게 기권을 하도록 요청했기 때문인데, 포섭 대상이 그토록 많았던 것은 많은 의원들이 여당과 정부의 힘에 밀린 데다가 경제적인 어려움을 안고 있는 의원들이 의외로 돈 공세에 약했던 탓으로 해석되었다. 끝까지 중립 성향의 의원과 여당인 국민당 일부 의원들의 동조를 기대했던 민국당 측은 투표를 비밀 투표로 할 경우 상당한 반란 표가 나올 것을 기대하고, 또 전에 내각책임제에 찬성했던 의원들이 비록 개헌 반대파들의 금전적 지원을 받았다고 하더라도 정치적 양심에 의해 제대로 개헌에 찬성해 주리라고 너무 안이하게 계산하고 있었던 것 같다.

사실 개헌안에 대한 국민여론은 대체로 비판적이었다. 특히 제헌 의원들의 임기 연장 문제에 대해서는 국민 대다수가 반대 의사를 가지고 있었는데 자기네들이 스스로 정한 자기네들의 임기를 그 임기 내에 다시 스스로의 손으로 고친다는 것이 상식적으로 있을 수 없는 일이며 염치없는 짓이라고 지적하는 목소리가 컸다. 이러한 여론에 밀려 임기 연장을 추진하던 의원들은 자신들의 주장을 접지 않을 수 없었다.

내각제 개헌 문제에 대해서도 한국 최초의 건국헌법을 직접 제정한 제헌국회가 1년 남짓밖에 안 된 시기에 크게 손질한다고 하는 데 대해 좋은 느낌을 갖지 않는 사람들이 많았다. 애당초 내각책임제였던 헌법 초안이 이승만의 고집으로 하루아침에 대통령책임제로 바뀐 사연을 정확히 모르고 있는 사람들은 말할 것도 없고, 저간의 사정을 아는 정치인이나 지식인들조차 시기적으로 서둘러 개헌하는 데 회의를 가지고 있었다. 대통령제를 하더라도 의당 정권의 실권은 자신들이 장악할 것이라고 믿은 나머지 이승만의 요구를 수용했던 한민당의 속셈에 대해서도 많은 국민들은 좋지 않은 시선을 보내고 있었던 것이 사실이다. 국민들은 이승만한테 배신당한 한민당이 앙갚음을 하기 위해 개헌을 강행하려 한다고 알고 있었던 것이다.

그러한 여론의 움직임을 알면서도 대통령의 전횡을 막기 위해서는 내각책임제가 반드시 성취되어야 한다고 믿는 사람들은 제헌국회에서 개헌안이 통과되지 못하면 그 실현이 앞으로는 더욱 어려워질 것이라는 전망을 가지고 있었다. 총선에 의해 구성될 제2대 국회에서의 세력 분포가 여당에 유리하고, 야당이 제헌국회에서보다 더 열세에 놓일 가능성이 크다고 본 개헌 추진파는 끝내 일부 여당 성향 의원들의 동조를 한 가닥 희망으로 삼고 개헌안을 밀고 나갈 수밖에 없었던 것으로 보인다.

― 법정기일 넘긴 새해 예산안

50년 새해 초부터 표면화되었던 개헌 논쟁과 여야 간의 줄다리기는 근 3개월을 끌면서 한국 정가(政街)를 소용돌이 속으로 몰아갔으나 표면상으로는 아무런 변화나 소득 없이 끝을 맺게 되었다. 그 통에 정부는 49년 11월 말까지 제출하도록 되어 있는 1950년도 예산안을 3월 중순이 넘도록 제출하지 못하였다. 신년 예산안을 제출하지 못한 행정부는 매달 월별 가예산을 제출하여 국회의 승인을 받아 집행을 해야 하는 형편이 되었다. 정부의 예산안 제출 지연이 정부와 국회 간의 쟁점으로 대두된 것은 당연한 귀결이었다.

개헌 싸움에서 패배한 야당은 제출이 법정기일을 넘긴 예산안을 가지고 새로운 정부 공격거리로 삼을 작전이었다. 개헌 싸움이 있은 후 대다수 의원들은 불과 2개월 정도밖에 남지 않은 제2대 국회의원 선거에 모든 신경이 가 있을 수밖에 없었는데, 이승만은 이를 교묘히 이용해서 의원들이 예산안을 조속히 통과시킬 수밖에 없도록 의원들의 신경을 건드리는 전략을 세웠던 것이다. 제헌국회의 5·10선거 때는 남북협상 관계 등으로 출마를 포기했던 많은 유력한 정치인들이 대거 출마할 것이 예상되고 있는 데다가 자격을 갖춘 엘리트 젊은 정치 지망생들이 여러 지역구에서 표밭을 갈고 있었기에 예산안에 얽매여 지역 선거구에 내려가지 못하고 서울에 발이 묶여 있는 의원들로서는 초조하기 짝이 없었다.

– 예산안 줄다리기

마음은 콩밭에 가 있는데 예산안 때문에 갈 수 없는 의원들의 초조한 심리를 이용해서 이승만은 "그동안 개헌 문제로 국회가 중요한 국사(國事)를 돌보지 못하였으니 민생에 관한 주요 안건과 시급한 국정에 관한 안건의 처리를 위해 제2대 국회의원 선거를 6월 말까지 연기하는 것을 검토해 달라."라고 국회에 통고했다. 제헌국회의 임기가 5월 30일로 끝나도록 못 박혀 있는 판에 임기를 단 며칠이라도 연장하는 것은 말이 안 되는 주장인데도 불구하고 이를 익히 알면서 이승만은 그 같은 억지 제안을 서슴없이 들고 나온 것이다.

예정대로 5월 중에 선거를 한다면 대부분 의원들이 지역구에 내려가야 하니까 사실상 국회는 개점 휴업 상태가 될 것이고 그렇게 된다면 국회가 긴요한 안건처리를 하지 못하게 될 것인즉, 선거일을 연기해야 한다는 것이 이승만이 내세운 이유였다. 이승만의 그 같은 발상은 위헌임을 알면서 던져 본 정치적 제스처였을 가능성이 농후해 보였지만 당사자인 의원들은 말할 것도 없고 모든 정당 정치단체들과 여론이 한목소리로 반대하고 나섰다.

그러나 이승만은 이들의 비판에 아랑곳하지 않고 제2대 국회의원

선거가 11월까지 연기될지도 모른다고 외신기자회견에서 한술 더 뜨는 엄포를 놓았다. 그러나 비판의 목소리가 비등해지자 이승만은 선거를 5월 30일에 실시하겠다고 발표하면서 3월 26일에 1950년도 예산안을 국회에 제출했다. 선거일까지 두 달 남짓밖에 남지 않은 시점에서 선거를 눈앞에 둔 의원들이 예산안을 제대로 심의하기는 어려운 노릇이었다. 분노한 의원들이 예산안의 심의를 다음 국회로 미루고 우선 4~5월분 가예산을 통과시켜야 한다는 쪽으로 의견이 기울자 이승만은 다시 11월 총선 카드를 들고 나왔다. 그는 담화를 통해 예산안 제출이 늦어진 사유를 말하고 미국 경제원조를 차질 없이 받으려면 조속한 예산안 통과가 필수라는 것을 강조했다.

담화의 내용은 예산안이 늦어진 것은 미국이 경제원조의 전제 조건으로 균형 잡힌 예산안 편성을 내세운 탓에 균형 예산을 짜기 위해 시간이 많이 소요되었는데, 그나마 미국의 원조를 지체 없이 받으려면 빠른 예산안 통과가 전제되어야 하므로 국회가 예산안 통과를 지연시켜서는 안 된다는 것이었다. 그런데 국회가 예산안을 심도 있게 심의하려면 총선을 11월로 연기할 수밖에 없지 않느냐는 식의 논리를 폈다. 요컨대 국회가 예산안을 가지고 농간을 부린다면 선거를 연기해서 5월 이후 국회가 없는 상황을 만들 수도 있으니 알아서 하라는 엄포였다.

예산안을 조속히 통과시키든지 선거구에 내려가지 못해 낙선의 낭패를 감수할 것인지 양자택일을 하라는 얘기였다. 국회의원들은 분개했다. 그러나 법을 외면하고 있는 이승만을 상대로 국회가 할 수 있는 것은 타협하는 일뿐이었다. 야당인 민국당이 나서서 예산안을

4월 30일까지 통과시켜 주고 총선을 5월 중에 실시하도록 타협하자고 뜻을 모아 경무대에 이를 전달했다. 이승만은 두말없이 이를 받아들였다. 그가 국회의 타협안을 즉각 받아들인 것은 그럴 수밖에 없었던 이유가 있었기 때문이다. 그때 벌써 이승만은 미국 국무부로부터 총선 연기가 있어서는 안 된다는 전갈을 받고 있었던 것이다.

이승만 스스로도 총선을 연기해서 국회의 공백 기간을 만든다는 것이 법에도 어긋나고 국민들도 모두 반대하고 있다는 것을 잘 인지하고 있었다. 이승만이 5월 총선을 약속함으로써 예산안 문제는 일단락을 지었으나 이승만과 국회의 대립은 그 후에도 계속되었다.

8절 휴회로 끝맺은 제헌국회

- 말썽 빚은 의원선거법

1950년 3월 17일에 국회가 통과시킨 국회의원선거법은 부칙에 친일파들에게 피선거권을 부여하지 않는다는 조항을 붙이고 있었다. 이것이 말썽이 되었다. 당시 정부에는 이승만이 등용한 많은 친일 세력이 자리를 잡고 있었고, 이들 중 상당수가 국회의원 선거에 출마하려고 기회를 엿보고 있었다. 이들을 포함해서 일제시대의 고위 관직자들은 제헌국회 선거 때엔 입후보할 수가 없었는데, 반민법의 퇴색으로 이들 중 상당수가 제2대 국회에 출마할 야심을 가지게 된 터여서 이들 정치지망생들이 그들의 입후보를 견제하는 선거법 부칙에 반대하고 나선 것이다. 반민족처벌법으로 일부 친일파들이 이미 법의 심판을 받은 데다가 처벌법도 이제 소멸되었는데 왜 면죄부를 받은 사람들까지 공민권을 제한하는가 하는 것이 이들의 항의였다. 일제시대 고시(高試=고등고시)에 합격해서 판·검사를 지내던 법조인들이 주가 되어 비판의 소리를 이끌었다.

이승만은 국회에서 이송되어 온 선거법을 4월 3일까지 쥐고 있다가 거부권을 행사, 국회로 반송했다. 국회는 크게 분개하면서도 하는 수 없이 비판의 대상이 된 몇 개 조항을 수정해서 다시 정부로 이송했으며 정부는 4월 12일에야 국회의원선거법을 공포했다. 선거법이 우여곡절을 겪은 것은 역시 국회와 대통령 사이의 정치적 기 싸움이 그 원인이었던 것으로 풀이된다.

- 총리 지명으로 신경전

양자 간의 갈등은 선거법 공포 이후에도 지속되었다. 이승만 대통령이 자진 사퇴한 이범석 총리의 후임으로 통과 가능성이 희박한 이윤영을 다시 총리로 지명했기 때문이다. 이윤영은 바로 건국 직후 초대 국무총리로 이승만이 지명을 요청했다가 압도적인 표수로 부결된 인물이었다. 그렇게 부결시킨 바 있는 장본인을 별다른 상황의 변화도 없이 다시 구성원이 같은 국회에 지명을 요청해 온 것 자체가 국회를 경시하는 행위라고 볼 수밖에 없는 일이었다. 이승만은 부결될 것을 익히 알면서 후속 수단을 미리 준비해 놓고 의도적으로 그의 지명을 요청한 것으로 보인다. 결과는 당연히 부결이었다. 반대 84표에 찬성이 68표였는데, 이는 개헌안에 반대했던 이승만 지지자 중에서 약 3분의 1가량이 인준 반대로 돌아섰음을 말해 준다.

총리 지명이 국회의 반대에 부딪치자 이승만은 총리 지명을 예산안 통과 후로 미루겠다고 맞섰다. 그러자 국회도 맞짱을 불렀다. 총리를 장기간 공석으로 둘 수 없으니 정부가 총리 지명을 요청하지 않으면 우리가 추천하는 인물 중에서 고르기라도 하라는 식으로 원내 각 정파별로 1명씩 조병옥과 신흥우, 윤치영 등을 이승만에게 추천했다. 총리 지명을 미루겠다는 이승만의 자세를 비꼬는 듯한 결의였다. 그러나 이승만은 이에 지지 않고 기다렸다는 듯이 그들 국회가 추천한 인물을 무시해 버리고 국방장관이던 신성모를 총리서리로 임명했다. 신성모를 총리로 지명하더라도 인준될 가능성이 거의 없었으므로 그를 총리가 아닌 서리로 임명했던 것인데 국회가 이를 용납할 리 없었다. 총리서리의 임명이 불법이라고 국회에 보내온 이승만의 총리서리 임명 공한의 접수를 거부, 정부에 반송하고 말았다. 이승만은 국회의 반발에 아랑곳하지 않고 신성모에게 4월 22일부터 총리 직무를 수행하도록 지시했다.

- 콩밭에 마음 뺏긴 의원들

선거에 마음이 급해진 의원들은 총리서리의 총리직 수행이 위법이라고 규정하고 이에 대한 항의를 4월 24일에 속개키로 한 국회 본회의에서 제기하기로 합의했다. 그러나 그 합의는 공수표로 끝나고 말았다. 4월 24일에 국회가 문을 열기는 했으나 성원을 이루지 못했다. 등원한 의원의 수는 재적의원의 3분의 1이 안 되는 62명에 불과했다. 성원에 필요한 정족수는 재적 과반수였으므로 재적의원 3분의

1에 못 미치는 출석으로는 국회가 자동으로 유회될 수밖에 없었다. 문제는 성원 미달로 회의를 열지 못하게 된 국회는 국회 폐회조차 할 수가 없다는 사실이었다.

제헌국회의 마지막 회기를 5월 20일까지로 이미 정해 놓았던 탓에 그 전에 폐회를 하자면 본회의를 열어 회기를 변경할 필요가 있었는데 본회의 자체를 열 수 없는 처지로서는 5월 20일까지 자동 유회를 계속하다가 제헌국회의 막을 내릴 수밖에 없게 된 것이다. 국무총리 서리 임명의 불법성을 따져 사태를 바로잡자는 본회의의 합의사항도 자동으로 불발로 끝났다. 국회의장 신익희는 본회의가 성원이 되지 않으므로 회기가 만료되는 5월 20일까지 휴회에 들어간다고 선언하고 선거가 끝난 후인 6월 초에 폐원식을 거행한다고 고시했다.

국회 유회를 기다리고 있었다는 듯이 이승만은 4월 28일 기자회견에서 국무총리의 공식 지명은 총선 후에 하겠다고 발표했다. 유회에 상관없이 선거 전에 총리 문제 같은 것으로 국회를 열 필요가 없다고 못 박은 셈이었다. 국회의장은 국회의 유회 사태에 책임을 져야 할 입장이었기에 5월 11일에 국회를 속개한다고 일단 공고했으나 선거 전에 국회 성원이 불가능하다는 것은 자명한 일이어서 5월 11일에도 성원이 안 되면 자동 폐회되는 것으로 간주하겠다고 발표했다. 예상했던 대로 5월 11일에 출석한 의원은 82명에 불과했고 그래도 폐회식을 해야 된다는 출석 의원들은 하루를 더 기다려 보기로 했으나 다음 날은 전날보다 출석 의원수가 더 줄어들었다. 하는 수 없이 휴회로 들어간 국회는 폐회식을 선거 후인 6월 초에 거행한다고 공시했다. 그리고 제헌국회의 폐회식은 선거가 끝난 3일 후인 6월 2일에 거행되었다.

– 중도파의 대거 진출

남북협상의 꿈을 버리지 못하고 5·10 제헌국회 선거에 참여하지 않았던 많은 중도파 정치지망생들과 친일파라는 낙인 때문에 5·10 선거에 출마할 수 없었던 일제시대의 고위직 공무원 중 상당수가 제 2대 국회 출마를 위해 많은 사전 준비를 하고 있었다. 이들의 활발한 움직임에 자극이 되어 선거운동이 다급해진 현역의원들이 하루빨리 귀향을 하기 위해 예산안도 건성으로 통과시키고 대통령의 지나친 월권 행위에도 제대로 대응하지 못한 채 제헌국회의 마지막을 유회 사태로 끝맺었다는 것은 앞에서 지적한 바 있다. 당시 이른바 중도파 로 간주되어 있던 민족자주연맹과 남북협상에 가담했던 한독당 인 사들 중 상당수가 유력한 당선 후보자로 거명되고 있었다.

남북협상에 참석했던 두 거물급 정치인 중 김구는 암살을 당하고 김규식은 출마에 뜻이 없음을 분명히 했다. 영도자 김구를 잃은 한 독당의 일부 김구 측근들은 총선에 소극적인 태도였으나 출마에 뜻 을 둔 한독당 간부들이 더 많았던 것으로 알려졌다. 출마에 뜻이 없 었던 김규식은 다른 중도파 인사들의 국회 진출을 적극 권유했다. 앞에서 소개한 것처럼 제헌국회가 당초에 제정한 의원선거법은 친 일파의 피선거권을 크게 제한하는 것이었으나 이승만의 거부권 행 사로 그 선거법이 국회로 반송되고 시간에 쫓긴 의원들이 친일파에 대한 제한 조항을 수정, 그들에게 후보의 길을 터주자 일제하에서 고급관리를 지낸 반민법 대상자들이 대거 국회에 나설 준비를 서두 르고 있었다.

이와 같이 남북협상파인 민족자주연맹, 한독당, 중도파를 자처하는 무소속 사람들이 대거 선거전에 발 벗고 나서고 있었다. 개헌 공방과 선거법 등 정부와의 갈등으로 국회에 발목을 잡혀 있던 제헌의원들은 선거전에서 적잖게 불리한 여건에 처해 있었다. 정부는 4월 12일에야 5월 30일 선거를 공고했고 급히 귀향을 하게 된 제헌의원에겐 이미 딴 경쟁자들에 의해 조성된 화끈한 선거 분위기가 기다리고 있었다.

5월 5일 입후보자 등록이 마감되었는데 210명의 정원수에 2,209명이 등록을 마쳐 평균 경쟁률이 10.5대 1이나 되었다. 입후보자의 약 70퍼센트가 무소속으로 등록한 것이 가장 큰 특징이었다.

– 5 · 30선거의 분위기

5 · 30선거는 5 · 10선거에 참여한 세력과 5 · 10선거를 거부한 세력 간의 경쟁이 되었다. 참여 세력은 이승만을 지지하고 내각책임제를 반대한 세력과 이승만에 비판적인 내각제 개헌 찬성파로 나뉘어져 있었다. 여당 성향의 세력이 야당 세력인 한민당계보다 크게 우세한 편이었으나 여당 성향의 정당과 단체들은 많은 선거구에서 각기 후보자를 내어 지지 세력을 서로 깎아먹는 양상을 노정했다. 이렇게 5 · 10선거 참여 세력은 여와 야로 나뉘고 여는 그 속에서 핵분열을 일으키고 있는 데 반해 남북협상을 통한 평화적 남북통일을 앞세운 5 · 10선거 거부 세력은 막후 조정에 의해 동일 선거구에서의 상

호 경합을 최소화시켰다.

대통령 이승만은 명확하게 여당이라는 존재가 없는 상황에서 자신을 지지하는 정당이나 정치단체 중 어느 한쪽을 지지하기가 어려운 처지에 있었으며, 굳이 어느 쪽을 지지하려는 의도도 없는 것으로 보였다. 그러나 그는 선거 전에 지방순시를 하면서 이북이 남침 준비를 하고 있다는 점을 강조하고 국방의 중요성을 지적함으로써 국방의 중요성을 역설하는 여당 성향 입후보자를 암암리에 지지하고 있었다. 5·10선거를 부정한 세력이 국회에 많이 당선되어 나오면 나라가 불안해지니 이들을 지지하지 말 것도 호소하고 그렇게 함으로써 자신을 지지하는 세력의 국회 진출을 간접적으로 지지했다. 그러나 그 이상의 직접적인 어느 계파의 선거 지원은 하지 않았다.

5·10선거 참여파와 거부파 간의 싸움은 결과적으로 무소속의 압도적 진출에서 알 수 있듯이 불참파의 승리로 나타났다. 당시 유권자들의 정치의식 수준은 비교적 얕은 편이어서 정치적 성향이나 소속당의 정강 정책보다 지방의 유지, 후보자의 지명도 등에 더 큰 지지 비중을 두고 있었던 것 같다. 물론 도시 지역에서는 정치노선이나 정치 이념 등이 지지자 선정에 상당한 영향력을 가지고 있었으므로 무소속으로 출마한 5·10선거 불참 정치인이나 이들의 정치 경력 그리고 세간에 잘 알려진 명망가들이 많이 당선될 수 있었다. 5·30선거에서 총 의석 210석의 거의 3분의 2에 가까운 무소속이 당선된 연유가 이런 데 있었다고 하겠다.

그리고 또 하나 밝혀 두어야 할 사실은 제헌국회 의원의 재선율이 15퍼센트 정도인 31명밖에 되지 않았다는 사실이다.

- 허무하게 막을 내린 제헌국회

정부와 국회 간의 알력은 결국 제헌국회의 마지막을 허무하게 맺도록 만들었다. 4월 22일 이승만이 보내온 총리서리 임명 공한을 반려하던 날 마음이 온통 선거구에 가 있는 의원들은 예산안을 통과시켰다. 예산안의 심의는 수박 겉핥기로 진행되어 따져야 할 항목 하나 따지지도 못하고 대충 심의를 마무리 지었다. 예산안을 가지고 시일을 끌다가는 5월 말 선거를 약속한 이승만이 또 마음을 바꾸어 선거 날짜를 연기하겠다고 나올까 봐서 웬만한 것은 그냥 눈감고 넘겨 버리기 일쑤였다. 이승만은 이 같은 국회의 태도에 보상을 하듯 4월 19일 선거일을 5월 30일로 미룬다는 공고를 발표했다.

선거 일자가 한 달 남짓밖에 남지 않은 마당에 그렇지 않아도 대충대충 심의를 하고 있던 예산안을 더 이상 주무르고 앉아 있을 틈이 없었다. 국회는 바로 4월 22일에 1950년도 예산안을 통과시켰다. 예산안 통과를 기다리기라도 한 듯이 바로 그날 신성모 총리서리의 총리직 임무 수행을 지시했던 것이다. 선거에 마음이 급해진 의원들은 총리서리의 총리직 수행이 위법이라고 규정하고, 이에 대한 항의를 4월 24일에 속개키로 한 국회 본회의에서 제기하기로 합의를 한다. 그러나 그 합의는 공수표로 끝나고 말았다.

4월 24일에 국회가 문을 열기는 했으나 성원을 이루지 못했다.

제2대 국회

1절 피난 국회-1

- 제2대 국회 초의 계파

1950년 5월 30일의 제2대 국회 총선에는 5·10선거 때와는 달리 공산 세력을 제외한 모든 정당, 사회단체 정치인들이 적극적으로 참여했다. 5·10선거 때는 남한의 단독정부 수립을 반대한 좌익 계열이 아닌 민주 진영의 중도협상파가 총선에 참여하지 않았다. 그 결과 제헌국회는 한민당 계열과 이승만 지지 세력만이 진출할 수 있었다. 그러나 5·30선거에는 민주 진영의 중도파 정치인들이 대거 출마하게 되어 10.5대 1이라는 높은 경쟁률을 나타냈다.

이 선거의 특징은 선거전에서의 대립이 이승만 지지에서 등을 돌린 민국당과 이승만 지지 세력인 국민당 간의 싸움이 아니라, 이들 두 당을 포함한 보수 세력과 민족자주연맹 등으로 대표되는 혁신 세력 간의 대결이었다는 점이다. 보수와 혁신의 대결은 이념적인 대결 양상을 띠게 되었다. 민국당은 내각책임제 개헌과 독재정치 배격, 국민당은 대통령 직선제 개헌 지지 등으로 정책적인 면에서 서로 다른 주장을 폈으나, 혁신정파들은 민족사회주의적인 경제정책과 남북협상을 통한 평화적 조국 통일을 주장함으로써 보수 세력과는 판이한 색채를 보였다.

혁신계 후보들의 선거공약이 정치이념에 입각한 것이라고 한다면 여·야의 보수정당들의 그것은 다분히 정치적 이해에 얽힌 듯한 인상을 주는 것이었다. 당시 보수 세력 간의 정치 싸움에 염증을 느끼고 있던 일반 국민들, 특히 지식인들의 호응이 혁신 세력 쪽으로 많이 기울어져 있던 것이 사실이다. 선거의 결과는 총 의석 210석 중 3분의 2에 가까운 126석이 무소속, 대한국민당의 24석을 비롯한 여당계가 57석, 민주국민당을 포함한 야당계가 27석에 머물렀다. 조병옥, 김준연, 백남훈 등 민국당의 거물급 간부와 국민당의 윤치영 등이 대거 낙선되고, 조소앙, 원세훈 등 민족주의 좌파와 장건상 등 사회주의 계열 그리고 중도좌파 인사들이 크게 진출했다.

제헌의원의 재선은 31명에 불과했다. 이러한 원내 세력 분포에도 불구하고 민국당의 신익희가 의장으로 당선된 것은 새로 진출한 반이승만 세력이 신익희를 지지했기 때문이다. 야당계인 신익희 의장과 역시 야당계인 조봉암, 반이승만으로 돌아서 있던 신라회(新羅會)의 장택상의 부의장 선출은 제2대 국회 임기 중, 이승만 정권과 국회간의 대립의 폭을 깊게 만들 조짐을 뚜렷이 나타내는 것이었다.

- 개원 6일 만에 6 · 25전쟁 발발

제2대 국회는 5 · 30선거가 있었던 다음 날인 31일에 구성은 되었으나 구성 19일째 되는 6월 19일, 6 · 25전쟁이 발발하기 엿새 전에 첫 모임을 갖고 정 · 부의장을 선출했다. 의장은 2차 투표 끝에 민국당의 신익희가 당선되었고 부의장에는 조봉암과 장택상이 선출되었다. 의장 선거에서는 1차 선거 결과가 재적 210명 중 신익희 96표, 조봉암 48표로 과반수 획득자가 없어 2차 투표에 들어가 신익희 109표, 조봉암 57표로 신익희가 대한민국 제2대 국회의 의장으로 자리를 잡게 되었다.

6 · 25가 일어난 다음 날인 26일에도 국회에 등원한 의원들은 별다른 급한 사정 없이 회의를 마치고 귀가했는데, 바로 이튿날 새벽 2시에 긴급회의를 소집한다는 국회의장 신익희의 통지를 받고서야 사정이 급해졌음을 짐작하게 되었다. 26일 국회가 산회한 후 의장단은 전황이 촉각을 다툴 만큼 위급해지고 있다는 보고를 받고 한밤중인데도 긴급회의를 소집해야 된다는 결정을 내렸다. 신 의장은 경찰 연락망을 통해 국회의원들에게 한밤중 소집통고를 내도록 했다. 그러나 회의는 성원이 되지 않았다. 개인적으로 미리 정보를 입수한 많은 국회의원들이 제각기 피난 준비를 하느라고 야반 등원을 마다했기 때문이다.

상황이 상황인 만큼 성원 미달 상태에서 회의를 개최해 육군참모총장 채병덕으로부터 전황 보고를 받았다. 채 총장의 보고는 두서가 없었고 내용도 애매했다. 북한군이 침공을 했으나 국군이 전력을 다

해 이를 저지하고 있으니 큰일이 없을 것처럼 얘기했다가 워낙 적·
아 간의 병력과 병기의 차가 심해 어려움이 있는 것처럼 얘기를 하면
서 무기는 빈약해도 국군이 워낙 용감하기 때문에 반격할 태세가 되
어 있다고도 덧붙였다. 사태를 안심해도 좋다는 건지 피난을 가야할
지경이라는 건지 판단을 할 수 없는 말이었다.

채 총장의 보고를 듣고 난 후 원세훈 의원의 제의로 수도 사수 결
의안을 채택하고 새벽 4시에 산회했다. 신 의장은 수도 사수에 대한
국회의 결의를 대통령에게 전달하기 위해 경무대에 연락을 취했으
나 그때 이미 이승만은 새벽 3시 30분에 비밀리에 피난길에 오른 것
을 알게 되었다. 급변하는 사태를 알게 된 신익희도 곧 피난길에 나
서면서 일부 국회의원들에게 자신이 입수한 정보라며 마지막 남행
열차가 27일 아침 7시에 서울역을 출발하니 그 기차를 타도록 하라
고 알려 주었다. 그러나 연락 불충분과 부정확한 정보 분석 때문에
그 기차를 탄 국회의원은 그다지 많지 않았으며 북한군이 서울에 입
성한 28일에도 상당수가 서울에 잔류해 있는 상태였다.

- 체면 잃은 정치 지도자들

여담이지만 갑작스러운 북한군의 남침에 혼이 나가 버린 남한의
정치 지도자들은 당황한 나머지 자신들의 품격마저 제대로 돌볼 겨
를이 없었던 것 같다. 대통령 이승만은 27일 아침에 국무회의를 소
집해 놓고 한마디 예고도 없이 27일 새벽에 피난길에 올랐고 국회의

장 신익희는 측근 의원에게 피난을 떠나게 되면 함께 가자고 약속해 놓고 통고도 없이 혼자 떠나 버려서 측근 의원이 배신감을 느꼈다는 것이며, 초대 총리 이범석과 바로 이웃해 살던 초대 내무장관 윤치영이 피난길을 떠나면서 함께 가자고 이범석에게 전화를 했더니 이미 떠나고 없어서 역시 큰 배신감을 느꼈다고 한다.

정부의 고위 고관들마저 제각기 살겠다고 언약이나 신의를 저버렸으니 일반 국민들이 정부에 대해 불신감을 갖게 된 것은 당연한 지경이 아니었나 하겠다. 더욱이 이미 피난을 가 버린 대통령이 가기 전에 녹음으로 "국군이 반격을 하고 있으니 국민들은 안심하고 절대 동요하지 말라."라는 대국민 메시지를 남겨 놓고 자기만 혼자 먼저 도망쳐 버렸으니 이를 나중에야 알게 된 국민들은 배신감보다 더 큰 분노를 느꼈던 것으로 알려져 있다.

이승만의 라디오를 통한 메시지가 발표된 지 3시간 반 만인 28일 새벽 2시 30분, 한강 다리 4개(철도, 인도)가 모두 폭파되었다. 27일 새벽 국회에서 "국군이 반격해서 서울을 사수(死守)하겠다."라고 장담한 채 육군참모총장은 국회에서 육군본부로 돌아가자마자 지휘관 회의를 소집해서 곧장 서울 방위 포기를 결정, 육군본부를 한강 이남으로 철수시키면서 북한군의 한강 도강을 막을 목적으로 한강교 폭파를 명하였던 것이다. 한강교의 폭파로 말미암아 피난길에 올랐던 수많은 서울 시민들이 목숨을 잃었으니 말과 행동이 달랐던 정부와 군은 비단 국민을 배신했을 뿐만 아니라 국민을 기만하고 희롱했다고 해야 할 것이다.

다리가 끊겼다는 소식이 알려지자 시민들은 피난을 포기할 수밖에 없었거니와 국회의원의 상당수도 한강 도강을 단념하고 서울에서 잠복하게 된다. 불과 수명이 배를 빌려 남으로 내려왔으나 나머지 의원들은 숨어 지내거나 공산군의 출두명령에 응할 수밖에 없었다. 국회의원 210명 중 서울에 잔류한 의원의 수는 나중에 52명이었던 것으로 밝혀졌다. 서울에 잔류한 의원 중 북한군에 억류되었던 의원들은 9·28수복 시 북으로 압송되었는데 그중에는 이른바 중도파 의원으로 알려졌던 조소앙, 안재홍 등이 포함되어 있었다.

- 부산으로 피난

서울을 탈출한 국회의원들의 상당수는 일단 수원에 모여 있다가 정부가 대전으로 이동했다는 통보를 받고 대전으로 따라 이동했으며, 전황이 불리해지면서 정부가 대구로 이동하게 되자 국회의원들도 다시 행정부를 따라 대구로 내려갔다. 국회의장 신익희는 대구에서 국회를 열기 위해 다른 지역에 흩어져 있는 의원들을 대구로 집합하도록 소집 지시를 내렸다.

7월 13일부터 행정부를 따라 대구로 내려와 있던 의원들과 영남, 호남의 자신들의 선거구역에 내려가 있던 의원 130명이 7월 27일 임시 의사당 대구 문화극장에 출석했다. 7월 27일부터 8월 3일까지의 1주일 동안 국회는 그때까지 구성할 수 없었던 상임위원회를 구성하고 전쟁 수행에 관련된 안건 등 20여 건을 처리했다. 그러나 대구에서의 피난 국회도 오래 가지 못하고 다시 부산으로 자리를 옮겼다.

8월 3일부터 14일까지 휴회에 들어가 있던 국회는 15일 회의가 재개되자 정부의 권고를 받아들여 8월 17일에 국회를 휴회하고 9월 1일 부산에서 속개하기로 결의한다. 부산으로의 피난은 낙동강 전선에서의 전투가 치열한 터에 대구보다 후방인 부산이 안전할 터이니 정부를 부산으로 옮기라는 미군의 권유에 따라 정부가 이동을 하게 되어 국회도 부산으로 따라가기로 결의했던 것이다. 8월 17일에 휴회한 국회는 9월 1일 부산의 임시 의사당 문화극장에서 회의를 속개한다.

이때부터 제2대 국회는 부산 임시 의사당에서 정상적인 운영을 시작했고 1개월 남짓 동안에 전시에 필요한 많은 안건들을 능률적으로 처리했으며 9월 28일 서울이 수복되자 10월 3일 "대한민국 국민은 국군과 유엔군의 38선 이북으로의 진격을 희망한다."라는 내용의 메시지를 만장일치로 결의, 유엔 총회에 이를 보내기로 했다. "38선 돌파 작전을 즉시 단행하여 통일 자유의 한국을 실현할 것을 요청한다. 한국의 통일에 장애가 되는 일절의 행동을 배제하며 대한민국의 주권을 존중할 것을 요구한다."라는 국회의 대유엔 호소는 북진 통일로 한국이 38선 이북의 지역을 수복토록 해야 한다는 내용이었다.

2절 피난 국회 -2

- 다시 부산으로 간 피난 국회

국군이 서울을 수복한 후 대통령이 곧바로 서울로 귀환하자 국회도 선발대를 서울로 보내 행정부와의 협의 아래 서울 시청 3층에 국회연락처를 정하고 국회의 서울 귀환 준비를 진행시켰다. 그동안 서울에 잠복해 있던 잔류 국회의원 가운데 22명이 국회연락처를 찾았는데, 앞에서 언급한 것처럼 서울 잔류 의원 52명 중 복귀한 22명과 공산군에 살해당한 3명을 제외한 27명이 이북으로 연행되어 갔거나 행방불명된 것으로 밝혀졌다.

국회는 10월 7일에 서울에 도착하여 중앙청 안에 있는 의사당에 자리를 잡았다. 8일 아침에 열린 서울에서의 첫 회의에서는 국회 의장단과 상임위원장단 전원이 사임서를 제출했으나 본회의에서 수리되지 않고 부결되었다. 의장단과 상임위원장단의 사표 제출은 '전쟁 발발 직후에 제반 조치를 제대로 수행하지 못한 데 대한 도의적 책임을 느껴서'라고 되어 있었으나 내용적으로는 국회에 제대로 정보 제공도 해 주지 않고 무책임하게 국회를 방치한 정부의 책임을 묻고 '우리는 사임할 각오가 되어 있으니 정부의 장인 이승만과 장관들도 책임을 지고 물러가야 한다'는 국회 나름대로의 의사를 정부에 보내기 위한 것으로 해석되었다. 그러나 10월 9일부터 정식으로 회의를 시작한 제2대 국회는 2달 후인 12월에 다시 부산으로 피난을 떠나게 되고 이듬해인 51년 초에 가서야 겨우 부산 도청 안에 자리를 잡고 피난 국회를 제대로 정상 운영할 수 있게 된다.

- 여 · 야의 세력 분포와 이승만의 불안

제2대 국회가 부산에 자리를 잡은 1951년 초부터 정부와 국회 간에는 균열의 폭이 넓어지기 시작했다. 6 · 25전쟁으로 말미암아 혁신계 중도파 의원들의 대부분이 납치된 상태여서 나머지 무소속 의원들에 의한 교섭단체들은 일부 순수 무소속을 제외하고는 대략 친이승만계와 반이승만계로 색채를 분명히 가리게 되었다. 51년 이른 봄의 원내 세력 분포는 이승만을 지지하는 국민당 등 여당계 세력과 민국당을 주축으로 하는 야당계 세력이 근소한 차이기는 하나 대충 균형을 이루고 있었다. 그러나 연초에 국민방위군 사건과 거창 양민 학살 사건이 폭로되면서 여당계인 민정회 소속 의원 중 상당수가 탈퇴하고 중립적이었던 순수 무소속 의원들이 반이승만계로 기울면서 여당 세력이 크게 위축되었다.

국회 내에서 야당 세력의 우세는 임기 만료를 1년 남짓 앞둔 이승만을 불안하게 만들었다. 국회에서의 간접선거를 치르게 된다면 이승만의 낙선은 불 보듯 뻔한 것이었기 때문이다. 51년 5월 15일에 실시된 부통령 선거에서 민국당과 공화구락부가 지지하는 김성수가 여당이 지지하는 이갑성을 제치고 당선됨으로써·국회의 야당 세력의 우세는 더 분명해졌다. 민국당은 그 여세를 몰아 이승만에 대한 공세를 강화하고 내각책임제 개헌을 서두르는 판국이 되었다. 때마침 터져 나온 국민방위군 사건과 거창 양민 학살 사건 때문에 민심은 정부 여당을 떠났고 정부에 대한 국민의 불신감은 더욱 고조되고 있었다. 국민방위군 사건과 거창 사건은 원내의 여 · 야 세력 분포에도 결정적 영향을 주었다.

- 국민방위군 사건

국민방위군 사건은 1950년 말에 새로 제정된 방위군 설치법에 따라 소집된 예비 병력을 1 · 4후퇴 시 남하시키는 과정에서 방위군 간부들이 이들의 수송비용과 식량 등 군수품을 부정 유출함으로써 수많은 방위장병을 굶주림과 질병, 동사(凍死) 등으로 죽게 만든 사건이다. 정부는 급속히 방위군을 편성하기 위해 이승만의 사조직 격이었던 대한청년단의 조직을 개편해서 사령관에 청년단 단장이던 김윤근을 육군 준장으로 특채, 임명했었다.

후에 국회조사단이 밝혀낸 방위군 간부들의 부정 내용에 의하면 수송비로 배정된 209억 원의 예산 중 80억 원가량이 유용된 것으로 알려졌다. 엄청난 유령 병력을 조작해서 29억 2천만 원의 돈과 5만 2천여 섬의 식량을 빼돌렸으며, 귀향 장병의 귀향여비, 의약품, 부식비 등도 착복했다. 이렇게 빼돌린 돈의 대부분은 간부들의 사복을 채우고 유흥비 등으로 탕진되었는데 그중 많은 돈이 정부 고위층과 여당 국회의원들에게 들어갔다는 소문 때문에 국회에서 이 문제가 큰 소동을 빚게 되었다.

여론이 비등하자 정부는 51년 4월에 이 사건에 대한 수사를 지시했지만 당시의 국방장관 신성모가 노골적으로 사건의 은폐를 지시했다. 사령관 김윤근이 이승만의 각별한 애호를 받고 있다는 것을 알았음인지 애초부터 수사 대상에서 김윤근을 제외하고 부사령관 이하 15명만을 군법회의에 회부했다. 재판 결과는 부사령관 윤익현 징역 3년, 그 외 4명에게 가벼운 실형을 선고하고 나머지 11명은 파면하는 선에서 마무리 지었다.

사건의 진상을 묻는 국회에서 신성모는 "진상을 규명하려는 것은 불순분자의 소행"이라며 진상을 캐묻는 국회의원을 오열(五列)로 몰아붙이기까지 했다. 국회는 51년 4월 30일에 국민방위군의 해체를 의결하고 사건의 재조사를 만장일치로 결의했다. 새로 구성된 국회의 국민방위군 의혹사건 조사 처리위원회는 이 사건의 재심을 요구하는 3개항의 결의문을 작성하여 대통령을 방문했다. 이승만도 민심을 수습하는 길은 사건의 재심밖에 없다는 판단을 내렸다.

새 국방장관으로 임명된 이기붕은 취임 즉시 방위군 사건의 재심을 헌병사령부에 지시했을 뿐만 아니라 6월 10일에는 육군 수뇌부를 몽땅 갈아치웠다. 헌병사령부는 6월 10일 방위군 간부 9명을 구속하고 2명을 불구속으로 법무관실에 송치했다. 재판 결과 김윤근 등 간부 5명에게 사형이 선고되었다. 사형은 그해 8월 13일에 공개 집행되었다.

이들에 대한 사형 집행으로 사건은 일단락되었지만 그들이 유용한 돈의 일부가 몇몇 이승만 지지 세력과 정부 고위층에 흘러들어 갔다는 정보의 진의 여부는 가리지 못하고 말았다. 국회 내에서도 청년단 출신 김종회 의원이 방위군 군수물자를 유출해서 3억 원을 횡령, 이를 이승만의 비서에게 정치자금으로 전달했다는 사실이 폭로되었다. 뿐만 아니라 국회 내의 이승만 지지 세력인 신정동지회 등에 정치자금 또는 뇌물로 상납되었다는 주장이 나와 사실을 폭로한 야당의원과 신정동지회 사이에 치열한 공방과 서로 치고받는 폭력 사태까지 연출되었으나 이 또한 영구 미제 사건으로 암매장되고 말았다.

- 거창 양민 학살 사건

51년 초 또 하나 국회를 떠들썩하게 만든 것이 거창 양민 학살 사건이다. 사건은 1951년 2월 7일 후방에서 공비(共匪) 토벌 임무를 수행하던 육군 병력이 거창군 신원면 주민이 공비와 내통했다는 정보를 받고 신원면 수개 부락에서 청장년 136명을 색출, 그중 133명을 학살했으며, 이튿날에는 부락에 남은 천여 명의 주민을 피난시킨다는 명목으로 신원국민학교에 소집, 군인 경찰 공무원 가족을 제외한

5백여 명을 집단 사살한 사건이다. 사살된 주민은 남자가 233명, 여자가 304명이었는데 이 중에는 어린이 50여 명과 노인 다수가 포함되어 있었다.

사건이 국회에서 문제화되자 국방장관 신성모는 양민 학살이 아니라 공비 토벌이었다고 보고했으며 내부적으로 사건의 묵살을 지시했다. 사건의 은폐를 위해 군은 황당무계한 연극까지 꾸몄다. 사건을 조사하기 위해 국회조사단이 현지를 찾았을 때 당시 계엄사령부 민사부장인 김종원 대령이 휘하 병력을 공비로 가장시켜 조사단 일행에게 총을 쏘아 현장 접근을 방해했다. 조사단은 할 수 없이 거창경찰서에서 공비 소탕 작전으로 사살된 인원이 2백여 명이고 이 중에는 어린이나 노인이 없었다는 거짓 보고를 청취하고는 돌아올 수밖에 없었다. 하지만 사건의 진상을 숨길 수는 없었다. 갖가지 제보가 외신을 포함한 국내외 신문에 잇따라 발표되자 새 국방장관 이기붕이 재수사를 명령했다.

6월 초부터 열린 재판에서 관련자 중 오 모 대령이 무기징역, 한 모 소령은 징역 10년을 선고받았으며 가짜 공비를 지휘한 김종원에게는 징역 3년이 선고되었다. 그러나 이들은 몇 달 후인 1952년 3월 이승만의 특사로 모두 풀려났으며 김종원은 경남경찰국장으로 재등용되었다. 그는 후일 치안국장에까지 오른다. 거창 사건은 명확한 진상과 책임 소재가 규명되지 못한 채 흐지부지 마무리되고 4 · 19혁명 후 희생자의 유족들이 사건 당시의 면장을 보복 살해하는 후속 사건까지 있었다.

두 사건의 처리 과정에서 알 수 있듯이 이승만은 정치적 목적을 위해 군을 도구로 삼을 것을 이때부터 준비하고 있었던 것으로 짐작된다. 이승만이 권력 유지를 위해 군을 이용하게 되는 과정은 1952년에 있었던 이른바 부산 정치 파동에서 노골화되었다. 두 사건의 처리 방안을 두고 군부와 국회는 뚜렷한 대립상을 노정했는데 이승만은 주저 없이 군부의 손을 들어주었던 것이다.

3절 대통령 직선제 개헌 시비

- 자유당 창당

민국당의 김성수를 부통령으로 당선시킬 때만 해도 국회는 야당 우세의 형세였다. 이승만 지지 세력은 야당 세력을 분산시키기 위해 공화구락부 의원들의 포섭 공작에 나섰다. 민국당과 제휴하고 있던 공화구락부 의원 일부는 여당이 국회에서 안정 세력을 구축하지 못하면 정국에 혼란을 야기시킬 우려가 있다는 명분을 내세우며, 여당의 신정동지회에 합류해서 1951년 5월 29일 94명의 의원이 공화민정회를 발족시켰다. 그러나 발족 후 얼마 가지 않아 공화민정회의 많은 의원들이 정부 실책에 회의를 품고 탈퇴, 무소속 의원과 함께 민우회를 만듦으로써 원내 세력 분포는 여당인 공화민정회 58명, 야당인 민국당 39명, 야당 성향의 중립 민우회 35명, 무소속 16명으로 여전히 야당 세력이 우세한 판세였다.

이 무렵 여당세(勢)나 야당세 모두가 불안정한 이질적인 집단들이 연합체를 이룬 교섭단체로서 그 조직이나 정책 등에 동질성이 없고 행동 통일을 기하기가 어려운 실태였다. 야당인 민국당과 민우회 간에도 자주 불협화음이 있었고, 여당인 공화민정회는 친여적인 의원들의 모임이기는 하나, 정당이 아닌 단순한 교섭단체의 구성체로서 행동 통일을 이루기가 쉽지 않았다. 공화민정회 내에서도 많은 소속 의원들이 보다 강력한 신당 조직의 필요성을 절감하고 있을 즈음 이승만의 신당 조직에 대한 의사가 표명되었다.

이승만은 임기 1년을 남겨 놓고 자신의 재선을 굳히기 위해서는 대통령 직선제 개헌이 불가피하고 그러기 위해서는 자기를 지지하는 강력한 신당 조직의 필요성을 절감하고 있었다. 그는 1951년 8월 15일 광복절 기념사에서 "(전략)… 지금은 전국에 큰 정당을 조직해서 농민과 노동자를 토대로 삼아 일반 국민이 나라의 복지와 자기들의 공공복리를 보호하기 위해서 정당한 정당을 만들 때가 왔다."라는 요지의 연설을 했다. 당시 이승만은 민우회와 무소속 의원들 중 친여 성향이 있는 상당수 의원들을 직선제 개헌 찬성 세력으로 엮을 수 있다고 믿고 있었던 것 같다.

신당 조직 의사를 밝힌 이승만은 국회 내 7.7구락부의 정헌주, 공화민정회의 대표 오위영, 족정계 양우정, 노총의 이진수, 농민조합총연맹의 채규환, 국민회 박영출, 이활 등 원내외를 망라한 각계의 대표들을 대통령 임시관저로 불러 "국리민복을 위하고 노동자, 농민 등 시민들의 복지 향상을 위하는 참신한 신당을 만들어 달라."라고 당부했다. 이어 그는 같은 달 25일에 '신당 조직에 관한 담화'를 발표한다. 담화에서 그는 "국회의원과 민간 지도자들이 내게 요청한 바 있어 내가 후원해 주기로 허락을 한 것이며… 모든 사당(私黨)은 피하고 공정한 정당에 참여하여 민국의 복지를 구하고자 하는 일반 남녀는 철저한 목적을 서약하고 가입하기를 권하는 바이다."라고 말하고 있다. 담화의 문맥으로 보아 자신이 당을 만들려는 것이 아니라 딴 사람들이 만들겠다고 요청을 하기에 이를 허락하고 도와주기로 했다는 것이며, 남들이 자기를 지지하겠다기에 받아 준다는 식의 고답적인 것이었다.

이승만의 담화가 있자 그를 지지하는 원외의 여러 단체들이 신당 조직에 참여하겠다고 나섰다. 국민회, 대한청년단, 대한노동조합총연맹, 대한농민조합총연맹, 대한부인회 등이 주동이 되어 9월 3일에는 신당 발기 준비위원회를 구성했다. 원내에서도 조경규, 이재형, 엄상섭, 태완선, 김영선, 김용우 등 공화민정회와 민우회 일부가 주동이 되어 신당 준비위원을 선정하고 원외 발기 준비위와 합동준비위원회 구성을 협의하기 시작했다.

- 원외, 원내로 갈라진 자유당

원외와 원내는 협상 끝에 원내 의원 95명 전원을 발기인으로 추천키로 하고 합동으로 발기인 대회와 발당식을 갖기로 합의하였으나 당명과 정책 문제 등을 놓고 의견 차이를 보이고 있던 중, 1951년 11월 30일 대통령 직선제와 양원제를 골자로 한 헌법개정안이 국회에 제출되었다.

이 개헌안에 대해 대통령 간선제와 단원제를 고수하려는 원내 의원들이 반대를 하고 직선제를 지지하는 원외와의 대립이 노골화되었다. 양측은 여러 번 합동준비위를 열어 합의점을 찾아보려고 노력하였으나 당명을 가칭 통일노동당에서 자유당으로 바꾸는 것에 합의했을 뿐, 정강 정책에 대통령 직선제를 명문화하자는 원외 측과 이를 보류해 두자는 원내 측의 의견이 엇갈려 타결점을 찾지 못하고 말았다. 내각책임제 개헌을 희망하고 있던 원내파와 이승만의 의도대로 직선제 개헌 쪽으로 당의 노선을 정하려는 원외 측이 타협할 수 있는 여지는 당초부터 없었던 셈이다. 더욱이 원내 의원들이 원외 인사들과 함께 당을 만들었을 경우 대부분의 선거구에서 공천을 놓고 원외 인사와 경합을 벌여야 할 가능성이 컸기에 원외와의 합당에 내심으로 소극적일 수밖에 없었다. 원내와 원외가 타협을 하기 힘들었던 또 하나의 이유였다.

마침내 협상을 포기한 원내 측은 1951년 12월 23일 이갑성, 이재학, 홍익표, 오위영 등이 주동이 되어 의사당에서 결당대회를 열고 정식으로 자유당을 발족시켰다. 이미 12월 17일 발기대회를 마치고 당수에 이승만, 부당수에 이범석을 추대키로 하는 한편, 당명도 원내와 꼭 같은 자유당으로 정해 놓았던 원외파는 원내의 창당일과 같은 12월 23일 부산 시내 동아극장에서 결당식을 갖고 또 하나의 자유당을 발족시켰다.

자유당이라는 같은 이름의 정당이 같은 날에 탄생한 것인데 이들 간의 근본적인 주장 차이는 대통령 직선제와 내각책임제라는 근원적인 것이어서 분당이라는 길을 걸을 수밖에 없었다. 한 나라에서 동일한 당명으로 두 개의 이질적인 정당이 같은 날에 탄생하는 기현상은 세계 어느 나라에서도 찾아볼 수 없는 유일무이한 현상이었다.

시작은 이승만의 뜻에 따라 만들어진 당이었지만 한쪽은 이승만을 지지하고 다른 한쪽은 그에 반대되는 당으로 갈라져 버린 것이다. 이승만은 원래 자유당의 대다수 의원들이 자신의 뜻에 반해 대통령 직선제를 반대하고 있다는 것을 알고 국회에서 직선제 개헌안의 통과가 어려운 것으로 판단했다. 남은 방법은 원외에서 민의를 작동시켜 국회를 압박, 직선제 개헌 쪽으로 끌고 가는 길밖에 없었으므로 그는 원내 자유당을 외면하고 원외 자유당의 결당식에만 선언문을 보냄으로써 원외 자유당의 손을 들어주었다. 권력을 등에 업은 자유당의 실권이 원외로 돌아간 것이다.

결과적으로 이승만은 대통령 직선제 개헌을 위해 자유당을 창당했으나 자신이 필요로 했던 원내 세력의 태반이 등을 돌림으로써 원내의 정치적 기반은 구축하지 못하고 말았다. 더욱이 지금까지 여당 노선에 대체로 호응해 오던 원내 자유당의 대다수 의원들이 자유당 분당을 계기로 오히려 반이승만 세력으로 결집하게 되었으니 이승만이 계획한 원내 중심의 친여 자유당의 창당은 실질적으로 무산되고 만 셈이 되었다.

– 직선제 개헌안 부결

이승만은 1951년 11월 30일 대통령 직선제와 양원제를 골자로 한

헌법개정안을 국회에 제출했다. 이승만이 제출한 개헌안은 국회를 상하 양원제로 하고 대통령과 부통령을 국민이 직접 선출하는 대통령 직선제로 바꾸자는 내용이었다. 그러나 이승만의 진정한 목적은 대통령 직선제에만 있었음이 분명했다. 대통령이 된 후 이승만은 발췌 개헌안으로 개정된 헌법에서 정한 참의원 선거를 4·19혁명으로 정권의 자리에서 물러나기까지 전혀 치를 생각조차 하지 않았다. 개헌을 밀어붙인 그의 본뜻이 어디에 있었는가를 말해 주는 대목이다.

야당 의원들은 말할 것도 없고 그때까지 이승만을 지지해 오던 일부 여당 의원들마저 국회의 최대 권한인 대통령 선출권을 내어놓는 데에는 크게 저항감을 느끼고 있었다. 그러나 노골적으로 자신들의 권한 축소에 대한 우려를 표면에 내세우지는 못하고, 낮은 교육 수준 탓에 정치적 비판력이 약한 국민이 직선제를 하게 되면 이들이 집권당의 권력 앞에 올바르게 민의를 반영하기 힘들 것이라는 점을 직선제 반대의 명분으로 내세웠다.

직선제 개헌안은 1952년 1월 18일 표결에 부쳐진 결과 제석의원 163명 중 찬성 19표, 반대 143표, 기권 1표라는 압도적 표수로 부결되었다.

- 관제 민의의 동원

자유당의 원내파 의원들이 직선제 개헌안에 집단적으로 반대하자 이승만은 자신의 지지 세력인 원외 자유당과 국민회, 한국청년단 등의 지방 조직을 동원해서 개헌 부결 반대 민중대회를 전국적으로 벌이기 시작했다. 개헌안 반대에 항의하는 국민 서명을 받고 민의를 배신한 국회의원의 소환 운동을 동시에 추진했다. 경찰의 강요에 의해 국민들은 개헌안 반대에 항의하는 서명을 하지 않을 수 없었으며, 백골단(白骨團), 땃벌떼, 민족자결단 등 정체불명의 폭력 단체들이 앞장선 데모대가 부산의 거리를 휩쓸고 다녔다. 이들 데모대는 연일 경남도청 내 임시 국회의사당을 포위해서 야당 의원들을 위협했다.

사태를 이 정도로 만들어 놓고 이승만은 52년 2월 16일 담화를 발표한다. "대통령 선거는 민중 자신이 투표해야 할 것이며 국회의원들은 민의가 어떤 것인가를 소상히 알고 스스로 그 법안을 파기, 번안해서 교정할 줄로 믿으며 그렇지 않으면 선거구에서 유권자들이 투표로 자기들의 대표자를 소환하기로 결정, 국회에 알리게 된다면 이대로 실행하게 될 것"이라는 협박이었다. 이 같은 이승만의 협박에 맞서 국회는 2월 19일 호헌을 위하여 결사 투쟁할 것을 결의한다.

이에 앞서 실시된 부산지구와 경북 달성 등 8개 지구 보궐선거에서는 원외 자유당이 7명, 무소속 1명이 당선되고 민국당이 패배했다. 민국당은 선거에서의 부정을 강력히 고발하였으나 허사였다. 또 1952년 4월 25일에 실시된 시, 읍, 면 의원 선거와 5월 10일의 도(道) 의원 선거에서도 원외 자유당은 관의 적극적인 지원에 힘입어 다수 의원을 확보할 수 있었다. 자유당의 지방 조직 확대를 통해 전국적인 직선제 지지 세력의 기반을 구축해야겠다는 이승만의 의도가 반영된 선거였다고 할 수 있다.

– 야당의 내각책임제 개헌안 제출

대통령 직선제 개헌을 힘으로써 밀어붙이려는 이승만의 움직임에 대항해서 민국당과 원내 자유당 일부, 민우회 일부 의원들은 야당 연합세력을 형성하고 원내 자유당 93명 중 48명, 민국당 39명, 민우회 25명 중 21명, 무소속 26명 중 15명 등 재적의원 3분의 2선에서 1명이 더 많은 123명의 서명으로 1952년 4월 17일 내각책임제 개헌안을 국회에 제출했다.

개헌안의 주요 골자는 다음과 같다.

1. 국무총리는 대통령이 지명하되 1차 지명에 대한 국회 승인을 얻지 못한 후 5일을 경과하거나 2차 지명에도 승인을 얻지 못할 때는 국회가 지명한 자를 임명한다.
2. 국회는 국무위원의 조직 완료 또는 총선거 직후 신임 결의로부터 1년 이내에는 재적의원 3분의 2 이상의 찬성을 얻지 못하면 국무위원의 불신임 결의를 할 수 없다.
3. 대통령은 국회가 임기 중 재적의원 3분의 2에 달하지 못한 찬성에 의한 국무위원 불신임 결의를 2회 이상 행하였을 때에 한하여 국무총리의 제청으로 국회를 해산할 수 있다.
4. 국회가 해산되어 총선거를 할 때에는 국무총리와 내무장관은 즉시 그 직권이 정지되고 국회는 총선거 기간 중 국무총리와 내무장관의 직권을 대행할 자를 선거한다.

내각책임제 개헌안을 제출한 야당의 목적은 원외에서 감행되고 있는 위협적인 민의(民意) 시위에 대하여 원내 야당의 확고한 각오를 분명하게 보여 주는 한편, 원내에서 우세한 야당 세력을 과시함으로써 대통령 직선제의 불법적인 추진을 견제하자는 것이었다. 야당계는 내친 김에 내각제 개헌 투쟁의 법적 보장을 확실히 하기 위해 정치운동 규제 법안도 통과시켰다. 이들은 내각책임제 개헌이 가결될 경우 이승만을 상징적 대통령으로 추대하고 실권자인 국무총리는 야당계 인사가 차지한다는 정치적 계산을 하고 있었다. 또 만약 개헌에 실패하면 절대다수인 야당 세력이 합세해서 다음 대통령에 이시영이나 장면을 추대할 계획도 세워 놓았다. 이에 맞서 이승만 지지 세력은 내각책임제 개헌 반대 전국 투쟁위원회를 조직하고 야당계 의원들을 위협하는 민중 시위 등 적극적인 정치 공작을 한층 더 격화시켜 갔다.

4절 부산 정치 파동

- 다시 제출된 정부의 개헌안

이승만은 야당 세력이 다음 대통령 후보로 장면을 추대할 움직임을 보이자 장면을 1952년 4월 20일 자로 해임하고 한때 소원해 있던 장택상을 신임 국무총리로 지명했다. 장택상 총리의 국회 인준은 개헌 문제로 극한 상황에까지 치닫고 있는 정부와 국회 간의 대립을 다소나마 완화시킬 수 있는 계기를 그가 만들어 주지 않을까 기대하는 마음에서 민우회와 원내 자유당의 일부 의원들이 찬성표를 던졌기 때문에 성사되었다. 52년 5월 6일 장택상은 찬성 95표, 반대 81표로 인준되었다. 장 총리 인준 과정에서 다소 의견이 갈리었던 내각책임제 개헌파 야당계는 다시 제휴해서 원내 자유당 소속 김동성을 장택상 후임 국회부의장으로 선출한다.

이 무렵 전남 순천에서 내각책임제 개헌에 찬동하고 있던 무소속 의원 서민호의 현역 대위 사살 사건이 발생했다. 진상을 조사한 국회

조사단은 서 의원의 행위를 정당방위로 인정하고 구속되어 있는 그의 석방 요구를 가결하였으나, 정부는 국회법을 무시하고 계엄령이 선포되자 그를 구속 기소하고 말았다. 이 사건의 처리 문제를 두고 정부와 국회의 대립은 타결점을 찾기 어려울 만큼 악화되었다.

정부와 야당 세력이 팽팽히 맞서는 가운데 이승만은 1월에 부결된 정부의 개헌안을 지엽적인 부분만 약간 수정해서 5월 14일에 다시 국회에 제출했다. 새로운 정부 개헌안은 대통령 직선제의 골격은 그대로 유지한 채 국무위원 임명은 하원의 승인을 얻어야 하고 대사와 공사 임명은 상원의 승인을 얻어야 한다는 조항 등 그다지 중요치 않은 몇 가지 수정을 첨가한 것이었다.

이승만이 수정 개헌안을 제출한 직후 원내 친여 세력 52명이 자유당이라는 교섭단체를 조직했으며, 장택상 중심의 이승만 지지 세력 40명이 신라회라는 친목단체를 조직, 실질적으로 대통령 직선제에 찬동하는 대통령 직선제 개헌안 추진의 발판을 맡고 나섰다. 민국당 중심의 야당계 세력은 이승만의 직선제 개헌을 저지하기 위한 '호헌구국 투쟁위원회'를 결성했다. 그러나 오히려 정부의 초강경 대책으로 말미암아 의정사상 야당 의원 무더기 구속이라는 수난을 초래하게 된다.

그동안에도 강제로 동원된 전국 각 지방 군민대회에서는 '민의'라는 이름으로 대통령 직선제 개헌을 주장하는 결의문과 진정서를 만들어 연일 정부와 국회에 보내고 있었다. 부산에서는 종일 충무로 광장 등에서 '반민족 국회의원 성토대회', '반민의 국회의원 규탄대회', '민족자결 선포대회'를 열어 내각책임제 개헌 추진 의원들의 의원직 제명 처분을 요구했고, 백골단, 땃벌떼, 민족자결단 등 낯선 이름의 단체들이 이끄는 관제 데모는 국회의원 소환과 국회 해산을 요구하면서 거리를 휩쓸고 다녔다.

- 계엄령 선포

이승만은 자신이 조종하는 이 같은 소요 사태를 수습해야 한다는 명목으로 원외 자유당의 부당수 이범석을 내무장관에 임명하고, 1952년 5월 25일 잔여 공비 소탕을 명분 삼아 부산을 비롯한 경남 전남북 23개 시·군에 계엄령을 선포했다. 계엄사령관에는 헌병사령관 원용덕이 임명되었는데 계엄령 선포 당시 헌병사령관 원용덕의 지휘하에는 약 2개 중대의 비전투 병력밖에 없었다. 계엄령을 수행하는 데 이 정도 병력으로는 부족하다는 원용덕의 진언에 따라 이승만은 이종찬 육군 참모총장에게 부산지구에 병력을 추가로 파견하라고 지시했다. 그러나 이종찬은 "군의 정치 개입은 크게 잘못된 일"이라는 이유로 명령을 듣지 않았다. 그는 한발 더 나아가 군의 정치적 중립을 강조한 '육군본부 훈령 21호'를 모든 지휘관에게 시달한 다음 이승만에게 사표를 제출했다.

계엄령이 선포된 다음 날인 5월 26일 오전에는 정헌주, 이석기(이상 원내 자유당), 양병일(민국당), 장홍염(민우회) 의원이 구속되었다. 그리고 같은 날 정오에는 47명의 의원이 탄 국회 전용 버스를 헌병들이 포위, 견인차로 헌병대에 끌어가 차에 타고 있던 서범석, 임홍순

(이상 민국당), 김의준(민우회), 이용설(무소속)을 구속했다. 국회 주변에서는 내각제 개헌안에 서명한 야당 의원 60명을 추가로 구속할 것이라는 소문이 나돌고 있었다.

5월 27일 정부는 구속된 의원들이 국제공산당의 비밀 정치 공작에 관련되어 있다고 발표했다. 발표 내용에 따르면 반공 검사로 이름이 높았던 장면의 비서실장 선우종원이 간첩과 접선하여 그가 추대하는 자(필자 주=장면을 지칭하는 것으로 추정됨)를 대통령으로 지지하는 데 동의를 얻고 막대한 정치자금을 유입해 왔다는 것이었다. 전혀 믿기지 않는 내용이기는 했으나, 국회는 야당 의원이 주동이 되어 서둘러 이 국제공산당의 정치 공작 사건을 조사하기 위해 이진수 등 10명의 의원으로 '국제공산당 관련 피의 사건 특별조사위원회'라는 명칭의 조사단을 구성했다. 그러나 조사위는 발족 후 한 번의 회의도, 다른 아무런 활동도 하지 않은 채 훗날 개헌 문제가 마무리되면서 자체 해산하고 만다.

국회는 5월 27일부터 사흘 동안 부산시의 비상계엄령 해제 안건을 토론한 끝에 그 해제를 결의하고 30일 이를 정부에 통고하는 한편 계엄령 포고 후 구속된 11명 의원의 전원 석방을 정부에 요구했다. 그러나 정부는 강경 자세를 풀지 않았다.

당시 존 무초(John J. Muccio) 주한 미 대사의 귀국으로 대리대사 역할을 맡고 있던 앨런 라이트너(Allen Lightner)는 계엄령이 선포되고 야당 의원 다수가 구속되자 본국 정부의 훈령도 받지 않은 채 이승만을 찾아가 "자유와 민주주의를 지키기 위해 치르고 있는 전쟁인데 지금 계엄은 적절치 못하므로 즉시 해제하기를 바란다."라고 요청했으나 이승만은 이를 거절하고, 한국의 내정에 간섭하는 행위를 다시 계속한다면 그를 국외로 추방하는 조치도 불가피할 것이라고 으름장을 놓았다.

나중에 알려진 사실이지만 그때 이종찬은 미국이 허락한다면 이승만과 내무장관, 계엄사령관을 가택 연금하고 구속된 국회의원을 석방시켜 국회에서 대통령을 선출토록 하고 새 대통령이 취임하면 군은 정치에서 손을 떼겠다는 복안까지 가지고 있었던 것으로 알려졌다. 그러나 그의 복안은 실천에 옮겨지지 않았다. 라이트너는 이종찬의 복안에 관심을 보였으나 유엔군 사령관 클라크가 반대했기 때문이다. 이승만을 대신할 만한 분명한 인물이 없다는 것이 그 이유였다.

- 국제구락부 사건

같은 5월 27일 부산 시내 국제구락부에서는 김창숙, 이시영, 이동하, 전진한, 신흥우, 백남훈, 조병옥, 서상일 등 재야의 정당, 사회·문화단체 인사들 60명이 모여 '문화동지 간담회'를 열기로 하고 대회를 마친 후 '반독재 호헌 구국선언'을 외치면서 시내를 시위 행진할 계획을 세우고 있었다. 그러나 이 대회는 개회 선포를 하자마자 괴한들의 습격을 받아 회의장이 수라장이 되었다. 테러단은 기물 파괴뿐만 아니라 참가 인사들에게 무차별 폭력을 휘둘러 참석자 다수가 부상을 입었다.

회의는 항의 한번 못 해 보고 유산되고 말았다. 이 소란통에 현장에서 유진산, 김동명, 이정래, 최희송, 주요한 등 여러 인사들이 헌병에 체포되어 40여 일간 경남경찰국에 구금되었고, 이시영, 김창숙, 조병옥 등 고령의 지도자들은 자택 연금 상태로 갇혀 있다가 발췌 개헌안이 통과되고 이승만이 대통령으로 당선된 후 그해 8월 15일의 정·부통령 취임식 바로 전날에 모두 불기소처분되어 석방되었다. 이것이 부산의 국제구락부 사건이다.

부산의 정치 파동에서 관의 비호를 받고 활약했던 정치 폭력단은 국제구락부 사건 후에도 야당 정치인에 대한 테러와 야당의 정치집회 방해, 장충단 야당 집회 테러, 4·19 때의 고려대 학생 습격 사건 등 폭력 행위를 계속했다. 테러단체를 민의 조작, 정적(政敵) 협박 등에 이용했던 폐단은 결국 정권의 파탄으로 이어졌다.

- 부통령 김성수의 사임

많은 국회의원과 재야인사들이 구속, 연금되고 정국이 공포 분위기 속에 빠져 있던 1952년 5월 29일, 부통령 김성수가 사표를 제출했다. 그의 사임은 제2대 국회 임기 중 이시영에 이어 두 번째 부통령 사임이었다. 두 명의 부통령이 제출한 사임의 변은 똑같이 당시의 국민적 울분과 국회의 격앙된 분위기를 그대로 반영한 것이었다고 할 수 있다.

이시영은 51년 6월에 자신이 시위소찬(尸位素餐, 자기의 직책을 다하지 않고 그냥 앉아서 녹만 먹는다는 뜻)하고 있다고 자성(自省)의 말을 전제한 다음 "나는 정부 수립 이래 오늘에 이르기까지 고관의 지위에 앉은 인재로서 적재적소에 등용된 것을 별로 보지 못하였다. 탐관오리는 가는 곳마다 날뛰며 국민의 신망을 상실케 하여 정부의 위신을 훼손하고 나아가서는 국가의 존엄을 모독하여서 신생국민의 장래에 암영을 던지고 있으니 얼마나 눈물겨운 일이며 이 어찌 마음 아픈 일이 아닌가."라고 정부와 이승만을 정면으로 비난했다.

1년 후에 제출된 김성수의 사임은 많은 국회의원이 구속되고 국제구락부 사건 등 정국이 혼란과 무질서의 극에 달해 있던 5월 29일에 제출되어 6월 28일 국회에서 수리되었다. 사임의 직접적인 동기 중의 하나가 온갖 말썽의 장본인이었던 전 국방장관 신성모를 주일대표부 대사로 임명한 이승만의 인사 때문이었다.

그는 사임서에서 "…신성모는 비민주적인 권모와 술수로써 국정을 혼란케 하여 온 장본인으로… 국가와 민족에게 끼친 해독은 실로 죄당만사(罪當萬死)라 하여도 과언이 아닐 정도이다. 그러하거늘 그에게 징벌을 주기는 고사하고 도리어 요직에 등용하여 국가를 대표하게 했다는 것은 민족의 정기를 위해서나 정부의 기강을 세우기 위해서나 도저히 묵과할 수 없는 일이었다. 그래서 이의 부당성을 고창하고 임명을 철회할 것을 극구 주창하였으나 이 대통령은 끝내 고집하여 신성모를 일본에 파견하고 말았다."라고 그간의 경위를 설명하면서 "…나는 이 이상 단 하루도 이승만 정부에 머물러 있지 않기로 결심하였다. …나의 변변치 않은 이름을 이 정부에 올리는 것만으로 그것은 내 성명 석 자를 더럽히는 것이기 때문이다."라고 처참한 심경을 밝혔다.

그는 신성모가 주일대표부 대사로 임명되자 "이 박사가 정말 그럴 수가 있느냐."라고 흥분을 억제하지 못하다가 뇌일혈로 쓰러졌다.

- 대통령 저격 미수 사건

발췌 개헌안이 국회에 제출된 지 사흘 만인 6월 25일, 6·25 2주년 기념행사를 열고 있던 부산 충무로 광장에서 이승만 저격 미수 사건이 발생했다. 권총의 불발로 대통령 신변에는 이상이 없었으나 전 민주당 출신 의원 김시현이 배후 인물이라는 공보처의 발표는 정계에 비상한 회오리바람을 일으켰다.

정부는 서상일, 백남훈 등 거물급을 포함한 민국당원 수 명을 구속하고 사건의 배후가 민국당이라고 몰아세웠다. 민국당은 야당 진영의 와해를 노린 정부 측의 정치 조작극이라고 되받았다. 이 사건의 진상 조사는 오늘날까지 결론을 내리지 못하고 있지만, 사건의 담당 변호사였던 장후영의 상황 설명에 의하면 의아한 점이 너무 많음을 인정하지 않을 수 없게 된다.

첫째, 범인이 사용하려던 권총이 군 기관의 감정에 의해 불발일 수밖에 없는 고장난 것이었음이 밝혀졌고, 둘째, 이미 제보에 의해 지목을 받고 있던 김시현이 제지도 받지 않고 고위층만 올라갈 수 있는 귀빈석에 올라갈 수 있었으며, 셋째, 거사 3일 전인 22일부터 김시현이 치안국에서 제공하는 지프차를 타고 다녔다는 증언이 있었다는 점 등이다.

사형을 선고받았던 김시현과 유시태는 비록 미수에 그치기는 했으나 일국의 대통령을 암살하려던 범인들이다. 그런데 이들이 사형에서 무기로 감형되어 결국 4·19 후에 풀려났다는 점도 의아한 일이다.

사건의 진실 여부를 제쳐 두더라도 발췌 개헌안의 통과 강행을 앞두고 민국당에는 타격을, 다른 야당 의원들에게는 혼란과 두려움을 주는 데 적지 않은 효과가 있었음은 부인하기 어려울 것 같다.

5절 발췌 개헌안

- 발췌안의 발상

정치적 소용돌이가 계속되는 속에서 야당계 의원들은 국회 출석을 거부하고 있었다. 등원을 하고 싶지 않아서 거부한 것이 아니라 언제 어디서 구속이 될지 모르는 불안한 상태에서 피신을 하느라 사실상 국회 출석이 불가능한 상태였다. 국회 밖에서 매일같이 데모를 벌이고 있던 백골단, 땃벌떼 등 어용 단체는 원외에서 마주치는 국회의원들에게 폭언과 폭력을 서슴지 않아 국회 주변의 상황은 무질서라기보다 차라리 살벌한 무법천지에 가까웠다.

그러는 사이에도 국회 야당 측이 제출한 내각책임제 개헌안과 정부가 제출한 대통령 직선제 개헌안이 모두 국회에 상정되어 있었으나 이 두 법안이 심의에 들어가기도 전에 다른 한편으로 신라회 주도의 이른바 발췌 개헌안이 준비되고 있었다.

발췌 개헌안의 주역을 맡은 장택상은 이 개헌안이 정부의 대통령 직선제와 야당의 내각책임제를 절충한 것이라고 설명하고 있었으나 이승만이 의도하는 직선제가 개헌안의 핵심이 되어 있어 실질적으로는 대통령 직선제 개헌안이었고, 국무위원에 대한 국회의 불신임권은 그저 모양새로 갖다 붙인 것에 불과했다.

1952년 6월 20일에 국무총리 장택상은 자기가 주도하는 신라회와 원내의 이승만 지지 세력을 합쳐서 이른바 발췌 개헌안을 국회에 제출했다.

발췌안의 주요 골자는 '1. 대통령 직선제 2. 상·하 양원제(단 정부안에 있는 '상원의원의 3분의 1은 국가 유공자 및 학자, 명망가를 국무위원의 의결을 거쳐 대통령이 임명한다'는 항목은 삭제하였다) 3. 국무총리 요청에 의한 국무위원의 임명과 면직 4. 국무위원에 대한 국회 불신임안은 총선 후 1년이 지난 후에 할 수 있다'는 내용 등이었다. 대통령 직선제가 유일한 목적이었던 이승만에게 다른 지엽적인 조항은 아무런 문제가 되지 않았다.

- 국제적 조언

발췌 개헌안이라는 전무후무한 변칙적인 개헌안이 나오게 된 이면에는 국제적인 조언이 작용한 것으로 알려져 있다. 허정의 회고록이나 장택상의 회고록에 의하면 "발췌 개헌의 구상은 당시 주한 미국대사 존 무초와 유엔 한국위원회 사무총장 메듀가 한국의 정치적 혼란을 수습하기 위해 제안한 것"으로 되어 있다.

메듀는 "적군을 앞에 두고 정치 싸움만 할 것이 아니라 이 대통령의 뜻도 이루게 하고 국회의 체면도 세워 주는 수습 방안을 찾아야 한다."라고 허정에게 발췌안을 제시했는데, 허정은 그것이 변칙적인 헌법 개정이라고 해서 거간 역할을 거절했고 장택상은 그것을 받아들여 국회 간부들에게 정식으로 제의하게 되었다는 것이다.

그 얼마 후 국회의장단은 클라크 유엔군 사령관을 방문했다. 클라크는 "현재 전선에서는 전쟁이 계속되고 있는 어려운 상황인데 이 정세 속에서 정국의 혼란이 가중된다면 신탁통치를 하게 될지도 모른다."라고 사태의 긴박성을 얘기했다고 한다. 이승만을 대체할 인물이 없다는 전제 아래 미국 측이 택한 일종의 최후통첩과도 같은 성격의 것이었다고 볼 수 있다. 이 말에 불안을 느낀 의장단이 원내 각 정파를 설득해서 정부와의 타협이 불가피하다는 데 합의를 보게 되었다는 것이다. 그런데 이승만은 이 같은 미국 측의 속셈을 미리 읽고 자신 있게 자신의 직선제 개헌 강행을 추진하지 않았나 하고 추정하는 학자들이 적지 않다.

장택상은 자신의 회고록에서 "신라회에서 발췌 개헌안을 제출하여 가까스로 난국을 수습하게 되었는데 그 이면에는 공개할 수 없는 국제적인 모종의 계책이 있었다. 이 내용은 당시 국회에서 의장단과 각 교섭단체 대표들에게 공개된 바 있었는데 어쨌든 그와 같은 난국에 처해 해결할 수 있는 유일한 방법으로서 발췌 개헌안이 채택되었던 것이다."라고 저간의 경위를 말해 주는 글을 적고 있다. 이승만의 뜻을 이루게 한다는 것은 결국 직선제 개헌을 받아들인다는 뜻인데 장택상은 이 내막에 대해 '공개할 수 없는 국제적인 모종의 계획이 있었다'고 밝히면서 발췌안 주도 역할을 합리화했다.

– 의원 몰이, 강제 연행과 연금

발췌 개헌안이 제출된 지 닷새 만에 발생한 대통령 저격 미수 사건으로 민국당을 비롯한 야당 의원들의 사기는 어쩔 수 없이 저하될 수밖에 없었다. 그러한 분위기를 이용해서 경찰은 출석을 거부하는 야당 의원들을 일일이 찾아서 국회로 연행했다. 연행된 의원들은 계엄군에게 인계되고 무장군인들이 이들을 의사당에 수용했다. 말은 일시적인 연금이라고 했지만 실상은 자유행동이 제한된 완전한 감금이었다.

감금된 의원들은 이틀간이나 외출이 통제되고 급하게 외출이 불가피해진 의원들은 동료 의원인 남송학 의원(원외 자유당파)이 발행하는 허가증을 가져야만 외출이 가능했다. 국회의원이 같은 동료 국회의원을 감시하고 행동의 자유마저 속박하고 있었으니 이미 국회는 상식이 통하는 정상적인 국회가 아니었다. 국회의원의 체통도 체통이려니와 국회 자체가 한 나라의 입법을 담당하는 입법부로서의 권위를 완전히 상실한 꼴이 된 셈이다. 잡혀 오는 국회의원들에 대한 계엄군의 대접도 거칠고 소홀했다.

야당 의원들을 연행하는 과정에서는 여러 가지 웃지 못할 사건과 사연이 많았지만, 그중에서도 계엄사령관 원용덕과 최성웅 의원 간의 주먹다짐은 당시 〈뉴욕 타임스〉나 〈워싱턴 포스트〉 등 미국의 유명 일간지에까지 보도될 정도로 특기할 만한 사건이었다.

최성웅은 피신을 다니다가 경찰에 발각되어 7월 3일 국회로 연행되어 왔는데 최성웅을 본 원용덕이 "네가 최성웅이냐? 오라면 빨리 오지 어디서 꾸물대다가 이제야 오는 거냐."라고 호통을 쳤다. 이 말에 격분한 최성웅은 주먹으로 원용덕의 따귀를 갈기고는 멱살을 움켜잡았다. 급습을 당한 원용덕이 권총을 빼 들자 보좌관이 그의 손을 붙잡아 총을 넘겨받았다. 둘은 서로 멱살을 잡은 채 실랑이를 벌였는데, 원용덕은 "이게 미쳤나." 하고 소리를 지르고, 최성웅은 "이 XX 어디다 대고 반말이야. 헌병이라는 작자가 국회의원더러 어디서 꾸물대다 오느냐고? 이 XX의 발바닥이나 핥다가 죽을 XX야." 하고 고함을 쳤다. 보좌관들이 둘을 겨우 떼어 놓기는 했으나 최성웅은 저고리와 와이셔츠가 찢기고 원용덕은 전투복 계급장 중 별 2개가 떨어져 나갔다. 국회의원을 대하는 계엄군의 자세가 대저 이러했다.

국회는 7월 3일과 4일 이틀 동안 발췌 개헌안을 중심으로 형식적인 토론을 벌였으나 그보다 먼저 개헌안 통과에 필요한 정족수를 채우는 데 어려움을 겪게 되었다. 국제구락부 사건과 국제공산당 관련 사건으로 10여 명의 의원이 구속되어 있는 데다가 신변에 위협을 느낀 상당수 야당 의원들이 행방을 감추고 있었기 때문에 개헌 통과에 필요한 성원을 채울 수가 없는 형편이었다. 이렇게 되자 직선제 개헌 추진 의원들은 이범석 내무장관과 상의해서 구속된 의원을 석방조치하도록 하는 한편, 숨어 있는 의원들의 수색에 박차를 가하도록 독촉했다. 명색이 국제공산당 사건이라는 중대 범죄에 계류되어 있는 의원들까지 국가의 기간이 되는 헌법개정안 투표에 동원을 했으니 희극인지 비극인지 국민들은 웃을 수도 울 수도 없는 한심한 심경이었을 것으로 짐작이 간다.

– 발췌 개헌안 통과

1952년 7월 4일 밤 9시 30분 무장경찰, 헌병, 테러단이 포위한 국회에서 발췌 개헌안은 기립 표결로써 재석 166명 중 찬성 163표, 기권 3표(양병일, 윤담, 김영선)로 통과되었다. 자유 분위기가 보장되지 않은 여건 아래 비밀 투표도 아닌 기립 표결이라는 민주주의 방식과는 거리가 먼 방법에 의한 표결의 결과였다. 이로써 법과 질서가 무시되고 짓밟힌 가운데 우리나라 헌정사상 첫 개헌이 이루어진 것이다.

이 발췌 개헌안에 의해 대통령중심제이면서 총리제를 두는 기형적인 정부 형태가 생겨났다. 개헌안이 통과된 지 한 달, 그 법이 공고된 지 17일 만인 8월 5일에 정·부통령 선거가 실시되었는데 정·부통령 선거 사상 전무후무한 최단기 선거운동 기간이었다.

발췌 개헌안은 그 내용의 시비(是非)를 떠나서라도 어떤 경로를 거쳐 어떠한 방법으로 국회에서 통과되었는지 그 경위를 우리의 헌정사에 분명히 기록해 두어야 할 중대사라는 데 이론을 달 사람은 없을 줄로 안다. 결론적으로 말해서 발췌 개헌안의 통과는 군대와 경찰을 동원하여 의회의 기능을 파괴한 반의회주의적 일종의 쿠데타 행위였다고 말할 수밖에 없다.

– 발췌안이 남긴 자국

발췌안 통과를 반의회주의적 쿠데타로 보는 이유는 다음과 같다.

첫째, 발췌 개헌안의 통과가 국회의 기능을 마비시킨 상태에서 강압적으로 이루어졌다는 점에서 정상적인 의사 진행에 의한 통과라고 보기는 어렵다.

둘째, 출석을 거부하는 의원들을 경찰이 강제 연행을 해서 의사당에 연금을 시키고 투표를 강요한 일들이 정상적인 민주국가에서는 있을 수도 없고 있어서도 안 되는 일들이었기 때문이다. 이것은 민주국가의 기본인 의회정치를 송두리째 무너지게 만든 처사였다.

셋째, 권력으로써 군(軍)을 사용(私用)했다는 점이다. 국가 긴급권인 계엄령 선포권을 정권 유지용으로 이용했으며, 이와 같이 물리적 강권으로 정권을 유지하려 드는 것은 민주제도의 존립을 위협하는 짓이 아닐 수 없다. 이 같은 전례 때문에 일부 정치군인들에 의한 정치개입이 뒤를 이었고, 수차례의 군사 쿠데타가 초래되는 토양이 배양되었다.

넷째, 관제 민의를 조작해서 민의에 의해 선출된 국회를 무용화시키려 한 일이다. 관제 민의는 경찰에 의해 조작되었으며 그 후 계속 권력 유지의 방편으로 경찰이 선거에 관여하는 등 경찰권을 남용하게 된다. 거의 모든 선거에서 경찰이 여당 후보자의 당선을 위해 개입하는 관례를 만들었고, 이 같은 관례는 발췌 개헌안 때부터 생겨난 폐습이다. 자유당 정권과 그 후의 군사정권하에서 경찰이 얼마나 많은 선거를 자신들의 뜻대로 요리했는지는 선거사의 기록에 생생히 남아 있다.

다섯째, 권력이 시중의 폭력배들과 결탁해서 이들을 권력 유지의 보조역으로 이용했다는 사실이다. 경찰이나 헌병대 같은 강권적 권력기관이 앞장서서 공개적으로 하기 힘든 일을 이들 폭력배들한테 맡겨서 처리하게 만들었다. 4·19의거 때 데모를 하고 귀교하는 고려대 학생들을 습격해서 많은 부상자를 내게 만든 사건이 정치 깡패들의 마지막 소행이 되었으며, 자유당 정권의 명맥을 끊는 계기를 만들었다.

여섯째, 정적을 제거하거나 견제할 목적으로 걸핏하면 용공사건을 꾸며 상대방을 공산당으로 몰아세운 일이다. 발췌 개헌안 통과 때만 하더라도 유명한 반공 검사를 공산당과 접선해서 정치 자금을 유입해 오고 그가 접선한 간첩이 몇몇 유명 정치인들의 암살을 계획했다는 죄목으로 구속했으며, 야당계 유력 인사들을 세칭 국제공산당의 비밀 정치 공작에 관련시켜 구금했다. 국가보안법을 정적을 제거하거나 그 세력을 약화시키기 위해 악용한 좋은 예라고 하겠는데, 그 후의 정권에서도 용공 조작 수법은 기회 있을 때마다 선보였다.

부산 정치 파동과 발췌 개헌안의 통과는 우리나라 의정사(議政史)에 씻을 수 없는 오점을 남긴 불상사였다고 말해도 옳을 것이다.

6절 제2대 대통령, 제3대 부통령 선거

- 18일간의 선거운동

1952년 7월 4일 밤늦게 국회를 통과한 발췌 개헌안은 7월 7일에 공포되고 7월 18일에는 정·부통령 선거법이 공포되었다. 선거법 시행령에서 제2대 대통령 및 제3대 부통령 선거일을 선거 공포 2주 남짓 뒤인 8월 5일로 확정했다. 원래 정·부통령 선거법에는 선거일 40일 전에 선거일을 공고하도록 명시해 두었으나 1952년의 선거만은 예외 규정을 두어 공고 17일 만에 선거를 치를 수 있게 만들어 놓았다. 야당 후보에게 선거운동을 할 넉넉한 시간을 주지 않기 위해서라고 알려졌다.

여당인 자유당은 7월 17일 대전에서 열린 전당대회에서 대통령 후보에 이승만, 부통령 후보에 이범석을 지명했으며, 야당인 민국당은 대통령 후보에 이시영, 부통령 후보에 조병옥을 입후보시켰다. 대통령에는 이승만, 이시영 외에 조봉암, 신흥우 두 사람이 무소속으로 출마하고 부통령에는 이범석, 조병옥 외에 함태영(무소속), 전진한(대한노총), 정기원, 이갑성, 임영신(이상 자유당 합당파), 백성욱(무소속), 이윤영(무소속) 등 9명이 출마했다. 이들 부통령 후보 중 조병옥과 전진한을 제외한 나머지 7명은 전부 대통령 이승만을 지지하고 있었다.

자유당 전당대회에서 부통령 후보로 추대된 이범석은 당내 주류였던 족청파가 밀어서 지명을 받기는 했으나 선거 도중 이승만의 의사가 이범석이 아닌 무소속 함태영을 택하는 바람에 결과적으로 낙선의 고배를 마시게 되고, 그때까지 거의 무명에 가까웠던 함태영이 부통령에 당선되는 이변이 생겼다.

정부는 선거의 자유 분위기를 보장한다는 취지로 이미 발췌안의 통과와 더불어 사실상 불필요해진 비상계엄령을 해제하면서 공정하고 자유로운 선거가 될 것이라 약속했다. 그러나 지속되는 삼엄한 분위기로 말미암아 그러한 정부의 공언을 믿는 국민은 많지 않았다.

- 이승만의 불출마 선언

이승만은 7월 19일에 있었던 자유당 전당대회에 메시지를 보내 자신은 대통령 후보로 지명되기를 원치 않는다고 통고했다. 그리고 자유당에서 당수, 부당수의 이름을 제거해 줄 것을 요청했다. 당시 언론에서는 이 같은 요청을 그가 이범석의 부통령 후보 지명을 마땅치 않게 생각한다는 의사 표시로 보았다. 그러나 이승만의 최종적인 속마음은 아예 자유당을 주도하고 있던 족청파와 그 파를 대표하는 이범석의 거세에 있었던 것으로 뒤에 가서야 밝혀졌다. 대통령으로 추대된 자신이 지명하지 않는 부통령 후보를 자유당이 당론으로 결정한다면 그 당사자가 이범석이 아닌 다른 누구라도 이승만은 받아들이지 않았을 것이 분명했다. 하지만 그보다도 그는 날로 세력을 확장해 가는 족청을 그냥 봐 넘길 수 없다고 판단했고, 그러한 의사를 대통령 후보 지명 거부라는 형식으로 당에 전달한 것으로 해석하는 게 옳았던 것 같다.

이승만의 단호한 의사 표시에도 불구하고 자유당 전당대회는 사태를 너무 안이하게 받아들였다. 비록 피지명자가 사의를 표명하더라도 전당대회의 결정을 거부할 수는 없을 것이고, 당수인 이승만은 전당대회의 결정에 따를 수밖에 없을 것이라고 판단했던 것 같다. 자유당의 창당을 직접 지시받은 것이 이범석이었고 족청이 앞장서서 이승만을 지지하는 원외 자유당을 그리고 나아가 자유당을 창당해 냈고 이승만을 대통령 후보로 추대하기로 했는데, 설마 그가 족청과 이범석을 버릴 수 있겠느냐고 믿었던 모양이다. 전당대회는 후보 지명을 강행키로 결의하고 계획대로 대통령 후보에 이승만, 부통령 후보에 이범석을 지명한다.

이 결정에 대해 이승만은 "나는 자유당 당수를 수락한 일도 없으며 부당수가 누군지도 모른다."라고 한층 더 격한 담화를 내었다. 그런데도 족청파 주도의 자유당은 이를 무시하고 당초의 결정대로 후보자를 고수하기로 했다.

- 민의 가동과 이승만의 번의

대통령 후보로 지명받은 이승만은 거듭 본인은 대통령으로 재선되기에는 너무나 고령이며 젊고 정력 있는 인사가 국사를 맡는 것이 좋겠다는 담화를 발표했다. 자신의 재선을 위해 엄청난 무리수를 둔 그가 불출마 선언을 한다는 것은 누가 보더라도 정치적 제스처라고 볼 수밖에 없었다. 아마 족청파의 판단도 이범석의 부통령 지명 문제보다 자신의 행동을 합리화하기 위한 이승만의 정치적 제스처라는 쪽에다 무게를 두었던 것이 분명하다.

이승만의 사의 표명을 번복시키기 위해 자유당이 다시 바빠졌다. 족청파 주도의 자유당은 민족자결단 등 각종 관제 데모대를 동원해서 이승만의 재출마를 요구하고 나섰다. 데모대는 종일 대통령 임시 관저 앞에서 재출마를 촉구하는 연좌 데모를 벌였다. 자유당은 이승만의 재출마를 요구하는 탄원서가 350만 통이나 들어왔다고 발표했다. 그러나 그것이 관제 탄원서라는 것은 누구 눈에나 훤히 보였다.

마침내 입후보 마감일을 눈앞에 두고 이승만은 번의를 하게 된다. "전국 방방곡곡과 각계각층에서 재출마를 요청하는 탄원서가 밀려왔으나 그중에서도 본인을 깊이 감격케 한 문자는 '민의를 존중하는 대통령이시니 당신의 재선 입후보를 주장하는 전 국민의 의사를 존중하라'는 것이었다."라는 불출마 번의 담화를 발표한다.

이승만의 불출마 선언과 그 번의 담화는 두 가지 의미로 풀이될 수 있다. 첫째 의도는 강압적인 방법으로 대통령 직선제를 성사시켰으나 그것은 어디까지나 대통령 선출에 국민의 직접적인 뜻을 반영하기 위한 것이었지 자신의 재선을 목적한 것이 아니었다는 것이며, 자신은 민의의 요청에 의해 어쩔 수 없이 출마를 하게 된다는 점을 국내외에 선전하고, 둘째는 자신은 어느 당의 추대보다도 국민들의 민의에 의해 대통령 출마를 하느니 만큼 설사 자기를 지지하는 당이라 할지라도 당내의 어느 정파가 세(勢)를 키워 자신의 의사에 반하는 일을 자의대로 할 수 없다는 뜻을 강조한 것이었다고 할 수 있다. 자신의 존재가 어느 일개 정당을 대표하는 것이 아니라 당이라는 울타리를 넘어선 존재임을 과시하기 위해 그는 초대 때에도 자신을 대통령으로 당선시키는 데 절대적인 공을 세운 한민당을 대통령이 되자마자 버렸으며, 이번에도 자신이 자유당을 좌지우지해야지 당의 다른 어떤 세력이 자신의 의도에 영향을 주어서는 안 된다는 것을 불출마 선언과 번의 담화를 통해 세상에 알렸다고 볼 수 있다.

그러는 동안에 그는 부통령에 대한 자신의 마음을 이미 결정해 두고 "부통령에 대해서는 누구를 추천하고자 아니하고 오직 동포들의 공결(公決)에 붙이는 바"라고 자유당이 부통령 후보로 지명한 이범석에 대해 무관심하다는 것을 분명히 시사했다.

- 선거 양상

대선을 눈앞에 두고 민국당은 전혀 선거체제를 갖출 틈을 갖지 못했다. 선거운동을 할 만한 충분한 시간도 없었을 뿐더러 특히 선거에서 가장 효율적인 무기라고 할 수 있는 자금이 태부족이었다. 자금

동원 능력도, 그것을 시도해 볼 시간도 없었다. 싸울 태세가 되어 있지 않았으니 전의도 그만큼 저조했다. 민국당의 대통령 후보 이시영은 노약한 몸이어서 활발한 선거 유세를 할 수가 없었고, 부통령 후보 조병옥만이 고군분투하는 격으로 전국 주요 지점만 몇 번 돌며 불법적인 부산 정치 파동이 이승만이 종신 대통령으로 군림하면서 독재를 하려는 음모라고 역설했다. 그러나 정부에 대한 국민의 불신감을 불러일으키기에는 시간과 자금이 너무 빈약했다. 민국당은 후보자 결정을 늦게 하는 통에 선거운동을 할 수 있는 시일이 5, 6일에 불과했다. 야당은 이승만이 계산한 대로 정부에 대한 국민의 불신감을 투표로 연결시킬 수 있는 분위기 조성에 실패하고 만 것이다. 역부족이었다.

선거전은 이미 거의 부동의 승세를 굳힌 대통령 선거보다 부통령 경쟁에 더 많은 힘을 쏟는 양상으로 변했다. 국민들의 흥미와 관심도 부통령 쪽으로 기울어졌다. 선거전은 여·야의 대립이라기보다 이승만 지지자들끼리 누가 더 이승만의 지지를 받고 있는가 하는 싸움으로 변해 갔다. 그런 속에서 경찰이나 행정 조직이 부정선거를 하고 있다는 증거는 사방에서 노출되었다. 선거를 감시한 유엔 감시위원단이 작성한 내용도 그 사실에 대해 언급하고 있다.

"선거에 나타난 비난점은 주로 등록 마감일(7월 26일)과 투표일(8월 5일) 사이가 짧다는 것이었다. 7월 4일에 겨우 국민의 직접선거가 있으리라고 결정되었기 때문에 선거운동을 할 수 있는 기간이 얼마 있지 않았다. 이런 환경이기 때문에 재직자(이승만을 말함)는 아주 유리하였다. 특히 벽지에서는 이승만을 제외하고는 어느 후보자의 인적 경력 또는 정강도 잘 알려지지 않고 있었다는 사실을 위원단은 발견하였다. 경찰이 간섭하였다는 비난에 대해서는 의심할 바가 없이 어떤 간섭이 있었으나 대통령의 선출에 관한 한 어떤 중요한 차이를 자아내는 것은 아니었다."

보고서는 "경찰이 간섭하였다는 비난은 의심할 바가 없으나 그것이 대통령의 선출에 대해서는 아무런 중요한 변화를 자아내지 못했다."라고 적고 있다. 이승만이 자유당에서 추대한 이범석을 거부하고 자신이 낙점한 함태영을 부통령으로 밀었다는 사실을 유엔 감시단은 잘 알고 있었으며 조직력이 우세한 자유당의 이범석이 떨어지고 무명에 가깝던 함태영이 당선되었다는 사실 자체가 경찰의 강력한 간섭이 있었음을 시사해 주는 것이라고 알고 있었다. 그러한 결과는 이승만의 의도대로 움직이는 경찰에게 이승만의 입김이 강하게 작용하지 않으면 불가능하다는 것도 알고 있었을 것으로 짐작이 간다. 사실 경찰의 선거 개입은 이승만의 의중을 알아차린 총리 장택상과 내무장관 김태선이 면밀한 전략을 세움으로써 조직적으로 이루어졌다고 알려져 있다.

이승만의 의중을 알기 전까지 경찰 조직력은 집권당인 자유당의 공천자 이범석의 당선을 위해 힘썼다가 투표일을 불과 수일 앞둔 시점에서 부통령을 함태영 지지로 바꾸었다. 경찰에서 이 정도의 공작은 그다지 어려운 작업이 아니었다. 결과적으로 선거전은 경찰의 조직력과 족청의 조직력 간의 싸움으로 변했는데, 원래 경찰 조직의 힘을 빌려 조직을 짠 자유당 내 족청파가 경찰 조직을 당하기는 처음부터 역부족이었다.

- 이승만의 재당선

선거는 자유당의 대승으로 막을 내렸다. 투표 결과는 총유권자 825만 9,428명 중 727만여 명이 투표에 참가하여 예상한 대로 자유당의 이승만이 유효투표의 72%인 523만 8,769표로 대통령에 당선되었고, 부통령에는 무소속의 함태영이 유효표의 40%인 294만 3,813표로 당선되었다. 투표 결과는 다음과 같다.

대통령 후보		부통령 후보	
이승만	5,238,769	함태영	2,943,813
조봉암	797,504	이범석	1,815,692
이시영	764,715	조병옥	575,260
신흥우	219,696	이갑성	500,972

이어 이윤영, 전진한, 임영신, 백성욱, 정기원의 순서로 득표했다. 선거에서 패배한 이범석은 경찰의 선거 간섭을 비난하면서 이승만에 대해서는 언급함이 없이 경찰의 책임자 격인 총리 장택상과 내무장관 김태선을 고발하고 나섰다. 그러나 결과는 무위(無爲)였다. 자유당 족청파는 선거 직후 몇몇 주요 장관직에도 발탁되고 장택상 총리,

김태선 내무장관을 사임시키는 등 한때 당세를 회복하는 듯 보였지만 얼마 가지 못해 서서히 이기붕에게 주도권을 내주고 만다.

패배한 민국당은 원내에서의 세력이 크게 위축되어 갔다. 야당 세력은 민국당계와 조봉암 지지 세력 간의 대립이 표면화되었으며 그때까지 야당 편향의 의원들 중 다수가 여당으로 이탈해 가는 통에 원내의 야당 세력은 급속도로 약화되었다. 한때 큰 세력으로 움직였던 원내 자유당, 신라회, 무소속 구락부 등도 교섭단체를 해체하고 말았다.

7절 족청파의 몰락

- 오랑캐로 오랑캐를 제어(以夷制夷)

선거가 끝난 후 이승만은 선거의 뒤처리를 자유당이 하도록 만들었다. 자신의 뜻을 받아 이범석을 밀어내고 함태영을 당선시키는 데 공을 세운 국무총리 장택상과 내무장관 김태선을 논공행상하는 대신 자신이 밀어낸 이범석의 족청파 사람들을 오히려 요직에 등용했다.

검찰의 선거 간섭을 고발한 이범석의 뜻을 시인이나 하듯 내무장관에 진헌식, 상공장관에 이재형, 농림장관에 신중목 등 족청계 인물들이 정부의 요직에 등용되자 자유당 내 족청파는 선거 중 경찰에 협조적이던 비족청계 간부들을 축출하기로 결정했다. 비록 부통령 후보 이범석은 마다했으나 족청에 대한 이승만의 믿음은 살아 있다고 판단했던 것 같다. 중앙당부, 지방당부 할 것 없이 모든 간부직을 족청파 일색으로 갈아치우는 데 성공하고 여세를 몰아 지난 선거에서 이범석을 낙선시킨 경찰의 책임자 김태선을 물러나게 만들었다. 국무총리 장택상도 소위 후루이찌(古市 進, 일제 시대 경성 부윤=서울시장) 사건에 연관시켜 사표를 제출하게 만든다. 장택상이 부산에 밀입국한 후루이찌의 상륙을 허가하고 총리실에서 만나기까지 했다는 사실을 족청파 양우정이 경영하던 연합신문에서 폭로, 장택상을 친일파, 민족반역자로 몰아세운 끝에 총리 자리에서 물러나게 만든 것이다. 이범석의 선거에서의 패배를 깨끗이 갚아주는 결과가 되었다.

김태선, 장택상을 차례로 실각시킬 수 있을만큼 힘을 회복했다고 생각한 족청파는 자유당을 완벽하게 장악하기 위한 비족청계 세력의 축출 작업에 착수한다. 이에 대항해서 비족청계는 족청파의 세력 확장을 견제할 목적으로 장택상과 그가 영도하던 신라회 소속 의원들을 자유당에 입당시키기로 하고 수속을 마쳤다. 원내에서 열세인 자유당 의석수를 보강하는 데는 신라회 소속 의원들의 입당이 두 손 들어 환영할 만한 일이었다. 그런데 입당 환영회까지 치른 마당에 당 내부에서 장택상만은 입당 가부 심사를 거쳐야 한다는 주장이 나와 갑자기 심사위원회가 구성되고 심사위는 장택상의 입당을 저지해 버렸다. 이를테면 장택상에 대한 족청파 앙갚음의 연장이었다고 할 수 있다.

– 족청파의 오판

원래 자유당은 이승만이 여러 계파를 통합해서 직선제 개헌에 필요한 조직으로 발족을 시켰으나 내각책임제 개헌에 찬동하는 원내 자유당 세력이 우세해짐으로써 원외가 주가 된 당을 이승만이 선택하게 되고 이범석이 그 조직 편성을 맡게 되었다. 따라서 이범석을 둘러싼 인물들이 당의 핵심 멤버를 이루게 되었으며 이들 족청파는 지방의 군수나 경찰서장의 힘을 빌려 당세를 확장해 나갔다.

그러나 자유당의 중앙 조직은 이승만의 부름에 호응해서 창당에 참여한 대한청년단, 노총, 농총, 대한부인회 등의 인사들이 일정 비율로 임원직을 맡았기 때문에 수적으로 우세했다. 족청파는 중앙당의 이러한 판세를 뒤집기 위해 1952년 말부터 1953년 상반기에 걸쳐 약 반년 동안 기간단체들을 장악하기 위한 비족청계와의 싸움을 집요하게 전개했다. 단체 내부에서 반족청계 인사를 몰아내는 데 수단 방법을 가리지 않았다.

자유당 창당에 참여한 여러 단체에서 족청은 분란을 일으켰으며 조금씩 단체의 주도권을 장악해 나갔다. 이범석이 내무장관으로 재임하는 동안 족청계는 기간단체들의 간부직을 하나둘씩 차지해 갔다. 족청은 기간단체 대회에서 경찰관이나 폭력배를 이용, 대회장을 소란스럽게 만들기 일쑤였고 경찰은 이를 눈감아 주었다. 그 소란 끝에 족청은 몇몇 간부자리를 점령할 수는 있었으나 비족청계의 연합체인 전국사회단체중앙연합회의 끈질긴 저항 때문에 그 세력을 기간단체 전체를 움직일 만큼 크게 늘리지는 못했다.

자당 내에서 족청계의 전횡(專橫)이 심해지자 이승만은 그제야 족청파 제거 작업에 착수하게 된다. 당내 비족청계의 임영신, 윤치영, 배은희, 이갑성 등도 족청계에 대한 공세를 늦추지 않았다. 이승만은 먼저 각료로 있는 족청계부터 정리하기 시작했다. 내무장관 진헌식,

농림장관 신중목을 차례로 파면시키고, 진 장관은 보안법 위반, 횡령 등의 죄명으로 구속 기소했다. 이어 이재형 상공장관을 물러나게 한 후 이번에는 당의 정리에 들어갔다. 이미 장택상, 김태선을 제거하는 데 성공한 터에 더 이상 족청을 비호할 필요가 없어졌던 셈이다.

1953년 5월 10일에 있었던 자유당 전당대회는 시작부터 족청계의 의도대로 모든 것이 진행되어 갔다. 비족청계의 입김을 완전히 막아 두고 족청계 단독으로 모든 사안을 진행시켰다. 먼저 '반당분자 징계위'를 구성해서 족청에 비우호적인 간부들을 축출하기로 하는 한편, 중앙위원회 대표와 중앙당 부·차장의 인선을 21명으로 구성하는 당 보강위에 전권 위임하는 결의를 한다. 전당대회는 족청파의 계획대로 차질 없이 진행되어 당권은 완전히 족청파가 장악하는 것으로 결말이 날 판세였다.

– 이승만의 특별 담화

그러나 이변이 생겼다. 족청계의 뜻대로 진행된 대회가 폐회를 선언하기 직전에 당 총재인 이승만의 긴급지시라는 것이 하달된 것이다. 긴급지시는 3개 항으로 되어 있었는데, '1. 전당대회는 매년 1회에 한할 것이며, 2. 부·차장의 선출은 중앙위에 일임하고 사후에 총재의 재가를 받을 것, 3. 지금까지의 파벌 대립은 묵인하겠으나 앞으로는 불용하겠다'는 것이 그 내용이었다. 족청계에게는 하늘에서 떨어진 날벼락이었으며 비족청계에게는 기사회생의 기회를 열어 주는 것이었다.

"자유당 안에 모모 인사를 중심하여 민족청년단의 세력을 부식하려는 중에 내가 주장하는 의도와 대립되어서 필경은 자유당 자체가 분규 상태에 이르렀고 … 이것은 더 이상 허용할 수 없는 것으로, 사람의 사지 전체에서 손가락 하나라도 다치면 아픈 것과 같이 몸 전체에 병이 들어 점차 전체에 고통을 줄 때에는 안으로 쓰린 것을 인내하는 것을 중지하고 잘라 내야 되는 것이다. 이번 선거에서는 각급 당부 간부와 각급 당직자들이나 일반 당원 중에 민족청년단은 하나도 선거하지 말 것이며 … 이 사람들이 다 피선되지 않도록 해야 할 것이다. 이와 같이 한 뒤에도 족청이니 하는 소리가 있다면 그때에는 그런 말하는 사람이 전체를 파당, 분열시키는 사람이라고 인정될 것이다. … 족청을 지도하는 사람에게 이것을(어떤 개인이나 단체가 당을 이용하여 사사 경영을 하면 안된다는 뜻=필자 주) 말해도 점점 크게 가니 내가 이를 만류하자는 것인즉, 이 사람들은 임시로 물러앉고 … 모든 애국하는 당원들이 … 다른 생각을 말고 지시대로 나가면 필경 사심을 버리고 공의를 붙잡고 나가는 훌륭한 자유당과 자유당원으로 크게 발전할 것을 도모, 노력할 것이다."

- 족청파 거세

이승만의 이 담화를 계기로 족청파 거세 공작은 가속이 붙고 6월 말에는 족청의 자격 징계위원장이 살인 사건으로 구속되고, 8월 말

에는 양우정의 정치참모 격이던 연합신문 편집국장 정국은의 간첩
혐의 체포, 9월 10일에는 족청계 3부장관의 파면과 해임, 10월 7일에
는 백두진 총리의 이름으로 제출된 양우정의 구속동의 요청안이 가
결되었다. 구속동의 요청안은 '양 의원이 정국은 사건에 관련되어 있
어 군 수사기관에서 구속하고자 하니 국회에서 동의해 주기를 청한
다'고 되어 있었다. 양우정의 혐의는 간첩 방조와 은닉이었다. 표결
의 결과는 재석 149석에 가 120, 부 18, 기권 11이었다. 그리고 12월
9일에는 자유당 족청계 간부 8명이 제명되어 족청파 제거는 정연하
게 마무리되었다.

　이승만이 족청파를 제거한 이유는 족청이 그 조직을 이용해서 장
차 자신의 정치적 위치에 도전할 가능성이 크다고 판단했기 때문인
것으로 추정되고 있거니와 위험 요소가 될 수 있는 세력은 일찌감치
그 싹을 잘라 버리는 것이 이승만의 정치하는 수법이었다고 본다면
크게 틀림이 없을 것 같다. 그는 정략에 능하거나 큰 조직의 뒷받침
을 가지려는 인물보다 오직 자기를 받들고 따르는 비서 같은 인물이
필요했을 뿐이다. 내각책임제 개헌안 반대 민중대회, 직선제 반대 국
회의원 소환운동 등 관제 민의의 조직과 민중 동원에 앞장섰던 족청
파는 이승만의 의도대로 일이 진행되어 만족할 만한 결과를 얻게 됨
으로써 그 임무 수행을 깨끗이 완수했으며 그 단계에서 축출될 수밖
에 없는 운명에 있었던 꼴이다.

　이승만의 유시 하나로 족청은 하루아침에 무너지고 자유당은 이
승만 개인의 의도에 따라 자유자재로 움직여지는 이승만의 정당으
로 변했다. 족청의 몰락은 관의 비호 없는 여당의 정파나 그 세력이

얼마나 무력한가를 보여 주는 좋은 본보기였다고 할 수 있다.

족청계를 제거한 자유당은 국민회, 노총, 농총(후의 농민회), 대한청년단, 대한부인회 등 5개 기간단체로부터 12명의 중앙위원을 선출, 이들을 중심으로 해서 당무를 진행해 나갔다.

- 민국당의 재정비

대통령 선거 후 국회에서 세력이 약화된 야당은 대열을 재정비할 힘조차 잃고 있었다. 비록 원내 의석수는 20석 남짓으로 줄어들었지만 그나마 야당 세력의 중심이었던 민국당은 반년 남짓 앞으로 다가선 제3대 민의원 총선에 대비하기 위해서도 당의 개혁이 필수라는 생각이 지배적인 당내의 중론이었다. 구 한민당계의 주도적 역할에 불만이 없지 않았던 신익희 등 비한민계가 중심이 되어 12인 혁신위원회가 구성되고 본격적인 당 정비 작업에 들어갔다. 1953년 10월 5일에 열린 민국당 전당대회는 김성수, 백남훈, 조병옥, 서상일 등 구 한민당계 간부직을 고문으로 후퇴시키고 신익희를 중심으로 한 새 지도체계를 구성했다.

민국당은 새로운 경제정책을 마련, 자본주의적 자유경제체제의 확립을 표방했으며 혁신운동의 일환으로 당의 문호 개방을 통한 당 조직의 대중화를 재창했다. 유명무실해진 야당 세력의 연합을 다시 구축하는 방안도 모색했으며, 그러한 야당 연합체의 구성만이 제3대 국회의원 선거에서 야당 세력이 자유당의 독주를 막을 수 있는 유일한 길이라고 밝혔다.

국회는 참의원 의원 선거법의 제정과 민의원 의원 선거법을 개정해서 입후보자의 연고지(緣故地)제를 채택하는 한편, 정당 아닌 사회단체 이름으로 선거운동을 하지 못하도록 막는 안을 통과시켰으나 정부는 그러한 개정안이 현역의원(제2대 국회의원)의 재선에 유리한 내용이라고 해서 공포를 거부했다. 국회로 환송된 개정안은 재의에 부쳐진 결과 폐기되었다. 두 번의 실패에도 불구하고 눈앞에 다가선 선거일을 앞두고 국회는 몇 번 더 선거법의 개정을 시도했으나 번번이 실패하여 결국 폐기되고 말았다. 정부는 기존의 국회의원 선거법에 따라 제3대 국회의원 선거를 실시한다고 공고했다.

8절 5 · 20총선

- 자유당의 주도권 싸움

자유당은 족청계 거세의 마지막 마무리 작업으로 1954년 1월 이범석을 위시한 이재형, 진헌식, 신태악, 권상남 등 족청계 거물급 인사들을 당에서 제명 처분했다. 그리고 제3대 국회의원 선거 2달 전인 3월에는 자유당 혁신강화 전당대회를 서울 시공관(市公館)에서 열고 선거체제를 완비했다. 그러는 중에도 자유당 안에서는 당의 주도권 장악을 위한 싸움이 계속되었다.

당초 이승만은 족청 축출을 결정한 후 그 작업을 이기붕, 이갑성, 배은희 세 사람에게 동일하게 지시했다. 영을 받은 세 사람은 막강했던 족청 세력을 거세하기 위해서 함께 힘을 모았다. 그러나 일단 그 작업이 성공적으로 완수되자 세 사람 사이에 당 주도권 쟁탈을 위한 치열한 싸움이 전개되었다. 나중에는 이 세 사람 외에 국민회의 이활까지 가세했다. 네 사람 모두 특정한 조직체 출신이 아니었다는 점에서 이승만의 선택을 받을 자격을 갖추고 있었다.

1953년 7월 27일에 휴전협정이 체결되자 정부는 그해 8월 15일에 환도할 것을 선언했다. 국회도 9월 21일 서울로 올라와서 지금은 허물어진 구 중앙청 청사 내 의사당에 자리를 잡았다. 제2대 국회는 그 임기가 끝나는 54년 5월 30일까지 이곳에 있다가 제3대 국회가 개원되는 6월 9일 태평로에 있는 새 의사당(구 부민관, 현재의 서울시 의회 자리)으로 옮겼다.

자유당의 주도권 싸움은 환도 후에 더욱더 가열되었다. 경찰은 이들 사이의 경쟁 상황을 이승만에게 보고했는데, 경찰 정보는 의도적으로 이기붕에게 유리하도록 꾸며졌으며, 그러한 경찰 정보는 주도권 싸움에서 이기붕에게 많은 도움을 주었다. 그러지 않아도 이기붕은 자유당 중앙위원회 의장직과 서울시당 위원장직을 맡고 있어서 주도권 장악에 여러 가지로 유리한 고지를 점하고 있었다.

이기붕이 서울시당 위원장직을 맡게 된 데에는 정치 폭력배 이정재의 역할이 한몫 단단히 했었다. 당시 서울시당의 세력 분포로 보아 이기붕의 위원장 당선은 어려운 상황이었는데 이정재가 부하 폭력배를 동원해서 반강압적으로 이기붕을 그 자리에 올려놓았다고 알려져 있다. 이기붕의 기반을 결정적으로 공고히 만들어 놓은 것은 1954년에 있었던 5·20 민의원 선거에서의 자유당 압승이었다.

- 충성심이 후보 공천의 잣대

자유당은 제3대 국회에 입후보할 후보 공천자 선정에서부터 이승만에 대한 충성심과 앞으로 제3대 국회에서 있을 자유당의 개헌안에 대해 찬성하겠다는 서약을 조건으로 삼았다.

자유당이 성안해 두고 있던 개헌안은 이승만의 영구집권을 확고히 하고 야당이 제기할지도 모를 내각책임제 개헌을 봉쇄할 수 있는 조문을 헌법에 명문화한다는 내용을 담고 있었다. 국가 안위에 관한 중대 사안의 국민투표제와 국회의원 소환권 조항을 신설하고 국무총리제의 폐지와 초대 대통령에 한해 3선 금지 조항을 철폐한다는 것이 개헌안의 주요 골자였다. 이 중에서도 가장 중요하고 시급한 당면 과제가 이승만에게 무제한 재선의 길을 열어 주는 3선 금지 조항의 삭제였다.

자유당이 이승만에 대한 충성 맹서를 제3대 민의원 후보 공천의 기준으로 삼은 것은 "개헌 찬성을 조건부로 입후보하라."라는 이승만의 지시에 의한 것이었다. 부산에서의 재선 과정에서 애를 먹은 이승만은 일찌감치 3선 이상의 길을 확보하기 위해 급하게 개헌을 서둘 필요를 느꼈으며 또 만약의 경우에 대비, 개헌의 당위성을 찾는 방법으로 나라의 중대사는 국민이 직접 투표로 결정할 수 있어야 한다는 이른바 국민투표제를 개정 헌법에 명시해야 한다고 생각했다.

개헌안에 대한 찬성 서명을 받고서야 공천을 해 주는 '조건부 공천'이 반드시 개헌안의 통과를 100% 보장해 주는 것은 아니었지만, 공천제의 채택으로 과거와 같은 무소속의 난립을 막는 데에는 효과가 있을 것이 분명했고, 무소속이 줄어들면 그만큼 자유당 공천자의 당선 확률이 높아질 것이라고 전망했다. 자유당은 공천의 공정성과 민주성을 높인다는 명목으로 점수제라는 방식을 고안해 냈다. 지역구의 신망과 지지도를 반영하기 위해 지역구 대의원들의 비밀투표로 뽑은 후보자에게 40점, 지역구 후보에 대한 도 당부의 의견에 20점, 이를 다시 중앙당 심의에서 주는 40점을 가산해 총 100점 만점 중 가장 높은 점수를 받은 후보를 공천자로 선정키로 했던 것이다. 그러나 아무리 지역구에서 높은 점수를 받은 당선 가능성 높은 후보라도 이승만의 종신 집권에 찬성하지 않으면 공천을 받을 가능성이 전혀 없었다. 또 실제로 점수상으로는 충분히 공천을 받을 수 있는 경우에도 이승만이 재가를 하지 않으면 공천에서 제외되고 말았다. 그러니까 자유당 후보의 공천은 거의 이승만의 절대적인 재량하에 있었다고 말할 수 있다.

- 민국당의 마지노선

선거일 공고 전까지 자유당은 전국 203개 시·군 당부의 개편을 완료했지만, 민국당은 40여 개 시·군 지구당만을 겨우 재정비하는 데 그쳤다. 결국 전국 203개 선거구 중 민국당은 77개 지역구에서 공천자를 내게 되었고, 나머지 구에서는 야당 성향의 무소속 후보를 지원함으로써 여당 세력의 확대를 막기로 전략을 세웠다. 이러한 민국당의 전략은 원내 야당 의석의 수를 개헌안 반대에 필요한 재적 3분의 1석 이상을 확보하자는 데 목적이 있었다. 말하자면 민주당 선거 전략의 마지노선은 헌법 개정 저지에 필요한 67석 이상의 야당 세력 확보였다. 역으로 얘기하자면 여당 의석수를 재적 3분의 2인 136석 이하로 억제하자는 것이었다.

공천제의 채택으로 인해 무소속 후보들의 출마가 줄어들기는 했지만 제3대 국회 입후보자는 총 1,207명에 이르렀다. 개헌에 필요한 재적 3분의 2 이상의 의석 확보를 위해 자유당은 181명의 공천 입후보자와 61명의 무공인 입후보자를 내세웠으며, 민국당은 77명, 국민회 48명, 대한국민당 15명, 조선민주당 6명, 대한노총 5명, 기타 17명 그리고 무소속 797명 등 총수가 1,207명이었다.

– 판을 친 관권, 금권

5 · 20 민의원 선거는 민국당 등 야당의 주장처럼 관권과 금권이 판을 친 부정, 타락 선거였다. 유권자들 눈에도 어김없이 그렇게 비쳤다. 자유당은 선거운동의 일환으로 전국적인 '개헌 촉진 국민대회'라는 것을 개최하여 이승만의 재집권만이 국가를 재건하는 유일한 길이라고 역설했는데, 말이 개헌 촉진 국민대회였지 사실상은 야당의 선거운동을 봉쇄하기 위한 일종의 협박성 국민대회였으며, 그 기세에 눌린 유권자들에게는 신상에 위협을 느낄 만큼 공포 분위기의 조성으로 비쳤다. 이러한 자유당의 공포 분위기 조성에 민국당은 "선거의 자유 분위기가 보장되지 않는 경우 입후보를 전적으로 취소

할 수도 있다."라면서 선거 거부 가능성을 강하게 시사했다.

그러나 이승만은 야당의 항의를 우습게 봤다. "자기들이 국회에 들어와서 요동시킬 희망이 없는 것을 완전히 각오한 모양이다. 이와 같이 공포하고도 또 선거에 들어간다면 이것은 정당한 대한민국의 한 정당으로서 있을 수 없는 일이며, 또 이런 몰상식한 일을 해서는 민중의 신망을 얻을 수 없을 것"이라는 반박 담화를 발표했다. 야당이 어떤 태도로 나오든 하고 싶은 대로 해 보라는 배짱이었다. 이 같은 당 총재의 뜻을 받들듯이 전국 각지에서는 자유당의 횡포가 심했고 경찰뿐만 아니라 지방 행정관청까지 선거에 개입하는 사태가 만연했다.

이기붕이 출마한 서울 서대문 을구에서는 출마 예정자 조봉암이 등록 방해를 받아 입후보조차 하지 못했으며, 민국당의 거물급 신익희, 조병옥을 포함한 야당 거물 선거구에서는 야당 선거운동원이 집단 구타를 당하거나 구속되는 등 심한 탄압을 받았다. 경남 사천에서는 집단 폭행으로 야당 선거운동원이 사망하는 사고도 있었다. 야당 후보자들은 정도의 차는 있었으나 탄압을 받지 않은 곳이 없었다. 많은 지역에서 야당 후보자의 선거용 차량은 교통위반 딱지를 받고 경찰서 뒷마당에 견인되어 움직이지 못했으며, 야당 후보의 운동원들이 갖가지 이유로 구금당하거나 여당 운동원들에게 폭행을 당하기 일쑤였다.

야당 입후보자들뿐만 아니라 자유당의 공천 후보자 중에도 노골적인 경찰 간섭과 선거운동 방해를 받은 사례가 있었다. 그 대표적인 예가 경북 대구 병구의 이갑성, 경북 달성구의 배은희 등 당권 경쟁에서 이기붕과 맞서고 있던 입후보자의 선거구였다. 두 사람은 말할 것도 없이 낙선되었고 그를 따르던 당내 인사들도 낙선되거나 혹은 당선이 되고서도 세리(勢利)를 좇아 뿔뿔이 헤어지고 말았다. 5·20 선거를 계기로 이기붕파는 당권 경쟁자를 큰 힘 들이지 않고 몰아낼 수 있었다.

– 상처로 얼룩진 대승

총 유권자의 91.9%가 참가한 5·20총선은 자유당의 대승으로 끝을 맺었다. 민국당의 참패였다.

선거 결과는 자유당 114명(공천자 99명, 비공인 입후보자 15명), 민국당 15명, 대한국민당 3명, 국민회 3명, 제헌동지회 1명, 무소속 67명의 당선이었다.

개헌 정족수를 채우지 못한 자유당은 부족한 의석을 무소속을 포섭함으로써 채웠다. 제3대 국회 개원일인 6월 9일에 13명 포섭에 성공했으며, 4일 후에는 다시 8명을 추가 포섭, 개헌 정족수에 한 석 부족한 135석을 확보했다. 그리고 개헌안 표결 직전에는 다시 나머지 1명을 포섭해서 개헌에 필요한 소기의 목적수 136명을 채우는 데 성공했다.

선거에서 당선자 15명을 얻은 민국당은 원내 교섭단체 구성도 할 수 없는 처지로 떨어졌다. 교섭단체 구성을 위해서는 무소속과 합류할 수밖에 없었다. 곽상훈을 중심으로 한 야당 성향 무소속 의원들과 민국당이 합쳐서 총 31명이 무소속동지회라는 교섭단체를 만들게 된다.

　자유당이 그렇게 단시일 내에 무소속 의원들을 흡수할 수 있었던 이면에는 그해 8월 20일까지로 된 선거사범 시효(時效)의 작용이 있었다고 알려져 있다. 당시 자유당의 힘으로써 선거법에 대한 처리를 좌지우지하는 것은 어렵지 않은 일이었다. 당선된 무소속 의원 중 윤재욱(서울 영등포 갑구), 김두한(서울 종로 을구), 정성태(전남 관주구), 김우동(경북 선산구) 등에게는 이미 구속영장이 발부된 상태여서 기타의 마음 약한 무소속 의원들에게 커다란 불안 요소로 작용했다. 경찰이 한번 칼을 뽑으면 선거사범으로 옭아매어 당선 무효로 만드는 것쯤은 어려운 일이 아니었던 시절이었다. 관과 자유당한테 선거법은 사람에 따라 코에 걸면 코걸이, 귀에 걸면 귀걸이가 되는 편리한 마술의 작대기였다.

　윤재욱과 김정호를 제외한 나머지 세 의원에 대한 경찰의 수사는 자유당이 필요한 개헌 정족수를 채운 후 무혐의, 무죄로 처리되었다. 결국 이들의 입건은 무소속 의원들의 자유당 입당을 촉진시키기 위한 일종의 위협용이었음이 밝혀진 셈이다.

　제2대 국회는 1954년 5월 1일 제18회 정기회 폐회식을 마지막으로 막을 내렸다. 6·25라는 예기치 못한 변을 당해 3년여에 걸친 피난생활을 강요당하고 모진 정치 파동 등 수없는 험난한 사건을 겪었던 제2대 국회가 역사의 장 속으로 사라진 것이다.

제3대 국회

1절 제3대 국회 개원

– 개원과 정 · 부의장 선거

1954년 6월 9일에 개원식을 올린 제3대 국회는 그날로 의장에 이기붕(자유당; 재석 199석 중 124표, 차점 신익희 52표), 부의장에 최순주(자유당; 1차 투표에서 125표), 곽상훈(무소속; 2차 투표에서 162표)을 선출했다.

의장 선출에 있어서는 이기붕을 추대하는 데 큰 잡음이 있었던 것은 아니었으나 그렇다고 순조롭게 진행된 것은 아니었다. 그때까지만 해도 이기붕의 영도력이 그렇게 공고하게 확립되지는 못하여 여러 면에서 많은 허점을 드러내고 있었다. 이기붕을 의장으로 뽑는 과정에서 이탈표를 막기 위해 각 도별로 암호 투표를 하게 만든 것이 이기붕을 반대하는 당내 비주류(이때의 비주류는 이갑성, 배은희파를 뜻했다)의 저항이 그만큼 상존해 있었음을 말해 준다.

후에 알려진 암호 투표라는 것의 내용은 예를 들어 이기붕의 성명을 표기함에 있어 도별로 李起鵬, 이起鵬, 이起붕, 李기붕, 李起붕, 이

기봉 등으로 다르게 표기 방법을 정하고, 도 단위로 반발표가 없도록 단속을 책임 지웠다는 것이었다. 정치적 후진성을 노출했다고 말하기 전에 일종의 정치적 난센스라고 말해야 할 정치적 우스갯거리였다.

그리고 투표날 아침까지 자유당 내에는 원내 절대다수인 자유당이 부의장 2석을 모두 차지해야 한다는 강경파와 정치도의상 1석을 야당에 할애하는 것이 옳다는 온건파가 의견 대립을 보이고 있었으나, 결국 온건파 의견대로 부의장석 하나를 야당에 양보하게 되었으며, 한 석의 여당 부의장 자리를 두고 최순주, 이재학, 윤성순, 황성수 등이 난립하여 각축을 벌인 끝에 결국 최순주로 낙착을 보았다.

- 최초의 내각 신임안 부결

제3대 국회 최초의 사건은 7월 2일에 있었던 내각에 대한 신임안 부결이었다. 제3대 국회가 성립된 직후 당시의 국무총리 백두진의 사표를 수리한 이승만 대통령은 제네바에서 회의를 마치고 귀국 중이던 외무장관 변영태를 후임 총리로 임명했다. 이 임명은 6월 28일의 민의원 본회의에서 157표 대 17표라는 압도적인 다수로 승인되었는데, 불과 4일 후인 7월 2일 같은 민의원에서 변영태 총리 영도하의 국무원을 98표 대 74표로 불신임하고 말았다. 일종의 자유당 내부의 자가당착적인 자중지란(自中之亂)이었다. 여당인 자유당이 총리 인준까지 마친 국무원을 신임해 주어야 하는 것은 당연한 입장이었지만, 일부 의원들의 강력한 반발로 이를 거부하고 만 것이다. 이유는 자유당 일색의 정당 내각 구성을 바라고 있던 것이 결과적으로 초당 내각이 되어 버렸다는 것이었고, 선거 공약의 하나였던 국무위원 경질이 다수 장관의 유임으로 사실상 실현되지 못하게 되어 선거민에 대한 면목이 서지 않게 되었다는 것이었다.

여당이 국무원을 불신임한다는 것도 이상하지만 총리를 압도적인 표수로 신임한 지 나흘 후에 그 총리가 이끄는 국무원을 불신임한다는 것은 이치에도 맞지 않을 뿐더러 정치 상식에도 벗어나는 일이었다.

여당 내의 이상 기류를 알아차린 당 간부들은 '정당정치의 구현이 하루아침에 이루어지기는 어렵다'는 것을 역설하고 "이 대통령이 헌법에 따라 신 국무총리를 임명하고, 그로써 자유당의 면목을 세워 준 것만 해도 고마운 일이니 과분한 요구를 삼가 달라."라고 불평분자들을 설득하였으나 "상의하달(上意下達)만 잘되고 하의상달이 되지 않는 정당이 어디 있느냐?"라고 당 일부의 불만은 여전했다. 더욱이 당시 중간 야당의 위치에 있던 무소속 구락부가 신 국무원에 대한 신임 표결이 위헌이라는 해석 아래 투표 기권을 표명하게 되어 실질적인 불신임 투표와 같은 결정을 내린 탓으로 자유당의 고민은 한층 심각해졌다.

그래도 당 간부들은 설마 불신임까지야 하겠느냐는 낙관론을 버리지 못하고 투표에 임했는데 결과는 불신임 가결로 낙착되었다. 이 같은 결과를 초래한 데는 이기붕파에 의해 배제되었던 일부 구 이갑성, 배은희파의 반발도 적지 않게 작용했던 것으로 알려졌다.

불신임안이 가결되자 이번에는 국회의 신임 부결이 있었던 만큼 변 총리를 비롯한 전 각료가 사직해야 한다는 주장과 국무원은 총사직하되 이미 국회의 승인을 얻은 총리는 사직 대상에서 제외되어야 한다는 주장이 다시 논쟁거리로 대두했다. 당황한 자유당 간부진은 정치적인 해결 방법을 찾기 위해 새로 특별대책위원회를 구성해서 이에 사후 수습책을 일임하였는데, 여기서도 결론을 내지 못하고 설왕설래하고 있는 중에 변 총리가 사표를 제출하고 그 사표가 수리되지 않은 상태에서 이 대통령은 신 국무위원 명단을 국회에 제출하였다. 국회는 변 총리 제외 여부를 해결 짓지 못한 채 7월 8일 다시 신 국무원에 대한 신임 표결을 행하였다. 당 간부들이 당의 행동 통일을 위해 이면에서 적극적인 공작을 전개한 결과 야당 측의 반대를 무릅쓰고 2차 투표에서는 138표 대 48표로 신 국무원이 신임을 얻는 데 성공했다. 자유당의 행동 통일책은 이 일이 있은 후 갈수록 그 기술이 숙달되어 제3대 국회 회기 동안 필요할 때마다 새로운 기발한 표 단속 방법을 연구해 내곤 했다.

― 무소속 당선자의 포섭

제3대 국회가 개원되기 전에 상당수의 무소속 당선 의원들이 자유당에 흡수되었다. 5·20선거 결과 자유당은 당초의 목표였던 재적 3분의 2석인 136석 확보에 실패했다. 공천자 99명, 비공인 15명 도합 114석만을 확보한 자유당은 개헌에 필요한 나머지 21석을 채우는 것이 초미의 급선무였다. 모든 방법을 동원한 끝에 자유당은 제3대 국회 개원일인 6월 9일에 13명의 무소속 당선자를 포섭하는 데 성공하고, 4일 후인 13일엔 다시 8명을 추가 포섭해서 개헌 정족수에 1명만이 모자라는 상태로 느긋하게 제3대 국회 개원을 맞게 되었다.

무소속이 자유당에 입당하게 된 데에는 정부당국의 무형의 압력이 작용했던 것으로 알려져 있다. 그해 8월 20일까지로 되어 있던 선거사범 유효기간이 많은 무소속 당선자들을 불안하게 만들었던 것이 사실이고, 김두한, 윤재욱, 정성태, 김우동, 김정호 등 당선자들의 구속 내지는 구속영장 발부 사건이 무소속 당선자들의 마음을 약하게 한 것도 사실이었다.

개원 당시 이미 윤재욱은 도축권(屠畜券) 사건에 관련되어 배임 및 횡령으로 실형 6월의 1심 판결을 받고 있었으며, 김두한은 선거가 끝난 4일 후인 5월 26일 살인미수, 협박 및 선거법 위반 혐의로 시경 수사과에 체포되었다. 정성태와 김우동은 국가보안법 위반 및 선거법 위반 혐의로 구속영장이 청구되었고, 세칭 환금(丸金) 사건에 연좌되었던 김정호에 대하여는 영장이 발부되어 집행을 기다리는 상태에 있었다. 윤재욱과 김정호를 제외한 나머지 세 의원의 건은 결과적으로 일종의 위협용이었음이 후에 가서 밝혀졌지만, 어쨌든 정성태, 김우동 두 의원의 영장 청구 이유는 6·25사변 중 부역행위를 하였다는 것이었는데 부역행위의 구체적 내용이나 뚜렷한 증거가 없었고, 부역이라는 용어 자체가 이들에게 적용될 수 있는 성질의 것인지조차 애매한 상황이었다.

한편 김두한 의원의 혐의 내용은 '1. 살인 미수=그해 4월 초순경 미군 후방 사령부 서울 사무소에서 밀가루, 설탕 등 물자의 불하를 둘러싸고 김관철이라는 자와의 사이에 언쟁이 일어나 김관철에게 권총 2발을 발사하였다. 2. 협박=민의원 당선이 확정된 5월 22일 김관철에게 없애 버리겠다는 내용의 협박장을 보냈다. 3. 선거법 위반=선거운동의 일환으로 연극 '김좌진 장군'의 입장권 200매를 유권자에게 무료로 배포하였다'는 등 3개 항목이었다.

정성태, 김우동 두 의원에 대한 구속 영장 발부는 끝내 흐지부지 되고 말았으며, 김두한 의원의 피의사건은 만 3년 후에야 무죄로 최종 판결이 내려졌다. 결국 6월 9일의 민의원 개원과 함께 8일에는 김두한 의원이 석방되고, 정성태, 김우동, 김정호 세 의원의 구속은 실현을 보지 못하였다. 그리고 윤재욱의 보석 취소 운운의 설 또한 자연 소멸되고 말았다. 윤재욱의 보석 취소 문제는 당시의 법원 측 견해가 '헌법에 구애받지 않고 법원 독자적인 결정을 내릴 수 있다'는 것이어서 그의 재구속에 국회 동의가 필요하다는 설과 과거의 구속 상태를 그대로 답습하는 것이니 국회에의 동의 요청을 필요로 함이 없이 구속할 수 있다는 설이 대립하여 한때 법조계와 국회 측이 논쟁을 벌였으나 결국 윤재욱의 자유당 동조 약속으로 보석이 그냥 지속되었다.

참고로 적어두자면 5·20선거 후에 제기된 선거 소송 건수는 5·10, 5·30선거 때보다 훨씬 감소되어 국회가 개원되던 9일 현재, 8건만이 입건되어 있었는데 이 중 한 건도 결말을 짓지 못하고 유야무야로 끝나 버렸으니 이 8건 또한 무소속과 야당계 당선자를 심리적으로 압박하기 위한 재료였다고 간주될 수밖에 없었다.

- 여, 재적 3분의 2석 확보

이승만 대통령의 3선을 가능케 하기 위한 개헌 추진은 제3대 국회에 와서 비롯된 것이 아니다. 급히 마련되었던 부산에서의 발췌 개헌안이 많은 미비점을 가지고 있다는 이유로 그것을 보완, 정리한다는 표면상 이유 아래 새로운 개헌 작업이 진행된 것은 제2대 국회 말엽부터의 일이다. 그러던 중 1954년 7월 9일에는 자유당과 정부 대표로 구성된 헌법 개정 초안 위원회가 발족하였으며, 여기서 마련된 개헌안이 이승만의 재가를 얻어 이기붕과 자유당 당직자들에게 전달되어 있었다.

두말할 필요도 없이 이승만 대통령의 3선 여부는 우리나라 정계의 대세를 바꾸어 놓는 일대 사안이었으며 정국의 판도와 방향을 결정짓는 데 결정적 역할을 맡는 일이었다. 따라서 이를 성취하려는 자유당과 어떻게 해서든 이를 저지시켜야 한다는 야당 세력이 서로 혈안이 되어 수단과 방법을 가리지 않는 갖은 공작을 전개할 수밖에 없었던 것도 무리가 아니었다. 그래서 자유당은 5·20선거에 출마할 당 공천후보 선정에서 "현 대통령 3선 제한 철폐 및 국민투표제 채택을 골자로 한 개헌안에 찬동하고 이를 추진하겠다."라는 전제 조건을 내걸고, 이 요구를 수락한 자에 한하여 공천이라는 은전을 베풀었던 것이다. 그 결과 자유당은 공천자 99명과 비공인(공천에서 낙선되었거나 비공천 지구에서의 친자유당계)15명 도합 114명을 당선시키고 다시 무소속에서 19명을 포섭, 6월 9일의 개원식에 133명이라는 절대다수 의원을 이끌고 입성하였다. 또한 6월 15일 교섭단체 명부를 제출함에 있어서는 다시 2명을 추가한 135명으로 등록하였고, 6월 18일에는 1명을 더 얻어 개헌 통과에 필요한 136명을 완전히 확보하게 되었다.

이에 자유당은 같은 해 9월 6일 원내총무 이재학 의원의 손으로 136명의 서명을 얻어(자유당 의원 중 김두한 의원이 서명을 거부한 대신 무소속 윤재욱 의원이 서명하였다.) 헌법 개정안을 정식으로 국회에 제출하였다. 개헌안은 9월 8일에 정부에 의해 공고되고 국회는 법정 공고기간 30일이 되는 10월 7일을 40여 일이나 넘긴 11월 18일에야 국회 본회의에 이를 상정했다. 개헌안의 국회 상정이 지연된 이유는 자유당 소속 의원의 행동 통일에 자신이 없었다는 것과 야당의 반대 공작이 치열하고 집요한 데서 온 주저 때문이었다.

이 개헌안의 주요 내용은 '1. 주권의 제한 또는 영토의 변경을 가져올 국가 안위에 관한 중대 사항은 국민투표로 결정하고 2. 참의원은 3년마다 2분의 1을 개선하며 3. 참의원에게 대법관, 검찰총장, 심계원장, 대사, 공사 등에 대한 인준권을 부여 하며 4. 민의원의 국무원 불신임권을 폐기하고 국무총리제를 없애며 5. 대통령의 궐위 시에는 국민이 직접 선거한 부통령으로 하여금 대통령의 권한을 대행케 하되 3개월 이내에 대통령과 부통령을 선거하고 6. 현 대통령에 한하여 중임 제한을 폐한다'는 것 등이었다.

개헌의 최대 목적이 마지막 6항에 있었음은 국민 누구나가 아는 일이었다.

2절 사사오입 개헌

- 개헌의 명분

1954년 9월 6일 국회에 제출된 자유당의 개헌안은 9월 8일 정부에 의해 공고되었는데, 국회는 이 제안의 본회의 상정을 11월 18일까지 두 달 반가량이나 지연시키고 있었다. 지연시킨 이유는 자유당 소속 의원의 행동 통일에 자신이 없었다는 것과 야당의 반대 공작이 치열하고 집요한 데서 온 주저 때문이었다.

그동안에 자유당은 개헌 추진에 명확한 타당성을 부여해 보려고 여러 가지 수법을 동원했다. 원내 의원들의 행동 통일을 추진하는 한편 원외에서도 동조 세력을 구축할 목적으로 '민권수호개헌 추진위원회'라는 외곽 단체를 조직해서 이를 민의(民意) 동원용으로 가동시켰다. 누가 보더라도 이승만의 종신 집권을 위한 개헌안인데도 그 조항은 개헌안 부칙에 예외 규정으로 삽입했으며, 제안 설명자 이재학도 맨 끝부분에서 이 문제를 지엽적인 문제인 양 다루었다. 국민투표제를 가장 큰 안건인 양 제일 앞에다 내세웠으나 개헌의 진짜 목적은 대통령 중임제 금지의 철폐에 있었으며 나머지는 형식적으로 갖다 붙인 데 불과했다.

그럼에도 불구하고 이승만은 10월 19일 개헌안에 대해 담화를 발표하고 개헌안의 주요 골자가 어디까지나 국민투표제임을 강조했다. '초대 대통령의 임기 제한 문제를 자유당이 국회에서 주장한다면 오히려 자신에게 욕이 될 것이므로 그 문제는 국민 공의(公意)에 부쳐서 원만하게 해결되기를 바란다'고도 덧붙였다. 부산 정치 파동 때 부산에서 사용한 수법이 다시 나온 셈이다. 이승만이 개헌 문제(자신의 3선 문제)를 민의에 맡기겠다는 의사가 표명되자 부산 정치 파동 때와 같은 각종 관제 민의가 다시 거리로 쏟아져 나왔다. 각급 지방의회는 국민 모두가 갈망하는 개헌안을 조속히 통과시키라는 결의문을 국회에 보냈으며, 거리 곳곳에 '민국당은 역적'이라는 벽보와 삐라가 나붙었다.

국회는 11월 18일 개헌안을 국회 본회의에 상정하여 8일간의 격렬한 논쟁을 거듭한 끝에 같은 달 27일에 표결하기에 이른다. 자유당 간부들은 소속 의원들의 행동 통일책의 일환으로 선거민들을 납득시키기 위한 선전공작비 조로 한 사람당 25만 환의 자금을 공급하는 한편 비공천 의원과 비주류(당시에는 이갑성, 배은희파를 칭하였음) 의원을 무마하기 위한 조처에도 많은 신경을 썼다.

제3대 국회 초에 '의정 단상을 더럽힌 50만 환'이라 하여 말썽이 되었던 '세비를 담보로 한 국회의원들의 특권 대부 사건'도 일반 국민들에겐 자유당의 개헌 추진과 관련된 득표 공작의 일환이라고 보는 견해가 유력했다. 당시의 경제 사정이나 당국의 인플레이션 억제책에 비추어 보거나 농가 총 인원수 1천4백여만 명에 대한 1954년도 영농 융자액이 27억 환인 데 비하여 202명밖에 안 되는 국회의원한테 1억1백만 환이라는 비생산성 융자 조치를 해 준 처사는 개헌과 관련시켜 의혹을 받고도 남음이 있었다.

그러던 차에 세칭 '뉴델리 밀회 사건'과 유엔 총회에서의 소위 '한국통일 선거안'이라는 것이 터져 나왔다. 개헌 추진에 뚜렷한 합리성을 찾지 못하고 있던 자유당에는 절호의 기회를 제공해 주는 것이 되었다. 자유당은 즉각 "대한민국의 주권의 제약 또는 영토 변경을 가져올 국가 안위에 관한 중대 사항은 국민투표로써 결정한다."라는 국민투표제 개헌안의 타당성을 선전하여 이 대통령 3선 가능을 위한 조항을 이로써 얼버무리려고 시도했다.

이른바 뉴델리 신·조 밀회설은 민국당에서 제명당한 전 민국당 선전부장 함상훈이 제기한 의혹으로, 뉴델리에서 신익희와 이북에 있는 남북협상파 조소앙이 밀회를 했다는 내용이다. 자유당은 남북협상은 적화의 제1단계이기 때문에 이러한 협상 내지는 중립화 기도를 저지하기 위해서는 국민투표제 개헌안을 채택해야 한다는 주장을 하고, 실제로 54년 11월 4일 국회 본회의에서 '중립화 반대, 협상 배격'이라는 결의안까지 채택하였다. 그러나 이 뉴델리 밀회설은 함상훈의 모략극으로 판명되어 단락을 지었다. 가능성이 전혀 없는 뉴델리 밀회설은 개헌 반대 세력을 궁지로 몰아넣기 위한 터무니없는 모략극이었던 셈이다.

그러나 이러한 자유당의 끊임없는 이면(裏面) 공작에도 불구하고 자유당은 개헌 통과에 대한 자신을 가질 수가 없었다. 민국당 15명, 무소속 동지회 31명, 순 무소속 중 약 20명이 합세한 야당계 의원들의 개헌 반대 선동은 자유당 측의 '개헌의 합리·타당성'보다 월등히 국민들의 구미에 맞아 들었기 때문이었다.

– 야당의 개헌 반대 공작

야당계 의원들은 내각책임제 개헌만이 이 나라 국정을 바로잡는 길이며 이 대통령의 3선은 '독재정치를 초래하기 쉬운 위험한 것'이라는 주장을 펴면서 '1. 만일 개헌안이 통과되더라도 자유당 의원이 모색하고 있는 정당정치 구현은 쉽지 않을 것이며 2. 자유당의 주도 세력은 이승만의 결정 하나에 따라 쉽게 이동될 수 있는 것이니 개헌과 당 주도권은 연관성이 없으며 3. 현행 헌법의 미비점을 정리하려면 그 시기를 차후에 따로 잡아야 한다'는 점 등을 강조하였다. 뿐만 아니라 자유당 의원들에 대한 개별적인 반대투표 권유 공작을 전개했으며, 자유당은 자유당대로 순 무소속과 무소속 동지회를 대상으로 한 찬성 의원 획득에 전력을 기울이고 있었다. 이러한 양측의 이면 공작은 양측 모두가 어느 정도 성과를 거두었던 것으로 알려졌는데 특히 자유당 소속 의원 중 개헌 직후 자유당을 탈당한 의원들은 야당 측의 이면 공작과는 별도로 자율적인 개헌 반대 운동을 줄기차게 해왔던 것으로 사후에 밝혀졌다.

한동석, 이태용, 민관식, 손권배, 김홍식 의원 등은 자유당에 소속해 있으면서 자유당 내부의 행동 통일을 파괴하려고 꾸준한 지하공작을 벌였는데 그 결과 약 14~15명의 자유당 소속 의원의 표가 개헌 반대 쪽으로 흐르게 되었다. 그 반면 무소속 의원 중 10명가량이 개헌 찬성 편으로 표를 넘겨주었으며 이들 야당계 무소속 의원들은 개헌 후 자유당으로 당적을 옮겼다.

이러한 우여곡절을 겪으면서 개헌안은 11월 18일에 국회 본회의에 상정되고 여야 간의 필사적인 공방이 전개되었다. 여당의 속결주의와 야당의 지연 작전의 대치였다. 8일간의 토론과 질의응답이 있은 후 11월 27일 최순주 부의장이 표결을 선포하기에 이르자 송방용 의원이 '자유당의 암호 기표 문제'를 들고 나왔다.

– 암호 기표의 재등장

송 의원은 "헌법은 국가의 기본법인데 이 기본법에 대한 투표를 함에 있어 개인의 양식과 양심과 자유가 보장되지 않는다면 민주주의의 발전에 극히 위험한 일이다… 들리는 바에 의하면 자유당에서 암호 투표를 한다는 소문이 있다. 누구누구는 만년필로 이러이러하게 쓰고 누구누구는 연필로 이러저러하게 쓰라… 만일에 이와 같은 방식에 의해 투표가 진행된다고 하면 민주주의의 장송곡을 위해 통곡하겠다. 헌법 개정안을 투표하는 데 국민이 이러한 의혹을 가지고 바라본다면 그대로 투표할 수 없지 않느냐. 우리는 그런 누명을 뒤집어쓰면서까지 투표할 필요가 없지 않느냐 하는 것이다.(중략) … 그러므로 투표 방식에 있어서는 연필 한 가지만을 쓰고 지우는 방식에 있어서는 X 자 표로 지우게 하고 그 이외의 것은 무효로 선언하는 것이 누명을 쓰지 않고 투표하는 방식이라고 생각한다(속기록에서 발췌)."라고 비장한 표정으로 자유당의 암호 투표 계획을 폭로했다.

사실 그 당시 자유당 간부 몇 사람은 소속 의원들을 각 도별로 구분하여 서울 출신은 만년필로 어떻게 부(否) 자를 짓고 경남 출신은 연필로 어떻게 부 자를 짓되 표결 결과에 따라서 어느 도의 누가 부에 투표했는지 알아낼 수 있도록 암호 투표 방법을 생각해 냈던 것이 사실이다. 투표 지연 작전의 길이 막혀 있던 야당 측은 이 암호 투표 문제를 마지막 대여 공격의 호재로 생각하고 장택상, 곽상훈, 조병옥 등 여러 의원이 연달아 등단하여 개헌 반대 토론을 계속했다. 특히 장택상은 "나는 이 헌법 개정안에 대해서 한마디도 언급한 적이 없다. 과거 5 · 26파동에서 본 의원은 소위 발췌 개헌 등에 대해 과오를 범한 사람 중의 한 사람이었다. 그러므로 이번의 헌법 개정에 대하여 왈가왈부를 한 적이 없다. (중략)… 암호 투표를 발견한 사람은 이 사람이다. 내가 송 의원에게 암호 투표를 주었다. … 이 암호 투표라는 것은 매국(賣國)적 행동이다. 그러니 우리는 이것을 단호히 시정해야 되겠다."라고 발언했다. 장내는 벌집을 쑤셔 놓은 듯 소연해지고 여기저기서 "암호 투표는 국회법 위반이다. 무효이다."라는 소리가 터져 나왔다.

– 한 표 차로 개헌안 부결

그러나 자유당은 투표를 강행해서 이날 하오 4시 45분에 투표를 완료했다. 결과는 재석 202명 중 가에 135표, 부에 60표, 기권 7표로 가결에 한 표가 부족이어서 최순주 부의장은 개헌안의 부결을 선포했다. 기록을 남겨 두기 위해 당시의 사회자 최 부의장의 발언을 적어 두자면 이러하다.

> 투표 안 한 분 계십니까. 다 했을 것 같으면 명패함과 투표함을 폐쇄합니다…. 지금은 명패함을 열어서 명패함을 점검합니다. 명패함은 202입니다. 지금은 투표함을 열어서 투표수를 계산하겠습니다. 투표수는 202로서 명패 수와 투표수가 부합합니다. 투표 결과를 발표합니다. 재석 202인 가에 135표, 부에 60표, 기권 7표로 부결되었습니다.

한 표 차로 개헌안이 부결되자 자유당은 몹시 당황했다. 최 부의장이 개헌안의 부결을 선포하고 하오 5시 7분 산회를 하게 되자 이기붕과 당직자들은 즉각 긴급회의를 소집하고 재적 3분의 2의 법적 정족수 문제를 논의하기 시작했다. 그 결과 재적 203명의 3분의 2는 135.333…인데 0.333…은 한 명의 인격으로 취급할 수 없으니 3분의 2 정족수는 135명이라는 판정을 내렸다. 이 묘안은 장경근 의원의 머리에서 나와 수학 교수의 동의까지 얻어 경무대로 보고하게 되었다고 전해지고 있지만, 그 진위(眞僞)는 밝혀지지 않았다. 이승만도

"수학자의 말로는 사사오입이면 135표로써 개헌안이 통과되는 것이라고 하니 이번 개헌안은 통과된 것으로 알아야 한다."라고 얘기했다는 것이다. 이러한 판정에 의하여 자유당은 이미 부결을 선포한 개헌안을 통과된 것이라고 주장하게 되었다.

이에 28일 상오에는 의원 총회를 열어 간부회의에서의 판정을 그대로 채택토록 하였으며 29일 국회 본회의에서는 이를 다수의 힘으로 밀고 나가 여당 의원만으로써 번복 가결 동의를 만장일치로 가결했다.(의장은 이를 만장일치라고 발표하였으나 재석 125명 중 김두한, 민관식 두 의원은 표결 시에 거수하지 않았다= 필자 주) 부결된 것으로 선포되었던 헌법 개정안은 가결로 번복되어 통과된 것으로 낙착 지어졌다.

사사오입이라는 기발한 편법으로 개헌안은 통과되었으나 사사오입 개헌 파동을 논하면서 소개하고 싶은 뒷이야기가 하나 있다. 정식으로 공인된 사실은 아니지만 그 내용이 개헌 자체에 근본적으로 영향을 끼칠 만한 것이어서 기록에 남겨 둘 가치가 있다고 인정되는 얘기이다. 의당 가 표를 찍게 되어 있는 자유당 의원 한 명이 가와 부 양쪽에 표기를 함으로써 기권표(무효표)를 만들었다는 것이 그 내용이다.

지금은 작고한 경상도 출신의 그 의원은 한자(漢字)에 조예가 부족했다. 투표 전에 그 점을 염려한 동료 의원이 가운데 입 구(口)가 있는 쪽을 찍으라고 일러 주었다고 한다. 그런데 막상 투표용지를 받아 가운데 口가 있는 가(可)에다 기표를 하고 나서 다시 보니 부(否)에도 가운데 口 자가 있는 것을 보았다. 밑에 붙은 口 자가 더 가운데에 있는 것 같아서 부(否)에도 기표를 했다. 부표보다 기권표가 낫다는 판단 착오 때문이었던 것 같다.

그의 한 표 때문에 136표로써 가결되었어야 할 개헌안이 부결로 처리되고 사사오입이라는 옹색한 편법으로 억지 통과를 보게 되었으니 그 한 표가 헌정사를 바꾸어 놓았다고 해도 과언이 아니다.

이 이야기를 조작된 것이라고, 믿지 않는 사람도 있었지만 당시 국회 출입 기자나 의원들의 상당수가 사실일 것이라고 믿고 있었다.

3절 사사오입 논쟁

- 법정 정족수 문제

자유당 당직자들은 203명의 3분의 2 정족수를 135명으로 판정을 내리고 이러한 판정에 따라 이미 부결한 개헌안을 통과된 것으로 주장하고 나섰다. 1954년 11월 28일 상오에 열린 자유당 긴급 의원 총회가 이를 그대로 확인하였으며, 29일 본회의에서 27일에 있었던 부결 선포를 번복하는 '부결 선포 번복 가결 동의안'을 야당이 총퇴장한 가운데 만장일치로 가결하였다.

이 사사오입의 묘안은 장경근 의원의 머리에서 나와 수학자의 동의까지 얻어 경무대에 보고하게 되었다고 전해지고 있지만 그 진위는 알 길이 없다. 이승만도 "수학자의 말로는 사사오입이면 135표로써 개헌안이 통과되는 것이라고 하니 이번 개헌안은 통과된 것으로 알아야 한다."라고 밝혔다. 한편 정부는 정부대로 공보처장 갈홍기의 이름으로 203의 3분의 2는 135라도 무방하다는 특별 담화를 발표했다.

당시 원내 각파와 정부 그리고 각계와 대법원장의 이 판정에 대한 의견은 다음과 같다.

이재학(자유당) 재적의원 203명의 3분의 2의 정확한 수치는 135.333…인데 자연인을 정수 아닌 소수점 이하까지 나눌 수는 없으므로 사사오입 원칙에 의한 가장 정확한 수는 135명이라고 믿어 의심치 않는다. 개헌에 필요한 3분의 2 이상이라는 것은 3분의 2 초과와는 다른 뜻을 가진 법률 용어로서 3분의 2 수를 포함한 그 이상의 수를 지칭하는 것이다. 이러한 산출법에 의하여 135명의 찬성이면 개헌안은 통과된 것으로 보아야 하는 것이다.

신도성(민국당) 표결 결과에 이의를 제기한다는 것은 어불성설이다. 헌법에 명시된 개헌 통과 규정은 엄격히 따져서 135.333…이니, 가표 135표는 3분의 2선에서 0.333…부족한 숫자이다.

유진오(헌법학자) 이 문제는 헌법 개정안 투표 계산에 대한 것을 명문화하지 않은 데서 나온 해석의 차이라고 본다. 선진 민주 우방 미국은 건국 초창기에 이러한 문제가 있었다. 즉 1787년에 제정된 미국 헌법에는 개헌안이 국회에서 통과된 후 13주의 4분의 3 이상(당시 미국 연방이 13주였음)의 비준을 받아야 발효키로 규정하는 한편, 제5조에 13주의 4분의 3은 9주 이상의 동의로 인정한다는 특수 규정(7조)을 첨가하였던 것이다. 우리나라에는 이러한 특수 규정이 없다. 그리고 국제적 관례로서는 부(否)를 기준으로 계산하기로 되어 있다. 즉 이번 경우라면 찬성표가 135명인만큼 재적 총수 203명 중 잔여 68명이 부로 간주되는 것인데 만일 135를 3분의 2로 취급한다면 잔여 68은 3분의 1이 되어야 할 것이다. 그럴 경우 68의 2배가 135가 되어야만 합리적일 터인데 68의 2배는 136으로 되느니 만큼 재적 의원 3분의 2 정족수는 136으로 계산하는 것이 타당하다.

김병로(대법원장) 이 문제는 재판소에서 제소할 안건이 아니라 원내에서 해결하여야 할 것이다. 의장이 일단 선포하였다면 형식적인 발효는 된 것이다.

백한성(국무총리 서리) 개헌안은 정족수 3분의 2 이상인 135표로 통과된 것이라고 인정한다. 통과된 개헌안이 국회로부터 정부로 이송되는 대로 공포 절차가 취해질 것이다.

이러한 각계의 견해는 개인적 발언이었으나 28일 공보처장은 정부를 정식으로 대변하여 담화를 발표하고 "개헌 통과에 필요한 정족수는 정확하게 계산할 때 135.333…이지만 단수를 계산한 전례가 없었다. 따라서 개헌안은 통과되었다는 것이 정부의 견해"라고 발표하였다.

- 부결 선포는 착오였다

자유당은 개헌안이 부결 선포된 지 이틀 후인 11월 29일 본회의에서 이를 번복시켰다. 이날 최순주 부의장이 부결 선포를 취소한다고 선언한 즉후의 국회 광경은 속기록에서 보는 것이 더 생동감을 줄 것이다. '헌법 개정안 정족수에 관한 건'을 상정하고 11월 29일에 개의

한 본회의의 광경은 다음과 같다.

최순주(부의장) 제91차 본회의를 개회합니다. 90차 회의록을 낭독하기 전에 정정할 사항이 있어서 여러분에게 설명합니다. 지난 11월 27일 제90차 회의 중에 헌법 개정안 통과 여부 표결 발표 시에 가 135표 부 60표 기권 7표로 부결을 발표했습니다. 이것은 정족수 계산상 착오로서 이것을 취소합니다… 재적 203명의 3분의 2는 135로서… 통과됨이 정당함으로써 헌법 개정안은 헌법 제98조 제4항에 의하여 가결 통과됨을 선포합니다(장내 소란, 이철승 의원이 의장석에 등단하여 최 부의장을 잡아끌면서 '내려와. 내려와'라고 고함)… 동시에 의사록의 정정을 요망합니다.(단상에 다수 의원 올라가서 혼란)… 경위 나와서 잡아가..

곽상훈(부의장) (의장석에 등단하여) 최 부의장이 그저께 회의에서 부결이라고 선포한 것을 이제 와서 취소하는 것은 불법입니다. 그렇기 때문에 곽상훈 부의장은 그저께 결정된 것이 확정하다는 것을 여기서 선포합니다.(장내 소란)

이기붕(의장) …조용해 주세요.(장내 소란, 방청석 소연) 방청석에서는 퇴장해 주십시오.(방청석서 박수)… 방청석 퇴장 명령입니다. 경위들 어디 갔어. 방청석 퇴장시켜요.('왜 퇴장시켜요?' 하는 이 있음) 의사 진행을 하겠는데 앉아 주십시오.(장내 소연). (단상에서 곽 부의장 발언코저 함). 가만히 계세요, 곽 부의장. 나중에 말씀할 수 있지 않아요.(후략)

곽상훈(부의장) 최 부의장은 역사적인 개헌에 대한 결정을 취소한다고 했습니다. 이것은 법리적으로나 또는 도의적으로나 의사 진행으로나 도저히 있을 수 없는 일입니다…. 확실히 불법이에요… 만약 최 부의장이 자기의 말한 것과 불법을 취소하기 전에는 이 토의는 계속할 수가 없고 또 우리 야당에서는 이렇게 불순한 동기에서 국사를 의논할 수 없으며 전부 퇴장할 것이니 각오하시고…

조병옥 의원 과연 이 모멘트는 우리 국회를 위하여 우리나라를 위하여 침통한 시간입니다. 3분의 2 숫자를 재검토하는 것은 좋지만 자유당 의원들이 국회를 대신해 가지고 결정한 것처럼 해놓은 것도 불순했고 또 정부에서는 공보처장을 통해 가지고 통과되었다고 하는 이런 이야기가 어디 있단 말이오. 자유당의 국회야? 자기들이 혼자 앉아 가지고 결정해 가지고 공포해 가지고 혼자 한단 말이야? 이건 어림없는 소리야. (장내 소연) … 그리고 방청석에 있는 여러 친구들은 이 나라의 민주주의를 위해 가지고 걱정 많이 하고 날마다 모인 줄 압니다. 그러나 내 알기에는 (장내 소연)… 저기 자유당 감찰부장 얼굴을 내가 알어. (방청석에서 고함치는 사람 있음) (장내 소연)… 여러분이 말이야 이런 행동으로 저기 2층에다가 폭도를 몇씩 모아 놓고 이 방법으로 하려면 자유 분위기가 아니야 (장내 소연)… 그런고로 나는 여기 5열 6열에 앉아 있는 이는 퇴장하기로 선언합니다. (장내와 방청석 소연) (좌석에서 방청석을 향하여 '저놈 잡아라' '퇴장시켜' 하는 이 있음. '국회의사당의 권위가 어디 있느냐' 하는 이 있음 '집어 쳐라. 먼저 저놈을 잡아라' 하는 이 있음)

곽상훈(부의장) (발언권 얻지 않은 채 등단) 발언 취소를 요구했는데 최 부의장이 말씀해 주세요. 발언 취소 안 하겠다면 우리는 퇴장

하겠어요.(제5열 제6열 의원 퇴장 강세형 의원 제외)

상오 11시 28분

이기붕(의장) 양영주 의원 말씀하세요.(장내 소연 '잔 소리 말어 이 자식들아' '무어야 이놈들아' 하는 이 있음)

　이상의 속기록에서 알 수 있듯이 그날의 국회가 극도의 소란 속에 엉망이 되었다는 것은 짐작할 수가 있다. 이렇게 야당계 의원들은 총퇴장하였고 자유당은 형식적이며 간단한 토론을 마친 후 유순식 의원 외 19인의 동의안 "제1(주문) 현 재적의원의 3분의 2는 135명이며, 따라서 135명의 찬성 투표로써 개헌안은 가결되는 것이다. 제2(주문) 11월 27일 제90차 본회의에서 사회자인 최순주 부의장이 '찬성 135표이므로 개헌안은 부결되었다'는 취지의 선포를 한 것은 착오에 기인한 것이므로 동 회의록은 찬성 135로써 개헌안은 가결되었다고 수정함"을 만장일치로 가결 통과시켰다.

　국회는 이 개정된 헌법을 즉각 정부로 이송하고 정부는 그날로 공포했다. 퇴장한 야당 의원들은 그 후 4일 동안 국회 출석을 거부하면서 여러 가지 대여 투쟁 방법을 논의하였다.

　– 야당의 대여 파상공세

　의장과 부의장 2명이 모두 징계동의의 대상이 된 국회는 12월 4일 임시의장 정문흠 의원을 선출하고 의원 징계에 관한 안건을 처리하였다. 이에 앞서 12월 2일에는 자유당 의원들만 모인 가운데 징계동의안과는 별도로 곽 부의장 불신임결의안(김철안 의원 외 13명 제의)을 재석 116석, 가 84, 부 29로 가결하여 곽 부의장의 사회권을 임기 중 영영 빼앗고 말았다. 이 불신임결의안은 국회법에도 아무런 규정이 없는 것이어서 그 후 수차 야당 측의 공격 대상이 되었으나 결국 '어떻게 할 도리가 없다'는 이유로 후속 조치를 취하지 못하였다.

의장, 부의장에 대한 징계동의안 표결 결과

이기붕 의장	재석 170	가 66 부 101 기권 9로 부결
황성수 부의장	재석 177	가 68 부 101 기권 8로 부결
곽상훈 부의장	재석 176	가 82 부 89 기권 5로 부결

이러한 징계 소동이 벌어지고 있는 가운데 야당 측은 새로운 대여 공세를 전개하고 나섰다. 12월 4일에는 장택상 의원 외 39명이 '국회 회의록 번복에 관한 긴급동의안'을 제출하였고(주문= 11월 27일 개헌안은 정족수 1표 부족인 135표로써 부결되었음을 사회자인 최 부의장이 분명히 선포하였다. 그럼에도 불구하고 11월 29일 최 부의장은 위법적인 절차로써 이를 번복하였으며 동일 재적 의원 과반수로써 개헌이 가결된 것으로 결의한 것은 위법이므로 위 결의는 무효임을 결의함), 조병옥 의원 외 38명은 '정부 규탄에 관한 긴급동의안'을 제기하였다.(주문=11월 27일 개헌안이 부결된 후 그 익일 정부 대변인 공보처장은 국회 권한을 침범하여 국회에서 부결된 안건을 통과된 것이라고 발표함에 있어서 그 불법성을 규탄하고 아울러 행정부에서 부결된 개정 헌법을 공포 실시하는 것이 불법임을 선언함)

이 두 법안을 두고 여·야 간에 논쟁이 벌어졌으나 결과는 수적으로 열세인 야당의 패배였다. 그중 정부 규탄에 관한 건은 그나마 표결이라도 하여 재석 136명 중 가 40, 부 81로 부결되었지만 회의록 번복에 관한 건은 '의안으로서 본회의에 상정할 수 없는 것'이라는 이유 아래 조순 의원의 '해 동의안 폐기 동의'를 가결하여 자동 폐기토록 만들었다.

파상적인 야당 공세는 이로써 끝나지 않고 13일에는 소선규 의원 외 9명으로부터 '국무총리 서리, 국무위원 백한성 불신임결의안'이 제출되고, 같은 날 역시 소선규 의원 외 9명으로부터 '공보처장 갈홍기 파면결의안'이 각각 제출되었다. 이 두 제안은 변변히 토론도 거치지 못한 채 1차 투표에 부쳐진 결과 재석 163명 중 가 77, 부 82, 기권 1, 무효 3으로 간단히 부결되어 버렸다.

개헌 파동이 표면상 일단락을 짓기는 하였으나 여진은 가라앉지 않고 자유당 안에서 심각한 동요를 일으켰다. 당의 처사에 불복하는 소장파 의원들의 탈당이 이어진 것이다. 12월 6일 손권배 의원의 탈당을 시작으로 동월 9일에는 한동석, 이태용, 현석호, 김영삼, 민관식, 김재곤, 성원경, 김재황, 신정호, 황남팔, 김홍식, 신태권 의원 등이 집단 탈당을 했다. 그리고 10일에는 도진희 의원이 탈당에 가세하여 도합 14명이 탈당을 하게 되었다. 반면 자유당도 12월 12일에 도진희, 민관식, 김형덕, 손권배, 박영종 의원 등을 자체적으로 제명 처분해 버렸다.

사사오입 개헌 파동은 부산 정치 파동 때의 발췌 개헌안과 더불어 이 나라 헌정사에 또 하나 지울 수 없는 오점을 남겼다.

4절 호헌동지회의 발족

- 초가삼간 태울 수는 없다

사사오입 개헌안의 통과로 다수의 힘 앞에 패배당한 야당계는 54년 12월 29일 곽상훈 부의장 방에 모여 '민의원 위헌 대책위원회'를 구성하고 이것을 곧 호헌동지회라는 원내 교섭단체로 발전시켜 나갔다. 민국당, 무소속 동지회, 순 무소속 의원 60명은 11월 30일 호헌동지회를 구성, 이를 기반으로 해서 원외의 야당 세력을 규합한 단일야당 구성을 서두르게 되었다. 14명에 불과한 소속 의원수 때문에 원내 교섭단체조차 구성하지 못하고 있던 민국당은 야당 연합의 출현으로 새로운 국면을 맞게 된다. 호헌동지회는 사사오입 개헌의 부산물인 동시에 민주당의 모체가 되고 후에 탄생하는 진보당과 민혁당에까지 큰 영향을 끼쳤다는 점에서 이 나라 정당사상 한 획을 그은 큰 발전이었다.

자유당의 횡포에 격분한 일부 강경파 의원들은 국회 자폭론을 들고 나왔으나 국회를 떠난 야당이 존재할 수 없다는 것과 '정치는 현실'이라는 것을 인정하고 원내에서의 합법적인 정치 투쟁 방법을 택하게 되었다. 이때 '위헌 대책위'라는 기치 아래 끝까지 국회 출석을 거부하고 광범위한 국민운동을 전개하자는 강경파 의원들의 주장에 대하여 조병옥 의원은 "초가삼간에 빈대가 있다고 해서 그 집에 불을 질러 버릴 것이 아니라 인내 자중하여 그 빈대를 잡아 없애는 것이 더 올바른 길"이라고 강조하였다.

이러한 곡절을 겪어가면서 새 국면을 마련하게 된 야당 측은 한편으로 신당 운동을 추진하고, 한편으로 자유당 붕괴 공작에 박차를 가했다. 자유당 붕괴 공작은 소기의 목적의 반의반도 이루지 못하고 말았으나 자유당 소장파 의원들의 탈당이 야당세를 고무시키고 자유당에 어느 정도 타격을 주었던 것은 부인할 수 없다.

- 자유당 탈당 의원들

자유당의 소장파 의원들이 탈당하게 된 동기는 물론 사사오입 개헌에 대한 항거였지만 그 원인(遠因)은 국무원 신임 문제가 논의될 때부터 싹트기 시작했다. 이기붕 중심의 주류파 세력에 불만을 품고 있던 소장파 의원들은 '정당 책임정치의 구현'을 앞세워 그러한 대의명분을 관철하기 위해서 사사오입 개헌안 제출 전부터 집단 탈당을 기도하고 있었다. 이들은 자유당의 개헌안이 책임정치 구현이라는 당 구호에 역행하는 것이라 하여 개헌안 공고 후에도 공공연히 이를 거부하고 있었다. 개헌안이 상정되기 10일 전쯤만 해도 박만원, 윤만석, 현석호, 유옥우, 김영삼, 민관식 등 10여 명이 탈당 문제를 논의한 바 있었다. 그러나 외부로부터의 유형무형의 압력이 이들의 탈당 거사를 어렵게 만들었으며, 개헌안 표결 직전에는 탈당에 적극적이었던 박만원, 유옥우 의원이 탈당 반대 쪽으로 돌아섰다. 그러나 한동석, 이태용, 김영삼, 민관식, 김홍식 등은 표결 시의 소위 암호 투표 지령서를 찢어 버리고 부결에 가담하였으며, 자유당의 행동 통일을 방해하려는 적극적인 이면 공작까지 벌였다.

개헌 후에 탈당한 의원들은 대개가 자유당의 공천을 받고 또 놀랍게도 그 공천의 덕을 톡톡히 본 사람들이었지만 근본적인 이념에 있어 내각책임제 지지를 공언하고 있었기 때문에 대통령제를 신봉하는 당 주류와는 자연 거리가 멀었다. 탈당 의원들의 탈당 이유와 심경은 "새도 앉을 나무를 가리는 것이니 항차 인간에 있어서랴. 반년 동안이나 있지 못할 곳에 발을 붙인 과오를 범했다.(성원경 의원 탈당성명서 중에서)", "노동자, 농민 중심이라는 슬로건이 자칫하면 공수표가 되고 정당정치 구현의 대의가 헛구호로 화하고 한때 세상을 시끄럽게 뒤엎었던 양담배 사건, 한글 간소화 소동, 사사오입 개헌 등에 대해 자유당의 테두리 안에서 공동 책임을 질 수 없다.(손권배 의원 탈당성명서 중에서)"라는 것들이었다.

자유당 의원들이 다수 탈당을 하게 되자 호헌동지회는 이러한 자유당 내부의 동요를 좀 과대하게 전망하였다. 15명의 탈당 외에도 약 10명 내지 20명의 의원이 더 탈당할 것이며, 야당 측의 붕괴 공작 여하에 따라서는 자유당의 과반수 선도 무너뜨릴 수 있으리라는 낙관적인 견해까지 가지게 되었다. 그래서 호헌동지회 소속 의원 중 상당수가 부의장 선거 및 각 상임위원장 선거에 있어 자유당 소속 의원과 개별적인 정치 거래를 시작하였고, 일부 자유당 의원들이 그들의 불평불만을 행동화해 주기를 기대했다. 그러나 자유당 의원들의 불평불만은 행동으로 옮기기에 용기를 수반하지 못했으며 정치적 이해관계를 세밀하게 따져 유리한 쪽에 몸을 맡기기로 거취를 정했다. 정치적 이해타산을 따지자면 여당에 남아 있는 것이 여러모로 유리하다고 계산한 의원들에겐 여당을 박차고 나올 용기가 없었던 것이다.

자유당의 붕괴 공작에 실패한 호헌동지회는 대여 투쟁의 전략을 장기전에 대비하는 쪽으로 바꿀 수밖에 없었다. 즉 개헌안의 통과로 이승만의 3선이 가능해지고 직접선거제에 의한 정·부통령 선거전을 치르게 된 이상 자유당과 정면으로 대결하지 않을 수 없고, 그러기 위해서는 강력하고 광범한 야당 세력의 결집이 가장 시급한 당면 과제라고 판단을 내렸다. 결국 호헌동지회의 탄생은 그 후의 신당 운동과 민주당 탄생 등에 직결되어 갔다.

- 불온문서 투입 사건

야당 세력이 예상 외로 강하게 집결되어 강력한 원내 교섭단체를 구성하게 되자 이에 적지 않은 위협을 느낀 정부가 야당 세력의 분열을 꾀할 목적으로 야당 중진 의원 6명의 집에 불온문서를 투입하는 공작을 했다. 유진산 의원의 표현에 의하면 '엽기적이고 전율적인 음모 사건'이라는 것인데 사건 자체가 너무나도 맹랑한 것이어서 특별히 논평할 가치조차 없는 사건이기는 하나 군의 정치 관여 자행과 민주정치의 난맥상 노정이 뚜렷했다는 점에서 의정사에 기록해 둘 필요가 있는 사건이었다고 할 수 있다.

1954년 12월 20일 김준연 의원(민국당)은 "18일 하오 9시경 동아일보와 함께 불온문서가 투입되었다. 이 사실을 전 의원에게 보고드리는 동시에 이것이 어떠한 모략에서 나온 것인지 특별히 의장단과 운영위원회의 주의를 환기시키는 바이니 조사해서 보고해 주시기 바란다. 물론 공산당 자신들이 이렇게 했다고도 볼 수 있지만 우익의 어떠한 단체에서 야당계의 국회의원을 모략하기 위하여 행한 술책이라고도 생각할 수 있으므로 이 점 세밀히 조사해 주기 바란다."라고 보고 발언을 하였다. 김 의원의 발언이 있자 김상돈 의원도 자기 역시 불온문서를 투입받았다는 사실을 발언하였고 신익희, 곽상훈, 정일형, 소선규 각 의원에게도 같은 방법으로 불온문서가 투입되었음이 밝혀졌다. 이 문제가 표면화되자 여러 야당 의원들은 '이 사건 조작의 근원지가 이북이 아닌 대한민국 내에 있을 것'이라는 전제 아래 철저한 사건 규명을 요구하고 나섰다. 이 같은 야당 측 견해는 일종의 정부 불신의 선입관 내지는 육감에서 나왔던 것이었지만 그 귀결은 그들의 육감이 정확했음을 입증해 주었다.

국회는 12월 20일 내무장관을 출석시켜 진상을 캐물었으나 '사건을 내사 중이니 불원 명백해질 것'이라는 말만 되풀이하고 진상 규명에 진전이 없다가 22일에야 국회 내무위원장과 내무장관 백한성은

"수사 결과로는 투입된 불온문서가 정치적 장난에 의한 것이 아니고 분명히 이북으로부터의 공작대원 혹은 좌익 계열이 투입하였다는 것을 발견했다."라는 중간 보고를 하는 한편, 22일 현재까지 치안국에 압수된 민의원에게 보내진 불온문서 수가 32개(후에 36개로 정정)인데 인쇄가 동일하다고 보충 설명했다. 백 내무장관은 또 "현 민의원에 대한 36통 외에도 전(前) 민의원에 대한 64통, 행정 요원에 대한 47통, 정당 사회단체 대표자에 대한 47통, 언론·문화계에 대한 144통, 도합 278통을 압수하고 있다고 덧붙였다.

그러나 이러한 증언은 불과 며칠 후에 전복되고 만다. 이듬해인 1955년 1월 15일 조경규 내무위원장(자유당)은 "좌익의 소행인 줄 알았던 불온문서 투입 사건은 어떤 정치적 장난, 다시 말하자면 몇 명의 군인이 조작해서 만든 그런 사건인 것 같다."라고 보고했다. 백 내무장관도 사건이 국내에서 조작되었음을 인정하면서 경찰이 이번 사건에 관계가 있다는 것을 부인했다.

결국 국회 특별조사위의 조사 결과에 의해 진범은 헌병사령부 소속 군인들이었다는 것이 밝혀졌다. 조사위에서 증언한 헌병사령부 김진호 중령은 "헌병총사령부는 군인 군속이 그 수사 대상이나 전시엔 정치인의 동향은 군에 대해서 전혀 관계가 없다고 볼 수 없다. 정치인의 동향을 앎으로써 많은 부문의 군인 군속의 동향을 사찰하는데 도움이 된다."라고 말하였고, 헌병사령관 원용덕은 숫제 "우리 기관이 정치에 관여할 수 있느냐는 물음에는 우리 기관이 과거에 어떠한 일을 해 왔는가 하는 것으로써 대답할 수밖에 없다. 내가 다시 말씀드리는 것은 … 특수한 군인, 내 자신과 같은 군인은 정치에 관여할 수 있다."라고 서슴없이 공언하였다. 또 원용덕은 "알아볼 필요가 있어 시켰다."라고 아무런 죄책감도 없다는 듯이 불온문서 투입의 목적을 공언함으로써 자신이 이 사건의 배후 지령자임을 분명히 했다. 상부의 지시를 받고 사건에 관련된 공모자는 헌총 제5부장 육군 중령 김진호, 동부 제3과장 육군 소령 이예택이었다.

이 사건에서 한 가지 간과하지 못할 사실은 국회 조사위에서의 김진호 중령의 증언 내용이다. 특조위가 "만일 경찰이나 검찰에서 불온문서 투입의 진범인 이형진과 권석인(두 사람 모두 헌병총사령부 제5부 제3과 임시문관)을 그대(김진호 중령)의 요구에 응해서 그 두 사람 신병을 그대에게 넘겨주었다고 가정한다면 그때에 그 두 사람의 처리를 어떻게 하려고 했나?"라는 질문에 "딴 도리가 없으니 다른 사람에게 그 죄를 씌우고 두 사람을 석방하려고 했다."라고 태연하게 답변한 사실이다. 이 말은 자신의 부하 직원인 하수인들을 사건과 무관한 것으로 조작하는 대신 죄 없는 엉뚱한 사람을 죄인으로 만들어서 희생시키겠다는 얘기가 된다. 너무나도 어처구니없고 무서운 사고방식에 조사위원들 모두가 아연해했고 여당 위원들마저 전율을 느끼지 않을 수 없었다고 표현했다.

특조위의 보고를 받은 국회는 '1. 본 불온문서 투입을 직접 지령한 헌병사령관 육군 중장 원용덕은 본 사건의 책임자로서 의법 처단되어야 한다. 2. 국방부장관 손원일은 불온문서 및 전남 승주 양민 학살 등 사건에 감하여 앞으로 군기 단속에 철저를 기함으로써 군인의 정치 관여 및 인권 유린을 단호 방지해야 하는 장관으로서 본 건의안 실현에 대하여 책임을 져야 한다'는 대정부 건의안을 채택했다.

이 불온문서의 처리는 55년 3월 4일부터 3일간의 토의를 거친 후 3월 9일 전기 건의안을 무수정 통과시킴으로써 끝을 맺었다. 그러나 국회의 이 건의안은 3월 27일 이 대통령이 "헌총(憲總)은 이런 일을 하는 것이 직책이다. 불온문서 투입 사건은 … 국회의원들의 태도를 알기 위한 목적에서 행한 것이 알려진 뒤에는 문제될 것이 없으니 그 일로 갇힌 사람들은 석방되어야 할 줄로 안다."라는 담화를 발표함으로써 결정적으로 사건을 매듭지어 버렸다.

공공연히 자행된 군인의 정치 관여가 무죄로 판가름 난 이 사건은 비단 민주주의의 난맥상을 노정시킨 것이었을 뿐 아니라 훗날 군인이 총으로써 정권을 도략(盜掠)질 하는 데 빌미를 주는 것이 되었다.

5절 민주당 창당

- 민주당의 출범

1955년 9월 18일 민주당이 출범했다. 사사오입 개헌으로 이승만의 종신 대통령 기도가 노골화되자 이를 저지하기 위한 세력으로 호헌동지회가 생겼고 이를 모체로 해서 원내외를 망라한 범야(汎野) 세력의 규합 운동으로 이어져 그것이 민주당이라는 신당을 탄생하게 만들었다. 사사오입 직후부터 태동한 것이 신당 출범으로 이어지기까지 근 10개월의 진통을 거친 셈이다.

호헌동지회는 1955년 초 신당촉진위원회를 구성하고 신당의 기본 이념을 4개 원칙으로 요약했다.

1. 반공 반독재
2. 대의정치와 책임정치 제도의 확립
3. 사회 정의에 입각한 수탈 없는 국민경제 체제의 확립

4. 민주 우방과의 협조, 제휴를 통한 평화적 국제질서의 수립

이러한 기본 목적을 달성하기 위해 민국당은 소이(小異)를 버리고 대동(大同)에 따르기를 모든 민주 세력에게 호소했다. 그러나 신당 촉진에 관한 모든 권한을 위임 맡은 18인 위원회는 기본 원칙의 세 번째 '수탈 없는 경제체제'와 '소이를 버린 대동의 추구'라는 문구가 말썽이 되어 결국 신당 운동을 세칭 자유민주파와 민주대동파의 두 줄기로 나누어 놓게 한다. 신당 발족에 가장 걸림돌이 된 것은 신당에 조봉암을 참여시키느냐 않느냐 하는 문제였다.

- 자유민주파와 민주대동파

조봉암은 1955년 2월 22일 성명서를 발표하고 "미력이나마 지팡이를 짚고서라도 따라가기로 작정하였다."라면서 신당에 참여할 강력한 뜻을 밝혔다. 그러나 호헌동지회 내에 조봉암과는 같이 정당을 할 수 없다는 인사들이 주류를 이루고 있어서 적지 않은 소요가 일게 되었다.

신당 조직에 착수한 18인위는 좌익 전향자와 독재 행위 및 부패 행위가 현저하여 사회의 지탄을 받는 사람은 신당 발기 준비위원이 될 수 없도록 하는 등 6개항의 조직 요강을 작성했다. 조직 요강 중 좌익 전향자를 명시한 것은 혁신파 조봉암의 입당을 견제하려는 의도였으며 독재 행위와 부패 행위에 대한 조항은 이범석과 장택상을 겨냥한 내용이었다.

보수파(일명 자유민주파)의 리더는 신익희, 조병옥을 중심으로 한 민국당의 핵심 인물들과 곽상훈 등 무소속 의원들이었고, 혁신파(일명 민주대동파)는 조봉암, 서상일, 신도성의 지지 세력 그리고 장택상, 이범석의 지지 세력들이었다. 보수파는 조봉암과 그 지지 세력의 신당 참여를 반대했으며 혁신파는 문호개방을 주장하였다. 여·야 할 것 없이 모두가 지극히 보수적이었던 당시의 정치 상황 속에서 조봉암은 분명한 진보적 정치이념을 내세웠고, 민주사회주의 노선을 지향하고 있었다. 신익희, 조병옥 등 자유민주주의 신봉자에게는 그가 이단으로 보일 수밖에 없었을 것이고, 특히 가톨릭계의 배경을 업고 있던 장면계는 흥사단과 이북 출신 인사들을 기반으로 해서 상당한 조직력을 가지고 있었는데 조봉암의 신당 가입에 적극 반발했다.

두 파의 대립이 심각해져 7개월여에 걸쳐 지루한 타협 노력이 지속되었으나 끝내 타협이 이루어지지 않고 내분의 양상을 띠게 되면서 18인위는 총사퇴를 하게 된다. 내분으로 신당 창당이 늦어지자 호동(호헌동지회)의 결의로써 문제의 조항을 삭제했지만 혁신파들은 입당을 유보했다. 결국 갈등은 신당의 주도권 싸움이자 심각한 정치이념의 대립에 연유한 것이었다.

조봉암 참여 문제에 대해서 조병옥은 처음부터 입당 불가의 태도를 견지했다. 그의 회고록에서 그는 "나는 조봉암 씨의 정치이념 문제 때문에 그의 신당 가입을 거절했다. 내가 미군정의 경무부장으로 있을 때부터 조봉암 씨의 정치 행적을 잘 알고 있었기 때문이다. 조봉암 씨는 남로당 헤게모니 쟁탈전에서 군정의 폭력 전복을 반대했다는 이유로 박헌영에게 패배하여 남로당을 떠났다. 그는 본질적으로 공산주의자요, 그의 저서 《당면과제》에서 사회주의자로 자처하면서 자기의 정치적 이념이 변함없음을 밝혔다. 조봉암 씨는 정치적 방편으로서 정치적 개종을 한 것이라고 생각하기 때문에 그의 신당 가입을 적극적으로 반대한 것이다. 조봉암을 지지하는 일파들이 호헌동지회 내에도 있었거니와 민국당의 간부였던 신도성 씨가 원내에서, 서상일 씨가 원외에서 조봉암 씨를 지지했던 까닭에 신당 발족에 혼선을 일으키게 되었다."라고 적고 있다. 그의 조봉암 입당 거부는 신당에서의 주도권 싸움 때문이 아니라 정치이념 차이 때문이었음을 강조하고 있는 것이다.

보수, 혁신 양 파의 이 같은 대립이 해소될 조짐을 보이지 않자 보수파는 1955년 7월 17일 자파만의 신당 발기 준비위원회를 가졌다. 이날 선출된 400명의 중앙위원들은 대표 최고위원에 신익희, 최고위원에 조병옥, 장면, 곽상훈, 백남훈을 선출했다.

민주당은 민국당을 주축으로 장면, 정일형 등의 흥사단계, 현석호 등의 자유당 탈당계, 무소속 구락부가 규합하여 창당 당시의 의석은 33석이었다. 구성 계파의 배경 때문에 발당 당시 민주당은 민국당과 흥사단의 통합이라는 평까지 들었지만 별다른 마찰 없이 창당을 이루었고 곧 5대 정강과 25개 정책 및 당헌을 발표했다. 5대 정강은 다음과 같다.

1. 일체의 독재주의를 배격하고 진정한 민주주의의 발전을 기한다.

2. 공정한 자유선거에 의한 대의정치와 내각책임제의 구현을 기한다.

3. 자유경쟁 원칙하에 생산을 증강하고 사회정의에 입각한 공정한 분배로써 건강한 국민 경제의 발전을 기하며 특히 농민, 노동자, 기타 근로대중의 복지 향상을 기한다.

4. 민족문화를 육성하고 문화교류를 촉진하여 세계문화의 진전에 공헌함을 기한다.

5. 민주 우방과 제휴하여 조국통일과 국제질서의 확립을 기한다.

그러나 민주당은 출범 초기부터 그 구성이 두 개 세력으로 구분되어 있었다. 한민당, 민국당에 뿌리를 두고 있는 보수파와 이승만 노선에 반기를 들고 야당 대열에 참여한 신진 세력이 그것인데, 언론계는 이 중 보수파를 구파, 신진 세력을 신파로 구분했다. 신·구파 간의 대립은 1956년의 5·15 정·부통령 선거에서의 정·부통령 후보 선출 단계에서 표면화되었는데, 구파는 대통령 후보에 신익희를, 신파는 장면을 추대하려는 데서 마찰이 빚어졌다.

- 부정투표설과 통일당

특히 1957년 8월 8일 구파인 김준연이 발설한 민주당 제2차 전당대회에서의 부정투표 및 환표 운운한 발언이 신·구파의 갈등을 심화시켰다. 김준연은 신파 측이 140표를 부정투표했기 때문에 자신이 최고위원에서 탈락하고 대신 신파가 세 자리(장면, 곽상훈, 박순천)를 차지했다는 것이었다. 이날 대회에서 구파는 두 자리(조병옥, 백남훈)를 확보했다. 대표 최고위원 조병옥은 즉각 "이 같은 허위 선전은 자유당의 상투적인 타당 분열 공작의 일환"이라고 자유당을 비난했으나 신파 측은 김준연의 발언을 해당(解黨) 행위로 규정, 그의 축출 운동을 벌였다. 김준연의 측근 박영종이 부정투표설을 조병옥한테서 들었다고 말했으나 조병옥이 이를 허위라고 말함으로써 부정투표설의 출처가 미궁에 빠졌다. 사건 조사를 맡은 특별조사위가 그 설을 사실무근한 것으로 결론지으면서 결국 김준연, 박영종 두 의원이 반당 행위를 하였다는 명목으로 제명 처분을 당했다. 민주당의 숙당 작업은 이로써 일단락되지 않고 김준연 계열과 그 동조자들에 대한 숙청이 이어졌다.

이 사건으로 구파는 세력이 위축되고 신파는 중도 세력을 포섭하게 되어 다소 우세한 위치를 얻게 되었다. 그리고 출당을 당한 김준연 등은 통일당이라는 새로운 정당을 탄생시켰지만 그다지 오래가지 못하고 사라졌다.

- 반생의 우정을 청산

여담이지만 이 사건을 계기로 조병옥과 김준연은 정치적으로 결별을 하게 되었으나 김준연이 '신익희와 이북에 있는 조소앙이 인도 뉴델리에서 만났다는 이른바 뉴델리 사건'의 날조자가 조병옥인 것처럼 발언한 것이 문제가 되어 두 사람은 30여 년간의 반생에 걸친 개인적 우정마저 청산하고 말았다.

1954년 9월 7일 국회 본회의에서 조병옥은 "오늘 김 의원은 나에게 중대한 죄명을 둘러씌웠다. 그뿐 아니라 민주당 자체를 최대한으로 모욕하였다. 오늘의 그의 발언을 듣고 나는 김 의원에 대한 최후의 희망마저 포기하였다. 반생지기의 김 의원이 그러한 허위 날조 중상모략을 하리라고는 생각지 못하였는데 오늘로써 그나마 남아 있던 30년간의 우정을 청산하지 않을 수 없게 되었다. 그도 인생 석양 길을 걷는 사람, 나도 인생의 황혼에 든 사람인데 서로의 우정까지 청산하여야 될 판국에 이르러 일말의 서글픔을 금할 수 없다."라고 숙연한 어조로 눈물을 흘렸다. 도시 정치가 무엇인지 회의를 느끼지 않을 수 없게 만드는 일이었다. 두 사람의 결별은 정치의 냉혹함과 무상함을 보여 주는 좋은 예라고 할 수 있다.

– 혁신파(민주대동파)의 동향

신당 창당 과정에서 이탈해 나간 호동(호헌동지회) 내의 민주대동파는 다시 두 파로 나뉘어 각기 다른 정당을 만들었다. 조봉암계는 혁신 세력을 정돈하여 진보당을 만들었고, 다른 일파는 이범석, 장택상, 배은희 등이 주동이 되어 공화당을 창당하게 된다.

이 중 공화당을 창당한 이범석, 장택상 등은 이기붕이 이끄는 자유당에 대항할 수 있는 새 여당을 만드는 것이 처음부터의 목적이었다. 여당을 표방한 이상 5·15 정·부통령 선거에 대비해서는 대통령 후보에 이승만을 추대하고 부통령 후보만 자기 당에서 낸다는 작전이 세워진 것은 당연했다. 그러나 이승만이 공화당과의 관계를 부인하는 담화를 발표함으로써 여당이 될 희망이 깨지고 야당이 될 수밖에 없었지만 여전히 대통령 후보에는 이승만을 고수함으로써 당의 본바탕이 여당 색임을 분명히 했다. 야당이 될 수 없는 야당, 여당으론 배척당한 여당이라는 미묘한 신세로 전락하고 말았다. 그나마 공화당은 부통령 후보를 두고 장택상과 이범석 사이에 반목이 계속되다가 조직력에서 우세한 족청계가 이범석을 부통령으로 지명하게 되면서 장택상이 탈당하게 되고 공화당은 사실상 와해되고 만다.

한편 혁신계인 조봉암과 서상일 등은 재야 혁신 인사들을 규합해서 새로운 혁신당의 창당을 모색했다. 이들은 1955년 12월 22일 가칭 진보당의 발기 취지문과 강령 초안을 발표했다.

우리는 3·1운동의 숭고한 정신을 환기, 계승하여 우리가 당면한 민주수호와 조국통일의 양대 사업을 수행할 수 있는 혁신 신당을 조직하고저 한다. 진정한 혁신은 오로지 피해받고 있는 대중시민의 자각과 단결 위에서만 실현될 수 있다는 것을 깊이 인식하고 관료적 특권 정치, 자본가적 특권 경제를 쇄신하여 진정한 민주 책임 정치와 대중 본위의 균형 있는 경제 체제를 확립할 것을 기약하고 국민 대중의 토대 위에 선 신당을 발기하고저 한다.

그러나 혁신계는 발기 취지문을 발표한 후 창당 과정에서 문호개방 문제로 조봉암과 서상일 사이에 의견이 갈리어 창당 작업이 지연 되었다. 5·15선거를 앞두고 진보당은 3월 31일 전국추진위원회 대표자 회의를 소집, 대통령 후보에 조봉암, 부통령 후보에 서상일을 지명하였으나 서상일의 거부로 부통령 후보에 박기출을 지명, 선거 체제로 들어갔다. 서상일 등 진보당 입당을 유보한 일부 세력은 5·15선거가 끝난 지 1년 반쯤 뒤인 1957년 10월에 민주혁신당을 창당 하게 된다.

6절 5 · 15 정 · 부통령 선거

- 이승만, 다시 불출마 성명

1956년 3월 5일 이 대통령은 자유당 제7차 전당대회에 유시를 보내어 '대통령 후보자로서 입후보하지 않을 것'을 명백히 하였다. 유시의 내용은 "금년에는 우리나라 대통령 임기가 만료되는 해다. 내가 깊이 내심에 생각하고 있었는데 적당한 시기가 오도록 발표 안 하기로 하였으나 이번에 자유당 전국 대의원대회를 열고 나를 대통령으로 지명했기에 내 뜻을 발표하는 바이다. 국민 전체의 이름으로 이미 수일 전에 자유당 대표가 와서 내 의향을 물으므로 내가 말하기를 공식으로 물으면 내가 대답하겠다고 했었는데, 지금 나는 출마 안 하기로 한 나의 뜻을 전하는 바이다. 그 이유로는 1. 내가 우리나라 초대 대통령으로 당선되어 두 번이나 그 자리에 있었는데 민주국가에 있어서는 한 사람이 두 번 하면 물러앉고 다른 사람을 선출하여 잘 해나가야 하는 것이며 2. 내 나이 이미 80이라 하여 사무 보기가 어렵다는 것은 아니나 더욱 용맹한 사람을 선출하여 나라를 이끌어 가야 할 것이며 3. 우리나라가 남북으로 갈라져서 민주 우방의 원조로 지금까지 투쟁해 오며 6년이나 노력해 왔으나 이를 해결하지 못하고 있으니 나는 물러가기로 한 것이다. 그동안 나를 받들어서 이만큼이라도 된 것은 여러분의 노력의 값이다. 내가 자리에 있으나 없으나 나라를 위하는 마음은 다름이 없다. 내가 자유당을 만든 것은 내가 대통령에 선출되기 위해서 만든 것이 아니다. 나를 참으로 사랑하는 동지 여러분은 나의 참뜻을 알아주기를 바라는 바이다."라는 것이었다.

이와 같은 이 대통령의 불출마 성명이 공개되자 자유당의 부통령 후보로 지명받았던 이기붕도 부통령 지명에 대한 이 대통령의 의사를 알기 전에는 자신의 태도를 결정할 수 없다고 태도 결정을 보류했다. 이에 자유당은 이 대통령의 번의를 적극적으로 간청하는 한편 그 방법으로서 강력한 국민운동의 전개를 결정했다. '이 대통령 출마 요청 국민대회'가 줄이어 일어나고 이른바 우의(牛意), 마의(馬意) 대회까지 동원되어 물의를 빚었다.

이 대통령의 불출마 성명이 발표된 직후 민주당은 "이 자유당 총재의 메시지 내용은 당연한 말씀으로서 경의를 표하는 바인데 총재의 의사를 받들지 못하는 사람들이 부산에서와 같이 '민의'를 발동시켜 노(老) 박사를 괴롭게 하는 일이 일어나지 않을까 생각된다.(조재천 선전부장 담화)"라고 민의 발동을 우려한 바 있었는데 그 우려는 곧 현실로 나타났다.

불출마 선언이 있은 지 18일 만인 3월 23일 이 대통령은 마침내 민의에 양보하여 종전의 결의를 번복하고 제3차 대통령 선거에 출마하기로 결정하였다는 담화를 발표하게 된다. 담화의 요지는 제2대 대통령에 출마했을 때와 대동소이한 것이었다. "내가 제3차 대통령 선거에 출마하지 않겠다는 결심을 세상에 공표한 뒤 근 17일 동안에 국민들이 전체적으로 들고일어나서 이것을 우려하며 내게 다시 출마해 달라는 진정을 하기 위하여 서울 부근을 위시하여 각 도에서 대표를 보내왔다. 또 전보와 혈서와 진정서 등으로 여러 사람들이 연명을 해서 보내는 것을 받아 쌓아놓은 것이 진정서와 결의문만 하더라도 2만2천여 통에 달하고 거기 서명한 사람의 수효가 3백만 명에 가까우며 지금까지 받은 전보가 또한 8천여 통이나 되는데 이것은 서명한 단체별로 보아서 우리나라 사람의 대부분을 대표하고 있으니 이러한 것은 내가 생각지 않던 뜻밖의 일인 것이다.(이하 생략)"라는 내용이었다.

이에 대한 민주당의 반응은 "이 박사의 불출마 성명은 비민주적 3선을 기도함에 있어 4년 전 부산에서 한 것과 동일한 수법을 써서 국내외에 대하여 체면을 세우고 교묘한 선거운동의 실을 거두려는 것이다."라며 바로 예상한 바대로 되었다는 것이었다.

- 동원된 우의(牛意), 마의(馬意)

이승만의 번의를 가져오게 한 민의 운동의 진상을 캐기 위해 민주당은 3월 27일 조재천 의원 외 22인의 이름으로 긴급동의안을 제기하여 '지난 3월 5일 이후 23일까지 이 대통령 3선 출마를 위하여 각지에서 일어난 민중동원 데모와 백지 날인 연판장 추진 운동에 대한 진상을 질의하기 위하여 내무장관을 3월 29일 국회 본회의에 출석케 하자'고 촉구했다. 긴급동의안의 제안 설명에서 조 의원은 "민의 발동을 위한 국민의 동원이 과연 국민의 자발적인 의사에서 나온 것이냐, 그렇지 않으면 대다수 국민이 강요에 의해서 나오지 않을 수 없었던 것이냐 하는 점에 대해 중대한 관심을 안 가질 수가 없다."라고 말하고, 우리나라 정치사에 부끄러운 한 토막 기록으로 남게 된 소위 우의, 마의, 귀의(鬼意) 동원의 진상을 다음과 같이 소개했다.

　…(전략) 우리나라에 있어서의 민의는 4년 전 부산에서의 민의 소동, 즉 백골단, 땃벌떼에 의한 민의로 유명해졌고 이것은 국내뿐만 아니라 국제적으로도 유명하다. 한국의 민의는 'Will of Police(경찰의 뜻)'라고 알려졌으며 그것조차도 간략화하여 W.O.P로 약칭되어 국제적으로 유명한 것이다. 그런데 이번 민의는 부산에서의 민의보다 한 걸음 더 나아가서 민의 이외에 우마차를 시위용으로 징발해서 우의, 마의까지 동원되었다는 '가십'을 낳게 하고 심지어는 우의, 마의 외에 귀의라고 하는 것까지 이야기가 돌고 있다고 들었다. 죽은 사람의 이름과 도장을 연판장에 찍었으니 귀의라고 하는 것이다. 동원에 있어서의 강요는 정치적으로 중립을 지켜야 할 경찰에 의해서 조작된 것이라고 인정된다. 순경이 연판장을 받고 돌아오다가 익사한 사건이라든지, 경찰에서 민중운동의 중지를 지시한 다음 날부터 언제 민의가 발동되었냐는 듯 그것이 중지된 사실이라든지, 어떤 학교에서는 어린 학생에게 혈서를 쓰라고 요구한

사실이라든지… 하는 따위의 일들을 열거하여 볼 때 이 문제는 그냥 간과할 수 없는 중대한 문제라고 강조하였다.

그러나 조 의원의 동의안은 2차 투표 끝에 폐기되고 만다. 이어 3월 28일에는 윤형남 의원 외 25인이 내무장관 불신임결의안을 제출하였다. 불신임 사유의 요지는 '1. 지난 3월 5일 이 대통령의 불출마 성명이 나온 후 3월 23일 번의 성명이 나올 때까지의 사이에 전국에서 일어난 민의 운동은 경찰이 직간접으로 조작 선동한 것임이 확실해서 이 강요된 민의 운동으로 말미암아 발생한 각양각색의 인권 유린과 자유 침해는 한국의 민주주의 성장의 토대를 침식한 것이라고 단정한다. 한국 전 경찰의 총지휘자인 내무장관은 불법을 감행하여 이러한 이 나라 민주정치의 발전사에 일대 오점을 남긴 전 경찰관들의 행위에 대하여 마땅히 책임을 지고 그 자리를 물러나야 한다. 2. 내무장관은 가히 국회 본회의에서 논의된 대구매일 피습 사건 등의 사후 처리에 있어서 그 행정 책임을 다하지 못하여 국민의 기본 자유 보장에 지장을 초래하였으므로 그는 즉시 그 자리를 물러나야 할 것이다…'라는 것이었다.

이 불신임결의안은 3월 30일 본회의에서 총 투표수 159표 중 가에 57표, 부에 99표, 기권 7표로 부결되었다. 민주당의 지적이 아니더라도 국민 대다수는 조작된 관제 민의를 한심스럽게 지켜보고 있었으며 이승만은 태연히 우의, 마의를 '민의'로 받아들였다. 그의 대통령 출마 수락으로 자유당의 부통령 후보는 이기붕으로 낙착되었다.

- 경찰 간섭의 실제

1956년으로 접어들자 국회는 5월에 있을 정·부통령 선거를 앞두고 수차의 휴회를 거듭하였다. 제22회 정기국회는 12월 1일 개원 이래 3월 6일까지 단 8차례밖에 회의를 가지지 못하였으며 3월 7일부터 동월 26일까지 20일간 휴회하고 3월 31일부터 4월 19일까지 야당의 반대를 무릅쓰고 재휴회, 4월 21일부터 5월 10일까지 다시 20일간 휴회를 했다. 선거운동에 전념하기 위해서라기보다 선거의 자유 분위기 문제로 야당이 펼칠 대여 공세를 봉쇄하는 데 그 목적이 있었던 것 같다. 그래도 야당은 그 틈새를 이용해 휴회를 결의하기 위해 열린 4월 20일 본회의에서 선거의 자유 분위기 문제를 들고 나와 정중섭 의원 외 53명의 이름으로 내무 국방장관의 본회의 출석을 긴급 동의하였다.

정중섭 의원은 제안 설명에서 전국 각지에서의 선거 간섭 실황을 하나하나 예거하고 자유 분위기 보장이 한낱 구두선에 지나지 않고 있다고 강조했다. 그는 "선거라고 하면 반드시 경찰이 간섭하는 것이 상식인 것처럼 민중들은 알고 있다. 이번 선거에 있어서 경찰의 간섭은 전보다 백 보 전진한 듯한 감이 있다. 경찰은 그들 자신들의 직접 간섭뿐만 아니라 폭력선거, 무력선거, 위협선거를 추진하고 있다. 각 지방에 있는 선거위원회는 형식적인 존재이고 비밀 선거위원회가 각 지방 경찰서 내에 있다. 구체적으로 예를 들면 전남 해남군 같은 데서는 경찰서장이 각 부락을 돌아다니면서 '이 박사나 이기붕 씨가 당선되지 않으면 미국의 원조가 다 끊어질 뿐더러 우리나라 군부는 만일 신익희 씨가 당선되면 그 정권을 전복할 만반의 준비를 갖추고 있다'고 공포에 넘치는 말들을 했다. 야당계 사람들은 얼씬도 못 하게 하고 순경들이 직접 여당 선전 프린트를 돌리는 사태도 발생하였다. 또 한 가지 새로운 사실은 경찰관뿐만 아니라 군인에게 '선거 개몽'이라는 미명 아래서 선거공작을 추진하고 있다. 즉 사단장회의에서 국방부 고위 책임자는 '너희 사단에 소속한 군인 전부를 이 박사와 이기붕 씨를 대통령과 부통령으로 투표하도록 공작하라'는 지령을 내렸다….(후략)."라고 폭로했다.

그러나 이 동의안은 자유당 의원들의 회의장 이탈로 정원이 미달되어 표결에 들어가지도 못하고 국회는 산회되고 말았다. 5·15 정·부통령 선거에서 자유당은 관을 이용한 막강한 조직과 금력을 최대한으로 동원했다. 정중섭 의원의 지적대로 경찰에 의한 선거 간섭이 공공연히 펼쳐지고 군(軍)까지 자유당 후보의 선거운동 역할을 충분히 이행했다.

민주당은 경찰의 선거 간섭 사례를 일일이 적시하고 선거운동 전략도 공무원과 경찰의 선거 방해 사례를 폭로하는 데 주력했다. 민주당의 폭로가 아니더라도 유권자들은 자유 분위기와 거리가 먼 선거전의 양상을 모두들 숙지하고 있었다.

- 못 살겠다. 갈아보자

거듭되는 여당의 무리수로 민심이 정부와 여당을 등진 것이 분명해지고 있었다. 그러한 반여당적인 분위기는 도시일수록 더 완연했다. 정부에 대한 불신이 정권 교체에 대한 열망으로 이어져 갔으며 '못 살겠다'라는 말이 일상생활에서까지 유행어처럼 번져 갔다. 그 같은 민심이 '못 살겠다. 갈아보자'라고 한 민주당의 구호와 맞아 떨어졌다고 볼 수 있다. 창당 7개월 만에 대선을 맞게 된 민주당은 대통령 후보에 신익희, 부통령 후보에 장면을 지명하고 본격적인 선거 태세를 갖추었다. 민주당이 내건 선거구호 '못살겠다. 갈아보자'는 민주당의 기대 이상으로 강력히 민심을 파고들어 선거 분위기를 고조시켜 갔다. 자유당은 이에 대항해서 '갈아봤자 별수 없다. 구관이 명관이다'라는 대응 구호를 내세웠지만 국민에게 어필하는 힘은 적었다.

전국적인 지방 조직이 완료되지 않은 민주당은 조직 면에서나 선거자금 면에서 자유당보다 월등히 열세에 놓여 있었으므로 선거전을 자유당 정부의 독재성과 부정부패에 초점을 맞춘 공격적인 선전과 '바람'을 일으키는 데 주력했다. 그리고 그러한 민주당의 공세는 도시를 중심으로 차츰 먹혀들어 가고 있었다.

7절 여(與) 대통령, 야(野) 부통령

- 한강 백사장의 연설

1956년 5월 3일 한강 백사장에서 있었던 민주당의 선거 유세에는 30만 명에 가까운 인파가 몰려 사상 초유의 대대적 군중집회를 이루었다. 당시의 서울시 인구가 200만 명 정도였으므로 30만이라는 군중은 서울시 성인 인구의 절반에 가까운 어마어마한 수였다. 서울 시내의 상가(商街)가 유세장에 나가기 위해 거의 철시를 했다는 보도가 있었을 만큼 야당에 대한 시민의 호응도가 열렬했다.

그렇지 않아도 그동안의 각종 선거에서 '야도 여촌(野都 與村, 도시에서는 야당이 우세하고 농어촌에서는 여당이 우세함을 지칭함)'의 경향이 두드러져 있었는데 서울에서의 한강 유세는 거센 열기를 뽑아내면서 그 여세를 농어촌에까지 파급시키고 있었다. 많은 시민들이 민주당의 집권 가능성이 엿보이기 시작한다고 느끼게 되었다. 세(勢) 불리를 느낀 자유당은 돈을 마구 풀면서 경찰과 군에까지 여당 선거운동을 직접 지시하는 전략으로 나섰다. 선거가 막바지에 이르면서 민주당이 차츰 상승세를 타고 있었는데 민주당의 대통령 후보 신익희의 갑작스러운 서거가 선거 양상을 급변시켜 놓았다.

– 신익희 후보의 급서

한강 백사장에서의 기세를 지방으로 확산시키기 위해 전북 이리 지역 유세를 떠난 신익희 후보가 호남선 열차 안에서 과로로 인한 심장마비로 쓰러졌다. 신익희가 "이승만 추종자에 의해 독살되었다."라는 유언비어가 나돌았고 그의 영구를 효자동 근처에 있던 해공(海公, 신익희의 호) 자택으로 호송하던 중 일부 군중이 경무대 입구에서 이승만 타도 시위를 벌이는 소동이 발생했다. 다급해진 당국이 무장경찰에게 발포를 명령하여 다수의 사상자를 내는 유혈 사태를 빚었다. 신익희의 죽음을 애석해한 나머지 나온 말이었겠지만 서울시의 어떤 의사가 "신익희와 같은 증후의 경우에는 간혹 소생이 가능한 예가 있을 수 있다."라고 희망적인 말을 한 것이 돌고 돌아 "해공이 소생했다."라는 루머로 전파되었다. 신문사로 "해공이 소생했다고 들었다. 얼굴에 다시 핏기가 돌고 숨을 쉬게 되었다고 하니 확인을 해 달라."라는 시민들의 전화가 빗발쳤다. 설마 그럴 리가 있겠느냐고 응답은 하면서도 각 사의 기자들이 해공 자택으로 사실을 확인하러 달려가는 해프닝까지 있었다.

신익희의 서거로 대통령 선거전은 이승만과 조봉암의 대결이 되없는데 이승만의 당선이 거의 확실시되자 선거전의 양상은 부통령 중심으로 옮아갔다. 자유당의 이기붕과 민주당의 장면 외에 이승만을 대통령으로 업고 나온 부통령 후보에 윤치영, 이윤영, 백성욱, 이범석, 이종태 다섯 명과 진보당 조봉암의 러닝메이트로 나온 박기출이 있었다. 진보당의 박기출은 부통령 후보를 사퇴하면서 대통령 전에서의 민주당의 지지를 요구했지만 민주당은 이를 거부하고 장면의 부통령 당선에만 주력키로 한다.

- 보수와 진보의 협상 결렬

5·15 정·부통령 선거를 앞두고 1956년 3월 31일, 가칭 진보당은 전국 추진위원회 대표자 회의를 소집, 대통령 후보에 조봉암, 부통령 후보에 박기출을 지명했다. 선거체제로 들어가기 위해 발당에 앞서 우선 정·부통령 후보자부터 지명해 놓고 실제로 창당은 1957년에 가서야 이루게 되었다.

민주당과 진보당은 선거를 앞두고 후보자 단일화 문제에 대한 협상 방안을 수차례 모색하였으나 타결점을 찾지 못했다. 야당 연합 문제가 제기되자 조봉암은 정치적 원칙이 합치된다면 연합전선 결성이 가능하다고 말하고 3개항의 원칙을 밝혔다. 책임정치의 수립, 수탈 없는 경제체제의 실현, 평화적 통일의 성취가 그것이었는데, 곧이어 열렸던 실무자 간 협상에서 구체적 합의점을 찾는 데 실패하고 최종 결정을 신익희, 조봉암 두 사람의 단독회담에 넘겼다. 그러나 두 사람 역시 서로 이견을 좁히지 못하였다. 조봉암은 자신이 대통령 후보를 양보하는 대신 부통령 후보를 진보당에 할애해 달라는 등 세 가지 타협 조건을 제시했으나 민주당으로서는 접수하기 힘든 조건이어서 진보당의 제의를 거절했다.

후에 보수·진보 간의 협상 거간 역할을 했던 무소속 김홍식은 신·조 양자 간의 회담에서 "서로 독자적인 선거운동을 하다가 선거일 며칠 전에 조봉암이 전격적으로 사퇴를 선언하고 해공 신익희를 밀 가능성이 매우 높았다."라고 말하였지만 해공이 서거한 후에 나온 말이라서 어느 정도의 신빙성을 두어야 할지 그 진위를 가리기는 힘든 일이었다. 이와 같이 민주당과 진보당 간의 야당 세력의 대통령 후보자 단일화를 위한 협상은 신익희 서거 전부터 얼마 동안 진행되기는 했으나 애초부터 성사될 가능성은 희박한 것이었고, 신익희 서거 후에도 몇 차례 있었던 협상은 그저 형식적으로 만나 보는 것에 지나지 않았다.

민주당의 전략은 설사 야당계 인사라 하더라도 대통령에 정치적 이념이 다른 어떤 특정인을 미느니 차라리 부통령을 당선시켜 대통령의 임기 계승권을 확보해 두자는 것이었다. 당시의 헌법은 대통령 유고 시에 부통령이 그 잔여 임기를 승계하도록 명기하고 있었다. 이승만의 연령으로 보아 대통령 승계에 의한 정권 교체도 바라볼 수 있다는 것을 유권자에게 호소했으며, 그것이 갑자기 대통령 후보를 잃은 민주당에 대한 동정과 어울려서 제대로 효과를 발휘하고 있었다.

- 대구에서 정체된 개표

투표일이 가까워지면서 선거 분위기는 점점 험악하게 돌아갔다. 전국 각지에서 폭력이 난무하고 끝내는 투표 방해, 개표 중단 사고로 발전했다. 대구시의 개표가 근 81시간이나 중단되어 전국을 긴장의 도가니로 몰아넣었다.

개표 지연 사태에 대해 당시의 치안국장 김종원이 밝힌 전말은 "5월 16일 하오 4시 10분경 대구 시내 제3개표소의 모(某) 개표원이 백 매씩 묶은 개표 뭉치 중에서 이기붕 씨 표 98매에다 양쪽에만 장면 씨 표 각 1매씩을 붙여서 장 씨 표로 계표하려다가 발각된 것"이라는 내용이었는데 발견자는 대구시장 허합이었다. 이 보고에 접한 중앙선관위는 즉시 대구 시내 각 개표소의 개표를 17일 상오 7시까지 일체 중지하도록 지시하였다. 그 후 중앙선관위는 17일 상오에 재차 개표 개시를 지시하였으나 자유당의 반대로 이를 단행치 못하고 79시간 25분 동안 완전히 개표 사무가 중단되었던 것이다.

대구 시내 3개 개표소를 제외한 전국의 부통령 득표수는 장면이 387만 1천9백 표, 이기붕이 378만 3천1백8표로 장면이 8만 7천 표를 앞서고 있었으며, 대구시가 야당계의 가장 견고한 기반이었던 만큼 장면의 부통령 당선은 거의 확정적인 것으로 되어 있었다. 그러자 애국단체연합회를 비롯한 여당계 일부에서는 해당 지구의 일부 무효 선언과 그의 재투표를 강력히 주장하였고 나아가서 서울특별시 등 여당 투표율이 낮았던 지구의 재검표까지 주장하기에 이르렀다.

5·15선거를 치르고 난 국회는 5월 19일에 본회의를 가졌다. 개

원 벽두부터 말썽이 된 것은 당연히 19일 현재까지도 개표가 지연되고 있던 대구시 개표 지연 사건이었다. 박해정 의원 외 13명은 '대구시 부통령 선거 개표 지연에 대한 조사단 파견의 건'을 긴급 동의하고 각 파별로 9명의 조사위원을 선출하여 현지에 파견하자고 주장했다. 박 의원은 "빨리 진상을 조사, 해결해야만 민심이 안정될 것이다. 나는 비장한 결심으로 여러분에게 이 동의를 결의해 주기를 애원한다."라고 말하였는데 그의 애원이 주효했던지 표결의 결과는 재석 102인 중 가에 96표로 가결되었다.

그러나 조사단의 활동은 자유당 측의 비협조적 태도로 큰 성과를 거두지 못하였는데 민주당 조사의원의 국회 발언에 의하면 "대구의 상태가 매우 중대했고 긴급을 요하는 일이라서 자유당을 제외한 각 파의 대표들은 19일 밤차로 현지로 내려갔는데 자유당 의원이 내려오기를 기다렸으나 종시 내려오지 않기에 다시 본인이 대표 격으로 상경을 했다."라는 것이었다. 그러다가 결국 조사단은 제 구실 한 번 하지 못하고 사라져 버렸다.

이 부정 개표 사건은 야당이 우세한 대구 지역에서 이기붕보다 득표가 많은 장면 표를 뒤집기 위해 꾸며진 조작극이었음이 드러났다. 당시 자유당의 선거대책 위원장이던 이재학은 그의 회고록에서 "그날 밤중에 다시 전화가 오기를 개표소 주위에서 야당 측 사람을 내쫓고 자유당계 사람만이 남아 있으니 이제는 표를 자유로 가감할 수도 있는 상태인데 이기붕 씨의 표를 어떻게 하면 좋겠느냐고 문의를 해 왔다."라고 적고 있다. 개표 조작을 위해 일부러 부정 개표 뭉치를 만들어 낸 것이 확실해진 셈이다. 자유당의 계략을 알아차린 대구 시민들은 시청에 놓인 투표함을 지키겠다고 시청 주변에 수없이 모여들어 밤에는 기름 솜뭉치로 불을 밝히는 등 주야로 투표함을 감시했다.

이렇게 얽힌 매듭은 결국 이 대통령이 직접 풀 수밖에 없었다. 이 대통령은 19일 담화를 발표하고 "나의 관찰로는 선거 결과가 대체로 규정이 나서 투표를 많이 받은 장면 씨가 부통령에 피선된 것으로 생각하는 바이다."라고 말하였다. 이 담화는 사태 악화에 종지부를 찍었으며 사태는 급속히 호전되어 장면이 20만 7천여 표의 차로 이기붕을 패배시켰다.

– 장면의 부통령 당선

개표 결과 대통령에 자유당의 이승만, 부통령에 민주당의 장면이 각각 당선되었다. 대통령 선거에서 조봉암이 216만 표 넘게 득표하고 무효표로 처리된 185만여 표가 서거한 신익희 후보에 대한 추모표였다는 사실과 갖은 선거 부정에도 불구하고 부통령에 민주당의 장면이 당선되었다는 사실을 감안할 때 이 선거에서 자유당은 사실상 패배한 거나 마찬가지였다고 해도 과언이 아닐 것이다.

1956년 5 · 15 정 · 부통령 선거 후보자별 득표 결과는 다음과 같다.

대통령 후보자
이승만(자유당)   5,046,437표
조봉암(진보당)   2,163,808표

무효	1,856,818표

부통령 후보자

장 면(민주당)	4,012,654표
이기붕(자유당)	3,805,502표
이범석	371,579표

5·15선거에서 조봉암 지지표가 216만 표나 되었다는 사실은 이 승만의 심기를 불편하게 만들었다. 비록 득표율은 19.5%에 그쳤으 나 경남·북과 전북에서의 조봉암 득표율이 30%를 웃돌았고, 전국 181개 선거구 중 25개 구에서 이승만을 앞질렀으므로 그럴 만도 하 게 되었다. 물론 조봉암의 표 속에는 신익희를 지지하려던 유권자의 표가 적지 않게 포함되었겠으나 많은 일반 국민이 이승만에게 염증 을 느끼고 있었음을 분명히 보여 준 투표 결과였다.

특히 서울에서는 이승만의 득표율이 29.2%인 데 비해 40.4%가 무 효표여서 죽은 사람에 대한 추모표가 살아 있는 이승만에게 투표한 표보다 많았음을 알려 주었다. 여촌야도 현상이 서울에서 두드러지 게 표출되었다고 할 수 있고 상대적으로 정치의식 수준이 낮은 시골 지역에서 관권의 선거 간섭이 그만큼 용이했음을 보여 주는 징표라 고도 할 수 있을 것이다.

5월 18일에 열린 국회 본회의에서 민관식 의원 외 11인은 "5·15 정·부통령 선거에 있어서의 자유 분위기 파괴에 관한 책임을 질문 하기 위하여 내무, 법무, 문교, 국방 각 장관을 본회의에 출석케 하자."라는 긴급동의안을 제출했다. 이 동의안은 그날로 상정되어 1차 미결, 2차 가결로 성립되었다. 그러나 질의 내용은 모두가 언제 어디서 어떤 야당계 운동원이 경찰관으로부터 봉변을 당했으며, 어떤 경찰관이 어떤 불법행위를 했고, 어떤 야당 운동원이 자유당의 테러를 맞았는지 등 모두가 알고 있는 사실을 밝히는 데 그쳤다.

8절 7 · 27 민의원 데모 - 1

- 지방선거 방해

5 · 15 정 · 부통령 선거에서의 자유 분위기 파괴 문제가 국회에서 치열한 논쟁을 빚은 지 불과 한 달도 못 가서 이번에는 다시 각급 지방선거에 있어서의 관권의 간섭 문제로 국회가 시끄러워졌다. 5 · 15 선거 후 '민심 수습'을 구호로 내걸었던 자유당은 이탈된 민심을 바르게 되돌릴 생각은 하지 않고 보다 강력하고 치열한 관권 발동에 주력하게 된다. 이익흥 내무장관과 김종원 치안국장이 5 · 15선거 때보다도 더욱 교묘하고 적극적인 방법으로 관권의 선거 간섭을 기도함으로써 민심은 한층 더 정부로부터 멀리 이탈해 가는 듯 보였다.

이와 같이 그릇된 자유당의 자세는 1956년 8월 8일과 13일에 실시된 지방선거에서 유감없이 노정되었다. 정부는 5 · 15선거를 끝낸 후인 5월 26일 선거 결과에 대한 논공행상의 색깔이 짙은 내무관료에 대한 인사이동을 단행함으로써 지방선거에 대한 내무관료들의 체제부터 정비했다. 내무부는 한편으로 민심 수습을 강조하면서 뒤에서는 8·8, 8·13 지방선거에서 야당에 대한 사전 방해 공작을 벌이고 있었다. 현석호 의원은 "선거에 출마할 예상자 중 민주당 출신의 입후보 예정자에 대하여 검거, 구류, 등록 방해 등의 사태가 연달아 발생하고 있으며 경범죄 처벌법에 해당되는 구류 처분이 속출하고 있다. 동회나 구청은 야당 후보자의 등록을 방해하고 있다."라고 그 실례를 하나하나 들면서 설명했다. 야당계 입후보자의 등록 방해 사건은 노골적으로 진행되고 있었다.

– 집단 등록도 실패

1956년 7월 26일 본회의에서 김영삼 의원은 '경남에서의 지방의회 의원 입후보 등록 방해 사실과 집단 등록 계획의 실패'를 들고 나와 야당 의원들을 다시 흥분시켰다. 김 의원의 발언에 의하면 "야당의원들이 등록을 하기 위하여 모든 일건 서류를 갖추어 놓은 것을 집에서 혹은 등록하려는 찰나에 괴한에게 탈취당하였으며 구타, 납치까지 당했다. 개개인이 등록하려다가 모두 실패한 까닭에 우리 민주당 경남 도당에서는 집단적으로 등록을 하기 위하여 후보자 약 25, 26명을 함께 집합시켜서 같은 버스에 태워 시청 출장소로 갔었다. 그러나 소장 이하 관계 직원들이 전부 도망하여 이 집단 등록은 실패로 돌아갔으며, 기적적으로 겨우 한 사람만이 마감일인 23일까지 등록을 할 수 있었다."라는 것이었다. 전국 각지에서 이와 같이 등록 방해 사태가 벌어지자 23일 조재천 의원 외 38인은 '지방의회 의원과 시·읍·면장 후보자의 등록 기한에 관한 임시 조치 법안'을 제출하기에 이른다. 법안의 내용과 이유는 '1956년 8월에 실시되는 지방의회 의원선거에 지방자치법 제71조 제1항의 규정에도 불구하고 후보자 등록을 선거일 공고일로부터 선거일 전 7일까지로 한다. (후략) 이유는 전기 선거의 후보자가 되려는 자 중에는 자신의 책임으로 돌릴 수 없는 불가항력적 사유에 의하여 법정 기일 내에 등록을 하지 못한 자가 허다하므로 이와 같이 부당하게 상실된 국민의 기본 권리인 참정권의 회복을 위하여 본법을 제정하여야 한다'는 것이었다.

이 법안은 즉각 내무, 법무 양 위원회에 회부되어 당일로 심사를 완료하였는데, 심사의 결과는 본회의에 부의하지 않기로 한다는 것이었다. 조재천 의원 외 38인은 이 법안의 본회의 부의를 국회법 제33조 제5항에 의하여 요구하였으나 규칙 문제를 들고 나온 여당 측의 방해에 의해 표결에 부쳐지지 못한 채 끝나고 말았다. 그리하여 이날 야당계 의원 72인은 7·27의원 데모를 강행하기에 이른다. 지방선거는 있으되 야당의 참여가 관권에 의해 배제된 선거를 그냥 보고만 있을 수 없다는 야당 의원들의 결의가 야당 의원들로 하여금 거리로 나오게 만들었던 것이다.

원내 야당계 각파 의원들은 '지방선거에 대한 관권 간섭 배제'를 부르짖고 일단 원내에서의 단합된 투쟁을 결의했다. 56년 7월 24일 이들은 윤재술(헌정동지회), 민관식(헌동), 유진산(민주당), 소선규(민주당), 현석호(민주당), 강승구(무소속), 백남식(무소속)의 7인 의원으로써 투쟁 상임위원회를 구성하였으며, 26일에는 야당 연합의 명칭을 '국민주권옹호투쟁위원회'로 명명하는 한편, 전기 7인 위원회에다 장택상(무소속), 조병옥(민주당), 이인(무소속), 변진갑(헌동) 등 4명의 의원을 더 보충, 상임위 활동을 강화했다. 또한 주권투위 소속 60여 의원은 "국민주권 옹호를 위하여 우리는 결사적으로 계속하여 투쟁할 것을 서약 한다."라는 서약문을 작성하고 일제히 서명 날인을 완료하였으며, 구체적인 투쟁 방법으로서 시위와 농성 등을 결의하였다. 27일 본회의에서 조재천 의원의 제안이 여당의 반대로 좌절되자 야당 의원들은 하오 4시 20분 시위 행렬에 나섰다.

- 거리로 나선 국회의원

야당 의원들은 의사당(중구 태평로 1가 현 서울시 의회 건물) 문전에서 '주권 옹호에 관한 성명서'를 낭독(장택상 의원)하고 곧 시위행진을 개시했는데 시위대의 선두가 의사당 문전 계단을 내려설 무렵 모(某) 정복 경찰과 정체불명의 청년 수십 명이 그 앞길을 가로막고 일대소동을 야기했다. 의원들은 전후좌우에서 매달리는 청년들을 뿌리치고 전진하려 했으나 뜻을 이룰 수 없었으며 약 10분간 옥신각신이 계속되는 통에 의원들이 소지했던 8개의 플래카드는 완전히 파괴되고 말았다.

플래카드는 '국민주권을 옹호하자' '관권의 횡포를 배격하자' '민권 없이는 국회 없다' '선거의 자유를 사수하자'는 것 등이었다. 약 10분 후 청년들의 저지를 물리친 야당 의원들은 겨우 전진을 시작하여 지지한 속도로 시청 앞을 지나 미 대사관(현 롯데호텔 건너편) 앞에 까지 이르렀다. 다우링 미국대사를 비롯한 수많은 외국 외교관들이 이 광경을 보고 있었는데 경찰은 수백 명의 정복 경찰과 사복 형사를 동원하여 그곳에서 행진을 정지시키고 말았다.

미 대사관 앞에서 머문 시간은 약 30분, 그 현장에는 이 내무장관, 김 치안국장이 직접 출동하여 진두지휘를 하였고 극도로 흥분하고 지친 의원들은 노상에 주저앉기도 했으나 끝내 출발점인 의사당으로 발길을 되돌리고 말았다. 의원들의 행진 예정 코스는 의사당 – 시청 앞 – 을지로 입구 – 종로 네거리 – 광화문 네거리 – 의사당이었는데 행진은 시청 앞 – 을지로 입구 중간에서 저지당하고 만 것이다. 이 날 의원들이 받은 대접은 차마 말로써 표현하기 힘들 정도로 비참한 것이었는데 현장에 나온 이 내무장관은 의원들을 마치 '생선을 훔쳐 가는 고양이'를 쫓듯 '이놈 잡아라 저놈 잡아라' 하고 소리쳤으며 김 치안국장은 대열 속에 있던 김선태 의원을 완력으로 연행해 갔다.

의사당으로 돌아온 의원들의 몰골이 얼마나 비참했는지는 당시의 상황을 직접 보지 않고서는 상상조차 하기 어려운 지경이었다. 대부분의 의원들이 옷을 찢기고 발을 삐거나 손발에 생채기가 나 있었다는 표현으로써 노상에서의 난투극이 얼마나 치열했던가를 상상하면 될 것이다.

- 의정사상 최대의 소란

야당계 의원들은 의사당 안에서 즉각 회의를 열고 사후 대책과 앞으로의 투쟁 방법 등을 논의하는 한편, 김선태 의원의 행방 탐지와 석방을 교섭하기 위하여 대표를 사방으로 보냈으나 그의 소재를 알 길이 막연했다. 그동안에 의사당 주변은 무장 경관대에 의해 삼엄한 경계가 펴졌다. 의원들은 밤 10시 반경까지 농성을 하다가 정부의 관권선거, 선거등록 방해 등 불법행위에 맞서 끝까지 투쟁할 것을 선포한다는 성명서를 발표하고 해산했다. 장택상 주권투위 위원장이 발표한 성명서의 요지는 "(전략) 과거는 막론하고 5·15 정·부통령 선거와 현재의 지방선거에 있어 정부는 관권 및 기타 각종 폭력과 괴술(怪術)로 반대당의 선거등록을 방해하고 그 사용하는 방법이 민주주의를 역행할 뿐만 아니라 국민의 기본 권리, 즉 선거권 행사를 철두철미하게 방해해 왔다. 이것은 이 나라의 양심 있는 시민으로서 그대로 방치할 수 없는 것이다. 우리는 이 내용을 국민 앞에 호소하기 위하여 오늘 시가행진을 단행한 것이다. … 당국은 이 행렬을 제지했고 경찰의 공무집행 방해범이라는 명목으로 국회가 개회 중임에도 불구하고 김선태 의원을 백주에 불법 납치하였다. 이런 정부의 상습적 헌법 무시행위에 대해 우리뿐만 아니라 국민들도 어떤 각오와 동의가 있을 줄로 믿는다. 이에 대한 대책을 철저히 강구해서 앞으로 계속 투쟁할 것을 선포한다."라는 것이었다.

국회 본회의는 28일부터 이 문제를 가지고 의정사상 최대라고 할 만한 대단한 혼란을 야기하게 된다. 먼저 조순 운영위원장이 "어제 오후 김선태 의원이 현행범으로 긴급구속되었다. 국회의원의 신분에 관한 사고이기 때문에 이를 보고한다"라고 보고를 했으며 이어 야당 의원들이 독기 어린 대정부 공격 발언을 쏟아부었다. 윤형남 의원은 "우리의 시위 행렬은 평화스러운 것이었으며 헌법의 보장 아래 법에 위배되는 행동이 아니었다. 그럼에도 불구하고 경찰관은 우리의 시위 행렬을 방해하였으며 이 내무장관은 '저놈들 다 잡아라. 저놈들 놓치지 말라'라고 고함을 쳤다. 김선태 의원이 구속되어 갔는데 김 치안국장에게 김 의원의 소재를 물었더니 '잘 보호해 두었다'라는 대답이었다. 무슨 법률에 의해서 보호했느냐고 물으니까 '경찰직무집행법 제27조에 의해서 보호했다'라는 것이었다. 그런데 경찰직무집행법은 전문이 9조문밖에 없는 법률이다. 김 의원은 확실한 신분을 가지고 있는 사람인데 그를 긴급 구속한 법적 근거를 알 수 없는 것이며 치안당국의 무리하고 무식한 태도를 규탄하지 않는 한 이 나라 민주주의의 앞길은 암담하다."라고 보고했다.

또 정중섭 의원은 "우리는 경찰관과 군인을 동원해서 공산당을 퇴치하지만 대한민국은 공산당을 제조하고 있다. 공산당은 불평과 불만에서 생겨나는 것이다. … 자기의 권리가 부당하게 억압당할 때에 그들의 반응 심리는 공산당이 되는 코스로 나가게 된다. 대한민국이 이런 부패한 정치, 이런 불법적인 행정을 한다고 하면 공산당이 아니 될 줄 누가 얘기할 수 있겠는가. 시골에 가면 '농사는 지으나 마나, 선거는 하나 마나, 법률은 있으나 마나' 이런 말을 어린아이들이 외치고 다닌다."라고 정치의 부패와 불법행위를 공박했다.

이에 대하여 자유당 원내총무 김법린 의원은 "예산 심의가 대단히 긴박한 문제이므로 김선태 의원 건은 그 건대로 해결하고 먼저 예산안부터 상정하는 것이 좋겠다."라는 엉뚱한 동의를 제출하였으며, 이어 남송학 의원이 예산안 심의의 긴급성을 강조하는 발언에서 "이와같은 문제(시위 행렬 사건과 김선태 의원 연행 문제=필자 주)를 가지고 사사건건 의사에 대한 방해를 하며 지연을 시키고 이 나라의 국사를 혼란시키는 야당 의원들은 국민 앞에 떳떳한 일이라고 생각하는가."라고 야당 측을 공격하고 나섰다. 그는 계속해서 야당 의원들이 지방선거에서의 야당계 후보들 선전을 위해 시위를 벌였으며 그러한 행동의 국내외적 선전 효과를 올릴 목적으로 일부러 미 대사관 앞에까지 가서 행렬을 멈추게 했다고 말함으로써 의사당을 벌집 쑤셔 놓은 혼란 상태로 끌고 갔다. 야당계 의원들이 단상으로 뛰어 올라가고 김두한 의원이 발언 중이던 남 의원을 단상에서 끌고 내려와 곤두박질을 시켜 남 의원의 옷이 찢기어 생채기가 나고 하는 등 의정사상 최대의 소란이 연출되었다. 많은 야당 의원들이 명패를 두들기며 소리를 지르는 가운데 남 의원이 다시 등단하여 "야당 의원들은 회개를 해야돼… 명패를 들고 오지 말고 칼 가지고 와… (중략) 내가 죽을 각오를 가지고 있다. 나를 죽여 이놈들아(속기록에서 발췌)." 하고 극도로 흥분해서 야당을 공격했다.

9절 7 · 27 민의원 데모 - 2

- 정부의 고압적 자세

1956년 7월 28일 오전 본회의가 수습하기 어려울 만큼 소란해지자 사회를 보던 황성수 부의장이 하오 2시에 속개할 것을 선포하고 정회를 하고 말았다. 그러나 하오 2시 20분에 속개된 본회의에서도 여야 의원들의 흥분은 여전히 가시지 않아 예산안부터 심의하자는 여당과 법무 · 내무 양 장관의 본회의 출석과 김선태 의원의 구속문제부터 해결하자는 야당의 의견이 대립하여 회의 진행을 할 수가 없었다. 결국 구흥남 의원(자유당)이 "먼저 1시간 동안 법무 · 내무 양 장관에게 질의를 하고 그다음 1시간 동안에 김 의원 구속 문제를 해결하고 그다음에 예산안을 심의토록 하자."라는 절충안 동의를 제의, 이를 가결함으로써 날카로웠던 여야 간 대립을 일단 수습했다.

하오 3시 넘어 속개된 본회의에서 야당 의원들의 질문을 받은 이 내무는 완연히 국회의원을 경시하는 태도로 나왔다. 회의 재개 벽두부터 등단한 김동욱 의원(민주당)은 "국회의원을 내무장관이 불법으로 붙들어 넣었다. 그러면 나오라고 하지 않더라도 내무장관이 나와서 무엇 때문에 붙들어 갔다는 이유를 먼저 말해야 되지 않느냐. 이 것은 헌법에 명문화되어 있는 일이다. 그러니까 이 내무가 먼저 올라와서 보고를 하라."라고 요구했다. 이 요청에 황 부의장이 김선태 의원 구속 경위를 설명하라고 이 내무에게 부탁했는데, 국무위원 석에 앉아 있던 이 내무는 "질문 먼저 해요."라고 이를 거부하였다. 그러나 재차 부의장이 설명할 것을 요구하자 단상에 올라간 이 내무는 "내가 말할 것은 어떠한 질문이 있다고 해서 왔는데 여러분이 도무지 추상적으로 부탁했기 때문에 무엇을 답변해야 할지 알 수가 없다. 그러니 여러분이 구체적으로 어떻고 어떻고 하는 것을 질문한다면 여기에 정확한 답변을 하겠다."라고 국회의원을 무시하는 듯한 태도로 나왔다. 이러한 고답적인 태도에 야당 의원들은 또 명패를 치고 소리를 지르면서 분개했으나 결국 질문부터 먼저 하게 되었다.

- 김선태 의원 석방 결의

이인, 조재천, 양일동 의원들의 질의에 대해 이 내무는 '1. 7월 27일이 휴전 기념일이기 때문에 전국적으로 비상경계를 내리고 경찰관을 각처에 배치한 것이지 국회에 대한 무슨 압력을 목적한 것이 아니었다. 2. 시위를 중지해 달라고 요청했으나 시위 행렬을 시작했기 때문에 불상사가 날지 몰라서 그를 제지하였다. 3. 시위가 평화적이었다고 하지만 경찰 16명이 부상을 당하고 그중 2명이 입원 중에 있다. 16명의 부상자를 낸 것을 단순한 시위로 볼 수 없고 한 소요의 행동이라고 인정하지 않을 수 없었다. 4. 김선태 의원을 체포한 것은 형법 제155조에 의한 긴급구속이다. 5. 왜 한 사람만 체포했느냐 하는 문제인데 그것은 다른 것이 아니라 그 당시에 체포한 것이 김선태 의원이고, 앞으로 여기에 있어서는 소요죄에 대한 모든 것은 증거 수집에 따라서 거기에 나타날 것이다.(이것은 속기록을 옮겨 놓은 것인데 이 내무의 이 발언은 그 어조나 인상으로 보아 앞으로도 김 의원 외에 수 명을 더 체포하겠다는 의사를 표시한 것이었다. 그래서 야당계 의원 중에 "죄다 잡아가라."하고 소리를 친 사람도 있었다.=필자 주) 6. 김 의원은 긴급구속된 후 취조를 하고 있는데 치안당국은 과거부터 좋지 못한 정보를 가지고 있어 조사의 결과 죄상이 착착 나타나고 있다. 이 점이 원만하게 되면 석방하겠으나 지금 현실로는 석방하지 못하겠다는 것을 분명히 말해 둔다'고 답변하였다. 또한 이 법무는 "이번의 경찰관들 행동은 군정법령(軍政法令, 시위 행렬 및 집회 규칙)과 경찰관직무집행법에 의한 것이라 생각한다."라고 답변하였는데 이 내무는 두 번째 답변에서 "시위 행렬을 제지한 청년들은 정체불명의 괴한이 아니라 사복 경찰관이었다."라고 분명히 밝혔다.

질의를 끝내고 곧바로 상정된 김선태 의원 석방 결의안은 여당 의원들까지 가세해서 투표수 172표, 가에 102표, 부에 67표, 무효 3표로 즉각 가결되었다. 그러나 국회의 석방 결의에도 불구하고 정부는 좀체 김 의원을 석방하려 들지 않았다. 김 의원을 석방하지 않았을 뿐 아니라 오히려 양일동, 김두한, 김상돈, 이철승, 유옥우 의원 등에게 소환장을 발부하여 수사 대상을 확대시킬 듯한 기세를 보였다. 정부의 공기는 국회에서의 김 의원 석방 결의가 부당하다는 생각 아래 공공연히 이를 거부하는 태도로 나왔다. 그리고 이 내무는 29일 "체포된 김 의원을 추궁한 결과 과거에 용공 통비(通匪)한 사실이 판명되었다."라는 담화를 발표했다. 이는 분명히 국회에 대한 협박이요 모독이었다. 여당은 사태 수습에 무성의했으며 정부는 안하무인 같은 대국회 자세였다.

- 유옥우 의원의 장시간 발언 기록

격분한 야당은 연일 대정부, 대여당 공세를 멈추지 않았으며 예산안 심의의 강행에 노골적인 의사 진행 방해 전술로 맞섰다. 의사 진행 방해 전술의 일환으로 유옥우 의원의 장시간 발언이 나왔다. 그는 "12시간 얘기를 하겠다."라고 전제한 다음 자유당의 전원(全院) 위원회 생략 동의에 반대하는 것으로 발언을 시작했다. 장장 3시간에 걸친 그의 발언 때문에 여당 측의 기도는 좌절되었고, 이에 힘을 얻은 야당계 의원들은 음료수와 달걀, 의자 등 발언을 계속하는 데 필요한 모든 편의를 유 의원에게 제공함으로써 기세를 올렸다. 여야는 다시 협상을 벌였으나 끝내 그날 밤 8시 15분에 1시간의 정회를 마치고 속개된 본회의는 유회되고 말았다.

김선태 의원은 유 의원의 장시간 발언이 지속되고 있던 1일 하오 늦게 '보호'된 지 5일 만에 석방되었으나 악화된 여야 대립의 틈은

줍혀지지 않았다. 1일 하오에는 김두한 의원 외 15명이 이 의장 사직 권고 결의안을 제출하였다. 이에 대항하는 뜻으로 같은 날 손도심(자유당) 의원 외 91명은 의원 징계에 관한 동의를 제출하고 "국회 본회의에서 원내 질서를 문란케 하고 국회의 위신을 손상시킨 이철승, 김두환, 유옥우 세 의원을 징계해야 한다."라고 주장하였다. 또 야당 측은 이익흥 내무장관을 상대로 '국법의 존엄성을 유린하고 강압정치에 의한 국민의 공민권을 삭탈하는 등의 처사는 용납할 수 없다'는 이유로 불신임결의안을 제기했다. 이러한 극도의 여야 대립으로 국회 운영이 일시 정돈 상태에 빠지게 되자 2일 사태 수습을 위한 여야 간부급 회담이 열리고 이 자리에서 타협이 이루어져 겨우 긴장완화 쪽으로 방향을 틀게 되었다. 그 결과 의장 사직권고 결의안과 세 의원의 징계동의안이 맞바꾸기 되어 철회되었다.

여담이지만 한때 유행어가 되었던 "각하 시원하시겠습니다."라는 말은 이 내무가 이승만 대통령에게 말한 것으로 유 의원이 소개한 내용이다. 이익흥이 낚시를 하는 이 대통령 옆에서 시립을 하고 있는데 대통령이 방귀를 뀌었다. 그러자 이익흥이 얼른 "각하 속이 시원하시겠습니다."라고 아부를 했다는 것이다. 이 말은 도하 각 신문에도 소개되고 한동안 전국의 화젯거리가 되었는데 훗날 필자가 유옥우에게 그 말의 진위를 물었더니 "내가 만들어 낸 말이여. 그 자리에 있지도 않았는데 내가 이승만이 방귀를 뀌었는지 이익흥이 아첨을 했는지 어떻게 알아." 하고 씩 웃었다. 이익흥이 밉기는 했겠지만 있지도 않은 말로 이익흥을 사람들의 웃음거리로 만들었으니 이익흥만 억울한 봉변을 당한 꼴이 된 셈이다. 뒷날 유옥우는 이익흥에게 정식으로 이를 사과하였다는 후문이다.

석방되어 나온 김선태 의원은 "이유야 여하튼 간에 민주국가에 있어 국민의 대표자인 국회의원이 백정(白丁)한테 개가 끌려가듯이 경찰한테 끌려갔다. 그러한 폭력적이며 비신사적인 상태로 내가 끌려갔다는 데 대하여 나는 여러분의 존엄한 면모를 생각하고 부끄러움을 금할 수 없다."라고 자신의 부덕함을 사과하는 발언을 남겼다.

3일에 있은 본회의에서는 야당 측에서 제출한 이 내무장관에 대한 불신임안을 표결한 결과 재석 182명 중 가 86표, 부 88표, 무효 3표, 기권 5표로 이를 부결시켰다. 표결에 앞서 자유당은 '지방선거를 앞두고 내무장관을 불신임하게 되면 정치적 마이너스가 온다'고 표수 지키기에 전력을 다했으나 결과는 가표 86표 가운데 자유당 의원 표 약 19표가 가세했던 것으로 추정되었다.

- 야도여촌(野都與村) 현상의 지방선거 결과

1956년 8월 8일과 13일에 실시된 제2차 지방선거는 자유당의 압승으로 끝을 맺었다. 시·읍·면 의원 중 자유당은 평균 68%의 당선율을 보였으며 민주당은 2%에 불과했다. 그러나 서울과 각도 의회의 경우는 자유당이 57%, 민주당이 22.4%로 그나마 민주당의 선전이 눈에 띄었다. 특히 서울의 경우 총 47명의 시의원 중 민주당이 40명을 차지하고 자유당은 1명을 당선시키는 데 그쳤다. 각 도 의회의 경우도 큰 도시에서는 민주당이 압도적인 우세를 보였다.

시 · 읍 · 면 의회의 당선자 수는 다음과 같다.

시의회 당선자 416명 중 자유당 157, 민주당 54, 무소속 177
      (기타는 생략)
읍의회 당선자 990명 중 자유당 510, 민주당 57, 무소속 381
면의회 당선자 15,548명 중 자유당 10,823, 민주당 231, 무소속 4,284

이상의 통계가 말해 주듯이 선거는 여촌야도의 현상을 더 두드러지게 나타냈다. 도시에서의 열세를 자인한 자유당은 자당 인사를 무소속으로 출마시켜 당선이 되면 자유당에 복당시키는 변칙적인 편법까지 동원했던 것으로 알려졌다. 비록 서울과 경기도에서는 민주당이 우세했으나 전체 당선자 수에서는 자유당이 압도적으로 우세했는데 이러한 자유당의 승리 뒤에는 경찰과 내무 관리들의 힘이 결정적으로 작용했음을 알 수 있다. 작고한 당시의 자유당 중앙위 부의장 이재학은 그의 회고록에서 "지방선거에서의 선거 간섭의 노골화로 인한 경찰의 과잉 충성이 오히려 자유당을 괴롭혔다."라고 적고 있을 만큼 경찰의 선거 간섭은 노골적인 것이었다.

– 예산의 공백 상태 초래

지방선거에서의 관권 간섭 문제 등으로 수다한 파란을 겪은 국회는 결국 법정 기일 내에 신년도 예산안을 통과시키지 못하고 무려

35일간이나 예산 공백 상태를 지속하였다. 7·27 의원 데모 사건에서의 유감이 남아 있던 야당 의원들은 "55 회계연도를 다시 6개월 연장하여 18개월로 하고 연장된 회기 간의 예산을 추경 예산으로 메우려 함은 위헌"이라고 예산안 심의를 지연시켰다. 정부 측의 재정법 중 개정 법률안에 찬동하는 자유당이 이의 표결 강행을 선포하자 야당은 표결 보이콧 전술로 맞섰다. 2월의 정기 국회 초에 제출되었어야 할 총 예산안이 기정 예산 최종기인 6월 말에 와서야 추경 예산안으로 제출되었으니 야당이 '기정 예산 없는 추경 예산안이란 있을 수 없다'고 반대한 것도 무리는 아니었다. 그러나 예산의 공백이라는 최악의 상태를 빚게 된 야당의 심의 지연공세는 지방선거와 연관된 '지방자치법 중 개정 법률안(지방의원 등록을 위한 임시조치법안)'의 통과를 목적으로 한 정략적인 전술이기도 했다. 결국 예산 공백 상태 36일 만에 추경 예산안이 통과되었으나 예산 공백을 초래한 것은 지방선거의 후유증이기도 했던 것이다.

10절 언론의 수난

- 왜곡된 민의와 정부, 여당의 신문 기피

자유당은 여촌야도의 현상이 사사건건 정부와 여당의 비리를 파헤치고 야당의 편에만 서는 언론의 영향 탓이 크다고 판단하고 있었다. 그들에게 언론은 눈엣가시 같은 존재였다. 시시비비를 따지는 언론의 비판이 정부, 여당의 심기를 불편하게 했고 나아가 그로 말미암아 민심이 정부와 여당으로부터 이탈되어 간다고 생각했기 때문이다. 그래서 정부, 여당은 언론에 대해 못마땅하다는 선을 넘어 일종의 적개심 같은 것을 가지고 있었던 것으로 보인다. 사실 언론의 영향력이 막강했던 당시에 정부, 여당은 번번이 언론에 의해 불이익을 감수해야 하는 경우가 많았다. 언론의 입을 다물게 하지 않고는 4대 국회의원 선거에서의 압승을 장담할 수 없다고 자유당은 내다보고 있었다.

민심의 이탈을 감지하고 있었음에도 정부와 자유당은 반성을 하는 대신 강압적으로 민심을 억누르는 방법을 택했다. 이탈된 민심을 정당한 방법으로 되돌릴 생각은 하지 않고 오히려 보다 강력하고 치밀한 관권 발동에 주력했다. 자신들로부터의 민심의 이탈이 야당과 언론 때문이라고 오판한 정부, 여당은 그들의 입을 막는 것이 시급한 과제라고 여겼다. 경찰의 간섭을 더 강화하고 '관제 민의'를 노골적으로 표면화시켜 올바른 민의를 억누르는 데 이용하기 시작했다. 야당 의원의 입을 막고 관제 민의를 앞세워 언론에 위협을 가하는 쪽으로 대처 방안을 정한 것으로 보였다. 나중에는 국민반이라는 것을 조직해서 이를 중심으로 한 경찰 정보망의 재조정, 공무원의 성분 조사, 학생들의 사상 동향조사 등을 골자로 한 국민반의 조직 강화를 획책했다. 그리고 끝내 야당 의원들의 입을 틀어막기 위한 '야당 의원의 귀향 보고'를 경찰의 힘으로 막는 등 언론, 집회를 방해하고 '민의'를 가장해서 대구매일신문의 습격 사건을 야기하고 말았다.

– 언론과 집회 방해

한편 야당 의원들의 입도 자유당의 비위를 거슬리게 하는 골칫거리였다. 언론이라는 막강한 후원자는 야당 의원들이 비판하는 여당과 정부의 잘못을 충실히 국민들에게 전해 주었고 야당은 그러한 기회를 놓치지 않았으며 정부, 여당은 이를 막기 위해 온갖 힘을 다하였다. 야당 의원들은 틈 나는 대로 자신들의 선거구로 내려가서는 '국회 경과 보고 강연회' 같은 것을 열어 정부, 여당의 비리를 일일이 파헤쳤으며 언론은 이를 보도하는 데 인색하지 않았다.

정부, 여당은 야당 의원들의 귀향 보고회를 근원적으로 막는 방법을 채택했다. 국회의원들의 '언론·집회의 자유' 방해 사건은 제3대 국회 전반을 통해 수없이 발생하였으며 그럴 때마다 국회에서는 여야 간의 논쟁이 빈번하게 일어났다. 야당 의원의 강연 집회를 불허한 경찰은 "우연한 사고의 연속과 법적 수속 절차의 미비로 부득이 초래된 결과"라고 해명하고 있었으나 야당 측은 이 언론·집회 방해 사건을 야당 세력의 위축을 목적한 관권의 기술적인 이용이라고 단정했다. 그 관권의 이용은 표면상 합법성을 띠고 있었지만 실상은 합법과 불법 사이를 넘나드는 애매한 것이었다. 관권 이용의 방법은 다양하고 집요했다.

1955년 2월 28일 조재천 의원 외 27인은 대구, 목포 등지에서 민의원들의 국회 경과 보고 강연회를 경찰이 방해하였음은 헌법상 보장된 언론·집회의 자유를 유린하는 것으로서 민주국가에서 중대시해야 할 사건이므로 그 진상과 법적 견해를 밝히기 위해 내무·법무 양 장관의 국회 출석을 요구하는 긴급동의안을 제출했다.

3월 8일 조 의원은 본회의에서 "지난 폐회 동안 대구와 달성 출신 국회의원 4명이 대구에서 귀환 보고 강연을 가지려 수차 노력했으나 경찰의 간섭으로 실패했다. 또 목포에서는 역시 경찰의 간접적인 간섭으로 보고회를 하지 못했다. 이러한 사건은 두 지구에서만 일어난 것이 아니라 타 지방에서도 그러한 조짐이 나타나고 있다. 주권자의 대변인인 국회의원이 자기 선거구에서 국회 경과 보고 강연회를 가지겠다는데 경찰이 이를 방해하는 사실은 경시될 수 없다. 대구에서는 3차에 걸쳐 방해를 받고 결국 강연회 개최를 중단하고 말았는데 세 번 모두 경찰의 교묘한 간섭에 인한 것이었다."라고 보고했다. 서동진 의원은 경찰의 집회 방해 내용을 하나하나 증거까지 대면서 논박하였는데, 예컨대 학교 교장으로부터 교정 사용 허가를 받아 놓으면 경찰의 간섭으로 교장이 사용을 거절한 일, 청중의 질서 유지가 어렵다는 이유로 집회 장소 사용을 불허한 일 등을 이름까지 거명하여 제시했다.

11일 본회의에 출석한 내무·법무장관에게 조재천 의원은 경찰 간섭의 구체적인 방법과 예를 설명했다. 그는 "강연회에 온 청중의 질서 하나를 유지하지 못할 만한 무능한 경찰 간부를 장관은 왜 그대로 두고 있느냐? 내무장관은 대구운동장에서의 강연 제지가 경찰관직무집행법 제5조에 의한 것이라고 했는데 질서 유지를 위해 강연을 중지시킨 조처가 범죄행위를 미리 제거하기 위한 것이었다면 앞으로 응원단끼리의 싸움을 예방하기 위해 국내외 모든 체육대회, 운동회 등도 못 하도록 해야 될 것이며 이 국회에서도 법안 심의를 두고 찬반 양론이 나와 싸울 경우가 왕왕 있는데 그럴 경우에도 장관은 국회의사당 입구에 무장 경관을 배치해야 하지 않겠느냐."라고 가시 돋친 질문을 했다. 백(白) 내무는 "신문기자들이 졸지에 이 문제를 가지고 질문을 하는데 저도 당황해서 갖다 댈 것은 없고 이 직무집행법 밖에 생각나는 것이 없어서 그렇게 말을 했으나 나중에 생각해 보니 이것이 틀렸습니다."라고 답변해 장내에 폭소를 자아내게 했다.

백 내무는 경찰의 집회 관여에 대한 법적 근거를 찾아본 끝에 1947년 12월 1일 군정(軍政)하의 공보부장, 경찰부장 공동으로 발표한 '시위 행렬 및 집회 규정'에 의한 것이라는 조항을 발견해 냈다. 법률과 동일한 효력을 가지고 있던 이 규칙이 살아 있어서 이에 근거하여 경찰서가 집회 허가에 관한 권한을 가지고 있는 것이라고 그는 강변했다. 결국 국회는 '시위 행렬 및 집회'에 관한 군정 시의 통첩을 효력 상실한 것으로 확인하였지만 '시위 행렬 및 집회'에 관한 군정 시 통보 문제는 그 후에도 수차 의정 단상에서 논의를 거듭하게 된다. 정부는 1955년 3월 16일 국회가 이 통첩에 대한 효력 상실 확인을 결의하였음에도 불구하고 그 후 누차 이의 법적 효력이 상존하고 있다고 주장하였다.

— 대구매일신문 피습

대구매일신문사 피습 사건은 조작된 민의가 언론·출판의 자유에 정면으로 도전한 사건이었다. 정부에 비판적인 언론을 눈엣가시처럼 여기던 감정이 신문사 습격이라는 극단적인 행동으로 표출된 예라고 할 수 있다.

1955년 9월 14일 하오 10여 명의 청장년들이 대구매일신문을 습격하고 통신 기계와 인쇄시설 대부분을 파괴하였다. 습격에 앞서 테러범들은 애국단체연합회의 이름으로 13일 자 이 신문의 사설 '학도를 도구로 이용하지 말라'의 취소와 그에 대한 사과를 요구하였으며 대구매일의 이적행위 성토대회를 개최한 바 있었다. 문제가 된 13일 자 사설 '학도를 도구로 이용하지 말라'는 동 사의 주필 최석채가 집필한 것으로 그 골자는 '1. 9월 10일 유엔 대사 임병직이 대구를 방문하였을 때 수많은 중·고교 학도들을 동원하여 폭서에도 불구하고 노변에다 3, 4시간씩이나 도열케 하여 면학에 지장을 초래하였다. 2. 국가적 경축일에 학도 동원은 당연한 일이나 어떤 시위 목적이나 대회 인원을 채우기 위한 지령 동원은 반대한다. 단 대학생 정도는 국민운동이나 민족운동에 참가하는 것이 당연하다고 보나 15, 16세의 중·고교학생은 대외적인 경우에는 오히려 관제 동원임을 감지케 한다. 3. 각종 단체 행사에 있어서의 학도 동원의 폐풍을 근본적으로 재검토함으로써 이를 시정해야 할 것이다' 등이었다.

이 내용은 각종 단체 행사에 학생들을 동원하는 폐풍을 근본적으로 재검토해서 시정해야 한다는 취지를 주장한 글이었다. 사설이 보도되자 애국단체연합회에서는 적성(敵性) 감위(중립국 감시위원단을 지칭함) 축출운동에 열성적으로 참가하고 있는 학생들을 비난한 것이며 기왕에도 왕왕 정부 시책을 비난하는 반정부적인 기사를 게재하여 민심을 동요케 한 전례가 있음에 비추어 〈대구매일〉을 이적(利敵) 신문으로 규탄하였다.

애국단체연합회(이하 '애련')는 14일 상오 산하 단체 대표자회의를 소집하고 '1. 9월 13일 자 사설 중 일부를 취소하고 집필자를 처벌할 것. 2. 사과문을 대구 일간지에 게재할 것. 3. 9월 14일 상오까지 이에 회답할 것' 등을 대구매일에 요청하였으며, 만약 응하지 않을 경우 성토대회를 개최하기로 결의하였다. 그러나 대구매일사는 14일 주필 최석채가 개인 자격으로 애련을 방문 "전기 통고 사항은 응낙하지 못하겠으며 대구매일(이하 '대매')의 논조도 변경할 수 없다."라고 언명하였다. 이에 애련은 대매 성토대회를 열고 공보실에 대매의 폐간을 요구키로 하는 한편 주필 최석채를 법에 의해 처벌하도록 사법 당국에 요구할 것 등을 결의했다. 그리고 성토대회에 참가했던 인사 10여 명이 하오에 대구매일사로 가서 폭행을 하고 물품을 파괴하였다.

국회는 이 사건의 진상 규명을 위해 여야 의원 7명으로 조사단을 구성, 현지에 파견했는데 1주일간의 조사를 마친 조사단의 보고서 결론은 '1. 금번 대구매일신문사 피습 사건은 법의 존엄성을 살리고 사회질서를 유지함은 물론 차후 여사한 테러 행위를 근절하기 위하여도 그 범행자를 엄중히 처벌할 것. 2. 본건 관계 각급 치안 책임자는 본 사태를 방지 혹은 진압치 못하고 사회질서 유지에 그 맡은 바 책임을 완수하지 못하였다고 단정할 수 있으므로 행정 당국에서는 관계자를 엄중 처단할 것을 정부에 건의하자'는 것이었다.

– 테러범에 훈장을

조사단의 보고서 접수에는 상당한 파란이 있었다. 조사단 위원장 최창섭 의원의 "조사 보고서는 완전한 합의에 의하여 이루어진 것"이라는 발언이 있은 후 보충 보고에 나선 손권배 의원이 주로 테러 행위자들에 대한 불리한 증언을 하게 되자 단하에 있던 최 의원이 손 의원에게 이놈 저놈 해 가며 소리를 지르다가 손 의원이 하단하자 그의 멱살을 붙들고 "합의된 보고서인데 어째서 네놈의 자식이 지랄이냐. 너 정말 까불면 가만두지 않겠다."라는 항의 폭언을 퍼부었다. 보고서 접수를 둘러싼 토의에서도 차마 의원의 입에서 나온 말이라고 믿기 어려운 망언이 쏟아져 나왔다. 대매 테러 행위를 북한에서의 반공의거에 비긴 박순식 의원(자유당)의 발언이나 "테러범에게 훈장을 달아 주고 싶다."라고 한 최창섭 의원의 발언, "이 사건을 이렇게 떠드는 것은 어떤 종류의 국제 모략에 걸린 것 같다."라고 한 강세형 의원(자유당)의 발언 등이 그 대표적인 것들이었다. 그러한 여러 가지 발언 중에서 가장 관심을 끈 것은 단연 최 의원의 발언이었다. 그는 "(전략) … 애국심에 불타는 나머지 이 국가와 민족을 염려해서 정당한 일을 한 데 있어서는 나는 그 청년에게 국가의 훈장을 주고 싶지만 법치국가에 있어서 법의 존엄성을 살리기 위해 엄중히 처단해 달라는 이 정신하에… (하략)… (속기록에서 발췌)"라고 발언했다. 이 발언에 대해 김상돈 의원(민주당)은 "대한민국의 훈장을 채울 데가 없으면 미친개 목에 채워 줄지언정 백주에 법을 어기고 국가와 민족을 망치는 테러단에다가 채워 주겠다는 것은 대한민국의 신성한 선량으로서 또 추대받은 조사반장으로서 도저히 있을 수 없는 일이다."라고 반박하였다. 이 문제는 6일간의 토론을 치렀으며 그 부산물로서 '반정부적인 것과 반국가적인 것의 구분이 무엇인지'가 문제로 부각되었고 애국단체연합회라는 모임이 유령단체가 아니냐 하는 것도 말썽이 되었다.

특히 애국단체연합회 문제에 대하여 조병옥 의원(민주당)은 "이는 유령단체에 가깝다. 애국단체연합회가 생긴 유래는 건국 전 미·소 공동위원회 때에 투쟁하려고 만든 것이기 때문에 건국이 된 지금은 이론적으로 존재할 수가 없는 것이다. 국민회에는 전 국민이 들어가도록 되어 있는데 그런 단체가 어떻게 이론적으로 있을 수 있는 일이냐."라고 강조했고, 김상도 의원(자유당) 등은 이 주장을 반박하고 나섰다. 결론적으로 조사단의 보고서는 그대로 접수되어 그 결론으로 되어 있는 건의안을 그대로 정부에 건의하자는 동의안이 가결되었으나 야당 측에서는 조사 보고에 대한 전적인 불신의사를 표명하고 재조사를 동의하였다. 이 동의안이 부결되자 다시 경찰국장 이하의 치안책임자를 처단토록 하는 수정안을 제기하였으나 그 안도 폐기되었다. 그 결과 야당 측에서는 곽상훈 의원의 "우리는 국민 앞에 태도를 명백히 하기 위하여 퇴장한다."는 선포와 함께 모두 퇴장하고 말았다.

대구매일신문 피습 사건에 대한 국회에서의 논의는 대강 이상과 같지만 '학도를 도구로 이용하지 말라'라는 사설 때문에 경찰에 의해 구속되었던 집필자 최석채는 그 후 무죄로 석방되었고 테러범들은 유죄 판결을 받아 각각 체형이 가해졌다.

11절 장면 부통령 피격

– 장 부통령 경고결의안

U.P.통신사의 젝크 보이어 기자는 1956년 8월 16일 자로 다음과 같은 장 부통령과의 회견 내용을 보도하였다.

"한국의 새 부통령 장면 씨는 15일 일본과의 온건한 관계를 증진시키고 이 대통령의 철권(鐵拳)적 권력의 일부를 제거하기 위한 4년간의 전국적 여론 조성운동을 시작하겠다고 말하였다. 취임 직후 U.P. 기자와의 단독 회견에서 야당 지도자인 그는 한국정부를 더욱 민주화하고 근린 비공산주의 국가들과 선린 관계를 수립하기 위하여 소리 높여 빈번하게 발언하겠다고 선언했다. 이어서 그는 자기가 한국 유권자들에 의하여 직접 선출되었으므로 자기로서는 국내 문제에 관해서는 독자적인 행동을 취할 작정이라고 기자에게 언명했다. 장 부통령은 정부의 무능을 감시하고 헌법 위반을 저지하겠다고 약속했다."

이 기사가 17일 자 각 일간신문에 전재되자 18일 이재학 외 13명은 '장 부통령 기자회견 담화에 대한 경고에 관한 결의안'을 긴급동의하였다. 이 동의안은 당일로 본회의에 제기되어 의사일정 변경을 가결시키고 여야의 설전을 유도했다.

이날 야당은 '부정 개표(지방의회 선거 등) 조사처리위원회 구성에 관한 결의안'을 의사일정에 올려놓고 이를 가결시키기 위해 만반의 준비태세를 갖추고 있었는데 여당 측의 장 부통령 경고동의안이라는 기습작전으로 좌절되고 말았다.

이재학 의원은 "장 부통령의 외국기자 회견 의도가 어디에 있는지 규명되어야 한다. 정부가 부패해서 국민이 못 산다고 말한 것은 대한민국이 부패했으니 이 나라에의 원조를 거둬 가라고 하는 말인가. 대한민국에서 민주주의를 하지 않으니까 외국 사람에게 내정 간섭을 해서 이 나라를 맡아 달라는 말인가. … (중략) 외국기자에게 그런 발언을 한 의도를 규명해서 장 부통령에게 국회로서 경고를 하지 않으면 안 된다."라고 역설했다.

야당 측은 "정부가 위헌행위를 한 것도 사실이고 부패되어 있는 것도 사실이고 국민이 못 사는 것도 사실이고 정부가 철권에 의하여 선거 간섭을 한 것도 사실이 아닌가."라고 장 부통령의 발언을 지지했다. 여야 논쟁은 자유당의 박영출, 남송학 의원의 엉뚱한 발언으로 본제에서 벗어나 이상한 방향으로 전환되었다. 이날 박·남 양 의원이 대통령을 아버지에, 부통령을 어머니에 그리고 국민을 자식에 비유한 것이 말꼬리를 잡히어 야당 측은 "민주공화국인 대한민국의 주권자는 국민이다. 박·남 양 의원의 발언은 국민을 모독하는 것이며 민주정치에 역행하는 것"이라고 양 의원을 징계위에 회부할 것을 동의했다.

20일간의 휴회를 거친 후 이 문제는 9월 11일의 본회의에서 다시 재연되었다. 야당 측은 양 의원에 대한 징계동의안을 자진 철회했지만 여당은 이 징계동의안을 총 투표수 114표 중 가 12, 부 82, 기권 18, 무효 2표로 정식으로 부결시키는 절차를 밟았다.

장 부통령 경고결의안은 3일간 국회 본회의에서 격렬한 여야 논쟁을 조성하면서 난데없이 인촌(전 부통령 김성수)론으로까지 비화되었으나 9월 28일에 있은 장 부통령 저격 사건으로 말미암아 결말을 내지 못하고 이어 자동적으로 폐기되고 말았다.

- 피격당한 장 부통령

5월의 정·부통령 선거와 8월의 지방선거 그리고 장 부통령 경고결의안 건 등의 후유증으로 정치적 불안정이 지속되고 있던 터에 1956년 9월 28일 서울 명동 소재 당시의 시공관(市公館)에서 열린 제2차 민주당 전당대회장에서 장면 부통령 저격 사건이 일어났다. 장 부통령은 오른쪽 손바닥에 관통상을 입었으나 위기를 모면하였고 저격 후 달아나던 범인은 군중한테 붙잡혀서 구타를 당하고 현장에 출동해 있던 김종원 치안국장의 지휘에 따라 곧 경찰병원으로 이송되었다. 그날 하오 치안국은 범행 동기와 경위를 다음과 같이 발표하였다.

범인 이름은 김상붕(28세), 제대 군인이며 (군 복무 중 1등 상사) 본적은 평안남도 순천이고 현주소는 불명, 1·4후퇴 시 남하, 소지품은 소형 권총 1정과 동아일보 기자증 1매 등이다. 범행 동기에 대해서는 "군 제대 후 민주당에 입당하려 했는데 당 내부에서 싸움만 하기에 입당하지 않았다. 장 부통령이 나라를 위하여 공정하게 일을 할 줄 알았는데 나의 원수인 일본 놈과 친하게 하려 했기 때문에 나는 내 원수와 같이 생각하고 이 나라를 평온하게 하기 위해 장 부통령을 저격할 것을 결심했다."라는 것이다.

　이 내용은 김 치안국장, 서 서울시경국장, 서울 지방검찰청 강서룡 검사 입회하에 진술된 것이라고 밝혔다. 저격범 김상붕이 내세운 '장 부통령이 일본 놈과 친하게 하려고 운운'한 것은 앞에서 소개한 장 부통령의 U.P.통신 기자와의 회견 내용을 보고 말한 것으로 짐작된다.

　사건이 일어난 지 3일 후인 10월 1일의 민의원 본회의는 장 부통령 저격 사건 진상에 관한 질문으로 떠들썩했다. 질문 내용의 요지는 '1. 회의장의 경비가 소홀하지 않았던가. 2. 장 부통령 경호원이 전 부통령 때보다 감소된 이유는 무엇인가. 3. 범인이 조병옥 박사 만세를 불렀다고 김 치안국장이 강조하고 있는데 그 이유는 무엇이며, 경찰이 이번 사건을 민주당 내부에 관련시키려 하는 듯한 인상을 주고 있으니 어찌 된 내용인가. 4. 공범이 있다고 보는데 당국의 견해는 어떤가. 5. 내무장관은 이번 사건에 책임을 지고 물러날 용의가 있는가' 하는 것 등이었다.

　이에 대하여 이 내무는 '1. 회의장 바깥의 경비는 충분하였으나 옥내는 민주당 자체가 경관의 입장을 거부하였으므로 자신들이 책임을 져야 할 것이다. 2. 장 부통령 호위경관은 부통령 스스로가 원하는 경관으로서 배치하여야 하기 때문에 인원 보충이 원활하지 못했다. 3. 치안국장이 이 자리에 없으니까 조병옥 박사 만세 운운은 잘 모르겠으나 범인이 만세를 불렀다고 주장하고 있다. 4. 공범 여부는 더 수사를 진행해야 판명될 것이다. 5. 개인 이익흥 같으면 장관 자리를 물러나는 것쯤 문제가 되지 않으나 국무위원 이익흥으로서 국가의 일을 해 나가는 이 마당에 그 문제에 경솔하게 대답할 수 없다'고 답변하였다.

- 의원에게 호령한 이 내무장관

이러는 동안 이인 의원 외 42명이 두 번째 이 내무장관 불신임결의안을 제출하였다. 이 내무에 대한 두 번째 불신임안이었다. 취임 불과 4개월 만에 두 번째 불신임 대상이 된 이 내무는 10월 2일 본회의에서 전례 없이 국회의원에게 마구 호령을 하고 불신임결의안을 할 테면 해 보라고 소리쳤다. 국민의 공복인 내무장관이 국민의 대변자인 국회의원 앞에서 이렇게 소리소리 지른 것은 전무후무한 기록이며 국회의원 가두시위 때 의원더러 "이놈 잡아라 저놈 잡아라." 하던 지난날의 그의 행적과 함께 이 나라 의정사에 길이 남을 진기록이라고 할 만하다.

그가 호령을 하게 된 직접 동기는 여러 의원들이 일제시대의 그의 경찰서장 경력을 비난한 데서 기인했던 것 같다. 이 내무의 발언은 조리에 닿지 않고 지리멸렬한 내용이었지만 요지는 "한국정치가 기형적 정치이기 때문에 이러한 사건(장 부통령 저격 사건을 지칭한 것임)이 있다는 것을 여러분이 알아야 한다. … 우리가 조사를 하고 있는데 이것을 각본이니 어떻다느니 하고 … 나를 내다 놓고 이렇게 한다는 것은 (자신을 비난하는 것을 말하는 듯함) 우리가 다 같이 생각해야 한다. … 행정부가 하는 것은 어느 시기까지는 이를 맡겨 두어야 한다. … 이 사람이 나가거니 안 나가거니 하는 것은 이익흥 개인이라면 나갈 것이다. 그러나 일국의 내무장관으로 대한민국의 역사를 만들고 과거의 역사를 생각하지 않을 수 없다. 해방 전에 경찰서장을 지낸 것은 내가 대학을 졸업한 까닭에 대학 동창생이 있는 까닭에 한 것이며 해방 후에는 오늘날 국가와 민족을 위해서 해 왔고 이 대통령에 충성하는 것 외에는 아무것도 없다. … 불신임이라는 글자를 보고 여기에 나오는 심경은 대한민국에 난 사람으로서 나는 참으로 슬프게 생각하고 … 이 사람이 과거에 우리 민족의 한 사람이라도 희생시킨 일이 있다고 할 것 같으면 여러분 앞에서 나는 목을 자르겠다."라는 것이었는데 내용보다도 고성을 지르다시피 발언하는 내용이 사뭇 훈계조요 설교조였다.

긴급발언을 얻어 등단한 곽상훈 의원의 말처럼 "내무장관의 행동과 언어 범절이 입법부를 무시해도 분수가 있다."라는 말을 들을 만한 것이었다. 그러나 제2차 불신임결의안도 11월 13일의 표결에서 총투표수 178표, 가 67표, 부 102표, 무효 4표, 기권 5표로써 부결되었다.

– 여운 남긴 사건 배후

한편 10월 4일의 본회의 결의로써 구성된 '장 부통령 저격 사건 진상조사 특별위원회'는 수차에 걸친 회기 연장을 거듭한 끝에 11월 13일에야 첫 번째 중간보고를 하게 되었다. 중간보고의 내용은 매우 형식적인 것으로서 그때까지 이미 세상에 알려진 것을 기술해 놓은 데 불과한 것이었는데, 정명섭 조사위원장(자유당)의 보고에 보충 보고차 등단한 김선태 의원(민주당)이 "직접 하수인인 김상붕이와 그놈을 시켰다고 자처하는 최훈이가 차는 치안국 관리의 차를 타고 출입은 치안국을 출입해 경찰관하고 밀회하고 자금은 출처를 몰라… 이런 것은 대한민국 수도 서울에서 대단히 창피스러운 일이라고 나는 생각해요(국회 속기록에서 전제)."라고 규명되지 못한 사건 배후에 대한 심각한 여운을 풍겨 주었다. 조사위에서 야당 의원들의 의견이 거의 반영되지 못하였음을 짐작케 한다.

그 여운은 그 후의 공판 과정과 1956년 12월 30일의 제2차 중간보고에서 어느 정도 구체화되었는데 그 내용은 "최훈의 말에 의하면 장 부통령 저격 사건에 관해 접촉한 사람은 치안국 특정과장으로 있는 장영복, 또 그 사람의 연락에 의해서 만난 서울시경 사찰과장 또 그다음에 장영복 특정과장의 안내로 만난 치안국 중앙분실장 박사일, 이런 등등의 사람인 것입니다.… 물론 현 치안국장 김종원의 이름도 몇 번이나 나왔습니다만 최훈의 지금까지의 진술은 이 사건에 한해서는 김 치안국장과는 서로 논의를 했다거나 또는 자기의 의사를 토로했다거나 하는 일은 없다는 것까지만 지금 되어 있는 것입니다."(유진산 의원 발언)라는 것이었다.

　여담이지만 사건 배후에 치안국장 김종원과 경찰 고위 간부가 개입되어 있는 것처럼 보도한 한국일보의 기사 때문에 데스크를 본 필자를 포함한 정치부, 편집부 기자 등 4명이 경찰에 의해 전국 수배를 당하였다. 야당계 조사위원 민관식 의원이 발설한 것을 취재한 것이었는데 본회의 발언이 아닌 개인적인 사건을 기사화했다고 해서 문제가 되었다. 결국 피신 1주일 만에 필자는 치안국 중앙분실에 연행되어 조사를 받았었다.

　사건의 재판 결과는 김상붕, 이덕진, 최훈 3인에게 사형이 언도되었고 기타 인물들은 아무런 조처도 받지 않았다. 대법원의 최종판결도 동일하게 내려졌으며 재심청구는 기각되었다. 김 · 최 양인이 별도로 제기한 재심청구도 기각되었는데, 그 후 김 · 최 양인의 '지금까지의 진술은 모두 허위였으며 민주당의 사주에 의한 것이었다'는 고백서가 제출되어 또 한 번 화제가 되었다.

　그 후 이익흥 내무에 대해서는 세 번째로 불신임안이 제출되었으나 자유당은 다시 이를 부결시키고 만다. 이로써 이익흥 내무는 재임 8개월 동안에 세 번이나 불신임안을 받고 세 번 다 구제된 셈인데 세 번째 불신임안 제기 때에는 그동안 그가 국회에 나와 답변하는 태도가 사뭇 의원들에게 호령한다고 해서 여당 의원들까지 그 오만한 자세에 불쾌감과 반발심을 가졌기 때문에 동조하는 빛이 농후했다. 이 같은 여당 내의 기색을 알아차린 이승만은 1957년 1월 18일 담화를 발표하고 이익흥을 두둔하고 나섰다.

　"경찰 세 사람이 이 사건(장면 저격 사건)으로 구속되었다는 것으로 해서 경찰을 주관하는 내무장관이 파면되든지 신임해야 한다 하나 수만 명 경찰이 있는 중에 그 몇 사람 부하의 잘못으로 내무장관이 책임을 지면 장관 할 사람이 없을 것이고 그 사람이 내무장관을 맡은 이후에 잘못했다는 사건이 드러난 것이 없으니 민간에서 갈아 달라 한다고 그냥 갈아 내기는 어려운 일이다."

이 담화가 발표되자 이기붕은 황급히 당 간부회의를 열어 자유당 소속 의원들의 행동 통일을 호소했다. 이 호소가 주효해서 이 내무 불신임안은 부결되었으나 이 내무를 옹호하는 대통령의 담화는 야당 의원들을 극도로 흥분시켰다. 대부분의 신문들이 이 내무의 사퇴를 종용하고 국민 여론이 하나같이 문책을 요구하고 있는데 이승만에게는 그러한 국민 여론이 말 귀에 동풍이었던 것이다.

12절 이 대통령 경고결의안

- 의정사상 최초의 일

1957년 1월 25일 장택상 의원 외 56명이 제출한 '이 대통령 경고결의안'은 행정 수반에 대해 국회가 제기한 의정사상 최초의 결의안이었다. 의제로서 상정되지도 못하고 매장되기는 했으나 그 결의안의 내용은 의사일정 변경 동의안의 제안 설명이라는 비정상적인 형식에 의해 속기록에 남게 되었다.

경고결의안의 주문은 '행정권의 수반인 이승만 대통령은 그 팔유여년(八有餘年)의 집정에 있어 위헌 · 위법을 자행하고 경찰권을 사용(私用)하여 공명선거를 방해하였으며 소수 특권계층을 제외한 국민경제를 총파탄 위기에 몰아넣게 하였으며 경찰의 장 부통령 저격 조종에 대한 국회의 정치 책임 추궁에 간섭하고 기타 실정을 거듭함으로써 대한민국의 법질서 및 민주 건설에 많은 과오를 끼쳤다. 이에 대하여 민의원은 국민의 이름으로 경고하는 동시에 그 시정을 촉구할 것을 결의한다'는 것이었다. 이 결의안이 제기된 직접적인 동기는 물론 그간의 누적된 정부의 실정을 비판하기 위한 것이기도 하지만 장 부통령 저격 사건의 책임을 묻기 위한 이 내무에 대한 불신임결의안에 이 대통령이 그를 두둔하고 해임 반대 의사를 분명히 하는 담화를 발표한 데 있었다.

25일의 본회의에서 제안자 장택상은 의사일정 변경 긴급동의안의 취지 설명을 발언하면서 이 대통령에 대한 경고결의안 자체가 암매장되리라는 것을 미리 예측하고 의사일정 변경 긴급동의안 취지에 경고안 설명까지 겸한 발언을 했다. 그는 경고동의안을 제안한 동기라 하여 열 가지 사항을 끝까지 낭독했다. 비록 암매장은 되었으나 대통령에 대한 국회의 경고결의안이 제기되었다는 사실 자체가 매우 중대한 사실인 데다가 의정사상 처음 있는 일이고 또 그 내용이 뒷날의 정치 변동에 큰 영향을 주었다고 믿어지기에 속기록에 기록된 경고결의안의 내용을 여기에 전재한다.

먼저 제안자 장택상 의원은 "나는 이승만 박사라는 개인에게는 만강의 경의를 표하고 그의 관록에 대해서도 무조건 고개를 숙이는 사람이다. 하지만 대한민국 행정 수반으로서의 이 대통령께는 한없는 불만을 가지고 이 제안 설명을 하는 것이다."라고 전제하고 "과거 이 대통령 정부에서 장관도 지내고 국무총리도 지낸 이 사람이 어째서 오늘날 이 대통령과 정부 노선을 달리하고 이 대통령의 정책을 반대치 않고는 안 될 입장에 서게 되었는지 본인은 그 고충을 가장 심각한 것이라고 생각한다."라고 강조했다.

- 경고결의안의 속기록 원문

첫째로 말하자면 이 대통령은 자신의 권력을 확대, 연장하기 위하여 헌법 제정 당시 책임내각제를 완강히 거부하고 대통령중심제로 급변시켰고, 1952년에 간접선거로써 재선이 곤란한 형세에 이르자 소위 정치 파동이라는 파동을 통해 그의 대통령 직선제 개헌안의 통과를 강요하였으며, 1954년에는 사사오입 개헌 파동을 일으켜서 그 종신 집정을 가능케 하는 개헌을 강행했습니다.(속기록 원문에는 서기西紀 대신 단기檀紀로 되어 있다=필자 주)

둘째로는 이 대통령은 확정 법률을 자의(恣意)로 공포하지 아니하며 예산안은 법정 기간 내에 제출하지 아니하고 기타 헌법 위반의 사례가 불소하였으며 이 대통령 정부는 헌법에 보장된 국민의 기본 권리를 침해하고 따라서 권력행사가 헌법에 명시된 한계를 넘어 무법ㆍ불법을 강행한 사례가 허다하다는 것은 2천만이 다 아는 사실입니다.(장내 소연)

셋째로는 이 대통령은 정당을 부인하다가 1951년에 와 가지고 관력(官力)으로 자유당을 조직하고 비민주적 1인 정치를 무조건 지지케 하는 반면에 비자유당 국민에게는 무상한 탄압을 가했다는 것은 이것은 2천만이 다 아는 사실입니다.

넷째로는 이승만 정부는 각종 각급 선거에 있어 국가 권력, 특히 경찰권을 사용(私用)해서 갖은 수단과 방법으로 비자유당 계열에 대한 가혹한 선거 간섭을 감행하였고, 민주정치의 기초인 공명선거를 방해하고 경찰국가의 감(感)을 국민에게 주었다는 것도 엄연한 사실입니다.

다섯째로 국방에 대한 정보와 조치를 소홀히 하여서 불의의 6·25 기습을 당하였고, 따라서 막대한 인명과 재산의 희생이 되었음에도 불구하고 그 책임을 느끼지 않았다는 것은 엄연한 사실입니다. (장내 소연)

여섯째로 무위무책한 편파적이고 산만한 재정·경제·행정을 … 극소 정부 특권계급에 대하여 귀속 재산의 불법 처리, 불법 금융, 기타 중첩(重疊)적 특혜로써 극소수 독점 재벌을 조성시켰고 그 외에 농촌 경제의 파탄, 중·소 상공업체의 쇠퇴, 중산 계급의 몰락, 실업자의 홍수, 인플레 격화, 경제 부흥의 부진 등으로 국민경제를 총 파탄의 위기에 빠뜨렸습니다.

일곱째로 인사행정의 편파, 졸렬, 난맥, 부패에다가 인(人)의 장막까지 쳐가지고 국정을 혼란케 하여 모든 각종 사회단체와 직업단체를 자유당 산하에다가 집어넣고… (장내 소연) 따라서 심지어 종교, 문화까지 간섭해 가지고 불교, 유교, 종교단체의 분열을 일으킨 것도 엄연한 사실입니다. (장내 소연)

아홉째로 특사권을 남용해 가지고 중죄인을 무단히 석방하고 이를 중용, 승진시켜서 사법권에 간섭했다는 것도 엄연한 사실입니다.

열째로 장 부통령 저격을 경찰이 배후 조종한 것이 탄로되어 3명이 이미 구속 기소되었고 그 외의 고급 경찰관 간부 수 명이 관련되었다는 증거가 백일하에 드러났음에도 불구하고 대통령은 마땅히 내무장관을 파면시켜야 될 것인데도 이를 두호하여서 자유당에 지시하여 국회에 동 장관을 … 불신임안을 부결시킴으로써 이 나라를 무책임과 공포 또는 국민 대중을 대한민국의 보호권 외에 빠뜨렸다는 것이 엄연한 사실입니다.

이상과 같은 열 가지 동의 이유를 나열한 후에 장택상 의원은 국회의원들이 여야를 초월해서 이 결의안을 만장일치로 통과시켜 달라고 요청했지만 즉각 표결을 실시한 결과 재석 131인 중 가에 50표, 부에 72표로 부결되었다.

– 인신공격으로 시종

장내는 소란해졌다. 자유당 의원들은 소리를 지르며 장택상 의원을 힐난했다. 여야의 정면충돌을 우려한 이 부의장은 얼른 다른 의사일정으로 넘어가서 이 문제에 대한 여당 의원들의 발언권을 봉쇄해 버렸다. 그러나 자유당 내의 동요는 식지를 않고 하오 회의가 속개되자 염우량 의원(자유당)이 의사진행으로 이 문제를 재연했다. 그는 이 대통령에 대한 경고결의가 부당하다는 이유를 설명하면서 한민당과 장택상, 조병옥 의원의 과거 행적을 예거하며 이들을 공박했다. 제헌 시의 한민당 처사, 부산 개헌 파동 시의 장택상 의원(당시 국무총리)의 처사, 6·25사변 시의 고(故) 해공 신익희의 처사, 내무장관 시절의 조병옥 의원의 처사 등 야당과 야당 의원들의 과거지사를 들추어내는 인신공격으로 일관된 염 의원의 발언에 야당도 가만있지를 않았다.

장택상 의원은 "염 의원이 군정 때의 잘못된 죄상을 책망하며 하나부터 백까지 사죄(死罪)를 지었다고 하는 것에 대해 사죄하고 사과한다. 그 사과는 무엇인고 하니 군정 때 조병옥 군과 내가 공산당을 타도하고 이승만 박사가 대통령이 되도록 추진한 것을 사죄하고 사과하는 것이다."라고 잔뜩 비꼬아서 대답했다. 의사진행과 규칙 발언이 난발하고 여당 측은 주로 장택상과 조병옥에 대한 개인 공격으로써 야당의 기세를 꺾으려 했다. 의사당 내의 흥분은 조병옥 의원의 발언으로 절정에 달했다. 그는 제헌 당시부터 제2대, 제3대를 거친 이 대통령의 치적 총결산이 '세 번 개헌해 가지고 자기의 정권을 연장하고 자기의 권리를 확장하는 데 급급한 그것밖에 없다'고 극언을 했다. 장내는 온통 장터처럼 시끄러워졌다. 그래서 이 부의장은 하오 4시 10분 산회를 선포하고 만다.

– 장택상 의원 징계 결의

여당은 산회가 되자 즉시로 정명섭 의원 외 65인으로 된 장택상 의원 징계동의안을 제기했다. 동의안의 주문은 '1957년 1월 25일 제11차 본회의에서 장택상 의원은 의사일정 변경 동의 제안 설명에서 현하 대한민국의 유엔 가입 등 국내외적으로 가장 중요한 시국에 당면하였음에도 불구하고 국가원수를 모독하여 국가 권위를 추락시킴으로써 국회 위신을 오손하는 발언이 있었으므로 장택상 의원을 국회법 제99조 2호에 의하여 징계에 회부할 것을 동의함' 하는 것이었다.

한편 같은 날에 자유당은 '대통령에 대한 경고안을 반박한다'라는 성명서를 발표하고 장 · 조 의원의 과거 행상을 노골적으로 비난 공격하였다. 이에 대해 다음 날인 26일 조 · 장 두 의원은 일신상에 관한 해명을 하였다.

장택상 의원에 대한 징계동의안은 1957년 1월 26일 본회의에 상정되어 여야 의원들의 찬반 토론을 거친 후 표결에 부쳐졌는데 투표 결과는 총 투표수 103, 가에 98, 부에 11, 기권 3으로 가결이었다. (야당 측은 투표에 불참) 그러나 장 의원에 대한 징계는 그 구체적인 방법이 제시되지 않고 결국 유야무야로 끝나버렸다.

- 대통령 이승만에 대한 평가

이승만 대통령에 대한 경고결의안의 내용이 사실에 어긋난 것은 아니었지만 이승만에 대한 평가를 그 내용의 소개만으로 끝낼 수는 없는 일이다. 1948년 8월 15일 대한민국 건국 이래 1960년 4월 26일 대통령직을 사퇴할 때까지 12년간에 걸친 이승만 집권에 대해 그 업적을 평가하는 데는 아직도 여러 이견들이 심각하게 갈리고 있다.

이승만은 집권 초기에 전 국민이 염원하던 친일파 척결을 이루지 못했다. 오히려 그들을 비호함으로써 자신의 권력 장악에 친일파의 힘을 빌려 썼다. 민족 정기를 바로잡기 위한 반민족 행위자 처벌 문제를 둘러싸고 정부는 국회와 정면 대결을 벌였다. 이 반민족행위처벌법은 1948년 9월 29일 대통령 이승만에 의해 공포되었지만 당초 정부는 이 법안이 이송되어 오자 국무회의에서 만장일치로 거부하

기로 결정하였다. 그러나 이승만으로서는 이 법안을 거부하면 공공
연히 친일파, 민족반역자를 지지·옹호한다는 비난을 받게 될 것이
분명했으므로 정면으로 거부권 행사를 하기가 어려웠을 것이다.

새로 마련된 헌법 제101조는 '이 헌법을 제정한 국회는 1945년 8
월 15일 이전의 악질적인 반민족 행위를 처벌하는 특별법을 제정할
수 있다'고 규정하고 있었으며, 국회는 이 조항에 근거해서 1948년 9
월 7일 '반민족행위처벌법'을 통과시켰다. 이 법안은 을사오적 등 15
개 유형의 반민족 행위자들을 사형에서 징역 10년 이하의 형에 처하
고 유죄로 인정된 자의 재산 전부 또는 2분의 1 이상을 몰수한다는
처벌 규정을 두었다.

반민특위가 구성되고 행동을 개시하면서 이승만 밑에서 일하는
친일 세력들의 반민특위 활동에 대한 견제가 노골화되기 시작했다.
일제시대 주요 관직과 경찰 등에 있었던 자들을 정부 관리로 등용한
이승만은 처음부터 반민자 적발을 탐탁하게 여기지 않았으며 친일
파들도 이승만에게 충성을 맹서하면서 자신들의 구명책을 강구하게
되었다. 국내에 정치적 기반이 없던 이승만은 자신의 정치적 기반을
구축하기 위한 방편으로 친일 관료들을 포용하고 이들을 정부 요직
에 기용하였다. 이들의 행정 기술과 경험을 이용할 수밖에 없다는 것
이 친일파 등용의 명분이었다. 반민특위에 대한 이승만의 견제는 갈
수록 심해졌고 특위 활동을 견제하는 특별 담화도 수차 발표했다. 그
리고 끝내 특위의 활동을 중지시키고 말았다. 1949년 6월 7일 새벽
친일 경찰들은 경찰관 40명을 출동시켜 반민특위 본부를 습격, 특위
직원과 특경대원들을 무장해제하고 중부경찰서로 연행했다. 이른바

국회 프락치 사건으로 위축되어 있던 차에 특위 활동은 그 후 얼마 동안 명맥을 유지하다가 해체되고 말았다.

그러나 이승만의 업적을 반민주적 행위의 나열만으로 끝내 버릴 수는 없는 일이다. 뭐니 뭐니 해도 그의 가장 큰 업적은 대한민국 정부를 수립시킨 것이라고 말하는 주장에 반론을 제기할 사람은 드물 줄로 안다.

이승만은 독립운동 때와 마찬가지로 집권 전기까지만 해도 국내외의 객관적 정세 변화에 매우 민감했으며 적확한 대응책을 강구하는 현실주의 정치 지도자였다. 남한 단독정부 수립에 반대하는 여론이 강한 와중에 주위의 비난을 무릅쓰고 기어이 대한민국을 수립하는 데 성공했다. 오늘날의 대한민국을 있게 했다는 이 한 가지 공적만으로도 그는 건국의 아버지라고 불리울 자격을 지녔다. 이승만은 국제정치에 풍부한 식견을 가지고 있었다. 끝까지 반대하던 휴전협정에 동의하면서 대신 미국 세력을 한국에 묶어 두기 위해 한미 상호방위조약을 체결하도록 만들었다. 이 한미동맹 체제가 그 후 한반도에서 전쟁을 억제하는 데 결정적 기여를 한 것은 이미 우리 국민이 익히 아는 사실이며 그러한 안보 위에 한국의 경제가 오늘의 번영을 이룩해 낸 것도 부인할 수 없는 사실이다.

4·19혁명 때 이승만에게 은퇴를 권고한 미국 대사 맥카나기는 그를 미국의 조지 워싱턴에 비유하며 한국 민족의 진정한 아버지라고 칭찬하였다는데, 만약 이승만 대통령이 일찍이 재선의 욕망을 버리고 젊은 후배에게 자리를 양보했었더라면 맥카나기의 말처럼 존경받는 국부(國父)가 되었을지도 모를 일이다.

13절 장충단 집회 방해

- 국민반 조직

1957년 3월 28일에 개최된 자유당 제8차 전당대회에서는 당의 기구 개편을 단행했다. 그때까지 부·차장회의를 중심으로 운영되던 당 조직을 소수의 당무위원이 운영하는 당무회 중심으로 개편한 것이다. 당무회는 중앙위원회 의장과 부의장, 6명의 상임위원회 위원장, 의원 총회의 총무 등 9명으로 구성하고, 여기에 3명 이내의 무임소 당무위원을 둔다고 규정하고 있다. 당 조직을 정비한 자유당은 1958년에 있을 제4대 민의원 선거에 대비해서 국민반 조직을 강화하고 선거법을 자당에 유리하도록 개정하는 작업을 진행했다.

야당 측은 국민반을 중심으로 한 경찰 정보망의 재조정, 공무원의 성분 조사, 대학생의 사상 동향 내사 등을 골자로 한 국민반의 조직 강화가 결국 총선에 대비하기 위한 자유당의 사전 공작이라고 반대를 했으나 끝내 여당의 의도대로 국민반의 조직 강화는 단행되고 만다. 국민반 조직 문제는 자유당의 1958년도 총선에 대비키 위한 사전공작이라고 해서 야당은 말할 것도 없고 일반 여론도 크게 반대하는 쪽으로 기울어져 있었다.

1957년 4월 16일 현석호 의원(민주당) 외 15인은 '1. 국민반의 조직을 전면적으로 강화하는 동시에 국민반을 중심으로 경찰 정보망을 재조정하는 사실 2. 공무원의 성분 조사 문제 3. 대학생의 사상 동향 내사 문제' 등을 질의하기 위하여 장경근 내무장관의 국회 출석을 요청하는 긴급동의안을 제출했다. 이 동의안은 만장일치로 통과되었다. 장 내무장관이 "자진해서라도 나가서 설명할 필요가 있으니 가결시켜 달라."라고 이례적인 요청을 해 왔기 때문이다.

4월 18일 본회의에서 제안자 현석호 의원은 "장 장관은 경찰관의 관여를 방지하겠다고 하나 경찰 정보망으로서 이 국민반 조직을 쓰겠다고 하니 경찰관 관여를 하겠다는 거나 마찬가지 얘기이다. 공무원의 성분 조사는 사상 배경과 정당 관계를 알아낸다는 것인데 이 때문에 공무원은 전전긍긍하고 있다. 대학생의 사상 동향을 내사한다는 것은 그들을 사찰하겠다는 것인데 이는 대학생의 자존심을 말살하여 국가 장래를 암담케 만드는 것"이라고 국민반 강화를 반대했다. 이에 대하여 장 내무는 국민반의 목적은 단순히 대공(對共) 사찰에만 있는 것이고 경찰의 관여는 없다. 공무원의 성분 조사는 법적으로 당연한 것이고 대학생에 대한 사상 동향 내사는 학생 속에 적색분자의 잠입을 막기 위한 것이라고 답변했다.

김홍식 의원 외 34명의 야당 의원은 '국민반 조직 등에 관한 결의안'을 제출하고 '1. 국민반 조직을 강화하여 소위 상의하달(上意下達)

과 하의상달을 기도함은 법의 근거가 없는 국민에 대한 외부의 강요이며 국민반을 중심으로 하여 소위 5열 색출의 경찰 정보망 재정비를 운운함은 국민 상호의 시기 불신을 양성해 전 민중이 경찰의 도구화되는 위험성이 있으므로 차제에 국민반의 조직은 해체되어야 하고, 관민 간의 의사소통은 각 자치기관 또는 그 행정계통을 통하여 그 목적을 달성하도록 지시할 것 2. 공무원의 사상 배경 및 정당관계 조사 운운은 그 필요성이 없을 뿐 아니라 공무원에게 불안을 야기하여 직무에 지장을 초래할 우려가 있으므로 심신(心身)상의 불안을 야기케 하여 집무에 지장을 초래할 우려가 적지 않으므로 경찰의 내사 등을 지양하고 다만 공무원의 불편부당한 직무 집행을 본연에 철처하도록 지도할 것 3. 대학생에 대한 사상 동향을 경찰이 내사 운운함은 심히 부당한 것이므로 이는 학원의 자의와 자율에 일임할 것' 등을 주장했으나 야당 측의 건의안은 재석 120, 가 48, 부 74(2차 투표)로 간단히 부결되었다.

– 다수당 최초의 총퇴장

'총퇴장'이라는 정치용 전술은 수적으로 열세인 야당 측만의 전매 특허물이 아니었다. 원내 다수당인 자유당이 이 전술을 쓴 것이다. 국민반 조직 강화에 이어 국회가 국회법과 선거법 개정안을 두고 여야 간에 실랑이를 벌이고 있던 1957년 5월 3일 자유당은 '국회를 정쟁 무대로 쓰고 있는 야당의 기도를 종식시키기 위하여'라는 이유로 총퇴장을 감행하였다. 자유당 선전위원장 김의준 의원은 "이번의 임시국회 소집 목적은 국회법, 병역법 등을 심의하기 위한 것이었는데 야당 의원들의 정략 발언과 무성의한 회의 태도로 말미암아 도식(徒食)국회로서 그치고 말았다. 우리나라 국회 운영의 실적 중 법률안 심의 안건을 보면 초대가 63%, 제2대가 55%, 제3대가 22%(그 후 약간 상승하였다=필자 주)로 되어 있다. 이처럼 제3대 국회가 법률 심의에 있어서 비능률적인 것은 야당 측이 국회를 자기네들의 정쟁 무대로 쓰고 있기 때문이다. 우리는 싸움을 피하고 법안 심의에 전력을 집중시키는 한편 야당의 정쟁 도발을 봉쇄하기 위하여 총퇴장하겠다."라고 선언했다.

홍분한 야당 의원들은 큰 혼란을 일으켜 국회를 난장판으로 만들었다. 당일의 국회 광경을 스케치해 보면 김 의원의 퇴장 선언에 따라 자유당 의원들은 일제히 떼를 지어서 몰려 나갔다. 화가 난 야당 의원들은 의석에서 일어나 고함을 치며 그들을 조롱했다. 자유당이 총퇴장하고 나자 의석에서 일어난 야당 의원들은 사회자를 욕하기 시작했다. 조 부의장은 "교섭단체 대표자 회의를 열기 위하여 30분 동안 정회하는 게 좋겠다."라고 말했지만 10여 명의 야당 의원들은 단상으로 뛰어 올라가 조 부의장의 하단을 막아섰으며 경위들은 단상에 올라온 야당 의원들을 밑으로 밀어 내리면서 조 부의장을 보호하였다.

- 전 계류 안건의 폐기

야당 의원들의 반대에도 불구하고 조 부의장은 '30분간 정회'를 선포하였다. 이 말이 떨어지자 야당 의원들은 의사봉을 빼앗고 의장용 마이크를 의장 의자에다 내던졌다. 마이크는 목이 떨어져 나갔다. 야당 의원 10여 명은 조 부의장을 포위해서 끌어내리려 했다. 이를 막는 경위들과의 실랑이가 약 15분간 계속되면서 장내는 수라장이 되었는데 결국 조 부의장의 양보로 회의가 속개되었다.

그동안에 퇴장을 한 자유당 의원들은 2층 방청석에 올라가서 이 싸움을 불구경하듯 구경하고 있었다. 이러한 과정을 밟아 장내는 진정되었으나 얼마 후 사회를 바꾼 이 부의장은 전격적으로 산회를 선포하여 24회 국회를 자동 폐회시켰다. 이로 말미암아 계류되어 있던 모든 안건이 폐기되고 말았다. 차기 국회에의 이첩 동의 없이는 모든 안건이 폐기되도록 국회법에 규정되어 있기 때문이다. 의정사상 초유의 일이었다. 폐기된 의안은 결산안 4건, 법률안 105건, 동의안 6건, 건의안 1건, 결의안 2건, 청원 43건이었다. 폐기된 계류 안건 중에는 장 부통령 저격 사건 조사위 재구성 동의, 김성주 사건 조사 처리의 건 등 야당 측이 중점 사항으로 꼽고 있던 주요 안건들이 포함되어 있었다.

– 야당 의원 총사퇴서에 서명

국회가 폐회된 5월 3일 국민주권 투쟁위원회는 '중대 시기는 왔다'라는 성명서를 발표하고 차후의 정략을 12인위에 일임하였다. 성명서의 내용은 최후의 경우 의원직까지 사퇴하겠다는 결의를 표명한 것이었다.

"민주주의 이념하에 국민 공동의 행복을 누려야 할 건국 정신을 몰각하고 자유당이 그 권세의 연장 강화를 위하여 부정선거, 행정부패, 경제 독점, 기타 갖은 위헌·불법을 반복 수행해 왔음에 대하여 우리 야당계 의원은 항거하여 왔으며 사사오입 개헌 강행 시나 지방선거 탄압 시에도 국민의 진통을 절규하여 이 나라 민주주의의 가냘픈 명맥을 유지하여 왔다. 명년 선거를 앞두고 자유당은 종래의 부정선거를 가일층 재현할 수 있도록 선거법 개악을 강행하려 하고 있다. 만약 우리가 이를 막지 못할 때에는 명년 선거는 추악상을 연출할 것이며 야당 의원의 당선 여부는 고사하고 국민의 주권도 참정권도 찾아 볼 수 없게 될 것이고 일당독재는 완성되어 민주주의는 그 종연을 고하게 될 것이다. 이에 우리는 사력을 경주하여 최후의 일각까지 최대의 투쟁을 단행할 것이다. 그러나 우리의 최저의 요구마저 관철되지 못할 경우에는 우리들도 맡은 임무를 수행할 수 없는 최후 단계에 도달하게 될 것이므로 우리들은 부득이 국민 앞에 사과하고 그 자리를 물러나겠다는 결의를 피력하는 바이다."

이러한 결연한 결의를 밝힌 모든 야당 의원들은 그 자리에서 의원 직 사퇴서에 서명 날인했다. 그리고 주권투위는 곧 임시 국회 소집 요청을 하는 한편 장충단 시국 강연회를 개최하게 된다.

– 이것이 바로 독재이다

자유당 의원들의 총퇴장으로 국회가 폐회된 1957년 5월 25일 서울 시내 장충단 공원에서 개최되었던 야련(野聯, 야당 연합체의 약칭) 주최 자유당 성토대회는 정체불명의 괴한들의 방해로 말미암아 중단되었다.

경위를 설명하자면 첫 번째 연사 전진한이 "우리는 자유당의 반성을 기다리고 있다. 자유당이 반성할 때는 아직도 늦지 않았다. 폭악한 정치 아래 신음하고 있는 민중은 결코 약하지 않다. 약한 것처럼 보이는 민중의 힘이 오히려 가장 강한 것이다. 국민주권 수호 투위(鬪委)는 최후의 일각까지 국민의 주권 옹호를 위해 투쟁할 것이다."라고 연설을 마친 뒤 민주당의 조병옥이 등단, 강연을 시작하자 단 아래 있던 청년들로부터 야유가 터져 나왔다. 조 의원은 "무슨 짓들이야. 할 말이 있으면 올라와서 말해." 하고 소리를 쳤다. 곧이어 파나마모자에 말쑥한 옷차림을 한 청년들이 떼를 지어 연단 정면으로 뛰어가서 연단 앞의 책상들을 내동댕이쳤다. 연설이 중단되고 주최 측은 4개의 마이크를 보호하기 위해 이를 뒤로 밀어 넣고 앰프를 들어 올렸는데 이때 의자가 연달아 날아오는가 하면 돌팔매질이 시작되었다. 이들은 연단 밑에 있던 앰프에 휘발유를 끼얹었고 불을 질렀다. 이 광경을 촬영하려던 카메라맨들에게도 돌팔매가 가해졌다. 한참 뒤에 출동한 경찰은 치안 유지상 곤란하니 집회를 해산하라고 명령했다.

강연이 중단되자 강연 순번을 기다리고 있던 장택상 의원은 "여러분이 보신 이러한 사실이 바로 독재이다."라고 소리를 쳤고 조병옥 의원은 "민주주의를 저버리는 날, 이 나라는 세계에서 고립되고 말 것이다."라고 외쳤다.

야련인 주권투위가 장충단 집회를 열게 된 것은 여당에 의해 강행된 제24회 임시 국회 강제 폐회 때문이었다. 다수당의 퇴장으로 문을 닫게 되고 모든 계류 안건이 폐기되자 여야의 정쟁은 극에 달했으며 그 후 야당이 요구한 제25회 국회가 6월 15일에 재개되자 자유당측은 본회의 출석을 보이콧하고 말았다. 국회는 개점 휴업 상태가 되고 입법부에 대한 일반의 여론은 악화되었다. 모든 기능이 마비되어버린 입법부에 대하여 국민들이 신랄한 비판을 가하게 된 것은 당연한 일이었다. 사태 악화에 당황한 자유당은 정우회(政友會)의 중재 역할을 통해서 국회운영의 정상화를 위한 여야 협상을 모색하게 되었다. 그러나 협상은 상정 안건 문제로 결렬되고 그 결과 야련은 전국적인 유세 계획을 작정하고 그 첫 번째로 장충단 집회를 가지게 되었던 것이다.

14절 정치 깡패의 탄생

- 휘발유로 국민주권 소각

장충단 집회가 유산되자 주권투위는 5월 26일 '애국 시민에게 사과한다'는 담화를 발표했다.

개최된 시국 대강연회가 폭도들의 투석, 방화로 인하여 또다시 짓밟혔습니다. 작년 9월에는 서울 시공관에서 국가 부통령을 권총으로 쏘았고 지난 4월에는 진보당 대회를 계란과 사과로 몰아내었고 이번 시국 강연회는 휘발유로 불질렀습니다. 정체불명의 괴한의 소행이란 은폐에도 오늘은 분명한 폭도의 소행으로 드러났습니다. 그동안 신문 지상에서만 보고 듣고 하던 폭력이 이날 수십만 시민의 눈앞에서 실연이 되었습니다. 이날 완력으로 민주주의를 압살하고 휘발유로 국민주권을 소각하던 저 독재의 모습을 시민 여러분은 똑똑히 목격하였습니다. 실낱같은 법질서도 이제부터는 서울 수도에서도 찾아 볼 수 없게 되었습니다. 이날 우리는 땅을 치고 울었습니다. 수십만 군중도 가슴속으로 울었습니다. 장충단에 잠든 역대 충혼들도 지하에서 울었습니다.

이날 천여 명이나 되는 경찰관들은 무엇 때문에 동원되었던가. 약간의 폭도의 만행쯤을 저지 못하였다는 것은 '불위야(不爲也) 비불능야(非不能也)' 아니었던가. 폭도의 행패가 있으리라는 풍문이 세간에 현저하였음에도 불구하고 경찰 당국이 이에 대한 사전 단속과 준비가 없었다는 것은 고의인가, 태만인가, 묵인인가, 협조인가? 무엇이겠습니까. 백일(白日)이 우리 두상에 비치고 있는 한 우리는 이것을 알고야 말 것입니다.

이를 따질 여가도 없이 우리는 재기하려 합니다. 거꾸러져도 또 일어서겠습니다. 불일내로 또다시 꺼졌던 민주 봉화를 드높이 올리겠습니다. (하략)

장충단 사건은 6월 8일 국회로 비화하여 여야 간 격렬한 논쟁을 벌였으나 다수인 자유당에 밀려 야당 공세는 무위로 끝났다. 이 문제를 국회로 들고 나온 민관식 의원은 "주최 측이 사전에 알고 있던 방해 계획을 경찰에서 모르고 있었다는 것은 우습다. 사전에 타협이 없었고 협조가 없었다고 하면 어찌해서 경찰은 이것을 몰랐는가. 몰랐다면 4만 경찰은 어디에다 쓰는 것이며 정보비는 어디에다 쓰는 것인가." 하고 경찰을 공격했고 장경근 내무의 답변은 "광활한 옥외에서의 집회 또는 행렬에 대한 경비에는 막대한 고충이 있다는 것을 양해해 달라"라는 것이었다.

자유당은 사건의 종말을 하루라도 빨리 내어 야당의 대여 선전 공세를 막기 위해 닷새 동안의 질의응답이 있은 후 김일 의원의 제안으로 '1. 장충단 사건의 관련자를 조속히 조사하여 엄중 처벌할 것. 2. 차후 각종 집회에는 그 경비에 완전을 기할 것'이라는 건의안을 재석 115인 중 가 80표로 가결시키고 사건에 종지부를 찍었다.

이 사건은 결국 주먹패를 이용해서 경찰과 자유당이 조종한 사건으로 밝혀졌거니와 이때 이미 주먹패와 권력은 불가분의 깊은 관계를 맺고 있었으며 괴한들의 신분이 화랑동지회라는 정치 깡패 집단이라는 것도 곧 신문에 의해 밝혀졌다.

장충단 집회를 직접 취재한 미국의 시사 주간지 〈뉴스위크〉는 "한국에서의 민주주의는 환상이며 한국민들은 민주주의를 향유하지 못하고 있다. 그들은 민주주의가 무엇인지도 모르며 설사 민주주의가 무엇인지 안다고 하더라도 그것을 구할 길이 막연하다."라고 논평했다. 한국인들에겐 모욕적으로 들리는 표현이면서 그저 부끄러운 지적이 아닐 수 없었다.

- 정치 깡패의 계보

해방 정국에서 한때 정치적 목적의 폭력조직이 기세를 올린 적이 있었지만 1948년 대한민국 정부가 수립되자 법치주의를 지향하는 나라에서 폭력조직은 발붙일 여지를 잃고 말았다. 6·25동란 후에는 전시하 피란지에서 조직을 형성할 힘이 없었다. 그러던 중 부산 정치 파동이 야기되고 원외로 차출된 폭력배들은 야당 진영을 상대로 폭력을 휘둘렀다. 그러나 이때까지만 해도 품삯을 받는 단계에 머물고 있었는데 환도 후 김두한이 야당으로 정계 진출을 이룩하게 되면서 권력과 결탁한 정치 지향 깡패들이 폭력조직을 발판 삼아 정계 진출을 꿈꾸기 시작했다.

깡패들이 가장 두려워하는 것이 바로 권력이다. 그 권력에 선을 대고 그들을 이용할 수 있다면 세상에 그보다 더 든든한 일은 없을 것이라고 깡패 두목 이정재는 계산했고, 그래서 여당인 자유당에 입당해서 종로 을구당 위원장직을 얻게 된다. 이기붕을 자유당 서울시당 위원장 자리에 올려놓는 데 결정적인 공을 세운 이정재는 중앙당 감찰부 차장의 감투를 얻게 된다. 그는 이승만의 총애가 이기붕에게 쏠려 있는 것을 확인하고 이기붕에게 충성을 다하는 것이 자기의 출셋길을 여는 지름길이라고 믿게 되었다. 그는 이기붕의 의도대로 국회에서 야당으로 말썽을 일으키고 있는 김두한의 기를 꺾음으로써 이기붕에게 큰 공을 세우고 싶었다. 그리고 실제로 그는 그의 조직력을 김두한 앞에서 공공연히 과시함으로써 김두한에 대한 심리적인 상당한 견제 역할을 할 수 있었다. 이정재는 국회의사당 뒤편에 있던 의원휴게실(이곳은 국회의원과 국회 출입 기자들만 출입이 가능했다)에 깡패 부하들을 대동하고 들어와 기자들과 딴 국회의원이 보는 앞에서 김두한에게 협박의 말을 남기는 만행을 부린 적도 있었다. 그는 권력을 배경 삼아 폭력단을 조직화하고 그것을 기반으로 중앙 정계 진출을 꿈꾸었던 것이다. 그 후 이정재는 고향인 경기 이천(利川)에서 자유당 공천을 얻어 국회의원에 입후보하기로 하고 돈과 시간을 쏟아부었다.

1954년 6월에는 세칭 7형제파(자칭 7인 위원회)를 조직하여 서울 일원의 폭력조직의 규합을 꾀했다. 1956년 여름에는 이정재와 동향인이며 사돈인 유지광을 시켜 서울 시내의 깡패 판도를 바꿀 양으로 화랑동지회라는 조직을 구성하였다. 이정재를 중심으로 한 7형제파가 화랑동지회의 중심이 되었고 단장에 이정재, 부단장에 유지광이 앉았다.

그 무렵까지만 해도 서울의 깡패 판도는 명동, 소공동, 종로 2가, 우미관, 종로 3가의 단성사, 서대문의 동양극장, 동대문 시장, 마포 등을 거점으로 자기 관장 구역을 가진 여러 패거리들이 군웅할거하고 있었다. 이 중 동대문 시장과 종로 일대를 장악한 7형제파가 가장 큰 세력을 지니고 있었으나 소공동, 명동, 서대문 등에는 나름대로 독립된 폭력조직이 있어 이정재가 마음대로 좌지우지할 수 있는 상황은 아니었다. 이들을 화랑동지회라는 하나의 조직으로 묶어 이 조직을 정치에 이용할 계획을 세운 것은 바로 유지광이었다. 이정재는 이기붕의 대권 승계에 방해가 되는 자들은 제거해야 한다는 신념을 가지고 있었던 것 같다. 야당계의 모모한 인사뿐만 아니라 자유당 내의 반이기붕계도 숙청 대상으로 삼고 이를 실천에 옮길 계획까지 세웠다.

- 자유당과 정치 깡패

5·15 정·부통령 선거에서 이기붕이 패배한 3개월 후에 화랑동

지회가 결성되었다. 날로 가열되어 가는 야당의 반정부·반자유당 투쟁에 대처하는 한 방편으로 자유당은 화랑동지회의 결성을 반겼다. 1956년 화랑동지회를 결성하는 모임에는 서대문 경찰서장이 나타나서 '기대가 크다'는 격려사를 했다. 자유당의 권력자들도 언젠가는 이들을 요긴하게 써먹을 수 있다는 생각에 동지회의 발족을 환영하고 물심양면으로 이들을 도왔다.

권력의 비호를 받게 된 폭력단은 전국 각지에서 경찰을 등에 업고 야당 후보들의 등록 서류를 약탈하고 야당 운동원들에 대한 테러를 자행하게 되었다. 화랑동지회가 "우리도 힘을 합쳐서 무엇인가 해 보자."라고 결의를 한 그 '무엇'의 첫 번째 일이 야당 주최의 장충단 강연회 방해 공작이었다. 이들이 강연장을 수라장으로 만드는 동안 경비 경찰은 손을 놓고 방관하다가 괴한들이 사라지고 나자 치안유지를 이유로 집회를 해산시키는 일을 충실히 집행했다.

화랑동지회는 비단 권력의 비호를 받는 존재가 아니라 정권 수호의 선봉대로 자리매김을 할 수 있게 되었다. 동시에 이정재도 폭력단 두목의 위치에서 권력 자체의 일곽에 발을 딛게 되고 그만큼 위상을 높일 수 있게 되었다.

장충단 사건의 지휘자로 밝혀진 유지광은 사건 후 잠적한 지 6개월 만에 검거되어 재판을 받게 되지만 검찰이 사건의 배후 조종자로 지목하던 이정재는 끝내 꼬리를 잡히지 않았다. 유지광이 끝까지 이정재의 배후 관련설을 부인, 혼자서 사건의 책임을 지고 나섰기 때문이다. 유지광은 징역 1년을 선고받고 복역하게 된다.

유지광에 대한 선고 공판이 끝나면서 장충단 사건의 배후 혐의를 벗게 된 이정재는 고향 이천에서 4대 민의원 진출을 기정사실로 하고 선거운동에 전력을 다하게 된다. 이미 제3대 민의원 선거 때와 지방선거에서 야당계 후보의 등록 방해, 야당 운동원들에 대한 테러 감행으로 '주먹이면 선거를 조작할 수 있다'는 자신을 갖게 된 그는 자신의 국회의원 당선을 기정사실로 믿고 있었다.

그러나 그의 꿈은 몇 달 지속되지 못하고 그가 믿었던 이기붕에 의해 산산이 부서지고 만다. 서울 서대문 을구에서 당선 가능성이 희박하다고 감지한 이기붕이 이정재의 선거구인 이천을 내놓으라고 요구해 왔기 때문이다.

– 정치 깡패의 말로

이 요구에 당초 이정재는 완강히 반발을 했으나 결국은 선거구를 포기하고 말았다. 이러한 일이 있었음에도 불구하고 자유당 간부들은 오는 제4대 민의원 선거와 2년 후의 정·부통령 선거에서 어떠한 방법을 동원해서라도 선거에 이기기 위해서는 폭력조직이 맡아 주어야 할 역할이 필요하다고 그들에게 기대를 걸고 있었다. 이제는 권력의 비호를 받는 합법적인 조직체로 성장해서 정권 수호의 선봉대역할을 맡게 된 폭력단은 자유당 말기의 권력 주변에서 이정재, 곽영주를 둘러싸고 그들의 전성기를 구가하고 있었다.

이정재가 서대문에서 얼마간 홀대를 받는 틈을 타서 이정재 대신 뻔질나게 서대문으로 드나들기 시작한 것이 임화수였다. 임은 반공

예술인단이라는 단체를 만들어 연예계를 뒤흔들고 있었다. 그가 동남아 영화계 시찰을 갔다 오면서 공항에 반공예술단 취주악대를 불러 '각하에 대한 경례' 주악을 연주시킨 일은 그냥 웃어넘길 수만도 없는 하나의 희극이었다. 그 당시 정치 깡패들의 자만이 그만큼 도도했다.

훗날의 이야기지만 조직 폭력단이 마지막 폭력 자랑을 한 것은 1960년 4월 18일 청계천 4가 천일백화점 앞에서의 고려대 학생 습격 사건이었다. 이 사건의 지휘자는 장충단 사건의 주동자 유지광이었으며 배후에는 반공청년단 단장 신도환과 종로구단 단장 임화수가 있었다. 이 유혈 폭행은 결국 4·19혁명을 마무리 짓는 도화선이 되었는데 이러한 폭력단의 난동은 장충단 집회 방해 사건을 시발점으로 하고 있었다.

정치 깡패의 후일담은 차후에 나오게 되겠지만 그들의 말로는 비참한 것이었다.

15절 선거법 개정 협상

- 당리를 앞세운 선거법 개정

장충단 집회 방해 사건의 후유증으로 국회는 소득 없는 여야 설전으로 시간을 보냈다. 그러던 차에 자유당과 민주당이 각기 선거법 개정안을 제출했다. 여야는 제출된 선거법을 놓고 오랜만에 협상을 벌일 기회를 맞게 된다.

자유당은 1957년 4월 초 선거 공영제 실시, 입후보 난립 방지, 선거사범의 형량 가중 등 3개 원칙을 골자로 하는 선거법 개정안을 추진하는 것이었지만 내용적으로는 언론 규제 조항을 신설하는 것이 진짜 속셈이었다. 이에 반해 민주당은 5월에 투·개표 참관인의 권한 확대에 중점을 둔 선거법 개정안을 제출했다.

자유당으로서는 사사건건 정부와 여당의 비리를 파헤치고 야당 편만 드는 언론이 눈엣가시 같은 존재일 수밖에 없었다. 언론의 영향력이 막대했기 때문에 언론을 그대로 두고서는 4대 민의원 선거에서도 자유당이 많은 불이익을 당할 수 있다고 판단했다. 뿐만이 아니라 국회운영 자체도 매번 여야의 대립으로 비정상화되기 일쑤였고 여야 간의 마찰이 있을 때마다 비판적인 여론 탓으로 자유당의 처지가 불리해지는 것을 자유당은 막을 필요가 있었다.

이와 같이 자유당의 관심이 언론제한에 있었다면 민주당의 관심은 부정선거 방지를 위한 여러 가지 제도적 조치의 설정에 있었다. 민주당은 투·개표 참관인의 권한 확대로 투표장에서의 무더기 투표, 개표장에서의 대량 환표 같은 정부 여당의 장난을 막는 것이 선거법 개정의 우선 목표였다.

선거법 개정에 큰 성의가 없는 것처럼 보였던 자유당이 57년 9월에 들어서면서 야당과의 협상에 응하기로 마음을 고쳐먹었다. 밤낮 싸움만 하는 국회운영에 국민들이 짜증을 내고 있다는 것을 자유당도 알고 있었다. 국회의 정상화를 위해서는 여야가 서로 협상을 하는 길만이 가장 유력한 방법이라는 것을 모두가 공감하게 되었다.

9월 24일에 개시된 여야 협상은 한 달도 가기 전에 기탁금, 사전운동과 선전 방법, 참관인 권한 벌칙 등 거의 모든 문제에 합의를 보고 10월 15일에는 이기붕, 조병옥, 장택상 세 사람의 이름으로 된 공명선거 보장 합의 공동성명을 발표함으로써 협상선거법은 기정사실화되었다. 12월 8일에는 협상선거법에 완전 합의하고 연내에 이를 통과시키기로 원내 간부 연석회의에서 결정을 보았다. 협상선거법은 언론제한 조항을 포함한 채 통과된 셈이 되었다. 그러나 다음 날인 12월 9일 국회 출입 기자단이 언론 자유 침해 조항에 항의하여 시한부 취재 거부를 결정한 것이 문제가 되었다.

- 언론제한

21일의 민주당 원내 총회 때만 해도 "언론 조항이 삭제되지 않는 한 자유당과의 공동제안을 거부하겠다. 언론 조항을 삭제하지 않은 협상선거법을 통과시키거나 협상선거법으로 내년 선거를 실시할 경우에는 총선거를 보이콧할 용의가 있다."라고 성명한 민주당의 태도가 하룻밤 사이에 변화한 이유는 대부분의 의원들이 협상선거법의 통과를 희망하고 만약 그것이 이루어지지 못할 때에는 금번 선거에서 야당계 입후보자가 거의 당선되기 어려울 것이라는 견해를 가지고 있었기 때문이다.

예산안의 연내 통과와 선거법에 의한 언론 통제라는 두 마리 토끼를 모두 놓치고 싶지 않던 자유당은 언론 조항에 대한 자구 수정을 미끼로 대야 협상을 개시했다. 민주당 대표는 "72조, 73조를 모두 삭제할 수 없을 경우 73조 만이라도 삭제하고 보도방해죄를 신설함으로써 언론의 자유를 수호해 주자."라고 요청했으나 자유당은 이를 거부하였다.

문제가 된 언론제한 조항인 72조와 73조는 다음과 같았다.

제72조 (신문, 잡지 등의 불법 이용의 제한) 1. 어떤 특정인을 당선 또는 낙선시킬 목적으로 신문(통신 포함, 이하 같음), 잡지, 기타 간행물의 경영 또는 편집을 담당하는 자에게 금품, 향연, 기타 이익을 제공하거나 제공할 약속 또는 신입을 하고 선거에 대한 보도, 기타 평론을 게재하게 할 수 없다. 2. 신문, 잡지, 기타 간행물의 경영 또

는 편집을 담당하는 자는 전항의 이익을 제공받거나 받는 약속 또는 신입을 받고 선거에 관한 보도, 기타 평론을 게재할 수 없다. 3. 전 2항에 대한 선거운동에 관한 제한 규정은 신문, 잡지가 선거에만 한하여 보도 및 평론을 게재하는 자유를 제한하는 것은 아니다. 4. 신문, 잡지 등을 통상 방법 이외로는 배부할 수 없다.

제73조 (허위 보도의 금지) 신문, 잡지, 기타 간행물의 경영 또는 편집을 담당하는 자는 어떤 특정인을 당선 또는 낙선시키기 위하여 허위의 사실을 보도할 수 없다.

법조문은 형식상 아무런 하자가 없고 그 내용에 모순이나 잘못된 곳이 없다. 그러나 법 집행자에 의해 확대해석될 수 있는 소지를 안고 있으며 귀에 걸면 귀걸이, 코에 걸면 코걸이가 되기 쉬운 조문들이다. 금품, 향연, 기타 이익의 범위와 한계를 어떻게 해석하고 특정인의 당선 또는 낙선을 목적한 허위 여부의 판단을 어떻게 규정지을 것인지 매우 애매하다. 통상 방법 이외의 신문 배부 문제도 통상 방법의 범위를 정하기 힘들다.

제73조의 허위 보도 조항만 하더라도 취재 대상자가 기사 내용을 허위 보도라고 우길 때 그의 증명을 취재자가 해야 할 경우가 생긴다든지 또 보도의 허위 여부를 수사당국이 자의대로 판단한다면 기사 보도 자체가 크게 어려움을 겪을 것이 분명하다. 자연 선거에 관한 보도는 위축과 제한을 받게 될 것이고 그것이 바로 자유당이 노리는 언론제한법의 효과라고 할 수 있다.

출입 기자단의 언론 자유 침해 조항에 대한 항의가 있자 민주당의 강경파는 앞에서 지적한 것처럼 언론 조항의 삭제를 주장하고 그 삭제 없이는 총선 보이콧도 불사한다는 뜻을 밝혔다. 그러나 민주당은 하루아침에 당론을 바꾸어 언론제한 조항에 대한 자구 수정 정도로 협상선거법을 통과시키기로 했다. 협상선거법의 통과 없이는 야당 후보자의 당선이 극히 어려우며 또 자유당이 예산안의 통과를 단독으로 강행할 경우 여론의 욕을 먹는 것은 마찬가지이니 예산안과 함께 선거법도 단독 제안으로 강행 통과시키겠다는 강경한 태도를 보였기 때문이다.

- 민주당의 고민

민주당이 언론제한 조항의 존치에도 불구하고 협상선거법 통과에 집착한 이유는 이해할 만했다. 갈수록 경찰에 의한 선거 간섭이 자심해지고 그 방법도 교묘해져서 관에 의한 부정선거를 최소한으로 억제하지 않으면 선거에서의 승산은 거의 없을 것이라는 것이 공통된 당원들의 의견이었다. 대통령 선거에서의 대구 개표 방해와 그 후의 각급 선거에서 경찰의 간섭은 더 노골화되었고 야당은 그러한 관의 부정을 막을 방법과 힘이 없었다. 제3대 국회에 들어와서도 지방선거에서의 자유 방해, 정읍(井邑) 지방선거 환표 사건, 함평(咸平) 환표 사건, 진주(晉州) 시장 선거 부정 등 이루 헤아릴 수 없을 만큼 관의 부정 사례가 있었다.

정읍 환표 사건은 현직의 박 모 순경이 사표를 제출한 후 "지난 8·15 도의원 선거 시 투표함을 수송하는 트럭 위에서 환표를 한 사실이 있다."라고 경향신문을 찾아 발고한 사건이다. 치안당국은 박 순경이 낙선된 도의원 후보자에게 매수되어 무근한 사실을 퍼뜨렸다고 부정하였다. 이철승 의원은 날짜와 시간, 관여한 경찰 차량과 경찰관의 이름까지 열거하며 사건 전말을 설명하였으나 경찰과 여당은 끝까지 이를 부인하고 국회의 진상조사 요청도 부결시켰다. 그러나 사건이 거짓이 아니었음은 구속된 박 순경의 재판 과정에서 밝혀졌다.

함평 환표 사건은 도 선관위가 환표 사실이 있었다고 판정 내리고 해당 선거구의 당선을 무효 선언하는 한편, 두 개 투표구의 재선거까지 실시했는데 사건 배후에 경찰관이 있다고 발언한 김의택 의원이 날조라고 김종원 치안국장이 김 의원을 소환하는 한편 이 사실을 보도한 신문사의 기자들을 소환 조사했다. 이 사건의 종말은 예상한 대로 대법원에서 사실로 인정하고 선거무효를 판결하였다.

진주 시장 선거 부정은 무더기 투표 사건이다. 야당 의원들이 무더기 투표의 증거물을 제시하고 야당 측 선거 참관인이 선거위원장의 지시로 경찰서장에 의해 퇴장당한 사실을 밝혔다. 국회에서 사건 조사를 위한 조사단이 파견되었으나 여당과 야당이 각기 상반되는 조사 보고서를 내고 국회는 이 양쪽 보고서를 함께 접수하는 것으로 끝을 맺었다. 하나 마나 한 조사위의 활동이었다.

이상과 같이 전국 곳곳에서 경찰관에 의한 선거 부정행위가 꼬리에 꼬리를 물자 민주당은 얼마간의 언론제한을 안고서라도 참관인

권한 강화를 보장하는 협상선거법을 통과시키기로 결정을 봤던 것이다. 눈을 멀겋게 뜨고 표를 도둑질당할 수는 없다는 심경이었을 것 같다.

- 의원끼리 주먹질

1957년 마지막 날인 12월 31일 밤 10시 넘어 1958년도 총예산안이 통과되고 곧이어 선거법 안이 상정되었지만 박영종 의원이 이날 하오 11시 30분부터 다음 날 새벽 4시 30분까지 장장 5시간에 걸친 반대 발언을 하는 통에 선거법은 하루를 넘긴 1일 밤 11시가 넘어서야 통과를 보게 되었다. 표결 결과는 재석 127석 중 가 108표, 부 2표였다.

박 의원이 필리버스터 발언을 하는 동안 의석에서는 "이놈아, 이 미친 놈아 죽일 놈아"라는 극단적인 폭언이 쏟아져 나왔고 어떤 의원은 박 의원의 멱살을 붙들고 밀어뜨리기도 했다. 이철승 의원이 "지금은 민주당이 자유당과 야합하였으나 선거가 실시되면 이를 후회하게 될 것이다."라고 당 간부를 공박했다. 이에 화가 난 민주당 원내총무 이석기 의원이 "당을 배신한 놈이 무슨 개수작이냐."라고 덤벼들었는데 결국 둘 사이에 언쟁이 벌어져 이철승이 이석기의 안면을 때려 눈두덩에서 피를 흘리는 촌극이 있었다.

선거법이 통과되자 전 언론계는 일제히 민주당의 배신행위를 공격하고 나섰다. 이에 당황한 민주당은 사태 수습을 위해 1월 7일 조병옥 대표 최고위원의 사표를 수리하고 이석기 원내총무의 인책사퇴를 결의한다. 그리고 사후약방문 격이기는 했으나 '언론제한 조항 삭제를 위하여 앞으로 최대의 노력을 아끼지 않겠다'는 약조도 하였다. 5월 총선을 앞두고 언론계의 협력이 절실히 필요했던 민주당으로서는 언론계를 달래는 방안을 강구하지 않을 수 없었는데 당초 당 간부들의 생각은 설사 언론제한 조항이 포함된 선거법을 통과시키더라도 선거에서는 언제나 야당 편에 서는 언론이 야당을 도울 수밖에 없을 것이라는 안이한 판단을 하고 있었던 것 같다.

- 개정된 선거법의 골자

1. 민의원 선거구는 종전대로 소선거구제로 하되 인구비례에 따라 전국을 233구로 나누고 참의원 선거구는 중선거구제를 채택, 전국을 38구로 나누어 한 선거구에서 2명씩 뽑도록 하고

2. 각 선거구위원회는 여야 정당대표 한 명씩을 반드시 포함시키도록 하고 투표용지에 가인(加印)할 수 있는 권한을 부여하고

3. 입후보자의 난립을 방지하기 위해 입후보 등록시 50만 환의 기탁금을 예치토록 하되 득표수가 유효투표의 6분의 1에 미치지 못할 때에는 국고금으로 환수하고

4. 입후보자의 가두선전과 호별 방문을 금하고 선거운동원과 선거비용을 제한, 벽보는 입후보자가 균등 부담하여 선관위가 일괄 작성하여 동일한 장소에 붙이도록 하고

5. 개·투표 참관인의 권한을 확대하여 투표함 이송에 투표함 참관인이 따라갈 수 있으며 개·투표사무에 시정할 것을 발견하면 즉석에서 지적, 시정할 수 있도록 하고 또 참관인을 복수로 두어 교대가 가능케 했으며

6. 후보자의 신청에 따라 사고 투표함을 법원이 차압 보전하여 증거를 유지할 수 있게 하고

7. 선거사범에 대한 법칙을 대폭 강화해서 벌금형을 징역형으로 고치고 경찰 및 일반 공무원의 선거사범은 일반인보다 두 배로 무거운 형벌을 가하기로 한 것들을 골자로 하고 있었다.

(언론제한 조항은 앞에서 소개하였으므로 생략함)

16절 제4대 민의원 선거 전야

– 이승만 대통령에게 보내는 공개장

1958년 5월 2일을 제4대 민의원 선거일로 공고하자 자유당과 민주당은 각기 당 체제를 선거체제로 전환하고 본격적인 선거전에 들어갔다. 선거일을 수 주일 앞두고 민국당의 대표 최고위원 조병옥은 대통령 이승만에게 보내는 공개장을 발표했다. 그 내용은 지난 9년 동안의 이승만 치적의 잘못을 파헤치고 그 책임을 대통령에게 묻는 것이었는데, 민의원 선거를 앞둔 시점에서 가장 효율적인 대여 공세이며 야당의 선전 방법으로 최적이라고 판단했던 것이다. 사실 이 공개장은 5·2선거에서 민주당이 국민의 지지를 얻는 데 매우 큰 몫을 했으며 제1공화국의 비정(秕政)을 가장 적나라하게 들추어냈다는 점에서 제1공화국 정치사에 기록해 둘 그리고 기록해 두어야 할 충분한 가치가 있는 것으로 평가받고 있다.

공개장의 요지는 다음과 같다.

(전략)…지금 자유당은 국민의 지지가 없음을 알고 있으며 또 대통령이 고령인 것을 초조하게 생각하여 하루빨리 국민이 법망(法網) 속에서 꼼짝 못하도록 해 놓고 부통령의 대통령 계승을 삭제하는 개헌안을 강행, 통과하여 각종 선거에서 자유당 일색으로 당선케 하는 장기 집권의 태세를 착착 진행시키고 있는 것입니다.

그러나 메마른 이 땅의 백성들은 도처에서 못 살겠다고 아우성을 치고 있습니다. 자유당은 이 아우성을 들은 체도 않고 있습니다. 이것이 누구의 잘못이며 누구의 책임이겠습니까. 나는 서슴지 않고 대통령 정치가 과거 9년 동안 해 온 누적적 정책 과오로 말미암아 빚어진 이 나라의 비극이라고 생각하는 까닭에 응당히 책임은 대통령이 져야 하고 현재 자유당의 독재적 행동도 대통령의 잘못으로 인하여 파생된 부작용이라 생각합니다.

…(중략)…이 나라를 이 모양 이 꼴로 만들어 놓은 데 있어서 전 책임을 져야 할 각하께는 과거 일제 36년 동안 민족의 자유와 해방을 위하여 초개같이 조국에 몸을 바쳐 이슬로 사라진 모든 충혼과 영령들의 울부짖는 장엄한 유언의 소리가 도무지 들리지 않는 것 같이 생각됩니다.

만약에 지금 각하께서 조금이라도 그러한 민족 역사에 빛나는 장엄한 영령들이 부르짖었던 자유의 소리를 잊지 않고 계신다면 이 나라를 이렇게 만들어 놓지는 않았을 것입니다.

6·25 당시 "우리 육군이 적을 반격하고 있으니 모든 선남선녀(善男善女)들은 안심하고 동요하지 말라."라는 각하의 녹음방송 때문에 수많은 시민들이 한강에 빠져 억울한 죽음을 하였고 서울 시

민들을 3개월이나 생지옥 속에 빠뜨리게 한 그때의 원한의 아우성이 들리지 않습니까…(중략)…6·25동란으로 인하여 이 나라 민주주의와 자유 수호를 위하여 조국의 영령이 된 수많은 전사들의 무언의 절규를 무엇으로 보답하려고 하십니까.

각하께서는 2백만이나 넘는 절량농가에서…초근목피로 대식(代食)하고 있는 가련한 농민들의 못 살겠다는 아우성이 천지를 진동할 듯이 우리들에게는 들리는데, 못 듣고 계십니까. 또한 70만이나 되는 결식아동들이 …"배고파 못 살겠어." 하는 신음 섞인 피어린 애원의 모습이 눈앞에 아롱거리지 않습니까. 또 130만 명이나 되는 실업자의 홍수가 가두를 방황하면서…헤매는 창백한 소시민들의 세상을 원망하는 땅이 꺼질 듯한 한숨 소리가 들리지 않습니까…(중략)…각하는 자유당 정권 유지만이 눈앞에 아롱거리고 이 나라 백성들의 쓰러져 가는 불쌍한 모습은 눈앞에 아롱거리지 않습니까.

…(중략)…국민의 입에다 '말' 모양으로 재갈을 물리고 '소' 모양으로 목에다 멍에를 메게 하고 동물원의 범과 사자 모양으로 철창 속에 가두어 놓고 무조건 정부 정책에 복종하지 않는 경우에는 경찰의 공포와 위협 정치로써 채찍질이나 하고, 야당 인사들이 국민의 각성을 촉구하는 강연이나 정부 정책 비판 연설 등을 하면, 지난번 장충단공원 시국 강연회의 방해사건 모양으로 경찰과 공모하여 폭력으로 강연을 중단케 하고 명년 총선거에는 극도로 관권 선거를 철저히 실시하여 국민의 참정의 길인 선거권을 박탈하고 또 벌써 낡아빠진 비민주적이고 독재 정치의 가능성을 충분히 내

포한 바이마르식 헌법으로 개정하여 국민의 총의로 선출된 부통령의 대통령 승계권을 삭제하고 한편으로는 국민반을 조직 강화하여 명실상부한 자유당 정권을 반영구화할 태세를 갖추고 있는 것이 틀림없습니다.

그리고 우리 국민들은 자유당 정권 치하에서 살고 있는 한 민족의 역사를 조금이라도 더럽히지 않기 위하여 드높이 든 민권 옹호의 민중의 봉화와 기치 아래 최대한 항쟁을 계속할 것을 국민과 더불어 우리들은 맹서하는 바입니다.

민족의 역사를 더 이상 피로 물들이지 말고 또 각하의 80여 생의 애국적 열정을 최후로 장식하는 의미의 '국부(國父)'라는 존칭을 영원히 우리 민족 역사에 아로새기기 위하여 지금이라도 민주주의 말살 정치를 지양하고 올바른 민주 정치의 길을 밟아 우리의 비원인 남북통일과 함께 국민이 자유롭고 행복한 생활을 영위하도록 하여 주시기 바랍니다.

- 이기붕의 귀취

제3대 민의원 선거 때만 하더라도 민주당이 창당되기 전이었고 자유당이 유권자들의 전적인 외면을 당할 정도는 아니었다. 서울 16개 구의 당선자 성분을 보더라도 자유당이 5, 민국당이 3, 국민당이 2, 무소속 5로 각 정당 정파가 골고루 당선자를 배출할 수 있었다. 그러나 그 사이에 집권당의 인기는 끝도 없이 땅에 떨어졌으며 자유당 후보가 서울에서 당선될 가능성은 거의 전무한 지경에 빠졌다. 서대문 을구(乙區)에서의 이기붕의 당선 가능성도 거의 무망할 지경인 것으로 자유당 스스로가 관망하고 있었다.

고민에 빠진 자유당은 고육지계로 정당의 영수급 인사의 무투표 당선이라는 기발한 제안을 야당 측에 제시하게 된다. 민주당의 조병옥, 통일당의 김준연, 무소속의 장택상 등 당수급이 출마하는 선거구에는 자유당이 공천자를 내지 않을 터이니 이기붕이 출마하는 서대문 을구를 야당에서도 무공천지구로 설정해 달라는 것이 제안의 내용이었다. 그러나 민주당의 즉각적인 거부로 제안은 무산되었다.

선거구(경기도 이천)를 내놓으라는 협상 제의에 이정재는 반발했다. 선거구만은 죽어도 양보할 수 없다고 버티었다. 협박도 하고 회유를 해 봐도 그의 뜻을 꺾지 못하게 되자 자유낭은 마지막 수단을 강구했다. 이정재가 크게 의지하고 있던 경무대 경찰서장 곽영주를 시켜 "만일 끝까지 버틴다면 치안국에서 구속할 움직임이 있다."라고 그의 아픈 곳을 공략했다. 폭력배를 이끌고 있는 그에게는 치안국이 마음만 먹으면 얼마든지 그를 잡아넣을 수 있는 구린 구석이 있었고 그는 이를 잘 알고 있었다. 이정재는 눈물을 머금고 선거구 양보를 결심한다. 이기붕을 직접 만나 생색을 내면서 선거구를 진상하였다.

- 진보당의 붕괴

5·2선거에서 또 하나의 변수로 작용한 것이 진보당의 붕괴였다.

1958년 1월 13일에 정부는 조봉암 등 진보당 간부 7명을 국가보안법 위반 혐의로 구속하고 2월 25일에는 진보당의 정당 등록을 취소했다. 진보당이라는 정당의 존재를 숫제 말살해 버린 것이다. 등록 취소의 근거는 "진보당이 적성 국가를 주로 하는 감시단 감시하에 통일 선거를 실시할 것을 주장했으며 간부들이 간첩과 접선해 왔고 공산당 동조자들을 국회의원에 당선시켜 대한민국을 음해, 파괴하려고 기도했다."라는 것이었다.

진보당의 몰락은 5·2선거에서 자유, 민주 양당의 세력 다툼에 적지 않은 영향을 주었다. 진보당 지지 세력의 상당수가 야당인 민주당 쪽으로 기울었으리라는 것은 쉽게 추측이 가는 일이었다. 자유당에 염증을 느낀 많은 유권자들은 인물보다 정당을 택해서 투표하는 성향을 뚜렷이 보였다. 그만큼 유권자의 정치의식 수준이 높아진 탓도 있었겠지만 반자유당의 민심이 그만큼 강했음을 알려주는 징후이기도 했다.

제4대 국회

(1958년 6월 7일~1960년 6월 29일-2개년)

1절 5·2선거

- 협상선거법 개정의 후유증

제3대 국회 말에 통과된 협상선거법은 4대 의원 선거에 적지 않은 영향을 줄 수 있었다. 여당인 자유당과 야당인 민주당이 각기 선거법 개정안을 제출해서 두 개 법안을 절충해서 마련한 것이 이른바 협상선거법이었는데 여야가 개정안을 제출한 목적은 서로 판이하게 달랐다. 자유당은 선거의 공영제(公營制) 실시, 입후보 난립 방지 등을 주요한 추진 원칙으로 앞세웠으나 실제로는 언론규제 조항의 신설이 개정의 주된 속셈이었다. 자유당으로서는 사사건건 정부와 여당의 비리를 파헤치고 야당 편만 드는 언론의 막대한 영향력이 다음에 있을 선거에서 큰 영향력을 발휘할 것을 우려, 눈엣가시 같은 언론에 재갈을 물릴 필요가 있다고 생각하게 되었다.

반대로 민주당은 그때까지 폭넓게 존재해 왔던 부정선거 방지를 위한 몇 가지 제도적 조치의 설정이 개정의 주된 목적이었다. 야당은 당초 언론제한 조항을 수용할 수 없다는 입장을 고수하고 있었으나 이에 대한 여당의 양보를 받아내기 어렵게 되자 언론 조항을 양보하는 한이 있더라도 앞으로 더욱 자심해질 각종 선거 부정을 막을 방도의 강구가 더 급선무라는 쪽으로 의견이 기울어졌으며 그 결과 양쪽의 의견을 절충해서 생겨난 것이 협상선거법이었다. 여당은 선거공영제 등에 언론제한 조항을 관철시키는 데 성공했으며 야당은 개표, 투표 참관인의 권한을 확대하고 환표 방지 대책의 강화, 선거사범에 대한 벌칙을 대폭 강화하는 등 부정선거 방지를 위한 제반 조치를 마련하는 데 성공했다.

– 언론계와 민주당 강경파의 반발

여야가 선거법 연내 통과를 합의한 다음 날인 1957년 12월 9일 국회 출입 기자들이 언론자유 침해 조항에 항의하여 시한부 취재 거부를 단행한 것이 문제가 되었다. 자유당과의 협상 내용에 불만이었던 민주당 내 강경파들과 몇몇 중견 간부들이 언론계의 반발에 호응함으로써 21일의 민주당 의원 총회는 '언론 조항이 삭제되지 않는 한 자유당과의 공동제안을 거부한다'는 성명을 발표하게 된다. 그러나 언론 조항에 그토록 강경했던 민주당이 하루아침에 당론을 바꾸어 언론 조항에 대한 자구 수정 정도로라도 선거법에 손질을 하자고 자유당에 제안했으나 일언지하에 거부당하고 선거법은 원 협상안대로 1958년 1월에 통과되었다.

언론계는 일제히 민주당의 배신행위를 공격하게 되고 이에 당황한 민주당은 사태수습책으로 1월 7일 조병옥 대표최고위원의 사표를 수리하고 원내총무의 인책사퇴를 결의했다. 5월 총선을 앞두고 언론계의 협력이 절실히 필요했던 민주당으로서는 언론계의 공격을 피할 방도를 강구하지 않을 수 없었던 것이다.

– 선거 결과와 야도여촌 성향의 심화

제4대 민의원 선거의 결과는 자유당이 총 233의석 중 과반수를 넘는 126석을, 민주당은 호헌선(護憲線)을 웃도는 79석을 얻었고 통일당이 1석, 무소속이 27석으로 나타났다.

선거전에서 자유당은 '일하는 여당, 욕하는 야당'이라는 구호를 내세웠으며 민주당은 '썩은 정치 바로잡자'라는 구호를 내걸었다. 전국적인 국민반 조직의 강화, 언론제한 조항의 신설 등 민의원 선거에 만전의 대비를 미리 갖추었던 자유당이었지만 갖가지 수법을 동원한 자유당의 선거 부정은 끊이지 않았다. 부정한 방법을 동원하지 않고서는 선거에서 승리할 가능성은 거의 없었고 자유당이 부정을 속출시킬수록 민심은 자유당을 등지고 있었다. '일하는 여당'이라는 구호가 유권자들의 비웃음을 사는 대신 썩은 정치를 바로잡자는 바람이 도시를 중심으로 퍼져 나갔다. 민주당은 투·개표 참관인의 권한 확대를 십분 활용해서 투·개표에서의 부정을 예방하는 데 전력을 다했다. 투표에서는 무더기 투표, 대리투표 등을 감시하고 개표에서는 환표와 표 도둑, 야당표의 무효표화 등을 막는 데 주력했다.

참관인의 권한 확대와 투·개표에서의 철저한 감시는 선거 부정을 막는 데 적지 않은 효과를 가져왔으며 그것은 민주당의 예측대로 선거법 개정이 가져온 성과라고 할 수 있었다. 새 선거법이 제대로 시행되면 관의 선거 관여가 상대적으로 잘 통하지 않는 도시 지역에서의 야당 우세는 분명한 것으로 예측되었다. 반면 시골에서는 관의 발언이 비교적 쉽게 먹혀들어 가는 편이어서 여당이 우세할 것으로 점쳐지고 있었다. 그리고 결과는 그렇게 나타났다.

민주당의 도시 지역에서의 우세는 두드러졌다. 1956년의 지방선거 때는 대도시 위주의 야당 우세였던 것이 이번에는 대도시에서 중소도시로까지 확장되어 인구 10만 명 이상의 대도시에서는 한 개 도시를 제외하고 모두 야당이 자유당보다 높은 득표율을 보였으며 17개 중소도시에서도 10대 4의 비율로 야당이 우세했다.

1958년의 제4대 민의원 선거에서의 도농(都農)지구 간 지지 패턴은 다음과 같다.

	자유당	민주당	기타	계
서울	1	14	1	16
26개 도시(인구 5만 이상)	12	29	5	46
소계	13(21%)	43(69%)	6(10%)	62
읍이 있는 농어촌 지구	43	20	10	73
읍이 없는 농어촌 지구	70	16	12	98
소계	113(66%)	36(21%)	22(13%)	171
계	126	79	28	233

선거 결과 자유당은 233의석 중 과반수를 넘는 126석을, 민주당은 호헌선을 웃도는 79석을, 통일당이 1석, 무소속이 27석을 차지했다. 서울에서 유일하게 자유당 후보자가 당선된 구는 제3대 때 이기붕이 출마했던 서대문 을구였다. 서울을 피해 경기도 이천으로 내려간 이기붕은 민주당 후보의 사퇴로 그곳에서 무투표로 당선되었고 자유당의 얼굴인 이기붕이 야당을 피해 낙향했다는 평을 면하기 위해 자유당은 서대문 을구에다 전력투구했다고 볼 수 있다.

결과적으로 자유당은 2년 후에 있을 정·부통령 선거에 대비해서 또 한 차례의 헌법 개정이 필요할 것이라는 전제 아래 개헌선인 재적 3분의 2 이상의 의석 확보를 목표로 삼았으나 필요한 의석수에 30석이나 부족한 선에 머물렀으며 민주당은 단독으로 호헌선을 웃도는 의석 확보에 성공한 것이다. 선거에서 민주당은 '썩은 정치 바로잡자'는 구호를 내걸어 많은 유권자들의 공감을 이끌어낸 데 비해 '구관이 명관이다. 일하는 여당 욕하는 야당'이라는 자유당의 구호는 유권자의 마음을 사로잡는 데 실패했다.

- 제4대 국회 개원

1958년 6월 7일에 개원한 제4대 국회는 그날로 의장단과 상임위원장 전원을 자유당 일색으로 선출했다. 개원을 앞두고 민주당은 부의장 1석과 상임위원장 3분의 1석을 할애해 줄 것을 요구했으나 자유당은 교섭에 제대로 응하지 않고 일방적으로 의장에 이기붕, 부의

장에 이재학, 한희석을 선출하는 한편 15석의 상임위원장 자리를 모두 독식해 버렸다. 민주당은 정·부의장, 상임위원장 선거에 전원 기권표를 던짐으로써 자유당의 독주에 항의했는데 이러한 타협 없는 극한 대립이 4대 국회의 운영이 평탄치 못할 것을 일찌감치 짐작케 만들었다.

2절 민주당의 신·구파 대립

- 두 줄기 세력

창당 당시부터 민주당은 색깔이 다른 두 줄기 파벌로 이루어진 일종의 합성당의 성격을 지니고 있었다. 사사오입 개헌 파동 이후 반(反)이승만 기치 아래 모인 범야 세력은 호헌동지회를 구성할 때부터 여러 갈래 뿌리를 달리하는 집단들의 집합체일 수밖에 없었다. 이들은 민주당, 무소속 동지회, 순무소속의원 등 60명으로 구성되었는데 이를 기반으로 해서 원외의 야당 세력을 규합, 단일 야당을 구성한 것이 민주당이었다.

그중 혁신계 인사들과 그에 동조하는 세력들이 일찌감치 떨어져 나간 후에는 한민당, 민국당으로 이어져 내려온 정통 보수 세력과 반이승만, 반독재 노선에 가담함으로써 새로운 야당 대열로 대두한 원내 자유당계 주축의 무소속 의원들의 세력으로 나뉘었다.

이들 두 줄기 세력이 당권 장악을 놓고 힘겨루기를 하게 된 것은 처음부터 정해진 과정이었다고 할 수 있다. 정당, 국회 출입 기자들은 이들 두 세력을 구파와 신파로 호명했는데 구파는 해방 후 줄곧 정당운동에 가담했던 당료파들이 주류를 이루었고 신파는 주로 일제 강점기와 해방 후에 관료를 지낸 인사들이 주축을 이루었다.

신구 양 파의 대립은 창당대회 때의 대표최고위원 선출에서부터 나타났다. 만장일치로 추대하기를 바랐던 구파에 반해 투표에 의한 선출을 요구한 신파의 주장에 따라 선거를 하게 되고, 결과는 구파의 신익희 234표, 신파의 장면 40표라는 큰 차로 끝을 맺었지만 이 대표최고위원 선출을 시작으로 1956년에 있은 정·부통령 후보 선출에서 다시 구파는 신익희, 신파는 장면을 대통령 후보로 미는 대립이 한동안 지속되다가 몇 차례의 타협 끝에 가까스로 신익희 대통령, 장면 부통령의 러닝메이트가 성립될 수 있었다.

이후에도 신구 양 파는 사사건건 대립을 지속했지만 양 파의 세력이 거의 백중세여서 당 운영이나 원내 활동에서 어느 한쪽으로 기울어지지 않고 균형을 유지할 수 있었다. 당 요직도 양 파에 균배되었고 원내상임위 배정도 큰 마찰을 일으키지 않았다.

4대 국회 선거에서 민주당은 자유당의 자심한 부정(不正)에도 불구하고 79석이라는 많은 의석을 확보했으며 다시 3명의 무소속을 포섭해서 명실공히 힘 있는 야당으로 성장했고 그와 비례해 원내총무의 비중도 커졌다. 역할이 중해진 원내총무 자리를 놓고 신·구파가 경쟁을 벌인 것은 당연했는데 1차 경쟁에서는 신파의 오위영이 구파의 김의택을 누르고 39대 35표(기권 1표)로 승리를 거두었다. 양 파의 세력균형이 잡혔기 때문에 오히려 당직선거에서의 대립상은 더 격화되었으며 때로는 물리적 충돌까지 유발하고 있었다. 그러다가 끝내는 원내에서의 대여 투쟁 방법에서까지 이견(異見)을 노정하기에 이르렀다.

– 대여투쟁 전략의 이견

24파동을 초래한 보안법 문제에 있어서도 양 파는 서로 극심한 의견 대립을 노정해서 24사태가 벌어질 때까지 서로 다른 의견을 좁히지 못하고 적진 앞에서 내부 분열을 일으키는 꼴이 되었다. 당내 일부에서 대여투쟁을 효과적으로 수행하지 못한 책임이 양 파 간부들 간의 불협화음에 있다고 책임을 추궁하는 목소리도 나오게 되었다. 1958년 10월 30일에 열린 민주당 제4차 전당대회는 대표최고위원에 조병옥을 유임시키고 최고위원에 신파의 장면, 곽상훈, 박순천, 구파의 백남훈, 윤보선을 선출함으로써 양 파의 균형을 유지했으나 11월 7일의 원내총무 경합에서는 구파의 유진산이 신파의 오위영을 37대 35표(기권 2표)라는 근소한 표차로 누르고 당선되었다.

1960년의 정·부통령 선거를 앞두고 양 파의 대립은 날로 심해져서 사뭇 감정적으로 악화되었다. 대통령 후보 선출에 대비해서 서로 대의원 포섭에 총력을 기울이게 되자 대의원 선출문제를 두고 전국 각지에서 신구 양 파 간의 충돌이 자주 일어났으며 경남 도당에서는 폭력사태까지 빚어져 대회가 무산되는 불상사가 일어났다. 이 불상사가 원인이 되어 신파의 최고위원 곽상훈과 박순천이 사퇴하는 소동이 야기되어 분위기가 더욱 악화되었다.

양 파는 1958년의 5·2선거와 58년, 59년에 실시된 각급 지방선거 결과가 주요 도시와 지방의 중소도시에서까지 민주당의 세(勢) 신장을 나타내자 1960년 선거에서의 정권 교체의 가능성을 엿볼 수 있다는 판단 아래 대통령 후보 지명을 확보할 필요성을 느끼고 있었다.

신·구파의 대립이 격화되자 일부에서는 분당론(分黨論)까지 공공연히 거론하게 되고 민주당에 대한 국민 여론도 함께 나빠졌다. 야당이 똘똘 뭉쳐 정부 여당에 맞서기에도 힘이 달리는 판에 밤낮 싸움만 하고 있으니 한심하다는 비판이 바로 국민의 소리였던 것이다. 이때 구파의 대통령 후보로 추대받고 있던 조병옥이 '개인보다는 당, 당보다는 국민이 소중하다는 충정에서 우러나온 호소'라는 전제 아래 "지금 민주당이 깨지는 날이면 이승만 박사의 일인정치, 자유당의 일당독재가 될 것이며 그럼으로써 생겨나는 국민들의 불평불만은 결과적으로 공산주의의 온상이 되는 것밖에 없다. 민주당이라는 야당이 없어지는 날에는 모두가 정치적 자살을 하는 것이다. 민주당을 살리지 못하면 민족과 국민에 대한 반역의 죄를 범하는 것이며…"라는 말과 함께 민주당의 대통령 후보 경선을 포기할 것을 선언한다고 발표했다. 조병옥의 경선 포기는 곧 신·구파 싸움에서 구파의 패배를 뜻하는 것이었다.

- 미봉책으로 분당 모면

구파 인사들이 들고일어나 조병옥에게 포기 선언의 번복을 강권하게 되고 그 거센 압력을 견디지 못하게 된 조병옥이 포기 선언 한 달 만에 선언 번복을 발표할 수밖에 없게 되자 '앞으로는 오직 당의 명령만이 나를 구속할 것'이라고 선언했다.

이와 같은 우여곡절을 겪은 끝에 1959년 11월 26일 민주당 정 · 부통령 지명대회는 선거를 통해 총 투표자 966명 중 조병옥 484표, 장면 481표, 기권 1표로 조병옥을 대통령 후보로 선출하고 장면을 부통령 후보로 지명한다. 그리고 다음 날 대의원대회는 대표최고위원 장면, 최고위원에 조병옥, 곽상훈, 백남훈, 윤보선을 선출함으로써 일단 내분을 수습하고 당 조직을 선거체제로 전환한다.

그러나 대의원대회에서의 최고위원 선거에서도 대통령 후보와 대표최고위원의 분리를 주장하는 신파와 그에 반대하는 구파가 대립을 멈추지 않았다. 조정에 실패한 양측은 표결로 이 문제를 가릴 수밖에 없게 되어 결국 신파의 주장대로 장면이 새 대표최고위원에 선출되고 중앙위 구성 중앙 상임위 임원, 중앙위 부 · 차장, 원내총무, 부총무, 정책위원에 이르기까지 골고루 균형 있는 안배를 하는 데 합의할 수 있었다. 민주당 신 · 구파는 후에 4 · 19혁명으로 정권을 잡게 되자 결국 분당으로 치달아 민주당을 떠난 구파는 새로 신민당을 창당하게 된다.

3절 24파동

– 민심 반영한 여촌야도

1956년의 정·부통령 선거와 1958년의 제4대 민의원 선거를 치르면서 정부와 여당은 날로 세력이 커져가는 야당과 친야당 색채가 농후한 언론의 비판을 막지 못한다면 1960년에 있을 정·부통령 선거에서 자유당이 패배할지도 모른다는 위기의식을 가지게 되었다. 1956년의 선거에서는 선거 직전에 야당 후보 신익희의 갑작스러운 죽음으로 유권자 56%의 지지를 얻어 이승만이 대통령에 당선되었으나 자유당의 부통령 후보 이기붕은 유권자의 39.6%의 지지표를 얻어 41.7%의 지지표를 얻은 민주당 후보 장면에게 부통령 자리를 넘겨주고 말았다.

특히 서울 지역의 경우 45만 표 대 9만 5천 표라는 압도적인 표차로 장면이 우세했으며 다른 중소도시에서도 야당 표가 여당 표를 웃도는 곳이 많았다. 여촌야도의 경향이 두드러졌으며 그러한 경향은 날이 갈수록 심해지고 있었다. 이러한 여촌야도 성향은 1956년에 이어 1958년의 선거에서도 더 심하게 나타났다. 자유당은 돈과 관권과 폭력 등을 동원하는 공공연한 부정선거를 감행했음에도 불구하고 야당의 기세를 막는 데 실패했다.

지난 두 차례의 선거에서 직접 선거 부정에 앞장서다시피 했던 경찰과 일부 관료들은 다음 선거에서 합법적인 방법이나 사소한 부정 수단, 국부적인 폭력의 동원 정도로는 자유당이 승리할 가능성이 희박하다는 판단을 내리게 되고 결국 대대적인 투표 날조나 투표함의 통째 환표 등 보다 과격하고 직접적인 방법에 의한 부정 없이는 승리할 수 없다고 결론을 내리게 되었다. 진보당 세력을 송두리째 뿌리뽑고 선거법 개정으로 언론의 붓과 야당의 공세를 약화시키는 그 정도의 방법으로는 1960년의 정·부통령 선거를 여당 뜻대로 성공시키기 어렵다는 결론을 내리게 된 것이다.

- 야당과 언론 봉쇄를 위한 보안법 개정

그래서 야당의 대여공세와 언론의 비판에 완벽한 쐐기를 박을 방안으로 고안되어 나온 것이 국가보안법이었다. 때마침 검찰 일부에서는 날로 거세지는 북한의 대남공작에 대처하기 위해서는 기존의 보안법 중 미비한 점을 보완하는 강화된 보안법이 있어야 한다는 움직임이 일고 있었다. 검찰이 내세운 보안법 개정의 취지는 국가안보를 보강하는 명분이었지만 이면에 깔린 실질적인 목적은 야당의 대

정부, 대여당 공격을 막고 언론의 기능을 위축시키는 데 있었다. 그것이 곧 이승만의 종신집권을 방해하는 모든 세력을 제거하는 제도적 장치가 된다는 것이었다.

전문 3장 40조, 부칙 2조로 구성된 새 국가보안법 개정안은 1958년 11월 18일 국회에 제출되었다. 제헌국회에서 제정했던 종전의 보안법이 6개조에 불과했던 점을 고려하면 새로 기안된 보안법이 얼마나 방대하고 세밀한 것인지 쉽게 알 수 있다. 새 보안법은 이적행위에 대한 개념과 적용 대상을 확대하고 처벌 규정을 추가한 것으로서 그 조문 중에는 해석상 애매하고 포괄적인 표현이 많아 정부에 반대하는 발언이나 야당의 대정부, 대여당 공격이나 언론의 정부 비판을 두고 정부 당국의 자의적 법 적용을 용이하게 할 소지가 농후했다. 말하자면 법 적용을 귀에 걸면 귀걸이, 코에 걸면 코걸이 식으로 할 수 있는 여지를 보장해 준 것이었다. 특히 '공산주의 선전을 퍼뜨리거나 유포한 행위' 같은 막연한 죄에 대해 중형을 가할 수 있도록 규정하고 있으며 허위사실 유포자 처벌 조항을 삽입함으로써 언론의 비판을 봉쇄할 수 있도록 기도하고 있었다.

법안이 국회에 제출되자 야당인 민주당은 이 개정안이 야당과 언론을 탄압하기 위해서 구상된 것으로 판단하고 이를 거부하겠다는 뜻을 밝혔으며 의원 총회는 보안법 특별대책위원회를 구성하고 국민적 여론을 환기시키기 위한 공청회를 열자고 자유당에 제의했다. 그러나 자유당은 공산위협 배제를 위한 국가보안법 개정을 기필코 달성하겠다는 성명을 발표하고 '반공 투쟁의 태세를 가일층 강화하여 일체의 용공 회색적 정치세력을 타도한다'라며 마치 보안법안 반대가 용공 행위인 것처럼 공격하고 나섰다. 보안법 통과를 위해 자유당은 무소속 의원들을 회유, 의석수를 137석으로 늘려 놓았다.

- 야당의 의사당 농성

민주당은 '새 보안법이 공산분자를 잡을 수 있는 이점보다도 야당을 질식시키고 언론자유를 말살하며 일반 국민의 정상 생활을 위협할 해점(害点)이 심대하다'는 담화를 내고 결사반대할 투쟁을 벌이겠다고 다짐했다. 국가보안법 개정안의 내용 중에서 야당과 법조인들에 의해 문제점으로 지적된 것은 국가 기밀의 개념 확대와 언론 조항 등이었다. 특히 국가 기밀이나 정보는 적에게 전달 또는 교부되지 않고 단순히 수집하는 행위만으로도 처벌할 수 있게 하였으며 '인심 혹란죄(惑亂罪)'라고 이름이 붙은 언론 조항에는 '공연히 허위의 사실을 적시 또는 유포하거나 사실을 왜곡하여 적시 또는 유포함으로써 적을 이롭게 하는 죄'를 처벌하자는 구절도 들어 있었다. 이것이 바로 개정안 중에서도 가장 핵심적인 것으로서 심한 논쟁을 불러일으켰다.

언론에 밀린 여당은 '허위의 사실을 적시 또는 유포…' 조항을 '허위의 사실을 허위인 줄 알면서 적시 또는 유포'로, '사실을 왜곡하여 적시 또는 유포…'를 '사실을 고의로 왜곡하여 적시 또는 유포'로 자구 수정을 하게 되었다. 그러나 그 정도의 자구 수정으로는 위정자 자신들의 판단을 전제로 한 '정당한 비판이라고 해석할 수 없는 언론의 폭력'을 규제하는 데는 아무런 지장이 없는 것이 분명했다. '허위인줄 알면서'나 '고의로'라는 어구 자체가 주관적인 판단에 좌우되는 것인 만큼 수사기관이 '허위인줄 알면서' 또는 '고의'로 사실을 왜곡해서 적시 또는 유포했다고 자의적으로 판단한다면 피의자는 당할 수밖에 없게 되어 있기 때문이다.

보안법 개정안은 1958년 11월 15일 국회에 상정되어 12월 5일 자유당 의원만의 찬성으로 법사위로 넘어갔고 12월 12일 법사위에서 예비심의에 들어갔으나 민주당 의원들의 저지투쟁으로 제안 설명조차 할 수가 없었다. 그러나 자유당은 민주당 의원들이 점심식사를 하러 자리를 비운 사이 자유당 의원만으로 단 3분 동안에 이 법안을 만장일치로 통과시켰다. 뒤늦게 민주당은 법사위에서의 날치기 통과의 무효를 주장하면서 의사당 안에서 철야농성에 들어갔으며 의사당에서 극한투쟁을 시작한다는 성명서를 발표했다.

- 무술경위의 야당 의원 강제 축출

민주당 소속 의원 72명, 무소속 5명 도합 77명은 아예 침구를 의사당 안으로 가져와 의석을 옆으로 치우고 이부자리를 깔았다. 스팀을 꺼 버린 의사당 안은 12월의 혹한 속에 뼛속이 저릴 정도로 싸늘했다. 국회 사무처가 본회의 개최가 가능하도록 의사당을 정리하려고 시도했으나 허사였다. 농성이 엿새째로 접어든 12월 24일 자유당은 무술경위(武術警衛) 350명을 동원, 농성 중이던 야당 의원들을 한 명씩 강제로 지하식당에 연금하고 의사당 정문을 폐쇄했다.

동원된 무술경위들은 무술에 능한 건장한 젊은이들이었으나 완강히 저항하는 의원들 때문에 강제 연행을 하는 데 애를 먹었다. 많은 의원들이 부상을 입었고 10여 명이 세브란스병원에 입원했다. 본회의장을 새로 점거한 자유당 의원들은 국가보안법 개정안과 지방자치법 개정안, 선거법 개정안, 신년도 예산안 등 27개의 안을 2시간 만에 일사천리로 통과시켰다.

이날 의사당 주변은 교통이 차단되었으며 삼엄한 경계 속에 일반인의 통행이 제한되었다. 본회의의 의사진행은 기자들에게 취재를 허용했으나 외국인을 포함한 일반 방청객은 출입이 금지되었다.

이날 통과된 법안 중 지방자치법 개정안은 지금까지 선거로써 선출하던 시·읍·면장을 정부가 임명토록 바꾸는 것이었는데 이는 1960년에 있을 정·부통령 선거에서의 유리한 고지를 점하기 위한 것이었다. 자유당은 지방에서의 각급 단체장이 선거에 미치는 영향력이 크다는 것을 알게 되어 지방 행정 조직의 장악을 목적으로 한 것이었다. 자유당은 보안법의 개정을 통해 야당과 언론의 활동을 약화시키고 지방자치법의 개정으로 지방 행정 조직을 장악함으로써 다가올 정·부통령 선거에서 보다 손쉽게 부정을 저지를 수 있게 되고 승리를 확고히 할 수 있다고 믿었던 것이다.

개정된 보안법은 이틀 후인 12월 26일 공포되어 이듬해 1월 8일부터 발효되었다. 이에 대한 국민들의 반대시위는 경찰에 의해 철저히 저지, 봉쇄되었다. 민주당은 12월 27일 '이로써 민주주의는 타살되고 민주독립과 공산주의 배격을 위하여 선열과 동포가 흘린 피도 무색하게 되었다'는 내용의 국가보안법 무효를 주장하는 성명서를 발표했다.

- 파동의 상처

야당이 구성한 '국가보안법 개정 반대 전국 국민대회 발기 준비위'는 1959년 1월 5일 보안법 반대 국민대회를 전국 규모로 계획하였으나 경찰의 강력한 저지로 서울, 대구, 마산 등 몇 군데서만 산발적으로 시위가 있었을 뿐이었다. 얼마 후부터 국회정상화를 위한 여야 협상이 한 달 가까이 진행되었으나 24파동에 대한 자유당의 공개사과와 관련자 인책을 주장하는 야당 측 조건을 자유당이 거절함으로써 결렬되고 정국은 계속 경색한 길로 치달았다.

1월 15일 원외에서는 민주당 주도의 '민권수호 국민총연맹'이 결성되어 원내외의 야당 세력을 규합한 반독재 합동전선을 구축, 범국민운동으로의 확대를 기하게 되었다. 그러나 국보법 무효투쟁이 별다른 성과를 올리지 못하고 적절한 후속 수단을 찾지 못하게 된 민주당은 지금까지의 보안법 반대투쟁을 전반적인 민주화투쟁으로 방법을 전환하게 된다. 다가오는 정·부통령 선거에 대비하려면 당의 전열을 가다듬으면서 동시에 대여투쟁 방법의 전환도 있어야 한다고 인식하게 된 것이다.

1959년 5월 20일 민주당은 '지금까지의 정치투쟁을 휴전하고 앞으로 원내의 공개투쟁을 통하여 국민의 자유 의지와 복리에 역행하는 정부 여당의 횡포와 비정(秕政)을 가차 없이 폭로, 규탄하여 그의 최대한의 시정을 위한 투쟁을 전개할 것'을 국민 앞에 다짐하는 성명서를 발표했다. 이로써 24파동은 표면상 일단 종결된 것으로 낙착되었으나 그동안 국회는 200일 간이나 법안 한 건 상정한 것도 없이 공전(空轉)을 거듭했으니 24파동의 후유증이 얼마나 자심했는지 짐작되고도 남음이 있다.

여야의 이면 협상이 난항을 거듭하자 미국이 적극적인 중재 역할을 맡고 나섰으나 결국 민주당 측의 '보안법 중 5개의 핵심 조항을 삭제하고 지방자치법과 참의원 선거법을 환원시키며 24파동의 관련자 처벌과 재발 방지를 약속할 것'이라는 협상안과 '민주당은 법안 통과의 적법성을 인정하라'라는 자유당의 협상 개최 전제조건이 대립한 상태로 끝내 결렬되고 말았다. (3절의 보다 상세한 내용은 이형,《조병옥과 이기붕》의 제9장 1절 24파동 편 참작)

4절 3 · 15선거

- 자유당의 사전 준비

보안법과 지방자치법을 통과시킨 자유당은 1960년의 정 · 부통령 선거에 대비해서 전열을 새롭게 가다듬었다. 1959년 1월에는 대통령 이승만과 부통령 후보가 될 이기붕을 당선시키기 위한 정치행동대 역할을 맡을 반공청년단을 발족시키고 3월에는 예술인단을 정치 선전에 이용할 목적으로 반공예술인단을 구성했다. 이렇게 선거용 외곽조직을 구축한 후 선거를 직접 주관할 내무관료와 경찰지방장관의 경질을 단행한다. 내무장관에 최인규를 비롯해 내무차관과 치안국장, 서울시경국장 등을 1959년 3월에 임명하고 5월에는 전남 도지사에 황성수, 전북 박정근, 경북 오인근, 강원 홍창섭, 제주 전인덕 등 5개 도지사를 새로 임명함으로써 선거 채비를 완료했다. 반공청년단원, 반공예술인단원들은 3 · 15선거에서 폭력과 연예공연 등으로 임무를 충실히 수행했으며 경질된 자유당 의원 출신 등 지방장관들은 3·15선거에서 자유당의 지령에 따라 그 소임을 제대로 수행한 것으로 밝혀졌다. 선거에 대비하는 마지막 마무리 작업으로 정부는 당시 4대 일간지 중의 하나였던 경향신문을 폐간시켰다. 경향신문은 천주교 재단이 경영하던 신문으로 장면 부통령과 민주당 신파를 강력히 지지하면서 정부와 자유당 비판에 앞장서고 있었다.

- 경향신문 폐간

1959년 4월 30일 정부는 1월 1일 자 '정부와 여당의 지리멸렬상'이라는 제하 사설에서 허위사실을 보도했으며 2월 4일 자 단평 '여적(餘滴)'은 헌법에 규정된 선거제도를 부정하고 폭동을 선동했다는 등 5개 항목의 이유를 내세워 경향신문을 폐간했다. 정부가 경향신문을 폐간시킨 것은 장면에 대한 견제 목적도 있었지만 야당색이 짙은 신문들의 정부 비판 자세에 압력을 가하는 효과를 노린 것이었다. 잘못 정부 여당을 비판하면 너희들도 무사하지 못할 것이라고 경고하는 일종의 협박이었다.

야당과 언론, 사회단체들이 벌떼처럼 정부 처사의 부당함을 지적하고 나선 것은 당연했다. 결국 언론과 국민 여론에 밀려 서울 고법은 6월 26일 경향신문 폐간을 명령한 행정부처에 대해 효력정지 가처분을 내렸는데 경향신문의 윤전기는 다시 돌 수가 없었다. 공보실이 폐간 처분을 철회하고 대신 정간 처분을 내렸기 때문에 신문의 속간은 불가능했으며 경향신문이 낸 정간 처분 취소 소원도 허사로 돌아갔기 때문이다.

1959년 6월 29일 자유당은 대통령 후보에 이승만, 부통령 후보에 이기붕을 지명하고 당 전체가 선거체제로 돌입했다. 이날 짜인 당무회의위원회는 3·15선거에 필요한 모든 대책과 전술을 기획하고 주관하게 된다. 자유당이 정·부통령 지명과 동시에 선거태세로 들어가자 민주당도 1959년 11월 26일 정·부통령 지명대회를 열고 선거를 통해 대통령 후보에 조병옥, 부통령 후보에 장면을 추대하였다. (총 투표자 966명 중 조병옥 484표, 장면 481표, 기권 1표)

자유당은 이미 선거 준비가 완료된 상태였으나 민주당은 그동안의 신·구파 대립 등으로 선거태세가 그때까지 마련되지 않고 있었다. 민주당은 5월 선거를 강력히 주장했으나 자유당은 준비가 덜 된 민주당을 불리하게 만들려면 조기 선거가 유리하다고 판단, 선거일을 3월 15일로 공고하게 된다.

- 조병옥 후보의 급서

민주당은 두 차례나 조기 선거 반대집회를 가졌으나 한 번 공고된 선거일이 바뀔 리 없고 어쩔 수 없이 선거대책을 서두를 수밖에 없었다. 그런데 민주당이 지방 유세 등 선거운동을 제 궤도에 올려놓고 있을 때 미국에서 조병옥 서거의 비보가 전해졌다. 민주당은 지난 선거에서의 신익희 후보의 서거와 더불어 두 번째 맞는 대통령 후보 서거에 전의를 상실했고 국민도 허탈한 상태에 빠졌다. 민주당 내에서는 한때 선거 포기론이 나오기도 하고 구파 측은 선거운동의 중단을 주장하기도 했지만 다시 전의를 가다듬어 장면의 부통령 당선에 주력하면서 이승만의 3분의 1 득표를 저지하자는 새 전략을 세웠다. 만약 이승만이 선거인 총수의 3분의 1 이상 득표를 못할 경우 재선거를 해야 하므로 고(故) 조병옥 박사 추모표를 투표해서 이 박사가 374만 3,306표 이상을 득표하지 못하도록 저지하자는 것을 국민에게 호소했다.

선거전에서는 자유당의 야당 선거 방해 사건이 속출했다. 이승만의 당선은 이미 확정된 것이나 다름없으니까 선거운동을 부통령 선거에다 집중키로 했다. 이승만이 대통령에 당선되면 자유당 정권의 재집권은 보장되므로 정부와 경찰은 마음 놓고 부정선거를 저질렀다. 전국적으로 자유당의 부정선거에 항의하는 크고 작은 데모가 발생했다. 민주당의 장면은 그러한 부정에도 불구하고 '민주당은 이번 선거를 포기하지 않고 끝까지 싸울 것'임을 선언했다. 1959년 3월 3일 민주당은 사전 투표, 공개적 3인 내지 9인조 투표, 민주당 참관인의 축출 등 자유당의 부정선거 계획과 내무부의 부정투표 지령을 폭로했다. 자유당은 유권자의 4할에 해당하는 표를 투표하기 전에 무더기로 투표할 것을 지시하였고 내무부는 투표함의 환함(換函), 개표 시의 환표, 개표 계산서 위조 공표, 자유당 입후보자의 득표를 80%로 할 것 등을 지령했다.

– 조작된 선거 결과

결과적으로 3월 15일에 있은 투표는 전적으로 형식적인 절차 행위에 불과했다. 투표에서 개표, 당선자 공고에 이르기까지 모든 것은 자유당과 내무부가 미리 짜 놓은 각본대로 진행되었다. 민주당은 그날로 선거의 참관을 포기한다고 선언하고 3·15선거의 전면적인 무효를 선언했다.

전국 각지에서 여당 후보자의 표가 너무 많으니 어떻게 처리해야 할 것인지 문의하는 전화가 들어오기도 해서 이에 당황한 자유당은 이승만의 지지율 80~85%, 이기붕은 70~75% 정도로 조정하라는 웃지 못할 지시까지 내렸다. 득표수를 적절히 조정하라는 지시에 따라 중앙선관위가 집계 발표한 선거 결과는 다음과 같다.

유권자 총수	11,196,490명
투표자 총수	10,862,272명
대통령 후보자	이승만 9,663,376표(당선)
부통령 후보자	이기붕 8,337,597표(당선) 장면 1,843,758표

이러한 선거 결과를 믿은 국민은 아무도 없었다. 부정선거로 국민의 기본 권리를 유린당한 국민들은 이승만 독재정권 타도에 궐기하고 나섰다.

5절 제1공화국의 말기 현상

- 부정선거 항의 시위

자유당의 불법, 부정행위에 대한 항의 시위는 3·15선거 이전부터 산발적으로 일어나고 있었는데 대구에서 시작된 학생 데모를 도화선으로 해서 전국의 주요 도시로 퍼져나가 거의 매일처럼 학생 시위가 끊이지를 않았다. 대구에서의 데모는 2월 28일 대구 수성천에서 있은 민주당 부통령 후보 장면의 유세에 학생들을 나가지 못하게 하려고 일요일인데도 등교를 하도록 문교부가 지시를 내린 것이 발단이 된 것이었다. 경북고교 학생들의 시위는 경찰에 의해 240여 명의 구속자를 낳게 하고 그것은 다시 경북여고, 경북사대부고, 대구고 일부 학생들의 가담으로 변했다.

대구의 시위 바람은 순식간에 전국 주요 도시로 파급되어 3월 1일에는 서울에서 '공명선거 추진 전국학생 투쟁회'의 이름으로 '부정선거를 묵인하는 자는 자유로운 조국에서의 삶을 포기한 자' 등의 삐라가 뿌려졌고 5일에는 수백 명의 학생들이 시위를 벌이다가 세종로에서 경찰과 충돌, 3백여 명이 연행되었으며 8일에는 대전에서, 10일에는 다시 대전과 수원, 충주에서, 12일에는 부산에서 그리고 13일에는 서울의 시청 앞과 명동에서, 14일에는 다시 부산, 인천, 포항, 원주 등지에서 학생들의 시위가 연이었다.

– 마산 사태

투표일인 3월 15일 자유당 정부는 폭력배와 경찰을 이용, 전국 투표소의 야당 참관인을 강제로 투표장에서 축출해 버렸다. 야당 참관인이 없는 투표소에서 자유당은 마음대로 몰표를 조작했다. 투표 당일 오후 3시경 민주당 마산 시당 앞에 모인 수천 명의 군중이 '협잡선거 물리치자'라는 구호를 외치면서 데모를 시작했다. 데모는 경찰과 충돌한 후 일단 해산되었으나 개표 작업이 시작되자 다시 학생과 시민들이 개표장인 시청으로 몰려들어 '부정선거 즉시 중단하라'라는 구호를 외치며 시위를 벌였다. 경찰은 최루가스총을 쏘다가 끝내 실탄을 쏘아 이들을 해산시켰다. 경찰의 발포로 시민 8명이 사망하고 50여 명이 다쳤으며 주동자 70여 명이 연행되었다.

마산에 이어 3월 24일에는 부산에서, 4월 6일에는 서울에서 민주당이 주도하는 부정선거 무효 시민 데모가 감행되었다.

마산에서의 유혈사태는 전국적으로 큰 파문을 일으켰다. 전국에서 기자들이 몰려들고 정부와 민주당, 자유당에서도 조사단을 파견했다. 그러나 조사단의 활동이 제대로 될 리가 없었다. 경찰은 기자들의 취재를 철저히 봉쇄했으며 경찰서, 관공서, 심지어는 부상자가 수용되어 있는 병원의 출입조차 일체 통제했다.

내무부는 3월 10일 마산경찰서가 보낸 보고서에 입각, '마산사건의 개요'라는 문서를 만들어 국회 내무위원회에 제출했다. 이 보고서는 발포 사건은 언급하지 않고 북마산파출소의 방화가 데모대의 모의에 의한 것이라고 주장했다. 이에 국회는 여야 합동으로 진상조사단을 마산에 파견했는데 이들이 청취한 증언은 두 가지 엇갈린 것들이었다. 공무원들은 데모가 자연발생적이 아닌 사전에 계획된 것이라는 주장이었고 시민들은 부정선거에 격분한 시민들이 이에 항의하기 위해 데모를 하게 된 것이라고 주장했다. 시민들은 사망자 수가 경찰이 발표한 8명보다 더 많으며 경찰에 연행된 시민들이 심한 고문을 당했다고 증언했다.

– 여야의 엇갈린 조사 보고

국회 조사단 조사 결과는 여야의 현격한 견해차로 말미암아 합의를 보지 못하고 각기 보고하는 형식으로 결말을 지었다. 자유당은 경찰 보고에만 의존한 검찰의 견해를 그대로 받아들여 사건의 배후에 공산 5열이 있으며 경찰 발포는 정당방위라고 주장했다. 민주당은 물론 시위의 발생이 시민의 울분이 폭발되어 나온 것이고 5열이 개입한 흔적은 없으며 경찰의 발포를 정당방위로 보기에는 상황상 인정하기 힘들다는 것이었다.

　전국적인 데모가 산발하고 있는 가운데 3월 18일 부통령 당선자 이기붕이 '총은 쏘라고 준 것이지 가지고 놀라고 준 것은 아니다'라는 발언을 해 흥분해 있던 시민들의 분노에 기름을 쏟아붓게 된다. (이기붕의 기자회견에 관해서는 이형,《조병옥과 이기붕》298~299쪽 참조)

　4월 11일에 마산에서 2차로 일어난 군중시위는 1차 시위 때 행방불명되었던 마산상고생 김주열의 시체가 눈에 최루탄이 박힌 채 마산 앞바다에서 발견되면서 시작되었다. 이 소식을 전해 들은 학생, 시민 2만여 명은 '이승만 정권은 물러가라, 이기붕을 처단하라'라는 구호를 외치며 격렬한 시위를 벌였다. 시위대와 경찰과의 대립에서 경찰의 발포로 다시 2명이 죽고 14명이 중상을 입었다. 시위는 다음 날도 그다음 날도 이어져 마산시의 행정사무는 마비되고 상가도 대부분 철시를 했다.

　마산의 시위가 격화되자 자유당 정권은 이를 간첩의 소행으로 만들 계획을 짰다. 경찰이 작성한 '제2 마산사건의 진상 보고서'는 배후에 적색분자가 개입된 혐의가 있다고 밝혔으며 정부는 내무, 국방, 법무 합동으로 수사위원회를 만들고 적색분자들의 준동 혐의를 과학적으로 수사하겠다고 천명했다. 마산사건을 완전히 공산당의 사주에 의한 것으로 단정 지으려는 수작이었다. 또 마산사태를 난동으로 규정하고 의법 처리할 의사를 밝힌 이승만은 4월 15일 자 성명에서 마산사태를 공산당의 배후 조종에 의한 것이라고 몰아붙였다.

– 2차 조사단의 수습 방안

한편 2차로 마산에 파견된 국회 조사단은 민주당 측 조사를 토대로 사건의 원인을 세 가지로 요약해서 결론을 내렸다. 첫째는 부정선거에 대한 불만이고, 둘째는 김주열의 참혹한 죽음, 셋째는 고문 경찰의 처벌에 무성의한 경찰 당국의 태도였다고 분석했다. 4월 14일 부통령 장면은 다음과 같은 다섯 조항에 이르는 마산사태 수습 방안을 이승만에게 건의했다.

1. 사태 진압을 위해 경찰이 발포하거나 군대를 출동시키는 것을 피할 것.
2. 제1차 사건 당시의 발포 명령자, 발포자 및 고문한 경관 등을 속히 구속 처벌할 것.
3. 제1차 사건 당시 시체에 대한 잔학 행위와 그 불법 유기자를 즉시 체포, 처단할 것.
4. 사건 이후 행방불명된 시민의 소재를 밝혀 국민의 의혹을 풀어 줄 것.
5. 사건 피해자 구호 대책을 철저히 실시할 것.

6절 4·19혁명과 이 대통령 하야

- 부정선거 항의 데모

부정선거에 항의하는 마산의 거센 바람은 서울로 불어닥쳤다. 4월 15일 고려대학교 학생들의 국회 앞 연좌데모와 학교로 돌아가는 이들에 대한 폭력단의 집단테러 사건이 발생하자 4월 19일에는 서울의 전 대학교 학생들과 일부 고교생들이 거리로 나섰다. 이날 국회의 사당 앞 세종로 거리에 모인 학생은 서울대 2천여 명을 비롯해서 건국대, 동국대, 서울사대(師大), 서울의대, 서울약대, 고려대, 중앙대, 연세대, 성균관대, 경희대, 국민대, 국학대, 단국대, 성신여대, 한양대, 홍익대, 동성고교, 대광고교 등 10만여 명을 헤아렸다.

이들은 경찰의 저지선을 뚫고 일부가 경무대로 향했다. 시위대가 효자동 입구로 밀려가자 당황한 경찰이 실탄을 쏘기 시작했고 수많은 사상자가 발생했다. 총격을 피해 사방으로 흩어졌던 학생들은 다시 모여 반공회관에 불을 지르고 이기붕의 집을 포위했으나 경찰의 사격으로 해산당했다.

정부는 이날 하오 3시 서울시 일원에 경계계엄령을 선포하고 데모 진압에 나섰으나 시위대는 일반 시민의 합류로 더욱 늘어나는 기세였으며 시내 곳곳의 파출소가 습격당하는 최악의 사태로 발전했다. 정부는 이날 하오 5시에 서울, 부산, 대구, 광주, 대전 등 5개 대도시에 계엄을 추가 선포하고 하오 7시부터 새벽 5시까지 통행을 금지시키는 한편 제15사단을 서울로 진주시켜 데모대의 대량 검거에 나섰다. 전국에 임시 휴교령이 내려지고 계엄 당국은 '질서를 교란하고 안녕을 파괴하는 행위를 금한다'는 포고문 제1호와 '집회 등교 금지와 언론의 사전 금열'을 내용으로 하는 포고문 제2호를 발표했다. 계엄사령부 발표에 따르면 이날 전국 도시에서의 소요 관련 사상자는 사망 민간인 111명, 경찰 4명, 부상자는 민간인 558명, 경찰 169명이었다. (그러나 혁명 후 재조사에 의해 판명된 사망자 수는 186명이었고 부상자 수는 6천26명이었다.)

- 비상계엄령 선포

국회는 22일 본회의를 열고 여야 동수의 비상시국 대책위원회를 구성하게 되는데 이에 앞서 자유당은 국민들의 감정을 누그러트릴 목적으로 '마산사건 관련 고문 경찰관과 데모 학생을 폭행한 폭력배를 색출, 처단한다'는 결의문을 발표하였고 정부의 국무위원들은 21일 비상사태에 책임을 지고 모두 사표를 제출했다.

비상계엄령을 선포해도 데모가 계속되자 이승만의 태도도 누그러들 수밖에 없었다. 20일 하오 그는 이번 사태로 큰 충격을 받았다면서 질서가 회복되는 대로 사건의 진상 조사를 하겠다고 다짐했다. 경무대로 불려간 전 국무총리 변영태와 전 서울시장 허정은 부통령 당선자 이기붕이 당선을 사퇴하고 모든 공직에서 물러나는 것이 관건임을 진언했다. 이 권고에 따라 이승만은 이기붕에게 사퇴를 권고했고 이기붕은 4월 23일 '내각책임제를 기조로 한 정치적 개혁을 고려한다. 본인은 부통령의 당선을 사퇴할 것도 고려한다'는 애매한 성명을 발표했는데 이에 대해 민주당은 즉각적인 사퇴를 요구했다. 같은 4월 23일 장면이 부통령 사임서를 국회에 제출하고 이승만의 하야(下野)를 촉구하였으며, 장면의 부통령 사퇴를 접한 이승만은 이날 하오 '자유당 총재직을 사퇴하고 대통령직에 전념하겠다'는 성명을 발표한다. 24일에는 이승만으로부터 재차 사퇴 독촉을 받은 이기붕이 전날의 '사퇴 고려'에서 후퇴, 부통령 당선 사퇴와 국회의장직, 자유당 중앙위원장직 등 일체의 공직에서 물러나겠다는 뜻을 자유당 의원 총회에 전했다.

그러나 25일에 있은 서울 시내 각 대학교 교수단의 시위는 이승만 정권의 붕괴에 결정타가 되었다. 이들은 이승만의 즉각 하야와 자유당의 퇴진을 요구하였는데 수많은 시민과 학생이 합류해서 시위대가 시가를 뒤덮었다. 교수단의 시위는 다시 학생과 시민들을 거리로 나서게 만들었는데 경찰은 이들에게 무차별 발포로 맞섰지만 이제는 계엄군도 시위를 진압하지 못할 지경이 되어 중립을 지키는 자세로 관망을 하게 된다.

– 이승만의 하야

계엄사령관 송요찬은 26일 아침 경무대를 찾아 이승만에게 학생 대표와의 면담을 건의했다. 학생 대표들은 이승만에게 '1. 10년간의 잘못된 정치 청산 2. 재선거 실시 3. 중립적인 선거내각 조직' 등 시국 수습안을 건의했고 이승만은 이들과 만난 후 이날 오전에 '국민이 원한다면 대통령직을 사퇴하겠다'는 하야 성명을 라디오를 통해 발표했다.

이승만의 하야 성명을 들은 국회는 같은 날 하오 긴급 본회의를 열어 4개항의 결의안을 만장일치로 의결하고 이를 대통령에게 전달했다.

1. 이 대통령은 즉시 하야할 것.
2. 3 · 15 정 · 부통령 선거를 무효로 하고 재선거를 실시할 것.
3. 과도 내각하에 내각책임제 개헌을 단행한다.
4. 개헌 통과 후 민의원을 해산하고 총선거를 실시한다.

이승만은 4월 27일 국회의 건의를 존중하여 즉시 물러나겠다는 짤막한 성명을 내고 사임서를 국회에 제출한 후 경무대를 떠나 사저인 이화장(梨花莊)으로 옮겼다. 12년간의 제1공화국이 막을 내리고 바로 이날 새벽 경무대 옆 별관에 피신해 있던 이기붕 일가는 자살로써 모두 생을 마친다.

7절 과도정부 수립과 내각책임제 개헌

- 과도정부

이승만의 하야로 대통령 권한대행을 맡은 외무장관 허정은 내각책임제 개헌의 조속한 실시와 3·15 부정선거사범의 처리, 경찰의 중립화를 약속하고 4·19혁명을 통해 표출된 국민의 불만과 욕구에 부응하기 위해 제1공화국의 누적된 불법과 부정부패, 혼란을 일소하는 데 전력을 다하겠다고 말했다.

허정은 대학 교수들이 이승만의 하야를 요구한 4월 25일 저녁 8시에 외무장관직을 수락했으며 국무총리제가 없는 상황에서 수석 국무위원인 외무장관은 부통령 다음으로 대통령 직무대행을 맡아야 하는 자리였는데 대통령, 부통령이 자리를 떠나고 국무위원들이 총사퇴한 시점에서 외무장관직을 맡게 되었던 것이다. 그러나 허정의 과도정부는 단순히 과도기를 담당했을 뿐 뚜렷한 새 시책이나 개혁을 추진할 만한 힘은 가지지 못하였다. 예를 들어 그는 부정선거에 대한 사후처리를 한다면서도 그 대상을 넓게 잡지 못하고 부정을 강요, 지시한 고위 책임자와 국민에게 잔학 행위를 한 자(시위대에 발포를 명하고 또 발포한 자, 고문한 자)로 국한해 처벌 대상을 축소했다.

– 비상시국 수습대책위원회

1960년 4월 29일 국회 본회의는 '전국 학도에게 보내는 감사문'을 발표하고 내각책임제 개헌과 개헌 후 4대 국회를 폐원할 것을 공적으로 약속했다. 그리고 이날 국회는 여야가 비상시국 수습대책위원회를 구성할 것과 개헌 후의 국회의원 선거를 결의한다. 하루빨리 내각책임제 개헌을 성사시키기 위한 목적이었다. 같은 날 첫 모임을 가진 내각책임제 개헌 기초위원회는 5월 8일에 요강 작성을 완료했다. 그 주요 골자는 다음과 같다.

1. 국회는 민의원과 참의원의 양원으로 하고 민의원 임기는 4년, 참의원 임기는 6년으로 하되 3년마다 2분의 1을 재선하도록 한다.
2. 대통령은 양원 합동회의에서 선거하고 재석 국회의원 3분의 2 이상의 투표를 얻어야 하며, 대통령은 정당에 가입할 수 없다.
3. 대통령의 임기는 5년으로 하고 재선에 의하여 1차에 한하여 중임될 수 있다.
4. 국무총리는 대통령이 지명하며 민의원 의원의 동의를 얻어야 한다. 이의 동의에는 민의원 의원 과반수의 투표가 있어야 한다.

5. 국무총리와 국무위원의 과반수는 국회의원이어야 한다.
6. 국무원은 민의원에서 국무원에 대한 불신임결의안을 가결할 때
   는 10일 이내에 민의원 해산을 결의하지 않는 한 총사직하여야
   한다.

– 내각책임제 개헌안 통과

내각책임제 개헌안은 5월 11일 재적의원 222명 중 160명의 서명
을 받아 정부로 이송, 정부는 즉시 개헌안을 공고하고 30일 이내에
국회에서 표결에 부치도록 했다. 자유당은 5월 31일 144명의 소속의
원 중 104명이 탈당함으로써 사실상 붕괴되고 만다. 잔류 의원은 30
명에 불과했다.

개헌안은 6월 15일 표결에 부쳐서 출석의원 211명 중 찬성 208
표, 반대 3표로 가결되었다. 내각책임제 개헌이 실시되자 헌법 제52
조에 따라 민의원 의장인 곽상훈이 대통령 권한을 대행하게 되어 있
었으나 곽상훈이 이를 거부하고 의장직을 사임함에 따라 대통령 권
한은 계속 국무총리인 허정에게 위임되었다. 허정은 새 정부가 수립
될 때까지 국무총리로서 대통령 권한을 행사했다.

- 제4대 국회 폐회

제4대 국회는 임기를 다 채우지 못하고 6월 24일 폐회하게 된다. 2
년 하고도 20일간의 단명이었다. 폐회되기 전에 제4대 국회는 자유
당 정권 시에 제정되었던 각종 악법의 개정 작업을 마쳤다. 24파동
때 제정되었던 국가보안법 중 독소 조항으로 지적되었던 헌법기관
의 명예훼손, 언론 조항 등 11개 항목을 삭제하고 전문 40조의 보안
법을 전문 16조로 수정 축소했다.

또 국회의원 선거법을 손질해서 공명선거를 보장하고 부정선거를
방지할 수 있는 세부적인 규정을 명시했다. 자유당이 신문 등의 폐간
·정간 조치에 원용하고 정당 해산을 가능하게 했던 미군정(軍政)법
령 제55호와 제88호 대신 전문 5조로 된 '신문, 정당 등의 등록에 관
한 법'을 제정했으며 이 법의 제정으로 출판물의 허가제 등 언론 탄
압의 요인이 없어지면서 정당을 비롯한 정치단체들의 등록 절차가
대폭 완화되었다. 그리고 집회에 관한 법률안을 채택, 각종 집회와
평화적 시위를 신고제로 고침으로써 국민의 기본권인 언론, 출판, 집
회 등의 자유가 확충되었다. 마지막으로 지난 24파동 때 도매금으로
함께 개정 통과되었던 지방자치법은 본시대로 환원되어 시·읍·면
장의 국민 직선제를 보장하고 경찰의 중립화를 명시한 조항을 헌법
에 삽입하는 등 악법의 폐지와 개정을 마무리 짓는다.

제5대 국회

1절 7 · 29총선과 민주당 분당

– 7 · 29선거

우여곡절 끝에 새 내각책임제 헌법을 통과시킨 국회가 6월 29일 임기를 채우지 못한 채 폐회되면서 7월 29일에는 새 헌법에 따른 민의원과 참의원의 동시 총선거가 실시되었다.

선거의 결과는 민주당의 압승이었다. 민의원 233석 중 민주당 175석, 사회대중당 4석, 자유당 2석, 한국사회당 1석, 무소속 49석, 기타 1석이었으며, 참의원은 58석 중 민주당 31석, 자유당 4석, 사대당 · 통일당 · 기타가 각 1석, 무소속 20석의 분포였다. 이 중 무소속 당선자의 대부분은 민주당에서 공천에 탈락한 인사들이었고 몇몇은 구자유당계의 인사였다.

- 설 자리 잃은 혁신계

7·29총선에서 진보 성향의 혁신세력들은 설 자리를 찾지 못했다. 일반의 예상보다 밀도는 미미한 당선자밖에 내지 못함으로써 기성 정치권에서 완전히 밀려나는 상황이 되었다. 이들이 쇠퇴한 원인은 자유당 정권에 의해 철저히 뿌리를 뽑힘으로써 4·19혁명의 동력이 된 반자유당, 반독재 투쟁에 이렇다 할 행적을 남길 수 없었다는 데서 찾을 수 있을 것 같다. 혁신계는 유일한 야당으로 부각되어 있던 민주당을 견제할 만한 조직도, 힘도 없었으며 현실 인식에서 마저 소홀함이 많았다.

단적으로 말해서 선거를 치를 수 있는 역량이 태부족이었고 4·19 후의 한국 정국이 보수와 혁신의 대결구도로 전개될 것이라는 그릇된 전망을 가지고 있었던 것이 결정적 실수였다고 할 수 있다. 더욱이 자유당 시절의 숙청 정책으로 대중에게 이름이 잘 알려진 유명 정치인이 거의 없었다는 것도 그들에게 불운을 안겨준 원인 중의 하나였다.

7·29선거에서의 모든 혁신계 정당들은 민족적 사회주의 건설, 계획경제와 산업의 국유화, 평화적 민족 통일 등 현실적인 정책 제시 대신 급진적인 색채의 '이념의 정치'를 표방한 정책을 제시했고 그것은 당시의 국민정서나 국민이 지향하는 방향으로 보아 비현실적인 것일 수밖에 없었다. 진보적인 지식인, 학생, 도시 중산층, 나아가 노동자와 농민들의 동조나 협력을 얻는 대신 등을 돌리게 만드는 결과를 낳았다.

자유당 정부에 대한 반발로 시작된 4 · 19혁명은 자유당 정부를 붕괴시키는 데까지는 성공했으나 혁명을 이끈 학생이나 시민이 새로운 정치체제에 대체될 수 있는 정치세력을 구성할 수는 없었다. 따라서 국민이 지지할 수 있었던 세력은 자유당과 맞서 싸운 유일한 야당이었던 민주당과 반자유당으로 뭉쳤던 무소속밖에 없었던 것이다. 현실에 발을 붙이지 못한 진보혁신 세력이 외면당한 것은 어쩔 수 없는 실정이었다.

7 · 29선거는 종전과는 달리 대체로 공정한 것이었으며 일부 소규모적인 무질서 상태가 빚어지기는 했으나 종전과 같은 관권의 개입에 의한 것이 아니라 민간에 의해 일어났다는 점에서 7 · 29선거는 의정사상 적지 않은 의미를 가지는 것이었다.

- 신 · 구파의 결별

민주당 내 신 · 구파 간의 다툼은 당의 후보자 공천 작업 때부터 그 조짐이 공개적으로 드러났다. 공천 경쟁이 한창이던 7월 11일 구파의 유진산, 서범석 등은 보수 양당(兩黨)제를 위해서는 신 · 구파의 분당이 불가피하다는 주장을 공개적으로 밝혔다. 신파 측은 곧바로 분당을 반대하고 나섰다. 분당을 주장하는 구파는 '일본 등의 예를 보더라도 보수 양당제가 필요하다. 신 · 구파는 언젠가는 나누어질 것이니 이번 선거를 계기로 국민의 심판을 받고 결합하든지 분리하든지 해야 한다. 신 · 구파의 대립이 대수롭지 않다고 말하는 것은 현실을 호도해서 국민을 기만하는 일이다'라고 주장하고 신파는 '신·구파의 차이는 주로 전술에서 볼 수 있을 뿐이지 이념이나 정치적 신념에는 별다름이 없다. 신파는 극단적이고 강직한 전술을, 구파는 탄력성은 있으나 온건한 전술을 써 왔다. 신·구파의 전술 차이는 집권 후에 정책면에서 차이가 날 것이나 현재로는 큰 문제가 되지 않는다. 지금 현재로서는 당의 중심세력은 분당을 필요하다고 생각하지 않는다. 선거가 끝난 뒤에는 공동행동을 하는 중도파를 형성하는 것이므로 민주당이 양분되면서까지 보수 양당제를 취할 필요가 없다'는 주장을 내세웠다.

- 양 파 각축전이 된 선거

이와 같은 노골적인 신·구파 대립은 공천자 경쟁에서 완연한 감정싸움으로 변했다. 사전에 서로 약속했던 페어플레이는 간 곳이 없어지고 볼썽사나운 이전투구(泥田鬪狗)의 양상으로 변해 갔다. 신파 후보에게 밀려서 공천을 못 받게 된 구파 후보나 구파 후보에게 공천을 빼앗긴 신파 후보는 거의 예외 없이 당의 공천을 무시하고 입후보를 감행했다. 당의 공천을 받은 후보를 제명해 버린 지구당이 있는가 하면 공천에 떨어진 후보자가 버젓이 민주당의 간판을 단 선거사무실을 낸 지역구가 있었고 어떤 지역구에서는 지방 사정을 무시한 정략적인 안배 공천을 했다고 데모를 벌였다. 양 파 간에 집단 주먹다짐을 벌인 곳도 있었다.

그래서 대다수 선거구에서의 선거전은 사실상 같은 민주당의 신파와 구파 간의 각축 양상을 드러냈다. 낙천자의 입후보를 방관할 수 없게 된 중앙당은 민주당의 이름으로 입후보한 양 파의 낙천자 115명을 당에서 제명하게 되었다. 이러한 제명사태는 명분을 세우기 위한 일종의 정치적 제스처로 끝나고 신·구파 할 것 없이 구파 간부는 낙천되고도 입후보한 구파 후보를, 신파 간부 역시 낙천된 신파 입후보자를 공공연히 지원하고 나섰다.

신·구파는 이때 이미 분당을 각오하고 있었으나 피차 먼저 분당을 입 밖으로 내는 데에는 주저하는 분위기였다. 이러한 분위기를 반영하듯 구파 측은 선거유세 중 분당의 가능성을 농후하게 시사하고 머지않아 새로운 당이 탄생하게 될 것임을 암암리에 시인했다. 이에 반해 신파 측은 분당의 가능성은 부인하지 않았으나 이를 표면화하는 데는 망설이고 있었다. 당시 당 내외의 선거 전망은 대체로 구파가 신파보다 우세하리라는 것이었는데 신·구파 스스로도 그 같은 판세 진단에 공감하는 공기였다.

- 백중한 양 파 당선자

그런데 뚜껑을 열고 보니 양 파 간의 세력 분포가 큰 차이 없는 균형을 이루었다. 민주당의 당선자 156명 중 구파와 신파의 수가 같았으며 낙천인사로서 당선된 8명 중 구파가 5명, 신파가 3명, 무소속 당선자 중 친구(親舊)가 4명, 친신(親新)이 1명으로 구파가 신파보다 약간 우세한 데 불과했다. 그럼에도 불구하고 구파는 그 정도의 표수 차로도 앞으로 있을 대통령과 국무총리 선거에서 구파가 승리한다는 자신감을 가지고 신파와의 안분을 고려하지 않았으며 두 자리 모두를 독점하기로 결정, 이를 신파 측에 통고했다.

이 같은 통고는 분명히 민주당의 분당을 공포한 것과 마찬가지 처사였다. 구파가 내세운 분당의 명분은 '1. 민주당의 의석수가 3분의 2를 넘게 되어 국민들이 민주당 일당 독재를 우려할 수 있다. 2. 보수 양당제의 확립이 필요하다. 3. 융합이 불가능한 신구 양 파가 국가 운영을 함에 있어 사사건건 대립한다면 국민에게 좋지 않은 인상을 주게 될 것이며 정권 운영을 위해 신·구파가 합작을 한다면 결과적으로 국민을 기만하는 것이 된다'는 것들이었다.

– 정권 장악의 싸움

민주당은 양 파의 대립된 의견 조정과 앞으로의 당의 진로 문제를 논의하기 위해 최고위원과 양 파 중진 연석회의를 열고 의견 절충을 시도했으나 결론을 얻지 못했다. 확실해진 민주당의 집권을 눈앞에 두고 정권을 잡기 위한 막바지 싸움이 시작됐다. 양 파는 확실해진 민주당의 집권을 두고 어느 쪽이 실권을 잡느냐 하는 결정적 싸움을 벌이게 된 것이다. 구파가 대통령, 국무총리 모두를 독점키로 한 데 반해 신파는 내각책임제 아래서 상징적 존재인 대통령 자리를 구파에게 주고 실권을 가진 국무총리 자리를 차지하겠다는 전략을 세웠다.

정권 장악을 위한 신·구파의 대립은 7·29총선이 끝나면서 바로 본격화되었고 양 파는 각기 별도의 당선자 총회를 열어 민주당을 사실상 분당된 상태로 노정시켰다. 신파는 8월 6일 서울 종로3가 대명관에서 85명의 의원으로 단합대회를 가졌으며 구파는 같은 날 서울시청 뒤 아서원에서 95명의 의원이 모여 단합을 다졌다. 출석한 의원 수로는 구파가 신파보다 10명 웃돌았으나 실질적인 세력은 백중이었다.

2절 국무총리 지명전

- 구파 대표의 낙방

내각책임제가 된 이상 권력의 핵심은 국무총리가 될 것이므로 신구 양 파가 차지하고 싶은 것이 바로 총리 자리였다. 세력이 백중해서 치열한 쟁탈전이 예상되는 가운데 양쪽은 무소속 등 부동표의 흡수와 일단 신·구파 중 한쪽에 가담은 하였으나 아직 색깔이 불분명한 소속의원들의 이탈을 방지하기 위해 가능한 모든 방법을 동원했다.

시골에서 상경하는 의원당선자를 서울역에서 바로 자신들이 마련한 숙소로 안내해서 묵게 하거나 직접 선거구까지 모시러 가는 경우도 없지 않았다. 양 파의 갈등은 국회의 부의장 선거에서도 대치되었다. 의장에 곽상훈(신), 2명의 부의장 중 한 명은 이영준(구)으로 일찌감치 선정이 되었으나 나머지 한 명의 부의장을 신파는 무소속에 내어 주자고 주장하며 이재형을 밀었고, 구파는 오랜 옥고 끝에 4·19

로 풀려나 이번 선거에서 당선되어 온 서민호를 선출하자고 주장했다. 표결 결과 구파가 미는 서민호가 114표 대 99표라는 15표 차로 당선되자 구파는 자신들의 우세를 확신하게 되고 대통령(윤보선)과 국무총리(김도연) 두 마리 토끼를 모두 차지하기로 마음을 굳혔다. 이들은 적어도 10표 내지 20표 차로 자신들이 미는 후보자 둘 모두가 당선되리라고 예상했다.

그러나 8월 12일에 열린 민·참의원 합동회의 결과는 예상과는 달리 엉뚱하게 나타났다. 8월 12일에 열린 합동회의에서 대통령 윤보선은 신·구파 이의 없이 당선되었으나 새 대통령 윤보선이 1차로 지명한 국무총리 후보 김도연은 8월 15일 회의에서 총투표 224명 중 가 111표, 부 112표, 무효 1표로 인준이 부결되었다. 무소속 의원 25명의 향배가 빚어낸 결과였다.

- 장면의 총리 인준

1차 투표가 끝난 후 신파는 두 번째 지명이 장면에게 돌아올 것이 분명하고 지명이 되면 인준은 가결될 가능성이 크다고 생각하고 있었다. 무소속 의원들에 대한 포섭공작이 성공적으로 진행되고 있다고 믿었기 때문이다. 신파의 낙관에 비해서 구파는 1차 지명전에 패배한 후 2차 투표 대응책을 두고 당내 의견이 둘로 나뉘어졌다.

첫째는 장면이 지명되면 가결될 가능성이 없지 않으므로 아예 장면이 아닌 제3자를 지명토록 대통령에게 건의하자는 안이었고 둘째는 장면이 지명되더라도 김도연 투표 시의 반대표 112표 이상은 나오기 어려울 것이므로 3차 결선으로 들어갈 가능성이 있다고 보고 3차 결선에 이길 비책을 마련하자는 안이었다. 3차 결선에 들어가면 구파가 이길 수 있다고 낙관하는 분위기였다. 또 일부 소수 의견은 김도연의 재지명을 추진하자는 것이었으나 이는 정치 도의상 있을 수 없는 일이라는 반대 의견이 대다수여서 일단 제외되고 결국 두 의견 중 하나의 선택으로 낙착을 보았지만 결론을 내리지 못하고 두 의견을 그대로 윤보선 대통령에게 보고하게 된다.

8월 18일 윤보선은 2차 총리 지명자로 장면을 재청해 왔다. 지명 마감일인 21일보다 사흘이나 앞당긴 지명이었다. 지명을 앞당긴 이유는 지명이 빠를수록 신파가 무소속 의원들을 포섭할 시간적 여유를 갖기 어려울 것이라는 구파 측 의견에 동조했기 때문인 것으로 풀이되었다. 8월 19일에 실시된 장면에 대한 국무총리 인준동의안은 총투표 225명 중 가에 117표, 부에 107표, 기권 1표로 가표가 정족수인 과반수를 넘어 가결되었다. 재적 과반수인 114표보다 3표가 많은 표수였다. 김도연은 3표가 부족해 떨어지고 장면은 3표를 더 얻어 인준을 받게 된 것이다.

그 3표를 더 얻기 위해 1차와 2차 투표 사이의 사흘 동안 신·구파의 접전은 대단했다. 신파는 3표를 더 얻기 위한 무소속 포섭에, 구파는 3표를 장면에게 못 가게 하기 위한 무소속 포섭에 전력투구했다. 그리고 그 결과는 신파의 승리였다.

장면 총리 인준 뒤에 과도정부 수반 허정의 역할이 있었다고 알려졌는데 그 역할의 크기가 어느 정도였는지는 알 길이 없으나 인준에 결정적 힘을 발휘한 것이 단 3표라고 볼 때 그 정도의 영향이 있지 않았나 하는 설이 유력했던 것 같다. 허정은 투표 전날인 18일 그와 동향인 경남 출신 의원과 개인적으로 친한 의원 등 20여 명을 신교동 자택으로 초청해 장면의 총리 인준을 가결시켜야 한다고 설득했다. 그는 정국 불안의 해소를 위해 장면의 총리 인준이 필요하다고 역설하면서 정치 도의상으로도 두 자리 독점을 겨냥한 구파의 소행이 정국 불안의 요인이 된다고 지적했다.

그는 대통령 윤보선에게 1차 지명이 장면이어야 한다는 것을 주장했으나 윤보선은 한마디로 '장면은 안 돼'라고 잘라서 거절한 것으로 알려져 있다. (허정,《내일을 위한 증언》 267~268쪽 참조) 윤보선은 허정이 말하는 정치적 도의가 자리를 나누어 가지는 것이냐고 허정의 정치적 도의의 뜻을 알 수 없다는 것이 그의 속마음이었다. (윤보선,《구국의 가시밭길》 153쪽 참조) 총리로 지명된 장면은 그의 회고록《한 알의 밀이 죽지 않고》(62~63쪽)에서 윤보선이 첫 번째로 자신을 지명하지 않은 데 대해 크게 유감을 가졌음을 토로한 바 있다.

– 무소속의 향배

국무총리 지명에서 캐스팅보트를 쥔 무소속의 역할은 우리의 역사를 바꾸어 놓을 만큼 결정적인 무게를 가진 것이었다. 단 3표의 차로 낙방한 구파의 김도연이나 3표의 차로 총리로 당선되어 정권을 쥐게 된 장면이 모두 무소속의 조화에 의한 것이었음은 이미 역사에 기록되어 있는 사실(史實)이다. 국회는 국회 부의장 선거에서 구파의 서민호가 당선되었다는 사실 때문에 무소속 의원 25명이 캐스팅보트로서 가지는 무게를 너무 등한시하고 있었다.

총리 인준안 표결이 있기 전인 8월 13일에 무소속 의원들은 '민주당 신·구파가 정치적 제의로서 무소속과의 제휴를 도모하는 것 같지 않다. 지난날의 낡은 수법으로 무소속의 포섭에 열중하고 있으니 이는 묵과할 수 없다'는 성명을 내고 총리 후보인 김도연과 장면에게 정책 질문서를 발송했다. 질문서는 '1. 4월 혁명의 완수 방안 2. 원내 소수파의 권한 보장 방안 3. 거국내각 구성 및 국방, 법무의 중립유지 방안 4. 경제정책 심의 구성 방안 5. 농어촌 경제안정책' 등이었다. 이 중에서 무소속 의원들이 가장 관심을 가지고 있었던 항목은 자신들의 몫으로 돌아올 수 있는 자리와 직결된 2항과 3항이었다.

- 두 후보에 정책 질문서

이 질문서에 대한 양 후보들의 회신이 마감 시한인 15일 하오 7시 전에 전달되었는데 김도연의 답변은 무소속의 움직임에 큰 관심을 두지 않는 듯한 간단한 것이었고 장면의 것은 조목조목 신경을 쓴 답변이었다. 김도연이 2항에 대해 '국회 운영에 관하여는 본인이 관여할 바가 아니므로 답변을 생략한다'고 한 것에 비하여 장면의 것은 '자유당식 원내 다수파의 전횡을 방지하기 위해 의석 비율에 의한 분과위원장 배분, 의장단의 당적(黨籍) 이탈, 기타 소수파 권한 보장에 필요한 제반 대책을 국회법 개정과 건실한 관계의 수립 등으로 실현시키고자 한다'는 답변으로, 무소속이 만족할 만한 것이었다.

또 3항에 대한 김도연의 답변은 '내각 구성은 거족적으로 하고 국방, 법무의 행정은 정치적으로 중립한다'는 간단한 것이었으며 장면의 답은 '책임내각제도의 본질과 균형을 파괴하지 않는 범위 내에서 거족적 인물 본위로 조각할 것인바 특히 국방, 법무 등의 부에는 장관 또는 정무차관을 비정당인사 중에서 등용한다'고 못을 박아 무소속 의원들을 흡족하게 만들었다.

답변서를 검토한 후 무소속 의원들은 재석 20석(5명은 불참) 중 12 대 6으로 김도연의 인준을 거부하기로 결정했다. 인준 거부를 결정한 이유를 '김도연 씨가 원내 소수 활동에 대해 그 보장을 거부하고 있는 것은 내각책임제 하의 다수당 당수격인 새 정부 총리로서의 기능을 이해하지 못하는 것으로서 지극히 무성의한 태도이다. 또 국방, 법무의 정치적 중립 유지 방안에 대해 성실성 있는 구체적인 보장을 회피하고 있는 점은 제2공화국 초대 총리로서 부적격함을 드러낸 것이다'라고 설명했다.

이 같은 무소속 의원들의 결의에 당황한 김도연이 투표날인 17일 부랴부랴 민정구락부(무소속 의원 원내 교섭단체) 의원 총회를 찾아가 '국방, 법무는 중립 성격을 띤 사람을 초당적으로 구해 맡기겠으며 국방 분과위원장과 특위 위원장을 무소속에 일부 할애하는 등 소수파의 의견을 십분 존중토록 하겠다'는 공약을 내놓았지만 이미 사후약방문이 되고 말았다. 불과 3표 때문에 총리 자리를 놓친 구파는 무소속에 대한 포섭 작전에 실패한 결과라는 것을 뼈저리게 느끼게 된 것이다.

훗날 당사자인 김도연은 회고록에서 '내 주변 인사들은 무소속 포섭을 위해 장관, 차관의 안배를 약속하든지 해서 우선 인준부터 받아놓고 보자고 권유했으나 나는 반대했다. 그들의 정책 질문은 각료직 안배의 요구를 의미하고 있으므로 답변하는 것 자체가 쑥스러운 일이었고 그렇다고 표결을 앞두고 그들의 비위를 건드릴 수도 없어서 답변에 궁했을 뿐이다'라고 적고 있다. 무소속 의원들은 장면의 총리 인준을 앞두고도 인준 여부를 표결로 결정했는데 그 결과 역시 부결로 나타났다. (재석 22명 중 (4명 불참) 찬성 8명, 반대 11명, 기권 2명)

- 존재감 나타낸 무소속

그럼에도 불구하고 인준은 가결로 나타났다. 투표를 앞두고 신파의 무소속 포섭 작전이 성공했다는 증거라고 볼 수 있다. 실제로 신파 측의 포섭 조건은 장면 정권의 출범에 농림부 장관, 국방부 정무차관, 법무부 정무차관, 국회운영위원장, 보건사회위원장 자리를 무소속에 할애함으로써 약속을 지킨 결과로 나타났다.

자리를 얻을 수 있다는 조건에 무소속 의원들은 자신들의 표를 판격이 된 것이다. 당시 일부 정치학자나 정치인, 정치부 기자들 중에는 구파의 패인이 김도연의 무성의한 답변에도 있었지만 그 못지않게 구파가 대통령과 총리 두 자리를 모두 독식하려고 한 결정에 반감을 가진 일부 무소속 의원들의 항배에도 있다는 견해를 가지고 있었던 것이 사실이다. 그러나 구파도 두 자리 모두를 차지할 수 없다는 판단을 가졌더라면 대통령을 장면에게 양보하고 총리 자리를 차지하는 데 전력을 다했을 것이므로 어차피 신구 양 파는 총리 쟁탈전에서 맞대결을 했을 것이 분명하다. 그런 점에서 구파의 패인은 사태를 너무 낙관한 전략 차질에 있었다고 보는 것이 옳을 것 같다.

그러나저러나 무소속 의원들의 향배가 신파에게 승리를 안겨 주는 데 결정적 역할을 한 것이 사실이라고 볼 때 3표의 방향을 신파 쪽으로 돌린 무소속의 캐스팅보트가 그 후의 이 나라의 운명을 바꾸는 데 결정적 역할을 했다고 보아야 옳을 것이다. 만약 정권을 잡은 측이 구파였다면 박정희가 쿠데타를 일으켰을 가능성은 적었다고 보는 것이 많은 정치학자들의 견해였으며 설사 쿠데타를 일으키려 했다고 하더라도 구파 정권이었다면 사전에 충분히 그 계획을 막을 수 있었으리라는 견해도 매우 유력했다.

박정희가 자신의 앞길을 위해 의논하고자 했던 상대가 김도연이 었고 실제로 그를 찾아가 만난 사실이 있었다는 것은 이미 박의 입을 통해 알려져 있는 사실이며 구파가 정권을 잡았다면 박정희의 쿠데타를 사전에 막을 수 있는 군의 실력자가 국방장관이나 육군 참모총장 자리에 있었을 것이 거의 분명하기 때문이다. 그런 점에서 얼마 되지 않았던 소수의 무소속 의원들은 우리의 역사를 바꾸어 놓는 데 지대한 힘을 발휘했다고 보아야 할 것 같다.

3절 시위규제법과 반공특별법

– 국민의 욕구불만

자유당 치하에서 억눌려 오던 감정이 4·19 후에 갑자기 얻은 자유로 분출되어 나왔다. 그렇게 분출된 감정은 욕구불만으로 변해서 새롭게 얻은 자유의 물결을 타고 시위의 봇물로 나타났다. 허정 과도정부 때 시작된 데모는 장면 정부가 들어선 후에도 이어져 연일 전국 각지에서 학생이나 시민단체들에 의한 갖가지 이유의 시위가 끊이지를 않았다.

1960년 후반부터 1961년 봄에 이르기까지 경찰에 집계된 것만으로도 하루 평균 3회 이상, 약 1천 36회의 시위가 있었고 심지어는 공공부문의 종사자나 경찰까지 시위를 벌이는 지경이 되었다. 사회 각계각층의 사람과 단체들이 수많은 조직체를 만들어 자신들의 요구를 정부 시책에 반영시키려 했다. 시위 만능의 풍조 속에 정부는 질서유지 기능을 심하게 위협받게 되었으며 그만큼 시위는 준법의식을 잃고 있었다. 1960년 10월 11일에는 4·19 부상학생들이 의사당에 난입하는 일이 일어났고 1961년 3월 22일에는 혁신계가 반공법 및 데모규제법 반대 성토대회를 연 후 밤에는 1만여 명이 횃불 데모를 벌였다.

그런가 하면 일부 교사와 학생들은 월북을 기도하고 학생들에 의한 판문점 행진 기도가 있었는데 이 같은 통일논쟁은 격렬하다 못해 대한민국 체제에의 도전으로 발전하는 듯이 보였다. 학생들의 격동적인 행동은 정치적, 사회적 갈등을 더 심각하게 만들었다. 일부 학생들은 남북 학생회담 개최를 주장하게 되고 혁신정당인 사회대중당이 이를 지지하고 나섰으며 심지어 북한이 이를 뒷받침하듯 '남북학생회담 및 협상교류와 관련, 남한 대표들의 북한 왕래 시 신변의 안전과 생활상의 편의를 제공하겠다'고 거들고 나섰다. 북한은 비단 학생회뿐만 아니라 모든 정당, 사회단체, 정부 인사들 개인에게도 같은 보호를 보장한다고 천명함으로써 학생과 혁신세력을 부추겼다.

– 심각해진 사회적 소요

4·19 부상학생들의 의사당 점거, 일부 학생과 교사들의 용공적인 언행, 혁신계의 횃불 시위 등에 위기감을 느낀 정계는 사태의 심각성을 외면하고만 있을 수 없게 되었다. 윤보선 대통령이 장면 총리를 청와대로 초청해서 '불안한 정국에 책임을 지고 총리 자리에서 물러날 용의가 없느냐'고 다그치고 장면은 대통령이 총리직을 내놓으라

마라 할 것이 아니라고 이를 일축하는 촌극까지 일어났다.

이와 같이 고조된 분위기 속에서 장면의 측근들은 강경책의 필요성을 건의하게 되고 이에 대해 장면은 '4·19 부상학생들의 피가 마르기도 전에 정권 연장을 위해 계엄령이나 독재적 방법을 쓸 수 없다'고 이를 거절했다. 그러나 데모 중에는 교원노조처럼 이북을 찬양하거나 이북의 노래를 부르는 등 좌경화된 색채가 농후한 것도 있었는데 그래도 장면은 단속이나 법적 조치를 취하지 않았다.

이 같은 데모대의 행동은 집회나 결사자유의 한계를 넘은 것이었으나 법적 조치를 취하지 않았던 것은 이것을 단속할 법률이 없었던 것도 한 이유였다. 안보태세가 거의 무방비 상태에 놓인 지경이 되자 야당과 언론이 정권의 총사퇴를 요구하기에 이르고 정권의 치안유지 능력이 없다는 야당과 언론의 비판의 소리가 높아졌다. 이렇게 되자 장면이 마침내 심각한 사회적 소요가 자칫 정권 자체를 위기로 몰고 갈 가능성이 짙어졌다고 판단, 시위규제법과 반공특별법의 입법을 결심하게 된다.

시위규제 법안은 '1. 공공집회와 가두시위는 행사 24시간 전에 회합의 목적, 시간, 장소, 참석자에 관한 정보를 경찰에 통보하며 2. 집회와 시위가 불법행위나 과격행위를 할 경우 경관이 행사의 중지를 명할 수 있고 3. 불법 집회 또는 시위를 규제하기 위해 경찰이 자체 판단으로 총기를 사용할 수 있다'는 것이었다.

한편 반공법은 공산당원의 침투와 지하 활동을 차단, 억제하자는 의도를 가진 것으로 반정부조직이라고 판정된 용공집단의 이익이나 활동을 지원 또는 촉진하는 자를 처벌할 수 있도록 하는 것이었다.

결론부터 말하자면 이 두 법안은 그 필요성이 절실했음에도 불구하고 반대 여론에 밀려서 입법할 시기를 놓치고 결실을 보지 못하고 말았다.

- 유산된 두 법안

유산되고 만 두 법안은 1961년 6월 19일 각의(閣議)에서 법 제정을 의결했는데 의결이 있자마자 학생들과 혁신세력이 2대 악법 반대를 앞세워 장면 정권 타도를 부르짖고 나섰다. 반대는 학생과 혁신세력뿐만 아니라 언론과 대학교수 등 지식인들, 야당인 신민당, 나아가 민주당 내 일부 소장파들까지 '국민을 탄압하기 위한 24보안법 파동의 재판'이라면서 반대하였다.

야당인 신민당은 법안의 내용을 검토한 후 찬성으로 당론을 바꾸었지만 장면 내각은 반대 여론에 끌려 다니면서 서둘러 입법해야 했던 두 법안을 끝내 통과시키지 못한 채 정권의 종말을 맞게 된다. 결국 장면 정권은 끊임없이 공격하는 언론과 계속되는 학생들의 요구에 시달리다가 여러 가지 정책과 국책사업 등을 벌려만 놓고 성과를 거두지 못한 채 정권을 빼앗기고 말았다.

사회의 모든 분야에서 갑자기 각종 조직체가 생겨나고 이들은 자신들의 목소리를 관철시키기 위해 정부와 정부 시책 담당자들에게 혹은 데모로 혹은 파업으로 아니면 연줄을 찾아 청탁의 형식으로 담당자들을 괴롭혔다. 거의 완전에 가까웠던 장면 정부의 민주주의 견

지 방침이 도가 지나쳐 오히려 민주주의에 역행하고 민주주의를 손
상시키는 사태로 빗나갔다고 보면 될 것 같다.

- 다시 불거진 양민학살사건

이 무렵 또 하나 민주당이 해결해야 할 골칫거리가 벌어졌다. 이른
바 거창 양민학살사건의 피해 유족들이 당시의 면(面) 행정 책임자를
보복 살인하는 사건이 일어나 자유당 시절의 과오를 새 정부인 민주
당이 떠맡아 해결하게 되었던 것이다. 4·19 후에 갑자기 얻게 된 자
유로 지금까지 억눌려 있던 국민들의 불만과 참았던 억울함을 호소
하고 시정해 보려는 욕구가 한꺼번에 몰려나올 수밖에 없었던 것은
어쩔 수 없는 현상이었다. 그 대표적인 것이 이승만 정권하에서는 한
마디 항의도 하지 못하고 곰삭히고 있던 지난날의 양민학살사건이
나 과거 크고 작은 좌익과의 관련 때문에 전향해서 보도연맹(保導聯
盟)에 가입했던 탓에 6·25 때 남한 각지에서 대량으로 집단 살해된
사람들의 유가족이 진상 조사를 요구하고 나선 일들이다.

- 놀라운 조사 결과

거창사건과 같이 공비 토벌이라는 이름 아래 무고하게 죽임을 당
한 사례는 전국 각지에 헤아릴 수 없을 만큼 많았다. 거창에서의 보

복 살인사건이 일어나자 전국 각지에서 거창사건과 유사한 양민학살사건의 진상 규명을 유족들이 요구하고 나섰다. 너무나도 어마어마한 폭로 내용에 놀란 국회는 곧장 특별조사위원회를 구성, 여러 사건의 진상 조사에 나섰다. 국회조사반이 파악해서 국회에 보고한 양민학살의 사례는 경남 산청의 3개 부락, 경북 문경, 전남 함평의 3개 면, 전북 순창, 제주, 경남 통영, 전남 나주 등지였다. 인명 피해 상황은 경남이 2천8백92명, 경북이 2천2백 명, 전남 5백24명, 전북 1천28명, 제주 1천8백78명 등으로 밝혀졌다.

국회조사반은 1960년 6월 21일 이러한 조사 결과를 국회 본회의에 보고하고 '1. 보다 정확한 조사를 위해 군, 검, 경 합동조사본부를 설치하고 2. 악질적 관련자의 엄단 3. 피해자 보상' 등을 위해 양민학살사건 특별조치법 제정 등을 건의했으나 정부의 무성의로 그 후 흐지부지되고 말았다.

4절 선거사범 처벌과 공민권 제한법

– 선거사범들의 첫 공판 결과

3·15부정선거와 관련된 4·19 발포 사건, 정치 깡패 사건 등 부정 선거사범들에 대한 1심 공판은 4·19혁명이 일어난 지 8개월이 지난 60년 10월 8일 서울지법 형사 1부에서 1심 공판을 열고 피고인 48명에게 구형량보다 훨씬 가벼운 판결 선고를 내렸다. 사형을 구형받은 5명 중 1명만이 사형을 선고받고 1명은 무기징역 나머지는 징역 8월에서 5년이 선고되었다.

전 내무장관 홍진기가 사형에서 징역 8월로, 대통령 경호관 곽영주가 사형에서 징역 3년으로, 경기도 경찰국장 박사일이 사형에서 징역 3년으로, 서울특별시장 임흥순이 사형에서 징역 5년으로 되었고, 서울시경국장 류충일만이 구형과 같은 사형 판결을 받았을 뿐이다. 징역 10년을 구형받은 정치 깡패 이정재는 징역 10월에 집행유예 2년으로 풀려나고 징역 10년을 구형받은 임화수는 징역 2년 6개월, 나머지 상당수도 집행유예가 아니면 보석으로 석방되었다. 청계천 4가에서의 고려대학생 테러 사건에 관련되었던 유지광 또한 징역 10년에서 징역 5년이라는 가벼운 판결을 받았다.

그렇지 않아도 지지부진했던 혁명재판 진행에 불만이 비등해 있던 차에 선거사범들에 대한 의외의 가벼운 공판 선고는 학생과 시민들의 노여움을 사기에 충분했다. 거센 항의가 일어났고 정부에 대한 비난과 비판이 빗발쳤다. 서울을 비롯한 전국 각지에서 시위가 벌어졌다. 언론도 시민의 편을 들어 '공정치 못한 재판', '재판이 법관들의 만족을 위한 것인가', '범죄자의 처벌을 위해 신속한 입법을 촉구한다'는 등의 비난을 쏟아냈다.

나라 전체가 어지러워지자 대통령 윤보선이 10월 10일 선거사범에 대한 준엄한 처벌이 가능토록 하는 법률 통과를 재촉하면서 '현재의 위기에 대처할 유일한 방법은 가능한 한 급속히 국회를 소집, 과거 정부와 자유당의 각료들에 대한 준엄한 처벌을 줄 수 있는 법률을 통과시키는 것'이라고 주장했다. 한편 장 총리도 '정부는 특별법 제정에 소극적이지 않았다'는 정부 입장을 변명하는 담화를 냈는데 이같은 공식적 담화와는 달리 장면은 소급법 제정에 소극적이었던 것으로 알려져 있다. 대신 국회 내의 야당이 정부보다 특별법 제정에 적극적이었다. 의사당 난입사건까지 겪은 국회는 특별법이 제정될 때까지 '민주반역자에 대한 형사사건 임시 처리안'을 통과시켰다. 이법의 통과로 최인규 등의 재판이 연기되었으며 전 내무국장 등 8명에 대해 다른 형사범죄의 기소 이유를 붙여 구인장을 발부, 다시 체포 수감하기 시작했지만 이미 석방된 이들은 가족들과 함께 행방을 감춘 뒤였다.

훗날 10 · 8 재판의 언도를 했던 재판관이 '그 판결이 당시의 국민 감정과 동떨어진 것이었으며 기존법의 한계를 노정시켰다는 데는 동의한다. 그러나 증거에 따라 사실을 규명하고 당시의 법대로 판결했다. 그 판결에 대해서는 지금도 후회하지 않는다'고 술회한 것으로 보아 잘못된 재판 결과의 책임은 역시 담당 재판관보다 특별법 제정을 서두르지 않았던 정부와 국회가 져야 했던 것으로 봐야 할 것 같다.

그 후 1960년 10월 23일과 24일 각각 민의원과 참의원에서 새로 통과된 특별재판법에 의해 구성된 특재 제1 심판부는 9회의 공판 끝에 4월 17일 선고 공판을 열고 전 내무장관 최인규에게 구형대로 사형을 선고하고 전 치안국장 이강학은 징역 15년, 전 내무부 차관 이성우는 징역 7년, 전 내무부 지방국장 최병환은 징역 5년을 각각 선고받았다.

이 외에 부정선거에 관련된 자유당 간부들에 대한 재판은 4번 공판이 열린 뒤 5 · 16이 일어나 공판이 정지되었다가 군사정권이 마련한 혁명재판에서 한희석이 사형, 박용익이 무기징역, 이존화와 임철호가 징역 15년, 이중재, 박만원, 조순, 정존수가 각각 징역 7년, 정기섭, 이재학, 정문흠, 유각경이 각각 징역 3년 6개월을 선고받았으나 이들 모두가 특별사면으로 형기를 마치지 않고 풀려났으며 사형을 언도받았던 한희석도 무기로 감형되었다가 역시 특별사면으로 석방되었다.

혁명재판소 상소심에서 사형이 확정된 최인규, 곽영주, 임화수, 이정재 등은 교수형이 집행되었다. 결국 제2공화국이 못다 마친 재판을 군사정권이 마무리 짓는 것으로 3·15와 4·19 관련 재판은 결말을 지은 셈이 되었다.

– 선거사범 처리법과 공민권 제한법

선거사범 처리법과 공민권 제한법은 1960년 10월 23일 민의원에서 토의를 생략하고 통과되었으며 이틀 후엔 참의원에서 통과되었다. 첫 번째 법은 3·15선거 관련 불법 행위자와 선거사범 처리법은 3·15선거 관련 불법 행위자와 시위 시민을 살상한 책임자 등을 처벌하기 위한 것으로 처벌 대상은 자유당의 정·부통령 후보를 위시해서 자유당 간부들, 정부 각료와 정부 소유 기업의 장(長), 정부 주요 기관의 간부 등 광범위한 대상을 망라했으며 조사 대상에는 검찰간부, 노총 간부, 각 군 참모총장, 방첩대 간부, 국회 정·부의장과 간부 사무총장 등을 포함하고 있었다.

두 번째 법인 공민권 제한에 대해서는 정치적으로나 법적으로나 무리한 점이 많고 국민의 권리 침해, 사법부에 대한 국회의 간섭 등을 들어 반대 의견이 우세했다. 뿐만 아니라 이 법이 정하는 막대한 수의 대상자들을 처리할 경우 장면 정권의 운영 자체가 위협을 받게 된다는 것이 문제였다.

- 유산된 장면의 수정안

장면 총리는 이 법이 보복을 위한 조치라는 항간의 비판을 받지 않게 하고, 다수 공무원과 경찰관의 불안과 공포가 빚어낼 수 있는 사회적, 정치적 혼란을 막기 위해 법의 수정이 불가피하다는 견지에서 자동 케이스를 없애고 조사 케이스의 범위를 축소하는 수정안을 제출하게 되었으나 민주당 정부는 그것조차 뜻대로 하지 못했다. 민주당 내 소장파와 4·19 관련 단체들이 일제히 수정안에 반대하고 나섰기 때문이다.

장면의 수정안은 민의원에서 참석의원 163명 중 찬성 60표로 과반수표를 얻지 못해 자동 폐기되었고 참의원에서 제출했던 자동 케이스의 조사대상 케이스로의 전환을 시도한 수정안의 재회부 동의 표결에서도 민의원은 161대 6이라는 압도적 표수 차로 부결시켰다. 그러니까 장면 정부는 여당인 민주당 의원의 표조차 결속시키지 못했던 것이다.

공민권 제한법에 의해서 자동 케이스로 621명이 7년간의 공민권 제한을 받게 되고 조사 케이스에서 661명이 5년간의 공민권 제한을 받게 되었다. 이 조치로 말미암아 7·29총선에서 국회의원에 당선되었던 이재학, 황성수, 안동준 등 17명이 의원직을 상실했다.

특별재판법에 의해 구성된 특재 제1 심판부는 9회의 공판 끝에 1960년 4월 17일 선고 공판을 열고 전 내무장관 최인규를 비롯한 내무관리와 경관 등 선거사범들에게 사형에서 징역 3년~7년, 5년, 7년, 15년 등을 선고하고 자유당 간부들에겐 징역 15년에서 3년 6개월까지를 선고했다. 그러나 5 · 16이 발생한 후 군사정부가 설치한 혁명재판소와 혁명검찰부에서 제2공화국에서 다룬 사건들을 다시 다루면서 자유당 관계 사범들은 모두가 특별사면으로 풀려나고 최인규, 임화수, 곽영주, 이정재 등만 사형이 집행되었다.

5절 경찰의 물갈이

- 경찰관 대거 해고

장면 정권이 들어선 후 가장 먼저 처리한 것이 자유당 시절 부정선거에 관여한 경찰관과 4 · 19 때 군중 시위를 과잉 진압한 경찰관들을 숙청하는 일이었다. 부정선거에 앞장섰던 경찰관과 마산에서 있었던 김주열 군의 시체 인양 사건 때문에 경찰관에 대한 국민의 분노가 높았고 민심이 이들의 숙청을 요구하고 있었기 때문에 이들에 대한 숙청이 새 정부 과업의 우선순위가 된 것은 당연한 귀취였다.

집권 후 3개월 동안에 약 4천5백 명의 경찰관이 숙청되고 전 경찰관의 80%가 전보(轉補)되었다. 경무관 이상의 간부 20명 중 18명이 전원 숙청되고 총경이 160명 중 115명(숙청 106명, 징계면직 9명), 경감 500명 중 265명(숙청 258명, 징계면직 7명), 경위 4천 명 중 678명(숙청 634명, 징계면직 44명), 경사 약 6천2백 명 중 1천2백76명(숙청 1,135명, 징계면직 141명), 순경 약 2만2천 명 중 2천1백69명(숙청 1,798명, 징계면직

370명) 도합 4천5백21명이 해고되었다. 전보된 인원도 2만2천2백54명이나 되는 대대적인 것이었다. 도(道)와 도 사이 이동이 경무관 34명을 포함해서 5천7백68명, 도내 이동이 총경 44명을 비롯한 1만6천4백86명이었다.

- 치안 불안

이와 같이 경찰의 고위 간부급 70% 이상이 해고되고 경위급만도 과반수가 해고되었으니 경찰이 제 기능을 다하지 못하게 된 것은 물론이요, 경찰의 사기가 땅에 떨어진 것은 당연한 귀결이었다. 치안이 소홀해지고 사회질서와 공공의 안녕이 위협을 받는 지경에 이를 수밖에 없었다. 거기에다 국회에서 통과된 반민주 행위자 공민권 제한법 때문에 경찰의 기능은 극도로 약화되었다. 이 법에 의한 경찰관의 공민권 제한 대상자가 2천5백 명가량이나 되었기 때문이다. 이들 중 경감에서 순경에 이르는 2천5백20여 명은 경찰업무의 실무 담당자들로서 이 중 4백 명가량은 부정선거에 직접 관여, 투표함을 태우거나 조작하는 데 협조한 행위 등에 의해 처벌을 면하기가 어려운 상황에 있었다.

사태가 심각해지자 서울 시경은 관하 경찰관 중 해당자 611명에 대한 공민권 제한을 유보해 달라는 탄원을 국회와 정부에 보내면서 만약 이들이 경찰에서 해고되면 정보, 사찰 활동 등에 종사하는 형사의 74%를 잃게 된다고 진정했다. 한편 정부에서는 내무장관과 법무장관이 국회에서 '경험이 많은 경관을 한꺼번에 대량으로 잃게 되면 국가의 안녕에 중대한 결과를 초래할지 모른다'는 증언을 했는데 그런 상황이었음에도 불구하고 그들 경찰관에 대한 공민권 제한 유보 진정은 수용되지 않고 대상자 대부분이 해임되었다. 그 결과 남아 있는 경찰관들의 마음이 장면 내각으로부터 떠나 버린 것은 어쩔 수 없는 일이었다.

만약 장면 정부가 경찰의 물갈이를 소폭으로 끝내고 죄상이 그다지 나쁘지 않은 경찰들을 관용으로 포섭했더라면 일시적으로 야당과 언론의 비난은 받았겠으나 대부분의 경찰관과 공무원들은 장면 정부에 포섭되어 충성을 다했을 것이 분명했다. 그러나 여론의 동향에 신경을 써야 했던 민주당 정부는 여론에 밀리듯이 관용을 베풀 아량을 발휘하지 못하고 이들 대상자 대부분을 적으로 돌리고 말았다. 그 결과로 경찰의 협조를 얻는 데 실패했을 뿐만 아니라 경찰의 사기 저하는 과격 시위의 효율적 진압이나 일반 수사에까지 반영되어 크고 작은 사고가 빈발하게 만들었다.

- 건국 초기의 경찰 물갈이

경찰의 물갈이는 건국 초기에도 한 번 있었다. 1948년 9월 7일 국회가 반민족행위처벌법을 제정하고 이 법에 의해 구성된 반민특위가 친일분자들의 처벌을 단행하려 했을 때 그 상당수가 경찰 간부들로서 옷을 벗게 되어 있었다. 이들은 일제 강점기에 한국의 독립운동자나 사상범을 다루었던 고등계 형사 등 친일 경찰들이었다. 그러나 장면 내각에서의 경찰 물갈이가 건국 초기 때의 경찰 물갈이보다 더욱 큰 시련을 장면 내각에 안긴 것은 경찰에 대한 대량의 물갈이가 다른 정부 부문에도 비슷하게 몰아쳤다는 사실이다.

이승만 정권에서 고급 관리직에 있었던 공무원 5천 명이 장면 내각 수립 초기에 해직되고 특별법에 의해 다시 수백 명이 옷을 벗었다. 옷을 벗은 해고자들은 말할 것도 없고 일단 대상자 범주에 들었던 공무원이나 그 동료 공무원들까지 장면 정부에 등을 돌렸다. 장면 정부가 출범한 지 3개월도 되기 전에 내무부 장관이 세 번이나 경질되었는데 두 번째와 세 번째는 경찰의 비협조적 자세 때문에 경질된 셈이었다. 두 번째는 시위대의 국회의사당 점거사건에 책임을 지고 취임 31일 만에 사표를 냈으며 세 번째는 선거사범 장경근(자유당 시절의 내무장관)의 일본 탈출 때문에 재직 38일 만에 사표를 썼다. 네 번째의 내무장관도 동아일보 피습사건이 일어나자 신민당이 이 사건의 책임을 물어 장관의 사퇴를 요구하였으나 취임한 지 20일밖에 되지 않은 새 장관을 그만 두게 한다는 것이 남 보기에도 볼썽사나운 일이어서 너무나 잦은 내무장관 경질을 할 수가 없다고 정부가 신민당의 요구를 거절하게 되고 그로 말미암아 10여 일간이나 국회에서 여야 공방전이 벌어지기도 했다.

– 역효과 낸 경찰관 보충책

많은 해고와 파면으로 인원이 감소되고 사기도 떨어진 경찰의 활성화를 위해 정부는 경찰 인원의 복원을 서두르게 되었다. 1960년 3, 4분기에 정부는 2천 명의 경찰인력을 신규 채용했고 이 중 430명을 대학생으로 충당했다. 또 120명가량의 대졸자들을 간부후보생으로 채용, 단기간의 교육을 마친 뒤 경사로 임명했으며 11월에는 외부로부터 영입한 신임 총경 20명을 다른 인사이동 및 조정과 함께 임명했다.

경찰 내의 인사조정 결과 36명의 경찰이 승진 발령되었으며 그 외에도 54명의 경찰관이 경위 또는 그 이상의 계급으로 승진 발령되었다. 민주당 정부는 이러한 경찰인력의 보충과 승진 조치가 약화된 경찰의 사기를 활성화시키는 데 도움이 되리라고 생각했으나 한편으로 많은 역효과를 동반하는 것으로 나타났다. 정부를 등졌던 경찰관의 충성심을 높이겠다는 인사 발령이 승진에서 누락된 경찰과 외부로부터 신규 채용한 간부 간의 알력을 낳게 만든 것이다.

외부에서 새로 경찰 간부가 된 상사 밑에서 일하게 된 경력 경관들은 승진 탈락의 불만을 새 상사에 대한 비협조로 답했으며 그러한 내부 알력은 경찰 사기를 더욱 저하시키는 결과로 이어졌다. 경찰의 활성화와 사기 앙양을 도모한 조치가 내부의 질서 파괴로 나타나면서 성과보다 비효율성을 노정시키게 되어 사회질서의 유지가 더욱 큰 사회문제를 낳게 된 꼴이 되었다.

– 사회불안에 기름 부은 사이비 언론

치안 악화와 사회불안을 부추기는 데 적지 않게 공헌한 또 하나의 요인이 언론의 무질서였다. 4 · 19 후에 우후죽순처럼 생겨난 각종 언론 매체는 자신들의 존재를 선전할 양으로 정부 공격 일변도의 글들을 마구 쏟아냈다. 4 · 19라는 정치적 격동이 학생과 시민들의 봉기와 언론의 끊임없는 대정부 부정 폭로 그리고 비판 등과 합세해서 이루어진 것이라는 데 이론을 달 사람은 없을 줄로 안다.

언론이 자유당 정부 타도에 주도적 역할을 맡았다는 것도 사실이다. 민주주의의 착실한 신봉자였던 장면은 제2공화국 설립 초에 '언론, 집회, 결사를 포함한 기본인권을 확보하겠다'고 약속했고 이 약속을 끝까지 지켜갔다. 그러나 언론의 자유란 그에 따른 책임이 지켜져야 보장되는 자유이다. 사회 공동체에 대한 책임을 망각한 언론의 지나친 자유 남용은 결과적으로 사회의 질서를 문란케 하고 사회를 혼란에 빠뜨리게 된다. 제2공화국에서의 언론의 무제한한 자유가 언론윤리의 퇴폐를 가져온 좋은 예라고 할 수 있다. 난립한 언론 매체는 5 · 16이 난 후 된서리를 맞고서야 남용된 언론의 자유가 어떤 결과를 낳는지 알게 되었던 것 같다.

6절 외교정책의 변화

- 민의원의 대일 복교 원칙

1961년 2월 3일 민의원은 대일 복교 원칙이라는 4개항에 걸친 결의안을 채택했다.

1. 복잡다단한 국내외의 정세를 감안하여 대일 외교는 제한(制限) 국교로부터 점차적으로 전면외교로 진전시켜야 한다.
2. 평화선(平和線)은 국방 및 수산자원의 보존과 어민 보호를 위해 존중되고 수호되어야 한다.
3. 정식 국교는 양국 간의 역사적인 중요한 현안문제의 해결, 그중에 특히 일본의 강점으로 인한 우리의 손해와 고통의 청산이 있은 후에만 성립된다.
4. 현행 통상 이외의 한일 경제협조는 어떤 형태임을 막론하고 정식 국교가 개시된 후부터 국가 통제하에 우리의 경제발전계획과

대조해서 국내 산업이 침식당하지 않는 범위 내에서 실시되어야 한다.

국회의 이 같은 대일 복교 원칙에 대해 외무부는 즉각적으로 그 내용이 한국 정부의 한일회담 기본원칙이라고 지지했으며 장면 총리도 그 취지가 한국의 주권과 경제 재건이 침해되지 않게 하기 위해 취해진 당연한 조치라고 인정했다.

- 새 정권의 전향적 외교 자세

사실 장면은 총리 취임 후의 첫 시정연설에서 8개항의 시정방침을 피력했는데 그중 외교부문에 있어 두 가지 문제를 새롭게 제시한 바 있었다. 첫째는 통일방안에 있어서 구정권의 태도와는 달리 국제연합의 자유국가들의 노선과 일치하도록 국제연합의 감시하에 남북을 통한 자유선거에 의한 통일의 달성을 주장했으며 둘째는 한일 양국의 관계에 대해서는 양국 간의 외교관계를 정상화하기 위하여 양국 간의 회담을 재개할 것과 재일교포의 경제적 지위 및 교육에 관한 지도 등을 적극화할 것과 교포의 자본을 국내에 도입하는 길을 열도록 하는 것이 급선무의 하나라고 언급했다.

이는 종래의 추상적인 원칙이나 막연한 관념에 바탕한 외교에서 탈피하고 실질적으로 대외 이익을 추구하는 외교로 정책의 틀과 방향을 바꾸겠다는 의사를 밝힌 것으로 해석되었다. 장면 정부의 초대 외무장관 정일형은 그러한 새 정부의 외교노선을 외교정책 7개 목표에 그대로 반영시켰다. 그중 특기할 만한 새 정책은 중립국가 군과의 외교활동 강화와 국민의 해외진출 장려 등이라고 할 수 있다.

국회가 결의한 대일 복교 원칙은 정부가 밝힌 대일 외교의 정상화를 위한 '선린 호혜 원칙에 입각하여 신의와 상호 이해로써 양국의 외교재개를 정상화시키고 재일동포의 북송저지문제 등 현안의 여러 문제를 해결하기 위한 협상을 추진하겠다'는 방침에 대한 구체적인 방법과 방향을 뒷받침해 주는 것이라고 할 수 있다.

- 구정권의 대일 외교

한일 간의 외교는 이승만 정권 때의 초강경 반일(反日)정책에서 허정의 일부 완화 방침을 거쳐 조속한 국교정상화를 공언한 장면 정부의 쇄신된 대일 외교 정책으로 변해 왔다. 일본 정부도 장면 내각을 지일(知日)내각이라고 부르면서 한일회담에 전향적인 자세를 보였으며 1960년 10월에 제5차 한일회담이 열리게 된다.

한일 간의 국교정상화를 위한 회담은 1951년 10월 20일 '샌프란시스코 평화조약'이 조인된 직후에 일본점령 미군사령부(SCAP)의 알선으로 처음 열린 후 네 차례 회담이 있었으나 대일 청구권 문제, 평화선과 어업문제 등으로 이견을 좁히지 못해 난항을 거듭하다가 6·25전쟁과 1953년의 3차 회담에서의 이른바 쿠보다(久保田) 망언 등으로 일시 중단이 되었고 1958년의 4차 회담은 일본의 재일교포 북송문제 때문에 한일 관계가 급속도로 악화되어 회담에 후퇴 상태를 지속했는데 4 · 19 후 민주당이 들어서면서 새로운 국면을 맞게 된다. 1960년 10월 25일에 열린 제5차 한일회담 예비회담에서는 재산청구권, 문화재와 선박 반환 문제, 어업문제, 한인교포 법적지위문제 등을 11월과 12월에 각 소위원회 회의에서 협상하고 기본적 국교관계문제는 위의 현안문제들이 1961년 초에 개최예정인 정식회담 석상에서 해결될 때 상장, 논의키로 했다.

이와 같이 한일회담을 서두르는 장면 정부의 태도에 야당 측은 국회에서 신정부의 양보적 대일 태도를 추궁하고 일방적 양보를 하면서까지 한일 국교정상화를 서둘러야 할 것인가를 따졌다. 5차 회담 예비회담은 이러한 분위기 속에서도 계속 추진되었으며 일본 측은 재산 청구권, 어업문제 및 재일교포 법적지위문제를 소위원회에서 협상할 것을 결정했고 한국 정부는 문화재와 선박 반환 문제, 체불 노임 등을 포함한 재산권과 노임 문제를 제기하기로 결정하고 있었다.

– 수포로 돌아간 장 정권의 대일 협상

그러나 결과부터 말해서 민주당 정권의 대일 협상은 5 · 16쿠데타로 모두 수포로 돌아갔다. 5차 회담 본회의를 열기 전에 거의 타협의 윤곽을 잡아가던 협상의 타협 가능성이 하루아침에 원점으로 돌아가 버렸기 때문이다. 타협의 가능성이 있던 그 내용을 지금 다시 언급하는 일은 소 잃고 빈 외양간 쳐다보는 격밖에 안 되는 것이고 또 최종 타결이 반드시 우리가 희망 사항으로 예상했던 대로 귀결되었을 것이라는 보장도 없는 처지이지만 장면 정권의 외무장관 정일형의 유고(遺稿) 내용대로 '만일 민주당 정부가 1년만 더 지탱했더라면 1. 한일 국교정상화는 우리에게 훨씬 유리한 차원에서 수립되었을 것이고 2. 평화선은 국방선으로 양국이 승인한 후 한일 합작어업회사가 설립되었을 것이며 어족보호 수역이 충분히 책정되었을 것이고 3. 한국의 대일 청구권문제 해결과 경제협력도 일본의 대미(對美) 부채인 EROA(점령지역 경제부흥 자금) 및 GARIOA(점령지 구제자금)의 변제금을 미국에 교섭하여 일시금을 받아들이되 미국의 경제협조 SA와는 별도로 취급되었을 것' 등등이 현실화되었을 가능성이 매우 크다고 보는 것이 대부분의 정치인이나 정치학자, 경제학자들의 공통된 의견이었다는 것이 공론으로 되어 있다.

물론 정일형의 회고 내용대로 모두가 잘 실현되었으리라는 보장은 없지만 적어도 청구권 금액에서만이라도 나중에 군사정권이 '김·오히라金·太平 메모'에 의해 받은 대일 청구권 자금 3억 달러보다는 훨씬 많은 액수가 되었으리라고 믿어진다. 민주당 정부가 요구한 8억5천만 달러에는 못 미친다고 하더라도 최소한 6억 달러 이상의 금액이 되었으리라는 것이 당시의 실무자들이나 경제계, 언론계의 일치된 의견이었기 때문이다.

참고로 소개하자면 이승만 정권 시의 초창기 한일회담에서 우리 정부가 제시하고 민주당 정부가 그대로 청구권의 기틀로 잡은 '대일 청구권의 근거 8개 항목'은 다음과 같은 것이었다.

첫째, 조선은행을 통해 반출해 간 지금(地金), 지은(地銀)의 반환(금 2억4천9백61만3천1백 그램, 은 6천7백54만1천7백71그램)

둘째, 1945년 8월 9일 현재 일본정부의 대(對)조선총독부 채무의 변제.

셋째, 1945년 8월 9일 이후 한국으로부터의 위채(爲債, 어음) 또는 송금된 금액의 반환.

넷째, 1945년 8월 9일 현재 한국에 본사 또는 주(主) 사무소를 둔 법인의 재일 재산의 반환.

다섯째, 한국법인 또는 한국 자연인의 일본국 또는 일본 국민에 대한 일본 국채, 공채, 일본 은행권, 피징용 한인의 미수금, 보상금 기타 청구권의 변제.

여섯째, 한국법인 또는 한국 자연인 소유의 일본법인의 주식 또는 기타 증권을 법적으로 인정할 것.

일곱째, 앞에서 말한 여러 재산 또는 청구권에서 행한 여러 과실의 반환.

여덟째, 앞에서 말한 반환 결제는 협정 성립 후 즉시 개시하여 늦어도 6개월 내에 끝낼 것.

7절 장면 정부와 국회

- 물려받은 파탄 직전의 경제

장면 정부가 자유당 정부로부터 물려받은 한국의 경제는 한마디로 파탄 직전의 것이었다. 도시에는 실업자(失業者)가 넘쳐나고 농촌은 빈곤에 허덕이면서 식량 부족으로 보릿고개를 넘기지 못하는 농가가 수두룩했다. 무역은 대규모 적자였으며 만성 인플레이션으로 저축이 바닥을 치고 있어 경제를 살리기 위한 재원이 태부족이었다. 거기에다 60만 명이라는 과다한 병력 유지를 위한 비용 중 70% 이상을 한국이 부담해야 했는데 이는 국민총생산의 7.3%에 달하는 액수였다. 사회간접자본도 말할 수 없이 빈약해서 전력의 극심한 부족이 그 대표적 예였다.

이러한 어려운 사정을 타개하기 위해 구상해 낸 것이 장면 정부의 경제개발 5개년 계획의 수립과 국토건설사업이었다. 이 중 국토건설사업은 도시의 실업자와 농촌의 빈곤 농가를 구제하기 위한 사업으로 우선 미국의 원조물자 1천만 달러(한화로 약 1백30억 환)와 정부 자체 예산 2백70억 환(약 2천만 달러)으로 사방(砂防) 등 사회자본 조성사업을 시작했다.

- 국토개발사업

민주당 정부는 1960년 11월 말에 국토건설사업계획을 발표하고 사업의 목적이 '1. 공공 토목사업의 실시로 실업자를 구제하고 2. 절량농가를 위해 노임을 살포하는 일이며 3. 나아가 황폐해진 국토의 개발과 자원 활용으로 공업화의 기초를 닦는 것'이라고 밝히고 있다.

이 계획을 위해 정부는 소요 경비 한화(韓貨) 1백50억 환과 미 잉여 농산물 원조 1천만 달러를 계상했는데 이러한 개발사업은 1930년대 초의 불황기에 미국이 채택했던 뉴딜 정책을 본뜬 방대한 것으로 알려져 있다.

이 사업의 완수를 위해 정부는 사업 현장에서 지휘 감독할 일꾼을 사무직, 기술직 합쳐 2천66명을 채용했으며 소정의 교육훈련을 받게 한 후 각 군(郡)에 15~17명씩 배치, 현장근무를 시작하게 했다. 사업은 순조롭게 진행되어 1961년 3월에 농림부가 공개한 한 달 간의 실적이 2만6천여 정보(町步)의 조림(造林)으로 목표의 절반을 넘겼으며 사방사업 또한 목표의 절반 이상을 달성했다. 그러나 국토개발사업의 꿈은 시작한 지 두 달 남짓 만에 5·16군사 쿠데타로 좌절되고 만다. (국토개발사업의 구체적 내용은 이형,《장면 정권과 민주당》, 139~151쪽, 이기

홍,《경제근대화의 숨은 이야기》, 278~282쪽, 김영선,〈국토건설 계획과 실업자 대책〉,《사상계》 61년 1월호 205~209쪽 참조)

- 경제 5개년 계획

장면 정부는 자유당 시절의 부흥부가 작성한 경제 개발 3개년 계획을 참고로 해서 새로운 5개년 계획(1961년~1965년)을 마련, 그 추진을 위한 소요 예산을 편성했지만 이 역시 5 · 16쿠데타로 말미암아 중단되고 만다. 계획안의 구체적 자료는 공표된 것이 없지만 계획의 기조나 시행전략 방식 등은 1961년도 예산안의 국회 제출에 즈음해서 재무장관의 시정 연설과 제안 설명을 통해 상세히 밝혀져 있다.

그가 밝힌 계획 지침은 '새로운 장기 개발계획은 정부가 정책수단을 가지고 추구할 수 있는 부문에 중점을 두고 그와 관련된 민간부문의 자발적 활동을 유도할 수 있도록 한다'는 것으로서 총 투자 가능량을 감안, 우선 투자 순위에 따라 각 부문별 투자 분배를 책정하는 방식을 택했다.

이 장면 정부의 5개년 계획은 개발 우선순위에 따른 파급 효과가 큰 부문의 집중적 설정을 기획하는 한편 민간부문의 활동을 의도적으로 유도하는 정책을 도입했다. 그만큼 정부의 역할을 강조하고 있는 것이었는데 이러한 정부 역할을 강조한 '정부의 의도적 유도'라는 장면 정부의 정책 의도는 군사정부에 의해 '지도받는 자본주의'라는 말로 바뀌어 그대로 계승되었다.

장면 정부의 5개년 계획의 개발전략은 '1. 전력, 석탄 등 에너지 공급원의 확보와 비료, 시멘트, 정유, 철강 등 수입대체산업의 건설 2. 농어촌 개발을 중점적으로 추진함으로써 농어촌 소득의 상승과 국민경제의 구조적 불균형 시정 3. 유휴노동력의 생산적 흡수와 토지 등 자원 이용도의 증진 4. 도로, 항만, 철도 등 수송력의 확보와 기간산업의 확충 및 사회간접자본의 충족' 등이었다.

이와 같은 개발계획안을 바탕으로 해서 1960년 12월 28일에 국회에서 통과된 1961년도 예산안의 내역을 보면 장면 정부의 경제정책의 윤곽을 알 수 있게 되는데 61년도 추가경정예산안은 본예산에 미처 반영하지 못했던 재정 투·융자를 대폭 증액하고 있다. (예산안에 반영된 경제 제1주의의 상세한 내용은 앞에서 소개한 이형,《장면 정권과 민주당》, 158~161쪽, 유광호《장면정권의 경제정책》, 163~189쪽 참조)

- 내각책임제 하의 국회의 역할

내각책임제 아래서는 국회의 다수당이 정권을 장악하게 되어 있으므로 정부가 계획 수립하고 추진하는 정책 사업은 대충 국회에서 통과되는 것이 상례이며 그 내용이 불법적이거나 상식에서 크게 벗어난 과격한 것이 아닌 이상 설사 야당의 반대와 비판이 있더라도 대충 정부 시책대로 국회가 추인하는 것으로 결말을 짓게 된다. 새 정부의 예산안도 앞에서 기술한 민주당 정부의 경제개발 5개년 계획과 국토건설사업을 반영한 것이 된 것은 당연한 일이었다.

사실상 민주당의 첫 번째 예산안 편성이라고 할 수 있는 1961년도 추가경정예산안은 자유당 때의 것을 대충 손질해서 급편성한 61년도 본예산에 미처 반영하지 못했던 국토건설사업, 자원개발사업, 기간산업 등에 소요될 재정 투·융자를 754억 환으로 늘렸다. 특히 국토개발사업을 위해 4백억 환을 책정하고 그중 270억 환은 현금으로 지출하되 나머지 130여 억 환은 그 금액에 해당하는 잉여농산물을 현물 노임으로 지급하도록 했다. 이는 정부의 공공사업 투자로 인해 수반될 수 있는 인플레이션의 위험을 피할 수 있는 부수적 효과를 목적한 것이었다.

– 언론의 비판

전원 확충이나 기타 기간산업시설 등에 할당된 투·융자의 내용은 여기서 생략하거니와 이와 같은 의욕적인 장면 정부의 국토개발사업과 경제개혁 5개년 계획의 청사진에도 불구하고 야당과 언론은 한 치의 동정도 없는 차가운 비판으로 맞았다. 야당인 신민당의 비판은 야당이라서 그렇다손 치더라도 언론의 매서운 비판은 지금 돌이켜 볼 때 너무 성급하고 지나치게 가혹한 것이 아니었나 하는 느낌을 갖게 한다.

1961년 4월 14일 자 〈동아일보〉는 '활로 개척을 위해서 기관차를 갈아야 할 것인가 운전사를 바꾸어야 할 것인가를 가늠할 때가 온 것 같다. 아니 그보다도 세간의 진단으로는 운전사나 기관차가 틀려먹었고 바꿔치워야 할 곳은 이미 내려진 결론이지만…'이라고 장면 총리의 하야를 촉구하고 있으며 같은 해 5월 1일 자 〈한국일보〉는 장면 정부의 경제정책을 무위(無爲) 무능한 것이며 전면적 실패의 결과를 초래한 것이라고 단정하면서 '그 실패의 후화(後禍)가 얼마만큼 국민 대중을 괴롭히는가를 알 수 있다. 위정자는 이러한 사태에 대하여 책임을 느끼고 반성하여야 할 것이다'라고 강하게 비판하고 있다.

장면 정부의 경제정책에 대한 비판은 국내 언론뿐만 아니라 외국 언론도 우려를 나타내는 비슷한 견해를 가지고 있었다. 민주당 정부가 자유경제 원칙을 앞세워 경제위기의 극복을 시장 기구 메커니즘에 맡겨 버림으로써 환율과 금리 인상, 그에 따른 공공요금의 인상 등이 물가 상승을 유발하고 결과적으로 일반 시민의 생활 여건이 오히려 악화되었던 것이 당시의 실정이었다. 이러한 현상을 미국의 주간지 〈뉴스위크〉는 '전후 최악의 상태'라고 보도했다.

- '정권 내놓으라'는 야당

언론의 이 같은 비판은 그렇지 않아도 정권교체에 커다란 기대를 걸고 있었던 일반 국민들이 새 정부가 자신들의 생활 개선에 별다른 도움을 주지 못하자 새 정권에 실망과 환멸을 느끼기 시작했던 차에 이러한 시민들의 불만을 가중시키는 데 크게 일조를 하고 있었다. 정권교체를 바라는 야당은 그러한 국민들의 불만을 정부 공격의 재료로 십분 이용하고 있었다. 신민당은 국회에서도 정부시책의 실패가 국민생활을 더 악화시키고 있다고 비난하면서 사태수습에 자신이 없으면 정권을 내놓고 물러가라고 비판의 목소리를 높였다.

그러나 야당이나 언론의 경제정책에 관한 그러한 비판이 지금 되새겨 볼 때 너무 근시안적이며 가혹했었다는 면이 없지 않았음을 알 수 있게 된다. 인플레이션을 부추긴다고 비판한 환율 인상이나 금리 인상 그리고 공공요금 인상책은 당시의 국제적, 국내적 경제실정으로 보아 어쩔 수 없는 조치였다는 것은 많은 경제학자나 경제정책 실무자들이 하나같이 인정하고 있는 터이며 더욱이 민주당 정부가 자유당 시대로부터 이어받은 경제적 상황, 거기에다 사회적 혼란 등을 감안할 때 민주당 정부가 정책 수립과 그 시행으로 얻을 수 있는 적정한 성과를 기대하기란 너무 시기상조였음을 알 수 있다. 어떤 정책이건 열악한 현실 여건을 극복하고 새로운 내용 있는 열매를 맺는 데에는 적지 않은 시일이 소요되는 법이다. 간단한 여건 하나를 고치는 데에도 수개월이 걸리는 일인데 하물며 파탄 직전의 나라 경제를 회복시키기 위한 정책이야 적게 잡아도 1, 2년의 시간이 소요될 것은 당연한 이치이다. 그런 점에서 야당은 그렇다손 치더라도 언론의 가혹한 경제정책 비판은 우물가에서 숭늉 나오기를 바라는 성급함에 비유될 일이 아니었나 생각된다.

8절 감군(減軍), 정군(整軍)과 5·16쿠데타

- 장면의 감군 계획

국무총리에 당선된 장면은 1960년 8월 27일 국회에서의 연설에서 민주당의 선거공약이었던 감군을 실천에 옮길 뜻을 분명히 했다. 정부예산의 30~40%를 차지하는 국방비 지출을 줄이지 않고는 민주당이 내건 경제 제1주의의 실천이 어렵다는 것을 그는 숙지하고 있었다. 민주당 정부는 국방비를 정부 예산의 20% 아래로 줄여야 된다는 생각을 가지고 있었다.

그러나 그들의 의도와는 달리 감군 계획은 처음부터 큰 암초에 부딪쳤다. 장면 정부는 대외적으로 공언한 감군에 대해 필요한 사전 조사를 치밀하게 해 두지 않았을 뿐 아니라 감군의 타당성에 대해 적절한 홍보도 하지 않았다. 일반 국민에겐 말할 것도 없고 감군에 대해 가장 신경을 곤두세우고 있을 군에 대해서까지 그들을 납득시킬 만한 작업을 소홀히 했던 것이다.

감군으로 영향을 입게 되는 고위 장성들은 물론이요, 육사(陸軍士官學校) 8기들도 인사 적체(積滯)를 이유로 감군에 반대하고 나섰다. 진급에 지장이 있다는 것이다. 뿐만 아니라 유엔군사령부를 위시한 미 대사관, 미 국방성도 한국군 내부의 불안감과 불안정을 초래하게 된다고 감군에 반대하는 태도였다. 한미 양쪽의 반대에 부딪친 정부는 감군 계획을 후퇴시킬 수밖에 없었는데 당초의 10만 감군 계획을 발표한 지 1주일 만에 5만으로 줄이고 다시 한 달 후에는 3만으로 또 20일 후에는 당분간 60만 군력을 유지한다고 밝힌 후 그해 연말에는 1천5백여 명을 퇴역시킨 뒤 이듬해 초에 더 이상의 감군이 없을 것이라고 당초의 감군 계획을 사실상 철회했다.

이 같은 감군소동에 국회가 직접 관여하지는 않았으나 감군 발표에서 실질적인 철회까지 모든 깃을 꾸미고 주도한 인사들의 거의 전부가 국회의원들이었다는 점에서 감군 문제가 민주당 의원들의 작품이었다고 말하는 것이 옳을 것이다. 더욱이 군과 관련된 장면의 또 한 가지 중대한 실수가 군의 사정에 어두운 민간인 국회의원을 국방장관에 임명하고 그 자격미달의 장관이 잘못 선택된 육군참모총장을 임명하였으니 이 같은 모든 것이 5·16쿠데타를 유발하는 동기요, 원인이 되었다.

그러니까 민주당 붕괴의 첫 단계는 부적격한 국방장관의 임명과 이 부적격한 장관이 선택한 부적격한 육군참모총장 임명에서 비롯되었다고 해도 과언이 아닐 것이다.

- 소장 장교들의 정군 요구

육사 8기생을 중심으로 한 군의 소장파 장교들이 주장하는 것은 감군이 아니라 군의 숙군(肅軍)이었다. 부정부패한 정치군인들을 숙청해야 한다는 것이 이들의 주장이었으며 그것이 곧 4월 혁명을 완수하는 필수과업이라고 믿고 있었다. 이들은 3·15부정선거를 방조한 군의 고위책임자에 대한 책임 추궁, 부정축재 장성들의 처단, 무능 파렴치한 지휘관급의 제거 등을 요구했다. 이들의 뜻에 맞게 군의 정화를 주장하던 육군참모총장 최경록을 사임시킨 것이 도화선이 되어 이 같은 조치에 항의하는 소장파 장교 16명(대령 5명, 중령 11명)을 하극상(下剋上)의 행위로 몰아 군사재판에 회부한 후 군에서 추방하였고 이어 소장파가 부패군인으로 낙인찍고 있던 장도영을 새 참모총장에 임명한 것은 민주당 몰락에 결정적 요인이 되었다.

민주당 정부는 대국민 공약의 하나로 무능하고 부패한 장교를 제거하여 군부를 정화하겠다고 했는데 정권 발족 직후에 이 약속을 헌 신처럼 버림으로써 소장파 군인들을 쿠데타로 몰아갔다고 할 수 있다.

- 쿠데타의 사전 준비

박정희에 의한 쿠데타 계획은 자유당 시절부터 수차 있었던 것으로 알려져 있거니와 실질적인 쿠데타의 태동은 4·19 후의 정군운동에서부터 싹트기 시작했다고 볼 수 있다. 박정희는 4·19 직후인

1960년 5월 2일 당시의 육군참모총장 송요찬의 자진 사퇴를 권고한 일이 있었고 이것이 도화선이 되어 5월 8일에는 김종필 등 육사 8기생들이 참모총장에게 정군 건의서를 제출한 끝에 사직당국의 신세를 지는 일이 있었는데 이어서 이른바 소장파 장교 16명의 하극상 사건이 일어난 것이다.

이들은 군법회의에 회부되어 대령 한 명을 제외한 15명이 무죄 판결을 받았으나 배후 조종자로 지목된 김종필, 서정선 두 중령이 곧이어 예편(豫編)되었다. 이 하극상 사건은 정군운동의 조직화를 가져오는 계기가 되었으며 60년 3월에는 평화적인 정군 추진 방법에서 군사 쿠데타로 정군의 목적을 달성하자는 결의를 하게 된다. 1960년 11월 초에 박정희 집에서 모인 소장파 장교들은 이때부터 적극적인 혁명주체세력을 모으기 시작, 61년 4월 초까지 4, 5명의 장성급 동지를 규합하는 데 성공하였다. 61년 3월 15일에는 포섭된 동지들이 서울에서 연석회의를 가지고 추가적인 동지 규합 기준과 방안을 구체화시킴으로써 중앙조직과 후방조직을 마무리했다.

- 5 · 16 거사

당초 혁명세력들은 4 · 19혁명 1주년이 되는 4월 19일을 디데이로 잡았으나 이날 소요가 일어나면 그것을 빌미삼아 거사를 도모하기로 했던 것이 아무런 소요 없이 지나감으로써 계획이 빗나가는 바람에 거사 일을 5월 초로 연기하였다.

5월 16일 새벽 김포 주둔 공수단 장병과 해병대 제6군단 포병대가 한강을 넘어 서울로 진입해 들어왔다. 한강대교 수비를 맡았던 한강 방위 세력 헌병 제7중대는 진입해 온 혁명군 앞에 쉽사리 무너지고 새벽 4시에는 해병대와 공수단이 서울 시내로 들어왔다. 한강을 넘어 삼각지에서 육군본부 광장에 들어선 제6군단 포병대는 박정희를 비롯한 혁명 간부들이 인솔하는 공수단 1개 소대와 해병대를 환영했다.

이 공수단 소대는 방송국으로 달려가고 해병대는 치안국과 서울 시경으로, 해병 1개 수색 소대는 시청을 지나 중앙전신국으로 달려가 각기 그 운영을 장악했다. 장면을 체포하기 위한 해병대원들이 반도호텔로 들이닥쳤을 때 장면은 이미 피신을 하고 없었다. 새벽 4시경 서울 진입에 성공한 혁명군은 4시 30분에 주요기관과 수도의 요소요소를 완전 장악하게 되는데 이때 중앙 방송국에서는 혁명의 제1성이 나오고 있었다.

5월 16일 상오 혁명세력으로 구성된 군사혁명위원회는 공공의 안녕 질서를 유지한다는 명분으로 5월 16일 9시 현재로 대한민국 전역에 비상계엄을 선포했다. 혁명위원회 포고 제1호였다. 이어 금융 동결에 관한 제2호와 공항, 항만 폐쇄에 관한 제3호가 나오고 같은 날 하오 2시에는 군사혁명 5인 위원회의 구성이 발표된다.

그 명단은 육군 소장 박정희, 해병대 예비역 소장 김동하, 육군 준장 채명신, 육군 준장 윤태일, 육군 준장 송찬호 등 5명이었다. 이어 이날 하오 5시에는 정권 인수를 선언하는 계엄사령부 포고문 제4호가 공포되었다.

1. 현 장면 정부의 일체 정권은 1961년 5월 16일 하오 8시까지 완전 인수한다.

2. 현 국회는 해산한다.(지방의회도 포함)

3. 일체의 정당 · 사회단체의 정치활동을 엄금한다.

4. 현 국무위원과 정무위원을 체포한다.

5. 국가 기구의 일체 기능은 군사혁명위원회에 의해 정상적으로 집행한다.

6. 모든 기관 시설의 운영은 정상화하고 여하한 유혈적인 행위도 엄금한다.

이 포고문 제4호 2항에 의해 제5대 국회는 해산되고 마는데 1960년 8월 초에서 1961년 5월 중순에 이르는 8개월 남짓의 한국 의정사상 최단기의 수명이었다. (4 · 19 전후의 군부 동향과 5 · 16군사 쿠데타에 관해서는 이형,《장면 정권과 민주당》213~265쪽,《한국 군사혁명사》1집, 206쪽, 이상우〈5 · 16 이념은 급조되었다〉,《신동아》1984년 8월호, 260~261쪽 참조)

제2부

◆ 머리말

5·16군사 쿠데타로 해산을 당한 5대 국회가 6대로 이어지기까지 2년 반 남짓의 시일이 걸렸다. 박정희의 군사정권이 시작된 1961년 5월 중순부터 그가 시해당한 1979년 10월 말엽까지 우리는 6대에서 10대에 이르는 다섯 차례의 국회를 거쳤다.

옛글에 '봄이 와도 봄 같지 않은 봄'이란 말이 있듯이 그동안의 우리나라 국회가 바로 그 짝이 아니었나 여겨진다. 국회라는 이름은 있으되 알맹이가 없는 허수아비 국회였다. 행정부의 실권자가 언제라도 없애고 싶으면 쉽게 발동할 수 있는 긴급권 하나로 하루아침에 온데간데없어지는 국회, 국민이 뽑는 민의의 대변자가 아니라 행정부의 장이 임명하거나 추천해서 뽑은 의원들이 모여 행정부의 뜻을 받들어 주는 국회를 과연 국회라고 부를 수 있을는지 의심스러운 그런 국회였다.

제헌국회에서 5대까지의 국회를 사건 중심으로 엮은 연장선에서 6대부터 10대까지의 의정사(議政史)를 적어 보지만 국회 자체가 스스로 결정하고 스스로 처리한 일이 너무나 적어서 숫제 61년부터 79년 사이에 일어났던 사건들 중 정치와 직간접으로 관련된 사건들을 추려서 적어 보았다. 그런 뜻에서 국회와 국회 사이의 기간도 이에 포함시켰으니 이를 진정 의정사라고 이름 붙일 수 있을는지 의아해진 다. 아무튼 일단 국회라는 이름이 존재하고 있었던 것만은 사실이니 각기 그 재임기간 동안에 일어났던 사건들을 의정사의 일단으로 간주하고 5대부터 10대사를 엮어 보았다.

앞에서 지적한 것처럼 국회 자체가 정상 상태가 아니어서 임기도 들쭉날쭉하였으며 정부의 행적 소개가 중심이 될 수밖에 없었다. 이 점 양해를 구해 두고 싶다.

◈ 목차

제5대에서
제6대 사이

(1961년 5월 16일~1963년 12월 16일)

1절 군사 쿠데타

- 군사혁명위

1961년 5월 16일 상오 혁명세력은 군사혁명위원회를 구성하고 9시 현재로 대한민국 전역에 비상계엄을 선포했다. 이 혁명위원회령 제1호를 시작으로 잇달아 금융동결에 관한 제2호와 공항, 항만 폐쇄에 관한 제3호가 나왔다. 이날 새벽 서울 중앙방송국을 점령한 혁명군은 혁명공약 등을 방송하기 시작했으며 비상계엄령 등 각종 포고문을 내보냈다. 16일 하오 2시에는 군사혁명 5인 위원회의 구성을 발표했는데 그 명단은 소장 박정희, 해병대 예비역 소장 김동하, 육군 준장 채명신, 육군 준장 윤태일, 육군 준장 송찬호 등 5명이었다. 그때까지 혁명공약을 비롯한 모든 포고문은 육군참모총장 장도영의 이름으로 발표되고 있었지만 정작 장본인은 16일 하오 4시경에야 육군본부의 상황실에 있던 군사혁명위원회 본부로 나가 혁명에 적극 참여하겠다는 것을 선언하고 혁명위원회의 의장직을 수락했다.

- 계엄사 포고 4호

16일 하오 5시에는 정권인수를 선언하는 계엄사령부 포고 제4호를 공포했다. 6개 조항으로 된 포고문은 다음과 같다.

1. 현 장면 정부의 일체 정권은 단기 4294년(서기 1961년) 5월 16일 하오 8시까지 완전 인수한다.
2. 현 국회는 해산한다. (지방의회도 포함)
3. 일체의 정당 사회단체의 정치활동을 엄금한다.
4. 현 국무위원과 정무위원을 체포한다.
5. 국가 기구의 일체 기능은 군사혁명위원회에 의해 정상적으로 집행한다.
6. 모든 기관 시설의 운영을 정상화하고 여하한 유혈적인 행위도 엄금한다.

대한민국의 제5대 국회는 이 포고문 4호 2항에 의해 해산되고 말았다. 이날 밤 제4호 포고문이 공포된 직후인 7시 50분경 새로 군사혁명위 의장이 된 장도영이 두 차례나 대통령 윤보선을 찾아가 간청을 한 끝에 '장면 총리와 국무위원들은 한시 바삐 나와서 이 사태를 수습해 달라'는 요지의 대통령 특별 담화를 방송하게 된다.

"나는 지금 이 중대한 사태에 대해서 혼란 방지와 질서유지에 국민 여러분이 특히 노력해 주기를 간절히 호소하는 바입니다. 더욱이 장면 국무총리 이하 국무위원은 한시 바삐 나와서 이 사태를 수습해 주기 바랍니다. 군사혁명위의 말에 의하면 국무회의에 출석할 국무위원의 신변은 보장된다고 하고 있습니다."

2절 윤보선의 선택

군사혁명위의 계엄령 선포와 연이은 포고문 공포에도 불구하고 혁명의 성공 여부는 불투명한 상태였다. 장도영은 윤보선이 요청한 '장면 총리와 장 내각 각료들에 대해 위해를 가하지 않을 것을 보장하라'는 말에 선뜻 그러겠다고 응하면서 대통령의 수습 담화를 받아 냈으나 이미 공포된 포고문 제4호 제4항에는 '현 국무위원 전원을 체포한다'는 최초 방침이 결정되어 있었다. 이때까지만 해도 군 작전권을 쥐고 있는 유엔군 사령부가 혁명에 부정적이었고 육군을 장악하고 있는 1군사령부도 혁명에 회의적이어서 이들의 귀추가 매우 유동적이었다.

유엔군 사령부 참모회의는 '혁명은 전 국민의 의사가 아닌 일부 군인들의 비법적인 행동이니 야전군의 일부 병력과 미군 1개 기갑대를 투입해서 혁명군을 진압해야 한다'는 결정을 내리고 이 내용을 사령관 매그루더가 공식으로 1군 사령관 이한림 중장과 미 군단장 라이언 중장에게 하달했다. 또 17일 하오 4시경에 매그루더는 원주로 이

한림을 직접 찾아가 반란군을 진압해야 한다는 것을 재확인까지 했다. 이한림은 매그루더의 말을 듣고 일단 예하 부대에 긴급출동 지시를 내리기는 했으나 대통령 윤보선이 보낸 친서를 받고 난 후 혁명지지 성명을 내고는 그래도 계속 사건의 귀추를 지켜보고 있었다. 윤보선이 비서들을 통해 일선 군사령관과 각 군단장에게 보낸 친서의 내용은 다음과 같다.

- 윤보선의 서한

"군무(軍務)에 얼마나 노고하고 있으며 관하 장병이 또한 얼마나 업무에 대해서 충성하고 있는지 나는 항상 감사하고 있을 뿐이며 위로하는 바입니다. 나는 귀하의 탁월한 지도력과 애국심을 새삼스럽게 지적하여 찬양하는 바입니다. 그러나 지금 돌발적으로 발생한 사태에 처하여 우리 군의 행동은 국내외적으로 큰 파동을 주었으며 이 사태를 우리가 어떻게 처리하느냐 하는 것에 우리의 운명이 달려 있는 것입니다. 더욱이 우리나라가 이 중대한 사태를 수습하는 데 불상사가 발생하거나 조금이라도 희생이 발생해서는 안 되는 것입니다.

귀하는 이 나라의 국민을 생각하여 이러한 면에 특별한 관심을 가지고 군의 정신적인 안정을 도모해 주셔야 할 것이며 38선 방위에 만전을 기하고 이 나라에 유리한 방향으로 귀하의 충성심과 노력이 발휘되기를 바랍니다.

나도 또한 전 국민에 대해서 이 중대한 사태를 수습하는 데 불상사가 없도록 걱정하고 진력할 것을 부언하는 바입니다."

– 진압군 동원 반대

윤보선이 일선 군단장들에게 이 같은 서신을 보낸 것은 주한 미국 대리대사 마샬 그린과 유엔군 사령관 매그루더가 청와대로 윤보선을 찾아가 '반란군은 진압되어야 한다'는 것을 강조한 다음에 취해진 조치였다. 마샬 그린과 매그루더는 집요하게 한국군의 병력동원 결단을 요구했으나 윤보선은 완강하게 이를 거부했다. 그가 병력동원을 거부한 이유는 두 가지였다. 첫째는 휴전선을 지척에 두고 적과 대치하고 있는데 불행한 사태가 벌어지면 누가 책임을 질 것이며, 적의 남침을 방지할 확고한 보장이 없는 한 병력동원은 불가하다는 것이었고, 둘째는 병력을 동원하면 진압은 되겠지만 총격전이 벌어질 때 살상을 피할 수 없으니, 동족상잔으로 피를 흘려서는 안 된다는 것이 이유였다. 그러나 1군의 일부가 동원되었다고 해서 반드시 동족상잔의 유혈사태가 발생한다고 보는 것은 이해가 되지 않는 대목이다. 수적으로 10배가 넘는 병력이 동원되고 미군 1개 기갑대가 가세한다면 반란군 진압은 매그루더의 말처럼 1주일 사이에 이렇다 할 유혈사태 없이 완수될 수 있다고 보는 것이 상식일 것이고 더욱이 공군을 동원해 반란군의 원대복귀의 통로를 원조한다면 몇몇 주동분자를 제외하고는 쉽게 투항할 것이 뻔하므로 사태 수습이 어렵지 않다는 매그루더의 주장에 충분한 근거가 있다고 보는 것이 옳은 것이다.

뿐만 아니라 반란군과 진압군 사이에 시가전이나 큰 충돌이 없다면 적의 남침을 운운하는 첫 번째 이유도 자동적으로 해결되는 것이라고 본다면, 윤보선의 출병 반대는 성립이 안 되는 이유에서였다고 판단되어야 옳다. 수적으로 싸움이 될 수 없는 것을 알고도 반란군이 저항을 계속할 리도 없을 것이고 혼란이 크지도 않은데 북한군이 남침해 올 것을 우려하는 것도 상식적으로 말이 안 되는 이유일 수밖에 없기 때문이다.

윤보선이 진압군 동원을 반대한 진짜 이유는 그의 공보비서 김준하의 말처럼 '장면 총리의 약체 내각을 개편해서 강력한 거국 내각을 만들고 긴급조치권을 발동해서 나라의 혼돈 상태를 힘으로 수습하고자 한 것'이 아니었나 추정된다. 그렇다면 그의 영도자로서의 정치적 판단은 크게 그릇된 것이었다고 지적할 수밖에 없다.

3절 장면 내각의 총사퇴와 윤보선 대통령 사임

- 내각 총사퇴

쿠데타가 일어난 지 이틀 후인 5월 18일 하오 1시 그동안 피신해 있던 장면 총리가 중앙청 국무 회의실에 나타났다. 그곳엔 부흥부 장관 주요한을 비롯한 조재천, 한봉수, 오위영 등 이미 체포 구금된 장관들과 자진 출두한 태완선, 정헌주 등 국무위원이 있었다. 이들은 육군참모총장이 선포한 계엄령을 추인키로 하고 이를 대통령에게 상신하는 것과 군부 쿠데타에 대한 정치적, 도의적 책임을 통감하고 국무위원을 총사퇴한다는 것을 의결, 이를 성명서로 발표했다.

'금번 군사혁명 발생에 대해 우리 일동은 정치적, 도의적으로 책임을 통감하고 총사퇴를 하는 바이다. 그리고 사태 수습에 있어서는 유혈을 방지하고 반공 태세를 강화하며 국제적 지위를 확보하는 방향으로 나갈 것을 희망한다'

사퇴 결의를 발표한 후 장면은 기자들에게 '지금의 헌법기관으로서는 윤 대통령뿐이며 나는 단순한 시민으로 돌아가겠다'고 밝혔다. 장면 내각의 총사퇴와 함께 이날 오후 3시 반에는 대통령 윤보선의 이름으로 전국에 걸쳐 비상계엄령을 선포했다. 대통령의 이 같은 선포는 헌법 제64조에 의거 5·16쿠데타가 일어난 날 상오 9시에 군사혁명위가 행한 조치를 추인하는 형식으로 이루어졌다. 군사혁명위원회는 3부를 장악한 후 5월 18일 혁명위를 박정희를 의장으로 하는 국가재건 최고회의로 개칭하였고, 이어 20일에는 최고회의가 새 혁명 내각을 조직하였다.

- 정치활동정화법

1962년에 접어들어서는 먼저 3월 16일에 '정치활동정화법'을 공포했다. 이 법은 5·16 전 또는 이후에 특정한 지위에 있거나 특정한 행위를 한 자의 정치적 활동을 일정 기간 정지시키기 위하여 '국가재건비상조치법'에 의하여 제정된 것으로 전문 12조 및 부칙으로 되어 있다. 이 법이 정한 정화 대상은 다음과 같다.

1. 공직 선거에서의 후보자가 되는 것.
2. 공직 선거에서 특정 후보자의 당선, 낙선을 위하여 선거에 관여하거나 선거에 영향을 미치는 연설을 하고, 정당 정치적 사회단체 결성의 발기 준비를 위한 직위에 취임하거나 정당 사회단체

에 가입 또는 고문 기타 이에 준하는 직위에 취임하는 것.

3. 정치적 집회의 주최자 연사가 되는 것.

4. 위의 각 경우의 특정 정당·정치적 사회단체 또는 정치인의 정
   치 활동을 원조 또는 방해하는 것을 말한다.

5. 부정축재처리법에 의해 처벌, 재산환수, 귀속 추징징수, 벌금 및
   기타 처분을 받은 자도 포함된다.

이 법에 의해 1962년 5월 31일까지 정치활동정화위의 판결을 받
게 되면 1968년 8월 31일까지 정치활동이 금지되었다. 그리고 이 같
은 판결에는 행정소송 등 일체의 불복신청도 금지되었다.

정치활동이 봉쇄된 구정치인 등 해당자는 4,374명에 이르렀는데
그 유형은 최고회의에서 추방된 전 군부 지노자, 군사정부에 비판
적인 언론인, 자유당, 민주당, 신민당 및 진보적 군소 정당의 저명한
지도자, 전직 고위관리, 부정축재자, 남북 학생회담 관련 학생 지도
부 등이었다. 이들은 1968년 8월 15일까지의 6년 동안이나 모든 공
직선거의 후보, 선거운동 정치 집회에서의 연사 등 일체의 정치활동
이 금지되었다. 이 같은 조치는 앞으로 군부가 본격적인 정치 일선
에 나서기 위해 그들의 방해가 될 구정치인이나 당선 가능성이 높은
인사를 일정 기간 정치에서 격리시킬 목적으로 마련된 것이었다. 그
6년이라는 세월은 그 사이에 두 차례 있을 선거를 통해 자신들의 자
리를 굳히기에 필요한 기간이었다. 6년이면 공직자의 자리를 굳히
기에 충분할 뿐더러 국민의 신망도 얻게 되리라는 심산이었다고 보
면 되겠다.

이 정치활동정화법이 공포되자 6일 후인 3월 22일 윤보선 대통령이 대통령직을 사임하였으며 최고회의는 24일 이를 수리했다. 동시에 같은 날 박정희는 대통령 권한대행을 맡게 되었다.

4절 왔다 갔다 민정 이양

- 군 복귀 약속

박정희의 최고회의는 5 · 16쿠데타 직후에 발표한 혁명 공약 제6항에서 '혁명 과정이 성취되면 참신하고도 양심적인 정치인들에게 언제든지 정권을 이양하고 우리들 본연의 임무에 복귀할 준비를 갖춘다'고 약속했다. 이 공약을 뒷받침하는 듯한 성명이 1961년 8월 12일 '정권이양에 관한 성명'이라는 이름으로 발표되었다.

1. 정권 이양 시기는 1963년 여름으로 예정한다.
2. 1963년 3월 이전에 신헌법을 제정, 공표한다.
3. 1963년 5월에 총선거를 실시한다.
4. 정치활동은 1963년 초에 허용한다.

- 민정 이양 천명

그러고는 1962년 12월 27일에 내외 기자회견에서 자신을 비롯한 전 최고위원, 그 밖의 모든 혁명 주체 세력이 금년 2월 말까지 예편하여 민정에 참여할 것이며, 첫째, 1963년 4월 초순에 대통령 선거를 실시하고 둘째, 1963년 5월 하순에 국회의원 총선거를 실시하고 셋째, 8월 중순에 민정 이양을 한다고 천명했다.

그리고 1963년 2월 18일 '시국 수습을 위한 10개 방안'을 제시한다.

1. 군은 정치적 중립을 견지할 것이며 민의에 의하여 선출된 정부를 지지한다.
2. 다음에 수립될 정부는 4 · 19 정신과 5 · 16 정신을 받들어 혁명 과업을 계승할 것을 확약한다.
3. 혁명 주체 세력은 그들의 개인 의사에 따라 군에 복귀 또는 민정에 참여할 수 있다.
4. 민정 이양 후 5 · 16혁명의 정당성을 인정하고, 앞으로는 정치적 보복을 일체 하지 아니한다.
5. 혁명정부가 합법적으로 기용한 공무원에 대하여 그 신분을 보장한다.
6. 유능한 예비역 군인은 그들의 국가에 대한 공로를 인정하고 능력에 따라 가급적 우선적으로 기용한다.
7. 모든 정당은 중상모략 등 구태의연한 정쟁을 지양하고 국민을 위하여 무엇을 하겠다는 뚜렷한 정책을 내세워 정책 대결의 신

사적 경쟁으로써 국민의 신임을 묻는다.

8. 국민투표에 의하여 확정된 신헌법의 권위를 보전하고 앞으로 헌법 개정은 국민 여론에 따라 합법적 절차를 밟아서 실시한다.

9. 한일 문제에 대하여는 초당적 입장에서의 정부 방침에 협력한다.

10. 상기 제안이 수락된다면

가. 본인은 민정에 참여하지 아니한다.

나. 자유민주주의의 기본 질서를 부정하는 행위를 행한 자, 혁명 행위를 방해한 자, 부정축재자 중 환수금을 환수하지 아니한 자, 형사 소추를 면할 목적으로 도주 중에 있는 자를 제외하고는 정쟁법에 의한 정치활동 금지를 전면 해제한다.

다. 선거 시기를 5월 이후로 연기한다.

본 제안을 수락할 때는 본인은 지체 없이 각 정당 대표 정치지도자, 각 군 책임자를 한자리에 초치할 것이며 그들은 각각 이 내용을 엄숙히 준수하고 이행할 것을 이 자리에서 재확인하고 국민 앞에 선서할 것을 제의한다.(후략)

- 이양 약속 번복

그러나 박정희의 이 같은 약속은 불과 한 달을 채우지 못하고 군정(軍政) 4년 연장으로 이어졌다. 박정희는 3월 16일 '건전한 정부의 탄생을 위해 과도적 군정기간 설정이 필요하다'고 전제하고 '앞으로 약

4년간 군정기간을 연장하는 데 대한 가부를 최단 시일 내에 국민투표에 부쳐 국민의 의사를 묻기로 한다'고 발표했다. 그는 '최근에 일어난 불행한 일련의 사태나 정치적, 사회적 제 양상은 바로 일부 군인 정치인, 국민들의 각성을 촉구하고 있으며 국민들의 민정 후 예상되는 여러 가지 화근들은 아직도 우리 주변에 잠재하고 있음을 인식해야 하겠기에, 다시는 혁명이 없는 건전한 민정 탄생을 기약하기 위하여 민정 이양을 위한 과도적 군정기간의 설정이 필요하다는 것을 말하고자 한다'고 군정 연장의 이유를 밝혔다.

- 박정희 민정 불참 선언

그는 다음과 같은 시책을 강구하겠다고 새로운 약속을 제시한다.

1. 혁명 정치의 광장을 넓혀 과거의 당파나 계보에 구애됨이 없이 광범위하게 인재를 등용하여 군정에 참여케 함으로써 거국 정치의 실을 거두게 할 것이다.
2. 직능대표, 지역대표 등 민간인이 참여한 입법기관으로 최고회의를 전면 개편, 보강한다.
3. 초당파적 정계의 중진으로 구성한 자문기관을 둔다.
4. 민정 이양을 위한 초당파적 구성의 연구기관을 둔다.
5. 과거의 일체의 당파나 계보를 청산하고 건전한 새로운 양당 제도의 발전을 위한 의견을 들어 정치 분위기 조성을 위하여 노력한다.

만일 군정 연장에 대한 국민의 신임을 얻지 못할 때는 정부는 즉각 정치활동의 재개를 선언하고 계획된 대로 민정 이양을 실시할 것이며 우리는 일체 민정에 참여하지 않고 정치인들에게 전적으로 이 정권을 이양하고 물러설 것이다.

이 성명은 정국의 혼란과 군 일부의 쿠데타 음모사건, 군인 대모사건을 이유로 들었지만 이는 그때까지 발표했던 민정 이양을 위한 모든 공약을 스스로 부인하고 한 달 전의 2·27정치선언을 백지로 돌려놓는 중대한 의의를 지닌 것이었다. 두말할 필요도 없이 이 군정 연장 선언은 야당 측의 격렬한 반발을 야기했고 야당의 반대 투쟁에 부딪힌 혁명 정부는 군정 연장을 위한 국민투표를 9월 말까지 연기하겠다고 제의하였으나 결국 이 성명은 박정희의 민정 불참과 군정 연장 성명을 결과적으로 백지화하면서 박정희의 대통령 출마를 가능케 만들었음은 물론 민정 이양을 연말까지 약 4개월간 늦추는 결과를 낳게 하였다.

그 후 이해 7월 23일에는 '10월 중순에 대통령 선거, 11월 하순에 국회의원 선거 그리고 12월 중순에 국회를 소집하여 개정한 법이 규정한 연내 국정 이양을 이루게 할 것'이라고 자신이 마련한 민정 이양 스케줄을 발표한다. 그가 발표한 계획대로 1963년 12월 15일의 대통령 선거(투표율 84.99%, 박정희 469만 2,644표)에서 박정희는 대통령에 당선되고 11월 26일의 국회의원 선거에서 압승을 거둔 공화당을 거느리고 12월 12일에 제3공화국의 초대내각을 조직, 12월 17일에 제5대 대통령에 취임하면서 정식으로 제3공화국을 발족시켰다.

그가 당초에 약속한 '참신하고 양심적인 정치인'에게 정권을 이양하겠다던 그 참신하고 양심적인 정치인이 결국 자기 자신이었던 것으로 밝혀진 것이다.

5절 2차 통화개혁

군사정권이 1962년 6월 10일 단행한 제2차 통화개혁은 구 환화의 유통과 거래를 금지하고 호칭가치를 10분의 1로 절하한다는 것이었지만 그 진짜 속 목적은 구정권의 부패에 편승해서 음성적으로 축적되었을 자금이 상당액 감추어져 있을 것이라는 추정 아래 이런 음성 자금과 과잉 구매력을 장기 저축으로 유도하여 투자 재원으로 활용하고 동시에 인플레이션을 미연에 방지해 보자는 것이었다. 그러니까 통화개혁은 한마디로 말해서 음성적으로 축적된 자금을 강제 저축으로 돌려서 산업자금으로 활용하자는 것이었다.

- 통화개혁의 골자

통화개혁의 골자는 첫째, 1962년 6월 10일 0시부터 환화의 유통과 거래를 금지하고, 둘째, 호칭가치를 10분의 1로 절하하여 신 원화를 발행한다. 셋째, 구 은행권과 각종 자금 수단은 6월 27일까지 금융기관에 예치한다는 것이었다.

이어서 18일에는 긴급 금융조치가 시행되었다.

1. 동산, 부동산, 채권, 채무 계약 등 모든 환화 표시 금액은 10대 1의 비율로 원화 표시 금액으로 변경한다.
2. 구권예금과 재래예금은 일정한 누증율에 의해 봉쇄계정에 동결하고 나머지는 지급상 하등의 제한을 받지 않는 자유계정에 전환한다.
3. 봉쇄계정은 앞으로 6개월 내에 설립될 산업개발공사의 주식(연 15%배당 정부가 보증)으로 대체한다.
4. 다만 봉쇄계정은 6월 23일까지 납세 등의 지급에 충당할 수 있다.

내용을 쉽게 풀이하자면 재래예금의 일부를 봉쇄하여 산업개발공사의 자본금으로 전환, 산업자금으로 활용한다는 골자인데 이는 국민들의 자유 재산권을 침해하는 위헌성을 내포하고 있다. 이 같은 아이디어를 최초로 짜낸 박 모 교수는 '산업개발공사 착상은 국가 자본주의적 사고방식으로, 민주 자본주의가 아니다'라는 비난을 받았으며 외국의 경제전문가들로부터는 '사회주의자의 발상'이라는 비난을 받았다.

- 개혁 실패

결론부터 말해서 이 개혁은 완전한 실패로 돌아갔는데 이유는 음존해 있으리라고 예측한 자금이 예상과는 달리 그다지 많지 않았고 통화개혁 사실을 사전에 미국에 통지하지 않음으로써 미국의 큰 유감과 반발을 샀기 때문이었다. 당시의 주한 미국대사 버거는 '한국 경제의 안정적 성장상 중요한 정책인 통화개혁을 하면서 다액의 경제 원조를 해 오고 있는 미국 측에 사전에 하등 통보나 협의가 없었던 점은 심히 유감이다'라고 강경하게 항의하였다.

이에 당황한 최고회의 재경위원회는 '기밀 유지 때문에 부득이했다. 앞으로 있을 긴급금융조치는 반드시 미와 사전 협의하겠다'고 약속했으나 그 약속마저 군사정권은 지키지 않았다. 미 대사관의 하비브 정치참사관이 6차례나 면담을 요청했으나 유원식 위원은 이를 거절했던 것이다. 미국의 불만은 항의 정도가 아니라 적대적인 것으로 변했다. 미국의 대한 경제원조의 유보까지 고려하겠다고 할 정도로 미국의 태도는 급선회했다.

앞에서 최고회의는 기밀 유지를 위해 미국에까지 사전 통보를 못했다고 했는데 사실 계획 추진자들은 지나치게 철저한 기밀 유지를 했던 것이 사실이다. 실무를 맡은 몇몇을 빼고는 금융정책의 총 책임자인 한은 총재나 금융통화위원에게까지도 공개 발표 직전까지 알리지 않았고, 1차 통화개혁의 주도자 김유택 전 한은 총재나 최고회의 재경위원장 김동하 장군과 다른 재경위원들조차 6월 9일 저녁까지 개혁 사실을 모르고 있었다. 그러니 통화개혁은 경제 재정 전문가들을 완전히 배제하고 경제에 문외한인 군사정권 핵심부 만에 의해 작성된 졸속 정책이었다.

웃지 못할 뒷이야기는 미국 몰래 일을 추진하다보니 신권 인쇄가 이들의 최대 고민이었다는 사실이다. 미국에도 부탁하지 못하고 일본은 국내와 너무 가까워서 비밀 누설이 두려워 청부를 주지 못하고 이스라엘, 이탈리아, 프랑스, 서독 등에는 원판이 없어 부탁을 못 했으며 겨우 영국의 토마스 델라루 사와 접촉하여 신권 인쇄를 하게 되었다. 새 은행권은 권종별로 큰 나무 상자에 포장하여 소화기, 경기관총, 곡사포, 통신장비, 화공약품 등으로 위장하여 국내로 들여왔다고 한다. 이렇게 철저한 보안을 기했는데도 불구하고 통화개혁의 소문은 사전에 꽤 심심찮게 항간에 나돌고 있었다는 것이다.

통화개혁에 즈음하여 박정희는 담화를 통해 '의법 처리 중인 부정축재 외에도 구정권의 부패에 편승하여 음성적으로 축적된 자금이 상당히 음존되어 있다. 이런 음성 자금과 과잉 구매력을 진정한 장기 저축으로 유도하여 투자 재원으로 활용하는 동시에 인플레이션을 미연 방지하는 조치 즉 통화개혁이 불가결하다'고 본심을 밝혔다.

사실 당시의 군사정권은 연이은 경제 운영상의 시행착오와 경제 5개년 계획의 차질로 적지 않은 곤경에 처해 있었는데 그런 속에서도 전시 효과를 노린 낭비적이고 현실에 맞지 않는 투자를 계속해서 경제의 어려움을 가중시키고 있었다. 닛산 자동차의 국산화, TV 수상기의 국산 계획, 시계조립공장 설립 계획, 화장품과 화학약품 생산을 위한 기술 도입 등으로 외화를 물 쓰듯이 하고 있었다. 이러한 낭비성 투자 때문에 외화 보유고가 거의 바닥을 치고 외국자본의 차관이

날이 다르게 증가하고 있었다. 통화개혁의 구상도 이와 같은 난관을 해결해 보려고 꾸며낸 것이라고 추정이 되지만 시작부터가 실패할 수밖에 없는 유치한 계획이었다.

- 미국의 항의

미국의 엄중한 항의 조치에 당황한 군사정권은 미국을 달래기 위해 6월 30일에 1년 미만 재래예금과 외국인 및 해외교포 예금은 봉쇄 해제를 해 주고 만다. 긴급금융조치의 일각이 무너진 것이다. 이 같은 조치에 대해 군사정권은 '이번 조치로 봉쇄예금은 당초의 98억 원에서 70억 원으로 감소하였다. 그러나 앞으로 홍수, 한해 등 긴급 사태가 벌어지지 않는 한 이번 조치가 통화개혁 조치로는 마지막이 될 것'이라고 설명하였다.

그러나 감정이 악화된 미국은 모든 봉쇄예금의 전면 해제를 요구해 왔으며 통화개혁 자체의 백지화 요구에 불응할 경우 경제 원조를 전면 중단한다고 위협해 왔다. 미국의 경제 원조 중단은 당시의 한국 사정으로 보아 치명적인 것이 될 것이고 국민경제가 파국에 직면하게 될 것이 뻔했다. 결국 군사정부는 봉쇄자금을 실질적으로 전면 해제하는 내용의 긴급금융조치법에 의한 봉쇄예금에 대한 특별조치를 다시 기안, 공포할 수밖에 없었다.

이에 따라 봉쇄자금의 3분의 1은 자유계정으로, 3분의 2는 1년 기한의 특별정기예금으로 완화되었다. 통화개혁이 발표된 지 한 달 미

만에 백지화가 되고 만 것이다. 그리고 통화개혁의 혁신 주체였던 3
인방은 모두 퇴진하게 되었으며 박정희도 이 계획의 실패를 자인하
였는데 경제당국은 계획이 화폐 단위를 10분의 1로 절하한 것 외에
는 국민경제에 물의와 큰 충격을 주었을 뿐이라고 실토했다. 많은 경
제전문가들은 그러한 통화개혁에 대해 이구동성으로 '극약 투입으
로 병을 고치는 식의 쇼크요법의 경제정책으로는 일시적인 효과는
얻을지 몰라도 더 큰 후유증을 가져온다'고 진단하고 국민경제를 실
험 도구로 삼는 것은 설사 약간의 성공이 있다고 하더라도 효과는 그
때뿐이며 정당성을 인정받기도 어려운 것이라고 결론지었다.

제6대 국회

(1963년 12월 17일~1967년 7월 10일)

1절 6 · 3 사태

1962년 10월과 11월에 맺어진 '김 · 오히라(金 · 大平) 메모'의 내용
이 차츰 세상에 알려지면서 한일회담에 대한 거센 국민적 반대가 계
속되다가 1964년 6월 3일 반대 시위가 절정을 이루었다. 1964년에
들어오면서 학생들은 '민족 반역적 한일회담을 즉시 중지하고 동경
에 체재 중인 만국 정상배는 즉시 귀국하라'는 등의 구호를 내걸고 3
월 24일부터 격렬한 시위를 벌였다.

- 굴욕외교 반대 시위

시위는 25일부터 전국으로 파급되어 나갔다. 3월 24일의 시위가
있은 후 박정희는 일본에 있던 김종필의 귀국을 지시했고 학생들은
5월 20일 서울대 문리대 교정에서 박정희가 주창했던 '민족적 민주
주의'의 장례식을 치렀다.

한일 굴욕회담 반대 학생 총 연합회가 발표한 '민족적 민주주의를 장례한다'는 성명서의 요지는 다음과 같다.

'(전략) 민족적 민주주의는 정보정치를 합리화하기 위한 행상적 탈춤으로 변장했고 굶주린 대중의 감각적 해방을 위한 독화(毒花)의 미소를 띠었다. 국제 협력이라는 미명 아래 우리 민족의 치 떨리는 원수인 일본제국주의를 수입, 대미 의존적 반신불수인 한국 경제를 2중 예속의 철쇄로 속박하는 것이 조국의 근대화로 가는 첩경이라고 기만하는 반민족적 음모를 획책하고 있다. (중략) 우리는 굴욕적 한일회담의 즉시 중단을 요구한다.

결의문 1. 일본에의 예속으로 직행하는 매국의 한일 굴욕회담을 전면 중지하라. 2. 5·16 이래의 온갖 부정부패 사건을 자진 폭로하고 그 원흉을 조사, 처단하라. 3. 5·16 이래 구속된 정치범을 즉각 석방하라. 4. 민족적 양심의 학생과 국민은 우리의 정당한 요구가 관철될 때까지 피의 투쟁을 계속하려 한다'

- 계엄령 선포

6월 3일 그동안 단식투쟁을 하던 학생을 선두로 해서 수만의 학생과 시민들이 거리로 쏟아져 나와 국회의사당과 중앙청에까지 몰려갔다. 서울에서는 약 1만 2천 명의 학생과 시민들이(이들 중 학생이 7~8천 명으로 추정되었다) 거리로 쏟아져 나왔다. 박정희는 6월 3일 하오 8

시를 기해 서울특별시 일원에 계엄령을 선포하고 학생과 신문, 통신 등 언론의 통제를 단행하게 된다. 4개 사단의 병력이 서울에 투입되어 시위대를 제압했다.

계엄령의 선포로 6월 초에 열릴 예정이던 어업문제에 관한 한일 각료회담이 무기 연기되고 한일회담 자체가 정체상태에 빠졌다. 1964년 5월에 박정희는 전에 자신의 비서실장을 지낸 이동원을 외무장관에 임명하면서 당면한 외교 목표 3개항을 지시했는데 그 첫째가 한미 친선의 증진이었고, 둘째가 한일 관계의 개선, 셋째가 수출 증진을 위한 경제외교의 강화였다. 새 외무장관 이동원은 당시 40세에도 미치지 않은 젊은 나이였는데 그가 맡은 가장 중요한 당면과제는 두 번째 목적, 한일 관계의 개선이었다. 사실 한미 친선의 증진이야 전부터 추구해 오던 정책으로 새삼스럽게 추구 운운할 필요가 없는 일이었고, 수출 증진을 위한 경제외교의 강화도 이미 수차례나 강조되어 오던 정부의 중점 시책이었기 때문에 새 외무장관이 해야 할 일이란 한일회담의 조인뿐이라고 할 수 있었다. 한일협정은 1965년 6월 22일 일본 동경에서 정식으로 조인되었다.

시위와 한일 기본조약 반대 투쟁이 학계와 사회 원로, 종교계 심지어 예비역 장성들을 중심으로 한 군부까지 합세해서 범국민적 규모로 전개되고 있었으나 박정희가 방미(訪美) 일정을 마치고 귀국하자마자 서둘러 조인을 마치게 되었다. 한일 양국은 4월 3일 한일문제 3대 현안(어업, 청구권, 교포지위) 요강에 가조인하고 한일협정의 정식 조인은 계엄령하에 시위가 더 격화된 속에서 8월 14일 야당이 불참한 가운데 여당 단독으로 국회에서 통과시켰다.

- 야당 의원 의원직 사퇴서 제출

협정조인이 있기 이틀 전인 8월 12일 국회 야당인 민주당 의원 61명은 협정 반대를 앞세워 국회의원직 사퇴서를 국회의장에게 제출했으며 일본에서 협정이 조인된 후인 7월 8일에는 '한일 굴욕외교 반대 범국민 투위'가 한일 매국조인 규탄 성토대회 결의문을 발표했다.

1. 박 정권이 일방적으로 자행한 한일 매국조인은 무효임을 선언한다.
2. 매국조인에 대한 국민의 정당한 반대를 총검으로 위협하고 심지어는 여자 대학생들에게까지 비인도적인 만행을 행하고 있는 경찰 탄압을 즉각 중단하라.
3. 미국을 비롯한 자유우방은 박 정권에 의해 강행된 한일조약이 일본의 이익을 보장해 주는 결과가 되었다는 데 대해 우리가 승복할 수 없는 사태임을 직시하라.
4. 우리는 매국조인이 저지될 때까지 최후의 1인, 최후의 일각까지 투쟁할 것을 재천명한다.

같은 해 12월 18일에는 서울에서 비준서 교환을 함으로써 조약은 즉시 발효되었다. 한일 두 나라의 국교는 정상화되었으나 그 사이에도 반대 시위는 잠잠해지지 않았다. 8월 25일에는 서울 시내 6개 대학과 2개 고교 학생 6천여 명이 시위를 벌였고 반공 목사들과 이화대학 교수 3백여 명이 항의문을 당국에 전달했다. 64년 4월에 발동된 계엄령은 7월 28일까지 해제되지 않았으며 비상계엄령하에서 고려대학교에 난입한 계엄사 군인들은 도서관과 여학생관 문에 구멍을 뚫고 최루탄을 투입했고 도주하는 여대생들을 폭력으로 제압했다. 전체교수회의는 곧바로 항의문과 결의문을 발표했는데 그 요지는 다음과 같다.

"해방 후 20년간은 물론 일제 치하에서도 관헌이 대학에 이같이 잔악한 폭거를 자행한 것을 우리는 보지 못했으며 전 세계 대학의 역사에 있어서 대학의 권리와 질서가 총검의 공포 아래 이같이 유린된 전례는 찾기 힘든 바이다."

- 예비역 장성들의 수난

같은 날 예비역 장성 김홍일, 박병권 등 11명도 한일협정 비준 무효화 투쟁에 관한 성명서와 국군 장병에게 보내는 호소문을 발표했다. 이 호소문은 '군의 정치적 중립을 호소하고 위수령 철폐와 예비역 장성 탄압을 중지하라'는 내용이었다. 호소문에서 이들은 '국가에 불행을 불러일으키는 집권자들이야말로 이적행위자이며 국민 단합을 파괴하는 반민족행위자이고, 민주주의에 역행하는 반국가행위자라고 하지 않을 수 없다'고 지적하고 있다. 박정희는 곧바로 이들 중 4명을 출판물에 의한 명예훼손 혐의로 구속 기소하였는데 이들이 박정희를 '이적행위자이며 반민족, 반국가행위자'라고 지칭한 것을 겨

냉한 것이었다. 그런데 누구의 지시에서였는지 검찰은 한술 더 떠서 이들에게 내란선동 행위를 추가해서 기소하였다.

한편 박정희는 '사회 공공질서를 파괴하는 데모행위를 본직으로 알고 있는 정치 학생의 버릇을 근절하겠다. 학교를 폐쇄하는 한이 있더라도 학생시위를 뿌리 뽑겠다'고 공언했다. 그에 의해 서울 일원에 위수령이 발포되고 6사단 병력이 다시 투입되었는데 이 6사단은 1964년 계엄령 선포 때도 수도경비 병력과 함께 서울에 들어왔던 부대였는데 그가 가장 믿었던 그 사단의 장은 공교롭게도 훗날 자신을 시해한 김재규였다.

이와 같이 철저하게 시위탄압책을 썼으나 8월 26일 이후에도 각 대학과 일부 고교생들의 규탄시위는 끊이지 않았다. 박정희는 권노병 법무부차관을 문교부장관으로, 유기천 서울대 법대학장을 서울대 총장으로 임명, 시위 학생들의 대량처벌을 단행토록 지시했으며, 이른바 정치교수 21명을 처벌하라고 그 명단을 각 대학교에 시달했으나 서울대의 유 총장의 경우 문교부가 징계를 요구한 양호민, 황성모 교수 대신 다른 사람을 처벌해서 논란을 빚기도 했다.

2절 한일회담과 미국

- 밀실에서 진행된 협상

한일회담은 그 성격상 범국민적인 합의를 요하는 것임에도 불구하고 군사정부는 공개되어야 할 회담 내용을 밀실에서 자의적으로 처리했는데 '김 · 오히라 메모'를 작성한 김종필의 말에서 유추할 수 있듯이 군사정권으로서는 그럴 수밖에 없었던 여러 가지 대내외적인 여건들이 있었던 것 같다.

- 김 · 오히라 메모

김종필이 1962년 10월과 11월에 걸쳐 오히라와 맺은 메모의 주요 내용은 다음과 같다.

1. 무상 3억 달러를 10년에 걸쳐 지급, 정부차관 2억 달러를 연리 3.5%, 7년 거치 20년 상환 조건으로 10년 동안 제공, 1억 달러 이상의 민간 상업차관 제공.
2. 일본 측의 자본 제공은 청구권이 아닌 독립 축하조의 경제 원조임.
3. 양국 정부는 메모에 의거한 조치로 양국 간의 청구권 문제가 해결된 것으로 간주한다.

이 같은 내용의 메모는 한일 양국 모두에게 큰 쟁점을 불러왔지만 특히 한국에서는 청구권 원칙의 성격이 청구권에 입각한 것이 아니라 일본의 해석처럼 경제협력을 위한 지원 자금이라는 점에서부터 논쟁의 대상이 되었고 그 액수가 상식 이하의 소액이라서 얻는 것보다 잃는 것이 더 많다는 점을 메모의 무효화를 주장하는 이유로 삼았다.

김종필은 '제2의 이완용이라는 소리를 듣더라도 개의치 않겠다'고 말해 조국의 근대화라는 대의에 입각하여 역적이라는 욕을 먹더라도 상관없다는 비장한 자세였다고 전해졌다. 심지어 군사정부는 '독도문제 처리에 대한 제3국 조정안'을 제기함으로써 나라의 영토문제를 제3국의 조정에 맡기려는 발칙한 발상마저 서슴없이 토로했던 것이 사실로 알려져 있다.

자유당 때만 해도 1953년 10월의 한일회담에서 한국 측 대표가 일제의 학정과 한국에 대한 착취를 설명한 데 대해 일본 측 수석대표 쿠보다(久保田)가 '일본이 36년 동안 한국에 철도부설, 토지 개량 등 많은 이익을 줌으로써 공헌을 했으니 일본은 그 대가를 요구할 권리를 가지고 있다'라는 망언을 해서 그 발언이 공적 발언인가를 묻고 그에 대해 '물론 개인적으로 말한 것이 아니라 공적 자격으로 말한 것이다'라는 답변이 나오자마자 한국 측은 곧바로 회의장에서 퇴장한 적이 있었다. 1965년 1월에 새로 열린 제6차 한일회담에서 일본 측 수석대표 다카스기(高杉)라는 자가 '한국이 일제의 지배를 20년 쯤 더 받았으면 좋았을 것'이라고 쿠보다 발언보다 더 심한 모욕적 발언을 했는데도 군사정권은 이를 듣지 못한 양 한마디 반론도 하지 않고 2월 20일에 한일 기본조약에 가조인을 했다.

– 미국의 입김

이 같은 조약 체결에는 미국의 강한 입김이 적지 않게 작용했던 것으로 알려졌다. 미국은 1964년 초부터 한, 미, 일 3국에 의한 극동에서의 반공 태세 강화가 긴요하다는 것을 느끼고 그러한 반공체제 강화를 위해서는 한일 국교의 정상화가 선행되어야 한다는 견해를 가지고 있었다. 1964년 1월에 프랑스가 준공을 승인하고 이것이 나토(NATO, 북대서양 조약 기구) 등 북대서양 체제에 큰 영향을 미칠 것으로 내다보았다. 이에 미국은 한, 미, 일 체제의 재정비로써 아시아에서의 중공봉쇄 정책의 강화를 도모해야 한다고 판단하고 1964년 정월 로버트 케네디 미 법무장관을 한국에 보내고 이어서 러스크 국무장관이 한국을 방문했다.

러스크가 방한해서 1월 29일에 발표한 한미 공동성명은 첫째 항목에 '한일회담의 조속한 타결은 한일 양국뿐만 아니라 전 자유세계의 정상화로 군사 및 경제 원조에 있어서는 아무런 영향을 받지 않는다'고 확인했다.

베트남 전쟁이 수렁에 빠져 있던 미국은 한국의 베트남 출병을 위해서도 한일 간의 조속한 국교 정상화가 필요했던 것이다. 그러니까 러스크의 방한 첫째 목적은 한국의 베트남 파병이었고, 그랬을 경우 군수기지로서 후방을 제대로 지원해 줄 일본이 한국과 정상적인 국교를 맺고 있어야 한다는 전제 아래 한일 간의 조속한 국교 정상화를 매듭지으려는 것이었다.

한일 기본조약이 체결된 후에도 8월 2일에는 민중당 소속 야당 의원 61명이 협정 반대를 이유로 국회의장에게 의원직 사표를 제출하고 또 반대 투쟁이 다시 범국민적 규모로 벌어지자 정부는 8월 25일 위수령을 선포하고 사태를 무력으로 진정시킨 후 9월 25일에 가서야 이를 해제했다. 한일 굴욕외교 반대 범국민 투위의 이름으로 열린 '한일 매국조인 민중 성토대회'는 '우리는 조약이 저지될 때까지 최후의 1인, 최후의 일각까지 투쟁할 것을 재천명한다'고 선언했다.

결의문의 요지는 '1. 박 정권이 일방적으로 자행한 한일 매국조약은 무효임을 선언한다. 2. 매국조인에 대한 국민의 정당한 반대를 총검으로 위협하고 심지어는 여대생들에게까지 비인도적인 만행을 행하고 있는 경찰 탄압을 즉각 중단하라. 3. 미국을 비롯한 자유 우방은 박 정권에 의해 자행된 한일 조인이 일본의 이익을 보장해 주는 결과가 되었다는 데 대해 우리가 승복할 수 없는 사태임을 직시하라'는 것이었다. 그러나 끝내 국민의 의사는 아무런 힘도 쓸 수 없었던 것으로 낙착되었다.

군사정권이 이 같은 굴욕적인 졸속 합의를 맺은 것은 민정 이양 이전에 이 문제를 해결해야 한다는 일종의 강박관념이 원인의 하나로 보이지만 그보다도 화폐개혁의 실패와 외환의 고갈 등 국내 경제의 어려움을 해결하기 위해서는 일본의 자금을 끌어와서 급한 불을 꺼야 한다는 긴박감이 더 큰 요인이었다고 하겠다.

3절 월남 파병

　박정희는 1964년의 3 · 1절 기념사에서 '한일 관계는 거시적 입장에서의 대담한 결단으로 가까운 장래에 정상적 국교를 통한 우의 있는 아시아의 반공 연맹 관계가 이루어질 것으로 확신한다'고 천명했는데 이러한 그의 확신은 한국군의 월남 파병을 계획하고 있던 미국의 생각을 그대로 반영한 것이기도 했다. 미국의 케네디 대통령은 1962년 박정희가 방미했을 때 한국의 월남 지원 문제를 언급한 적이 있었는데 그때만 해도 미국의 월남전 개입이 구체화되기 전이어서 별다른 구체적 진전이 있는 말은 오가지 않았다. 그러나 미국은 한국군의 월남 파병을 6 · 25전쟁 때의 한국전에의 연합군 파견에 견주면서 일종의 자유 십자군 같은 역할을 맡아 주어야 하는 것처럼 시사한 바 있었다고 전해지고 있다.

– 미국의 월남전 지원 요청

그러나 당초 미국은 한국군의 베트남전 개입에 적극적이지 않았던 것으로 알려져 있다. 미국 측에서 나온 정보이기는 하지만 한국군의 월남 파병은 미국보다 오히려 박정희 정부 측이 더 강하게 요청한 것처럼 시사하면서 미국은 한국군의 월남 파병이 북한 정권은 말할 것도 없고 중국과 소련까지 자극함으로써 국제적으로 좋지 않은 부작용이 일어날까 우려하고 주저하는 태도였다는 것이다.

뿐만 아니라 출처가 어딘지는 모르나 한국군이 월남에 파견된 후에는 '한국군은 베트콩의 매복과 기습을 두려워한다', '적극적인 공세를 취하지 않는다', '암시장을 이용한 밀수를 한다'는 둥 엉뚱한 소문이 나돌기도 했고 또 한국군에서는 '인명 손실을 최소화하고 미군을 돕느라 죽지는 말라'느니 '미군 군수물자를 최대한 본국으로 빼돌리도록 하라'느니 하는 말들이 나돌기도 했다. 이 모두가 한국군을 비하하거나 사기를 떨어트리기 위한 것들로 크게 믿을만한 정보들은 아니었다. 그러고 있던 차에 SEATO(동남아 조약기구)에 호소해서 그중 몇 나라의 월남 지원을 받으려 했던 미국의 계획이 프랑스와 파키스탄 등의 반대로 실현 가능성이 희박해지자 다급해진 미국은 1964년 5월 9일 베트남전 지원 호소를 정식으로 한국에 요청하게 된다.

한국의 군사정권은 곧바로 '공산 침략을 경험한 나라로서 아시아 지역의 안보와 자유 수호를 위한다'는 명분으로 야당의 윤보선, 유진오, 장준하 등의 반대를 묵살하고 한국군의 파월을 결의했다.

1964년에 들어오면서 미국은 한, 미, 일 3국에 의한 극동에서의 반공체제 강화를 서두는 한편 그러한 체제 강화를 위해서는 한일 국교의 정상화가 전제되어야 한다는 것을 강조하고 나섰다. 64년 초에 로버트 케네디 미국 법무장관의 방한에 이어 한국을 찾은 미 국무장관 러스크는 1월 29일 '한미 공동성명'을 발표하고 그 첫째 항에 '한일회담의 조속한 타결은 한일 양국뿐만 아니라 전 자유세계의 이익에 공헌할 것이라는 데 의견의 일치를 보는 한편 한일관계의 정상화가 미국의 대한 군사 및 경제원조에 아무런 영향을 미치지 않는다'고 명시했다.

그때 이미 베트남 전쟁의 수렁에 빠져 있던 미국은 한국군의 월남 출병을 위해서도 한일 간의 조속한 국교정상화가 필요했을 것으로 보인다. 비록 일본 자위대의 동원은 일본의 평화헌법에 의해 불가능하다고 하더라도 한국군의 월남 파병에는 일본의 도움이 결정적으로 필요하다고 판단했기 때문이다. 이미 한국은 1964년 10월 31일 베트남 정부와 월남 파병을 위한 한국군부대 파견에 관한 협정 체결을 맺고 있었으며 미국은 1965년 5월에 한국군 전투부대의 월남 파병을 요구해 왔었다. 이에 따라 한국은 7월 3일 각의에서 1개 전투사단의 파월을 의결하였고 8월 13일 국회는 야당의 불참 속에 이 의안을 통과시켰다.

그러나 전투부대의 파견에 앞서 1965년 1월 8일에 한국 정부는 비전투부대의 파견을 결정한 1월 13일 국회의 의결을 얻어 3월 24일 전재(戰災) 복구를 위한 공병단과 의사, 간호원 그리고 자체경비병력 등을 주력으로 한 비둘기부대 2천 명을 월남 사이공에 파견했다. 한국은 1964년 9월에 벌써 이동 야전병원 장병 130명과 태권도 교관 10명을 월남에 보낸 바 있어 비둘기부대는 두 번째로 보낸 비전투병 력이었다.

이어서 1965년 7월 2일에는 육군 2개 연대 규모의 전투병력 청룡 부대 제1진이, 9월 5일에는 맹호부대 제1진이, 같은 해 11월 20일에 는 맹호부대 본진이 퀴논에 도착, 그곳에 주월(駐越) 한국군 사령부를 설치했다. 1966년 4월 16일에는 월남에 도착한 혜산진부대가 이에 합류, 국군의 규모는 군단급 규모로 증가되었다.

1971년 11월 6일 한국과 베트남 정부는 공동성명으로 1971년 12 월부터 주월 한국군 1만 명을 단계적으로 철수시킨다고 발표하고 12월 9일에 청룡부대 일부를 한국으로 철수시켰다. 그리고 1973년 1월 24일 베트남 휴전협정에 즈음해서는 주월 한국군의 2차 철수를 발표, 1973년 1월부터 2월 말까지 2개월 사이에 파월군 전체를 철수 시키고 3월 14일에는 사령부도 함께 철수하고 만다.

- 적지 않았던 한국군 희생

한국군은 참전 8년 동안에 연 인원 31만 2,853명의 병력을 파견하 였으며 그중 5,099명이 전사하고 11만 2,320명이 부상을 입었다. 31 만 명이 생존 귀환했으나 15만 9,132명의 고엽제 피해자와 화공약품 후유증으로 귀국 후 다수의 병사자를 내게 되었다.

한국군의 베트남 파병으로 한국은 미국으로부터 상당한 경제적

원조를 얻었는데 그중 일부는 경부고속도로 건설비용으로 충당되기도 했다. 박정희의 가장 큰 업적으로 꼽히는 인프라 구축 사업 중의 하나인 경부고속도로 건설에는 월남 파병 군인들의 피와 땀의 대가가 일부 들어 있었던 것이다. 그리고 적지 않은 외화 획득으로 숨통이 막혔던 한국 경제의 활로를 열 수 있었으며 미국의 브라운 각서에서 볼 수 있듯이 한국군의 현대화에도 기여하는 바가 적지 않았다.

그러나 파병 반대자들의 주장처럼 국군의 목숨을 담보로 해서 미국의 용병노릇을 했다는 비난과 한국군의 희생에 비해 얻은 것이 충분치 않았다는 불평불만도 적지 않게 야기된 바 있었다.

선전 포고 없는 전쟁이라고 불린 베트남전은 1960년에 베트콩이 남부 월남에서 게릴라전을 시작한 이래 1962년부터는 미국이 참여하게 되고 1965년 2월에는 미국이 월맹에 폭격까지 할 만큼 확전이 되었으나 베트남 관리들과 군인들의 부패 등이 베트콩의 세력을 키우는데 기여하여 결국 남부 베트남 정부의 패배로 막을 내리고 말았다.

종전에 즈음하여 박정희 대통령은 다음과 같은 성명서를 발표했다.

"나는 그동안 오래도록 끌어온 월남전이 이제 끝나서 그 지역에 평화가 회복된 것을 진심으로 환영한다. 나와 우리 정부 그리고 우리 국민은 이번 휴전을 계기로 월남과 그 지역에 진정한 평화가 항구적으로 이룩되기를 바라는 바이다. 한국 정부는 1965년 월남 정부의 요청에 따라 월남 국민이 그들의 자유와 독립을 수호하고 자유로운 분위기 속에서 그들 스스로의 운명을 결정할 수 있도록 돕기 위하여 한국군을 파견했었다. 이제 주월 국군의 파견 목적이 성취되었으므로 철수를 즉각 개시하기로 결심했다."

4절 언론 파동

- 언론윤리위원회법

정부는 1964년 8월 2일 언론의 자율적 규제를 강화하기 위한다는 명목 아래 언론윤리위원회와 언론심의위원회의 설치와 운영에 관한 사항을 규정함을 목적으로 하는 언론윤리위원회법을 국회에서 통과시켰다. 이 법안 통과를 강행하기 위해 국회는 3일간의 논쟁을 거쳤고 8월 1일 상오 11시부터 일요일인 2일 새벽 3시 반까지 그리고 2일 상오 11시부터 밤 10시 15분까지 연 29시간이나 15회의 정회와 정회 동안을 이용한 협상을 벌인 끝에 공화당이 스스로 작성한 수정안을 축조심의도 생략한 채 전문을 일괄 통과시켰다. 표결 결과는 재석 149명 중 가 96, 기권 53(이 중 36명은 표결 선포 직후 퇴장)이었다.

법안이 통과되자 공화당 원내총무실에는 윤천주 문교부장관, 이수영 공보처장관 등이 나타나 의원들과 함께 '수고했습니다', '축하합니다' 하고 서로 기쁨을 나누었으며 분위기는 바로 축제 분위기였다고 전해졌다. 기회 있을 때마다 정부와 여당의 비위를 아프게 비판하는 언론이 그들에게 얼마만큼 눈엣가시 같은 존재였는지 상상이 갈 만할 것이다.

전문 20조와 부칙 5개항으로 된 이 언론법안은 불과 한 달 남짓 후인 9월 9일 시행을 보류하고 말았지만 이 법은 사실상 언론의 자율적 규제가 아닌 관에 의한 언론 규제책을 법으로써 확보하려는 목적에서 입법된 것이었다. 한국 편집인협회는 3일 즉각적으로 이 법이 '위헌적이며 비민주적 악법'이라고 단정하고 '법 시행에 대한 일체의 협력을 거부한다'고 강경한 태도를 밝혔다.

– 협력 거부한 신문편집인협회

편집인협회의 성명은 "한국 신문편집인협회는 8월 2일 야반 국회에서 통과된 이른바 '언론윤리위원회법'을 위헌적이며 비민주적인 악법으로 규정하고 이 법 시행에 대한 일체의 협력을 거부할 것을 천명하면서 각 언론단체 및 민주주의를 수호하는 전 국민과 더불어 이 악법 폐지운동을 강력히 전개할 것을 선언한다."라는 것이었다. 또 언론인 단체 대표 42명(5개 언론단체, 발행인협회, 편집인협회, 통신사협회, I.P.I 한국위원회, 언론윤리위원회)은 '언론규제법 철폐 추진위원회'를 구성하고 5일에 첫 회합을 가졌다. 이 추진위는 5개 단체 대표자 25명과 각 신문 통신사 편집국장, 기자 대표 10명 및 주간신문협회, 잡지협회, 방송관계 단체에서 추천하는 각 3인으로 구성되었으며 이들은 법 철폐를 위한 장기투쟁을 결정하고는 8월 10일 전국언론인대회를 개최했다.

언론윤리위원회법은 앞에서 지적한 것처럼 '언론의 자율적 규제'를 표면상 목적으로 내세웠으나 본질은 그 적용 여하에 따라 얼마든지 타율적으로 언론의 손발을 묶을 수 있게 했으며 언론을 정치적으로 규제할 수 있는 길을 터놓은 것이었다.

우선 윤리위의 구성을 478개의 정기간행물과 10개 방송국 전부를 망라해서 회원으로 가입시키고는 심의위는 언론계 대표 5명, 소관행정부장관이 추천하는 교육, 종교계 인사 각 1명, 법조(대한변호사협회 추천), 경제(대한상공회의소 추천) 등 각계 대표 1명씩 비언론인 4명으로 구성하게 되는데(제5조 심의관 3항) 이들이 어떤 방식에 의해 선출되느냐에 따라 어느 정도로 독자적인 의사표시를 할 수 있을 것인지 아니면 관이 원하는 대로 손만 들어주는 위원이 될 것인지 전혀 분명하지가 않게 되어 있다. 언론계 대표가 5명이 있다고 하나 광고관계다 은행 대출관계다 해서 쉽게 관의 압력에 굴복해 버릴 발행인 편집인들이 대표로 선출된다면 심의위의 대세는 언제나 정부의 뜻대로 움직이게 될 가능성이 농후하다고 봐야 할 것이다. 거기에다 언론심의위의 의장은 언론인이 아닌 위원이 되도록 법으로 정해 놓았다(제5조 4항).

만약 심의위가 회원사의 제명처분이나 자격 정지를 판정할 경우(제13조 4항) 심의위는 윤리 요강에 저촉되는 부분이 형법 제87조, 제88조, 제115조, 제116조, 국가보안법 제1조~제3조, 제5조, 제6조, 반공법 제3조~제5조 등의 일부 규정에 위배되는 죄를 범하거나 범할 것을 선동 또는 찬양하는 것으로 인정되는 때는 그 정기 간행물의 발행인 또는 방송국의 장에 대하여 회원자격의 정지 또는 제명의 판정을 할 수 있다. (이 경우에 심의위는 그 판정을 정부에 통고한다.) 그리고 정부는 이에 따르는 행정조치로 회원사의 등록을 취소할 수도 있게 법이 정하고 있는 것이다. 또한 제18조(심의회, 위원회의 활동 보장)는 누구든지 심의위나 위원회의 자유로운 활동을 방해하지 못한다고 못 박고 있어 섣불리 심의위의 판정이나 결정 같은 것에 반대하거나 항의하기도 어렵게 하고 있다.

- 모순투성이 법안

신문들은 이 법안의 내용이 모순투성이이고 비현실적이라는 것을 조목조목 두루 비판할 필요도 없이 이 법 제정 자체를 전체적으로 거부했으며 언론계로서 논한다면 이번 통과로 말미암아 우리의 민주주의는 적어도 10년 이상 후퇴했다는 역사의 오점을 찍고 말았다는 데에 크나큰 충격이 아닐 수 없고 자유 우방이 우리를 어떻게 볼 것이며 위축된 언론의 자유가 민주정치의 진정한 발전에 얼마간 저해 작용을 할 것이라고 판단했다. 우리나라 언론사(史)에서 언론이 법으로써 구속을 받게 되는 예는 이 법이 세 번째인데 첫째는 일제 강점기의 압력에 의한 대한제국의 광무(光武)신문지법, 두 번째가 해방 후 미 군정통치를 위해 규정한 군정법령 제88조였다. 언론계는 이번에 입법된 언론윤리위법을 반동적이며 시대착오적인 것이라고 못 박고 있다.

언론의 자유란 언론인을 위한 자유가 아니고 전 국민의 기본인권을 위한 자유임에도 불구하고 이 법은 언론인의 자유로운 활동을 소소한 항목에 이르기까지 옭아매고 있음을 알 수 있다. 법의 제19조(벌칙)는 심의위의 활동을 방해하거나 심의위의 결정에 불복했을 때 그리고 심의위 직원이 직무상 비밀을 누설했을 때에도 비교적 중한 벌을 내린다는 규정을 마련하고 있다.

– 외국의 따가운 눈초리

언론계의 저항이 상상 이상으로 강경해지자 정부도 가만히 두고 보지를 않았다. 8월 31일 각의는 언론 보복을 결정하고 구체적으로 보복의 수단을 강구했다. 일단 언론윤리법 시행에 협력할 것인지 그 여부를 묻고는 만약 협력을 거부할 경우 보복 조치가 뒤따를 것이라고 경고했다. 보복의 수단은 전에도 몇 번 구사했던 것처럼 광고주들을 압박해서 신문사의 광고 수입의 길을 차단하고, 언론사가 은행에서 빌려 쓰고 있는 대출금을 회수하도록 조치를 취하게 하는 방법 등이었다.

현재도 그러하지만 그때만 해도 은행의 신세를 지고 있지 않은 언론사가 거의 없는 처지여서 광고 수입의 길을 끊는다든지 대출금의 조속한 회수나 새 자금의 대부 길을 막는다는 것은 신문사의 문을 닫으라는 것과 마찬가지였다. 26개사가 되는 발행인협회 중 동아, 조선, 대구매일 등 5개사를 제외한 21개사가 두 손을 들고 법 시행에 찬성하겠다는 쪽으로 태도를 바꾸었다. 그러나 이 같은 정부의 보복 수단도 외국의 따가운 눈초리와 언론사를 격려하는 독자들의 여론, 함석헌 씨 등 종교계와 사회 원로들의 거센 비난에는 더 이상 버티기가 힘들었던지 9월 4일에 보복 조치를 철회하고 닷새 후에는 법 또한 전면 보류하는 쪽으로 가닥이 잡혔다. 윤리위 구성도 자연 무기 연기되어 근 3개월을 끌어온 '언론윤리위법 파동'은 마침표를 찍게 되었다.

제7대 국회

(1967년 7월 10일~1971년 7월 26일)

1절 7대 국회의 개원과 야당

- 야당의 등원 거부

1967년 6월 8일에 치러진 제7대 국회의원 선거를 당시의 야당 신민당은 '부정선거'로 단정하고 전면무효화 투쟁을 전개하였다. 신민당 의원 44명은 의원 등록을 거부하고 당 대표 유진산은 공화당 단독 개원이 무효임을 선언했다. 야당 의원들의 등원 거부에도 불구하고 공화당은 단독으로 7대 국회 개원을 단행하고 이효상 의원을 의장으로 선출했다. 그러니까 7대 국회는 개원 시초부터 반 토막 국회로 시작했으며 야당 의원들의 등원 거부는 26일간이나 계속되었다.

대통령 박정희는 선거 때마다 공무원의 선거 개입을 엄금하고 개입을 할 경우 엄벌에 처하겠다고 매번 되풀이하여 강조했으나 공무원들은 오히려 그러한 개입 엄벌 으름장을 선거에 더 열심히 개입하라는 뜻으로 받아들였다. 군사정권이 들어선 후 사실 그때까지 수차의 선거를 치렀으나 선거 때마다 야기되었던 공무원에 의한 선거 개입 사태로 선거 후 처벌을 받은 공무원은 한 명도 없었다. 당시 총리실에 근무하던 어느 국장은 '관권 선거가 아예 구조적이고 피하기 어려운 관습처럼 되어 버렸다'고 실토한 적이 있는데 사실상 관권에 의한 선거 부정은 공공연한 비밀이었던 것이 사실이었다.

관의 부정은 단순히 선거개입뿐만 아니라 여당 후보의 득표율이 낮은 곳의 행정의 장은 좌천이 되거나 해임되는 것이 상례처럼 되었다. 경북 어느 군의 경우 여당표가 적게 나온 것에 책임을 물어 해임을 당한 군의 공무원이 '국회의원 선거가 선거제가 아닌 임명제나 다름없는 수준으로 부패했다'고까지 표현한 일이 있었다.

제7대 국회의원 선거는 6대 국회가 개원된 후부터 꾸준히 대두되어오던 선거법 개정논의가 1966년 12월 14일 마침내 선거법 개정안 통과로 이어지고 이 새 선거법에 따라 치러진 국회의원 선거였다. 새 선거법에 의한 선거 방식은 6대 때와 마찬가지로 지역구와 전국구로 나뉘어 소선거구의 다수 득표제와 비례대표를 병용하였다. 지역구는 직접선거에 의해 선거구별로 최다수 득표자를 당선인으로 선출하고 전국구는 정당별 득표율에 따라 의석을 배분하는 간접선거 방식을 취했다.

입후보 조건 역시 제6대와 같이 정당추천제를 채택해 무소속의 입후보를 완전히 차단했다. 그러나 6대 때와는 다르게 선거인 명부 사본 교부제를 신설하고 선거운동의 제한 규정을 완화했으며 투표용지 표를 변경, 다른 법령에 의한 행정구역 명칭 변경에 따라 지역구 구역 표를 정리하였다. 표면상으로는 큰 변화가 아닌 것 같았으나 무소속 입후보를 철저히 차단한 것은 선거를 민주공화당과 신민당의 양당 대결로 만들어 야당 후보 하나만을 대상으로 해서 필요하다면 부정을 쉽게 할 수 있게 만들었으며 무소속 등 기타 유력 후보로의 산표(散票)를 예방함으로써 전국구 의석을 위한 유효투표를 공화당으로 몰아넣어 비례대표의 수를 늘리고 대통령의 3선을 가능케 하는 이른바 3선 개헌에 필요한 의석 3분의 2 이상을 확보하기 편하게 만든다는 저의가 숨어 있었다.

- 재선거 요구 투쟁

결과적으로도 민주공화당은 전체 유효투표수의 50.6%를 득표함으로써 의원 정수의 73.7%(지역구 102석, 전국구 27석)를 얻어 3선 개헌 가능의 수를 확보할 수 있었다. 그리고 제1야당인 신민당은 득표율 32.7%로 45석(지역구 28석, 전국구 17석)을 얻는 데 그쳤다. 신민당은 이번 선거를 무더기표, 대리투표 등에 의한 부정선거로 단정하고 국회 등원을 거부하는 한편 전면 재선거를 주장하면서 전국 규모의 부정선거 규탄대회를 여는 등 원외투쟁을 계속했으며 이에 동조하는 학생들의 대규모 시위가 벌어져 시국은 혼란 속으로 빠져들었다. 이때 발생한 것이 동백림 간첩사건이었다.

이 동백림 사건은 당시의 중앙정보부장 김형욱이 발표했던 4대 간첩사건 중의 하나로서 박 정권이 난처한 처지에 빠지거나 시위 등 국민의 정부 비판이 거세어질 때마다 선을 보였던 사건들이다. 우선 4대 간첩사건의 1차는 1964년 8월 언론파동이 나고 박 정권에 대한 여론이 악화되었을 때 나온 인혁당 사건이고, 3차는 1968년 1·21 자하문 공비침투사건, KAL기 납치사건, 11월의 울진·삼척 공비 남침사건이 겹친 데다가 8월 15일에 6년 5개월 만에 시효가 만료되어 구 정치인이나 정치 지망생들의 정치활동이 재개되는 시기에 나온 통일혁명당 사건이며, 4차는 학원가에서 3선 개헌 반대가 시작되고 개헌에 반대하는 야당이 대통령 탄핵소추를 준비하고 있던 1969년 5월의 유럽·일본 거점 간첩단 사건이고 2차가 이번의 선거부정 사건으로 7대 국회가 외발 국회가 되어 시국이 혼란해졌던 1967년 6월이었다.

2절 북한군, 간첩의 준동

- 북괴군, 서울 자하문 진입

1968년에 들어오면서 북한군의 무장 게릴라와 비무장 간첩들의 남침 준동이 급속히 활발해졌다. 정초인 1월 21일에 조선 인민군 제124군 부대원 31명이 북한산을 넘어 청와대 바로 뒤편인 자하문까지 진입해 들어와 우리나라 경비병들과 마주친 1·21사태를 비롯해서 이틀 후인 1월 23일에는 동해에서 미군 정보함 푸에블로 호 납치사건을 일으키고 같은 해 4월 15일에는 동해상에서 미국 정보기 EC 121기가 북한군에 의해 피격, 추락하는 사고가 나고 11월 2일에는 경북 울진·삼척지구에 무장공비 130여 명이 침투해 많은 민간인을 살상했다. 또 12월 11일에는 KAL여객기가 납북되었다.

사건 하나하나를 소개하자면 1·21사태에서는 남침한 31명의 무장 게릴라 중 28명이 사살되고 2명이 도주, 1명이 생포되었다. 우리쪽도 군경 34명이 희생되었다. 생포된 김신조에 의하면 그는 조선인

민군 제124군부대 소위로서 한국의 대통령 박정희를 암살하고 수하의 간부들을 총살하는 임무를 받고 내려왔다는 것이었다. 그들은 임무수행에 실패한다는 생각은 전혀 하지 않았으며 만약의 경우에는 죽을 것을 각오하고 있었다. 사태 자체가 너무나 상상을 초월하는 일이어서 한국 경비대의 대응 자세도 허술하기 짝이 없었던 모양이다. 김신조 일행이 자하문에서 경비대와 충돌하기까지 군경의 수색대와 마주친 일이 없었고 진입 북괴군도 이런 대간첩을 잡을 태세가 되어 있으리라고는 생각지 못했다고 말했다.

그런데 1968년에 들어서서 대남 공격이 자심해진 데에는 그럴만한 이유가 있었던 것으로 짐작이 된다. 물론 이북의 대남 간첩 침투는 그전부터 끊임없이 계속되어 오던 터였지만 노골적으로 무력이나 폭력으로 맞서기 시작한 것은 1 · 21사태, 푸에블로 호 피납 사건이 처음 있는 일이었다.

푸에블로 호 사건만 해도 해안에서 40km나 떨어진 동해의 공해상에서 북한 초계정 4척과 미그기 2대의 위협을 받고 나포되었다. 승무원 중 1명이 사망하고 83명이 북한에 억류되었다가 근 1년이 다 되어 가는 1968년 12월 23일에야 판문점을 통해 승무원 83명과 유해 1구가 송환되었다.

- 강원도 무장공비 침투

1968년 11월 2일에 있었던 경북 울진 · 삼척 무장공비 침투사건은 적지 않은 민간인 희생자를 발생케 했다. 130여 명의 무장공비가 침투해서 1·21사태 때 서울에 침투한 북한 게릴라가 남쪽의 민간인들이 관헌에 신고를 한 탓에 일망타진되었다는 이유로 민간인을 잔학하게 살해했다. 결과는 공비 사살 1백여 명, 생포 5명, 자수 2명이나 되었으나 군민 사망도 모두 70명이나 되었다.

미군 정보기 EC 121기 사건은 동해상에서 북한군에 의해 격추되어 승무원 31명 전원이 사망하는 불상사였다. 그 후에도 같은 해 12월 11일에는 KAL여객기가 납북되어 1년 2개월이 지난 1970년 2월 14일에 납북된 승무원과 승객 중 39명만을 귀환시키는 비인도적인 짓을 저질렀다. 물론 그 후에도 북한은 1976년 판문점 도끼 살인사건을 일으키고 1, 2차 연평해전으로 1차에 11명의 경부상, 2차에 6명의 해군 전사자와 19명의 부상자를 낸 일이 있었고 1969년 4월 7일에는 중서부 전선에 300여 발의 포격을 가했고 2010년에는 천안함 침몰과 연평도 포격사건 등으로 해병대 2명과 민간인 2명 사망, 중경상자 19명의 피해를 입혔다. 또 휴전선 남쪽 한국 측 지대에서 다이너마이트로 우리 군병을 살상하는 만행도 저질렀다. 1976년의 판문점 도끼 사건은 국제연합군 초소 앞에서 미군 몇 명이 시야를 가리는 느티나무를 정리하고 있었는데 북한군 장교 2명과 사병들이 작업 중단을 요청해 왔고 이를 거절하자 도끼와 몽둥이로 작업 중이던 미군과 카투사 한국병을 폭행 살인한 사건인데 이에 대해 미국은 구두상의 경고만 주었을 뿐 아무런 보복 조치도 취하지 않았다.

- 정부의 비상사태 선포

1968년의 1·21사태가 일어난 후 정부는 비상사태를 선포하고 박정희는 '우리의 은인자중에도 한계가 있다'는 경고를 했다. 그리고 만약 쿠바의 게릴라가 워싱턴의 백악관을 습격해 왔을 경우를 생각해 보라면서 '북한이 오만해지는 이유는 그들의 도발에 얼굴을 돌리고 있는 미국의 정책 때문'이라고 일침을 놓았다. 한국으로서는 당장 이북에 보복을 가하고 싶으나 한국에서의 군사작전권이 미군한테 있어 어쩔 수 없이 참는다는 것을 분명히 시사했다. 한국의 자중으로 일촉즉발의 상태에 있던 전쟁의 위기를 면할 수 있었다고 할 수 있다.

그러나 미국의 닉슨 대통령은 1969년 7월 25일에 이른바 '닉슨 독트린'이라는 것을 발표하고 '아시아의 국가들은 미국에 의존도를 줄이고 자국의 문제를 독자적으로 해결해 주기를 바란다'는 뜻을 분명히 했다. 이러한 닉슨의 주장은 곧 한국에서의 미군 철수를 의미하는 것이라고 해석되었다.

박정희는 '북한이 말로는 평화적 통일을 바란다고 하면서 일관되게 적화통일을 계획하고 있는 마당에 우리도 그들의 불시의 공격에 대비해서 200만 명가량의 준비된 무장병력이 있어야 되겠다'며 향토예비군의 구상을 시사했다. 그리고 그 같은 박정희의 구상은 이해 4월 1일에 250만 향토예비군의 창설로 실현되었으며 동시에 남한의 18세 이상의 모든 국민에게 일련번호를 부여하는 국민등록제도 실시하게 된다.

3절 대학 교련과 위수령

　3선 개헌을 앞두고 연일 거듭되는 학생 시위에 대비하기 위해서인지 박 정권은 1968년 12월 5일 국민교육헌장을 발표한 후 다시 향토 예비군의 설치와 이어서 1971년 2월 23일 대학 교련을 필수 과목으로 하는 교육법 시행령 개정안을 의결했다. 수정된 내용은 매주 2시간씩 3학년까지 실시하던 군사교련을 매주 3시간씩 4년 동안 총 74시간을 필수로 이수하도록 한다는 것이었다.

- 국민교육헌장

　국민교육헌장이라는 이름은 일제 강점기에 교육을 받은 사람이라면 그 내용이 그다지 낯설지 않은 것으로 기억될 것이다. 일제 강점기에 천황이 국민의 나라 사랑과 천황에의 충성을 강조하기 위해 만들었던 일종의 교육헌장이 바로 명치(明治)천황 때의 '교육칙어'와 소화(昭和)천황 때의 '청소년 학도에게 내리는 칙어' 두 가지였다. 박정희의 국민교육헌장은 세계에서 일본 외에는 없는(일본에서도 제2차 세계대전 패전 후에 폐기되어 없어졌다), 말하자면 국민훈도에 관한 것으로 내용은 일제 강점기의 수신(修身) 교과서에 나올 수준의 상식적인 것이었지만 박정희 정권 때는 이 헌장을 중고등학교와 초등학교 등에서 암기하도록 주입교육을 시켰다. 어떤 목적에서 그리고 어떤 효과를 기대해서인지는 분명치 않으나 옛날 일본의 통치자들이 국민에게 훈시한 것을 박정희도 효과적인 국민 계몽의 방법이라고 동조했던 것이 아니었을까 추정된다.

헌장의 요점은 '1. 민족의 중흥을 역사적 사명으로 알고 2. 교육의 지표인 학문과 기술을 배우고 익히며 3. 공익과 질서를 앞세워 능률과 실질을 숭상하고 협동정신을 북돋고 4. 나라의 융성이 곧 나의 발전임을 깨달아 스스로 국가건설에 참여하고 봉사하며 5. 반공 민주정신에 투철한 애국애족이 우리들 삶의 길이며 6. 영광된 통일 조국의 앞날을 내다보며 새 역사를 창조하자'는 것이었다.

- 대학 군사교련 강행

어쨌든 이러한 교련 강행 결정은 학생들의 교련 반대 데모를 유발했다. 군복과 유사한 교련복을 입고 군사훈련을 받음으로써 학교의 분위기를 전시체제와 같은 긴장감으로 채우면 학생들의 반정부 시위에 일종의 심리적 압박감을 주거나 아니면 최소한 제지장치라도 마련할 계기가 되지 않을까 기대했던 것으로 짐작되었다. 정부는 '국가 전체가 중무장한다는 전제 아래 적령기 대학생들이 군사교련을 받음으로써 유사시에 대비한다'는 대학교 군사교련의 필요성을 밝혔지만 학생들은 국가 안보가 아니라 정권 안보를 위해 정부가 학생을 군대 분위기에 가두어 두겠다는 것이라고 반발하고 정부 성토대회를 열었다.

이에 맞서 정부가 '훈련을 거부하는 학생 전원을 군에 징발하겠다'고 발표하자 사태는 더욱 악화되어 교련 거부 학생 수가 전국적으로 단숨에 1만 명을 넘어섰다. 그리고 시위와 성토는 반정부 운동으로 전환되어 교련 거부 시위는 한층 심해졌다.

정부는 10월 15일 위수령을 발동했고 군대의 군홧발이 학교 교정을 짓밟았다. 대학교엔 휴교령이 내려지고 주동 학생으로 지목된 23개 대학교의 177명이 제적을 당한다. 정부는 제1차로 그중 30명을 곧바로 입대시켰는데 이들이 입대를 위해 서울을 떠나던 날 용산역에는 이들을 격려하기 위해 교수, 학생, 친지 등 600여 명이 나와 교가와 응원가를 부르며 기세를 올렸다. 퇴학당하고 군대를 가게 되었어도 그들과 나머지 학생들은 오히려 더 기세를 꺾지 않고 반발을 했던 것 같다.

이 문제는 국회 본회의에서도 문제가 되어 사태에 대한 대정부 질의가 얼마동안 이어졌다. '행정부가 학생운동을 전면적으로 말살하는 태도는 4·19정신을 부정하는 것이 아닌가. 학원자율의 불길이 꺼지지 않도록 선도하는 구체적이고 적극적인 방안이 무엇인가'라고 물었는데 총리의 답변은 언제나와 마찬가지로 천편일률적으로

'현 시점에서는 학생운동의 좌표 설정보다 학생들이 배울 수 있는 정상 자세를 갖도록 하는 것이 중요하다'고 소요의 책임을 전적으로 학생에게 미루었다.

그러나 대학교에서의 교련 시기와 수강 횟수는 시행과정에서 개정을 몇 번 거쳐 필수가 선택으로 변경되고 수강시간도 많이 축소되었으며 얼마 지나서는 명맥만 유지하는 상태로 돌아갔다. '교련'이라는 이름도 '안전과 건강'으로 바뀌면서 역사 속의 한 단면으로 남게 되었다. 한 시대의 청춘에게 이토록 강력하고 어눌한 기억을 심어 주었던 교련과목이었다고 할 수 있다.

4절 삼선(三選) 개헌

- 박정희의 개헌 유도 발언

3선 개헌안에 대한 반대 시위는 박정희가 '개헌안을 국민투표로써 신임을 묻겠다'고 공언한 1969년 7월 25일의 7·25담화 이전부터 가열되기 시작했다. 1969년 6월 19일에는 3선 개헌 학생시위가 일어나고 그것은 빠르게 전국으로 전파되어 나갔다. 삼선 개헌안은 삼선 개헌을 원하는 장본인의 입에서 비롯되었다. 언제나처럼 마찬가지 수법으로 그는 1969년 정초에 '자신은 임기 중 개헌을 하지 않는 것이 소신이지만 필요가 있으면 연말이나 내년 초에 논의해도 늦지 않다'는 뜻을 밝혔다. '나는 원하지 않지만 만약 그럴 필요가 있다면 천천히 해도 된다'는 표현으로 주위에서 먼저 개헌 논의를 제기해 달라는 노골적인 지시와 같은 담화를 했다.

박정희의 말이 떨어지기가 무섭게 공화당 내 개헌 추진파 의원들은 '여론만 성숙'되면 개헌안은 빨리 제기되어 빠르게 논의하고 빠르게 통과시키는 것이 좋다는 개헌 찬성 발언을 내놓았다. 물론 일부 의원들은 그런 말에 냉담하거나 개헌 자체에 소극적이었지만 박정희의 속셈을 일찍부터 감지하고 있던 야당 측은 1월 14일에 신민당 호헌 5인 위원회(김의택, 조영규, 정헌주, 고흥문, 김영삼)를 구성하고 당 대표 유진오가 '신민당은 당의 운명을 걸고 반대투쟁을 벌이겠다'는 담화를 발표했다. 그러나 이미 3월 7일 제68차 임시국회 본회의에서는 개헌문제가 중심 질의로 등장하게 된다.

- 공화당의 개헌 반대파

4월 8일에는 개헌에 반대하는 공화당 내 구(舊)주류 중 개헌 반대파 의원이 항명사태를 빚어 이른바 4·8항명(抗命)으로 그중 다섯 명(영순식, 예춘호, 박종태, 정태성, 김달수)이 재빠르게 제명되는 문책을 당했으며 이들 중 3명은 야당의 반개헌 대열에 참여했다. 1969년 4월로 접어들면서 정쟁법에서 해금된 재야인사들이 개헌 반대 대열에 참여하게 되고 신민당과 합세해, '개헌 저지 단일 투위' 발족을 위한 절충이 시작되었다. 양쪽은 쌍방 동수로 된 14인의 구성을 결정했는데 신민당에서는 유진산, 이재형, 조한백, 홍익표, 양일동, 정헌주, 김영삼이, 재야인사로는 이철승, 윤길중, 김영선, 김상돈, 김선태, 조중서, 황병호가 나왔다.

한편으로 신민당은 5월 3일 광주를 시작으로 10일에는 부산, 11일에는 대구 등지에서 개헌 반대 강연을 펴면서 박정희에게 개헌에 대한 분명한 태도를 밝히라고 독촉했는데 이에 대해서 공화당은 '대책 없는 무책임한 언동'이라고 비난하고 박정희에게 개헌에 대해 긍정적으로 고려해 줄 것을 촉구했다. 개헌 저지 투위는 6월 5일 서울 YMCA 강당에서 '삼선 개헌 반대 범국민 투쟁위 36인 준비위'를 개최함으로써 반대투쟁 태세를 갖추었다. 이때쯤 학생들의 시위는 날로 격화되어 6월 12일에는 서울대 법대생 300명이 헌정 수호 선언문을 채택, 이후 학생 데모는 전국으로 파급되어 갔다.

국회는 6월 13일 정일권 총리를 국회에 출석시켜 개헌의 부당성을 따지고 정부에 의한 개헌 작업을 즉각 중단하라고 촉구했으나 뾰족한 반응은 얻지 못했다. 개헌을 둘러싼 대정부 질의는 13일부터 23일까지 10일간이나 진행되었으나 개헌 추진 세력에게는 마이동풍이었다. 그 와중에 신민당의 김영삼이 밤에 귀가하는 길에 피습되는 촌극도 일어났다.

– 학생들의 집회 금지

학생들의 동향에 촉각이 곤두서 있던 문교부는 방학 중 승인받지 않은 학생들의 집회를 금지한다는 내용의 지시를 각 학교에 시달했다.

1. 일체의 보충수업을 실시하지 말 것.
2. 숙제는 되도록 내지 않게 하고 꼭 필요할 경우 그 범위와 양을 최소한으로 줄이도록 할 것.

3. 현장 지도와 함께 교외 생활 지도를 철저히 할 것.

방학 중의 학생들의 집단 행위를 철저하게 경계하고 있음을 짐작할 수 있다.

신민당 측이 서울을 기점으로 해서 전국 유세를 강행하고 있던 7월 25일에 박정희는 특별 담화를 발표한다. 7개조의 항목으로 여야 정치인에게 제시한 것이다.

1. 개헌문제를 통해 나와 정부에 대한 신임을 묻는다.
2. 개헌안이 통과될 때는 그것을 곧 국민의 신임으로 간주한다.
3. 개헌안이 부결될 때는 그것을 불신임으로 간주한다.
4. 여당은 빠른 시일 안에 개헌안을 발의해 줄 것.
5. 야당은 합법적으로 개헌 반대 운동을 전개할 것.
6. 개헌 찬반에 있어 폭력과 불법은 배제한다.
7. 정부는 중립을 지켜 공정한 국민투표를 관리한다.

이 담화는 개헌을 예정대로 진행시키겠으며 그 안의 통과를 기정사실화하고 있다는 강력한 인상을 풍기고 있다.

– 개헌안 변칙 통과

두말할 필요도 없이 개헌을 지지하는 단체들이 줄줄이 지지성명을 냈다. 1969년 7월 26일에는 예비역 장성 5명(김기천 해병대 사령관, 박건원 공군준장, 백선진 공군준장, 신학진 육군소장, 이희성 해군소장)이 예비역 장성 225명의 이름으로 개헌 지지성명을 내고 다른 많은 단체들이 7·25회담을 지지하는 성명을 연달아 발표했다. 동시에 당초 3선 개헌을 반대했던 공화당 소속 의원들도 하나둘씩 찬성으로 돌아서고 야당 의원 3명(성낙현, 조흥만, 연주흠)도 지지를 선언하고 나섰다. 반대에서 지지로 뜻을 바꾼 의원 중에는 조건부로 개헌을 찬성한다는 의원이 몇 있었다. 그러나 그 같은 전제 조건은 자신이나 남의 눈을 의식한 일종의 가식행위에 불과했다.

예를 들어 공화당의 이만섭 의원의 경우 '공화당 창당 이념의 구현, 부정부패의 근절, 정보기관의 사찰 중지, 국민투표에서의 공정 보장, 제명의원의 복당' 등 다섯 가지 조건을 제시했으나 이것은 누가 보더라도 실현 가능성이 희박한 그저 해보는 소리로 비쳐졌다. 사실 그의 제언은 박정희의 '잘 이해했으니 나에게 맡겨 달라'는 말 한 마디로 끝을 맺었다. 공화당원으로서 이 정도나마 요구조건을 내고 당의 쇄신을 당부한 것만도 신변의 위험을 무릅쓴 용기 있는 행동이었으며 그 요구가 받아들여지지 않자 공공연히 당 지도부를 불신하는 말과 행동을 보였으나 박정희의 뜻을 누그러뜨리는 데는 역부족이었다. 자신에게 맡겨 달라는 것이 그 후 어떻게 처리되었는지 그 결과를 국민이 오히려 더 잘 인지하고 있는 터이다.

당 총재를 지낸 정구영 의원과 이미 제명된 개헌 반대 의원 몇을 제외한 108명의 민주공화당 의원과 정우회 소속 12명 중 10명, 야당 의원 3명 등 122명의 서명을 얻어 개헌안을 8월 5일 국회에 접수시키고 이후 순서에 따라 착착 일을 진행시켰다. 8월 8일에 소집된 임시국회는 신민당의 단상 점거와 무제한 농성 때문에 하루가 지체된 8월 9일 본회의를 거치지 않고 의장 직권으로 법안이 정부에 이송되었고, 신민당이 위헌 조항이 있으므로 철회해야 한다고 주장하던 국민투표법도 8월 20일에 통과시켰다.

한편 신민당은 9월 7일 유진상 등 44명의 이름으로 '박정희 대통령 탄핵소추 결의안'을 국회에 제출했는데 탄핵의 이유는 "박정희 대통령은 지난 7·25특별 담화에서 개헌안이 부결되면, '나와 이 정부는 즉각 물러나겠다'고 말하였는데 이와 같은 국정의 기본적 계획을 국무회의의 심의를 거치지 않고 대통령이 단독으로 결정하는 것은 헌법 제83조와 제85조의 규정을 위배한 위헌적 처사"라는 주장으로 탄핵소추를 결의한다는 것이었다. 동시에 신민당은 당론을 배반한 세 의원의 자격을 박탈할 목적으로 같은 날 신민당을 해산하고 무소속이 된 44명의 의원으로 신민회를 구성하여 '1. 삼선 개헌안을 즉시 철회하고 2. 삼선 개헌안 분쇄 운동을 더욱 강화할 것이며 3. 박정희는 개헌 강행을 위해 민권을 억압해 국민의 정당한 의사 표시를 방해하고 있다. 이런 불법 사태를 규탄하며 부당한 민권 강압 행위를 역사에 고발하며 양심적 공무원은 반법적 행위를 거부하고 국민의 편에 서기를 촉구하고 4. 박 대통령은 정부의 예산과 기재와 공무원을 불법적으로 동원하고 있는데 이는 국민의 혈세와 공복을 사용(私用)하는 것으로서 명백한 범죄행위이므로 이를 역사 앞에 고발한다'는 결의문을 발표했다. (5항은 생략)

9월 13일 72회 정기 국회 본회의에서 의장이 개헌안 표결을 선포하자 신민당 소속 의원들이 단상을 점거해 버렸기 때문에 부득이 산회를 했는데 14일 새벽 2시 33분에 비밀리에 소집된 제6차 본회의는 야당이 철야농성 중인 본회의장을 피해 국회 제3별관에서 표결에 들어가 2시 43분에 개표를 시작, 2시 50분에 이효상 의장이 122명 전원 찬성으로 가결되었음을 선포했다. 개헌안의 변칙 통과였다. 그리고 10월 17일에 예정대로 국민투표를 실시, 총 유권자의 73.3%가 참여해서 그중 65.1%의 찬성을 얻은 개헌안이 확정되었다.

이 개헌으로 1971년 4월에 제7대 대통령 선거에서 민주공화당 후보로 출마한 박정희가 당선되고 1972년 10월에 유신헌법을 통하여 그는 종신 집권자의 길을 열었다.

- 개헌안이 남긴 진기록

3선 개헌은 의정사에 남을 만한 두 가지 진귀한 기록을 남겼다. 하나는 앞에서 이미 적은 것처럼 헌법이라는 한 나라의 기간이 되는 법을 국회 본회의장이 아닌 별관에서 볼썽사납게 변칙 통과시킨 것이고 다른 하나는 의정사상 가장 긴 시간의 필리버스터 발언이 있었다는 사실이다. 비록 발언한 것이 국회 본회의장이 아닌 법사위원회실이기는 했으나 3선 개헌의 본회의 상정을 지연시킬 목적으로 1969년 8월 29일 신민당 소속 의원 박한상은 장장 10시간 15분에 걸친 발언을 했다.

- 경신된 최장 필리버스터 발언 시간

8월 31일에 회기가 끝나는 제71회 임시국회를 앞두고 여당은 3선 개헌안을 30일 새벽 안으로 강행 통과시킬 방침이었으나 신민당은 이를 저지하기 위해 이중재, 정상구, 박한상 등을 내세워 이 법안의 제안자 김용진을 상대로 필리버스터성 질의를 4시간 이상 지속하고 있었는데 차례를 이어받은 박한상은 박정희의 7·25담화 전문과 각종 개헌안 지지 성명문을 낭독하는 등 시간을 끌면서 국민투표 등까지 싸잡아 위헌적 법안들의 폐기를 주장하였다.

개헌 법안은 결국 통과되어 박한상의 필리버스터 전술은 빛을 보지 못하고 말았지만 당시 합법적인 의사진행 방해를 목적하는 필리버스터 전술은 당시의 국회법 60조 1항 '의회에서 동일 의제에 횟수와 시간의 제한 없이 발언할 수 있다'에 의해 합법적으로 인정되어 있었다. (1969년 8월 30일 조선일보 1면 참조)

박한상의 필리버스터는 국회 본회도 아니고 법안을 저지하지도 못했기 때문에 성공하지 못한 필리버스터로 기록되고 말았지만 1964년 4월 20일에 있었던 김준연 의원 구속 동의 요청안을 저지하기 위한 김대중 의원의 5시간 19분의 필리버스터는 임시국회 회기 만료일을 넘김으로써 동의안이 자동 폐기된 탓에 우리나라에서 유일하게 성공한 최초의 필리버스터라는 기록을 남겼다.

1972년에 유신헌법이 통과된 후 1973년에 국회는 국회의 기본권인 '다수결' 원칙을 무시하고 의사진행을 지연시켜 국회의 기능을 마비시킨다는 이유로 필리버스터의 무제한 토론 발언 시간을 규제하는 국회법 조항을 신설함으로써 더 이상 필리버스터를 할 수 없게 하고 국회 본회의에서는 15분 이상의 발언을 할 수 없도록 시간제한을 규정하였다. 그러나 2012년 국회 선진화법의 발효와 더불어 필리버스터 제도는 복원되었다.

그 결과 2016년 2월 24일 '테러 방지법'을 제지하기 위한 야당 '더불어 민주당'의 필리버스터 전술이 선을 보이게 되고 그 과정에서 1차로 김광진이 5시간 33분의 본회의 발언으로써 김대중의 기록을 깨더니 이어서 은수미가 10시간 18분, 정청래가 11시간 39분 그리고 최종주자 이종걸이 12시간 31분의 긴 발언으로 줄줄이 종전의 박한상의 최장기록 10시간 15분을 경신했다.

1964년의 김대중의 장시간 발언 중에는 당시의 국회의장 이효상이 의장 직권으로 발언을 중단시키려 시도하다가 김영삼을 비롯한 많은 야당 의원들이 김대중에 가세하여 거세게 항의함으로써 뜻을 이루지 못했는데 1969년의 박한상 발언 때는 '발언 중지를 막으려다 실패한 여당 의원들이 모두 잠들어 버리고 속기사 2명만이 강행군을 하고 있었다'는 조선일보(1969년 8월 30일 자) 기사가 보도되었다.

2016년의 필리버스터 과정에서는 발언 도중 뒤로 돌아서서 눈물을 흘리며 안경을 닦은 발언자와 발언을 하다 말고 느닷없이 노래를 부른 발언자가 있어 보는 사람의 눈길을 끌었다.

제8대 국회

(1971년 7월 26일~1972년 10월 17일)

1절 사법파동

제7대 대통령 박정희의 취임(7월 3일)과 제8대 국회의 개원(7월 26일)이 있은 직후인 1971년 7월 28일 서울지검 공안검사 이규명이 서울 형사지방법원 이범열 부장판사, 최공웅 판사, 이남영 서기관 등 3명에게 향응접대를 이유로 구속영장을 청구하면서 벌어진 것이 사상 최초의 사법파동이었다.

- '영장 청구는 사법부 탄압'

이범열 부장판사 등 3명은 이 아무개 피고인에 대한 반공법 위반 사건을 심의하면서 증인신문을 위하여 제주도로 출장을 나갔는데 피고인의 변호인 허경철 변호사로부터 항공료, 숙박비, 술값 등 9만 7천 원 상당의 뇌물을 받았다는 혐의였다. 판사가 부당한 이익을 제공받은 것은 원칙적으로 잘못된 일이었으나 그 정도의 향응은 뇌물이라고 보기보다 상식적인 인사치레로서 종래 불문에 부쳐지던 관행이었는데도 그를 문제 삼고 구속영장까지 청구한 것은 의도적으로 사법부에 대한 탄압을 기도한 것이라고 간주되었다.

많은 판사들은 이것을 판사 개인에 대한 비리를 들춘 것이 아니라 검찰이 기소한 공안사건에 대해 법원이 무죄 판결을 내린 것에 대한 보복 조치로 보고 집단으로 사표를 제출하였다. 이에 서울 형사지방법원 판사 37명이 검사의 처사에 항의하여 사표를 제출하였고 그에 동조해서 전국의 법관 455명 중 150여 명의 판사들이 집단으로 사표를 제출하기에 이르렀다.

대한변호사협회도 법관들의 항의에 동조하여 임시총회를 열어 사법관의 독립을 요구하는 결의문을 채택하였다. 정부의 사법부 탄압 여론이 거세게 일자 대통령 박정희가 직접 사태 무마에 나섰다. 그는 8월 1일에 법무부장관 신직수를 불러 판사 등에 대한 수사 중지를 내리는 한편 사법부 일은 대법원장이 수습하도록 통보하고 법관의 처우 개선에 대한 약속과, 문제를 일으킨 검찰 관계자의 문책인사를 단행하였다.

향응을 받았다는 판사들은 사퇴를 하고 결국 8월 27일 문제를 제기한 서울지법 판사들의 사표 철회를 시작으로 사표를 냈던 모든 판사들이 사표를 철회함으로써 사법파동은 진정되었다. 일단 진정은 되었으나 이 사건은 한국의 사법사에 사법권의 침해를 적나라하게 보여준 중대 사건으로서 박정희 정권이 물러난 후에 일어났던 제2, 제3, 제4 사법파동과도 직간접으로 적지 않은 연계성을 지닌 것이었다.

- 1차 파동

제1차 사법파동이 일어나게 된 근원적인 동기는 단순히 문제의 서울 형사지방법원 항소 3부의 두 판사와 입회서기에 대한 구속영장 신청이 왜 발생했느냐 하는 데 있었다. 1971년 당시 헌법재판소는 '국가배상 청구권'을 인정하고 있었는데 내용인즉 국가 공무원의 직무상 불법행위로 손해를 입은 국민은 국가 또는 공공단체에 그에 대한 배상을 청구할 수 있다는 것이었다. 그 국가배상 청구권을 구체화하기 위해 마련된 국가배상법은 제231조 단서에 '피해자가 군인, 군속 등 특수 신분인 경우에는 국가배상 청구권을 제한한다'는 구절을 두었다. 이 규정이 위헌이라고 해서 위헌심판 신청이 제청되자 대법원은 우선 법원조직법에 대한 위헌 결정을 내렸다.

- 국가배상법이 문제

당시 법원조직법 제59조 1항 단서는 대법원 판사 전원의 3분의 2의 출석과 출석위원 3분의 2의 찬성이 있어야 위헌 심판이 가능하도록 했는데 대법원에 따르면 합의 정족수를 제한하는 경우에는 반드시 이를 헌법 자체에서 규정하여야 하고 이는 헌법의 근거 없이 법원의 심사권을 제한할 수 없기 때문이라고 밝혔다. 이어 대법원은 국가배상법 제2조 1항 단서 조항을 인간의 존엄, 평등권, 국가배상 청구권에 반한다는 이유로 위헌 결정을 내렸던 것이다. 이 단서 조항의 삭제는 파급효과가 매우 커서 정부에게 연간 10~40억 원의 재정부담을 주는 것으로 알려져 있었다. 앞에서 판사와 서기 등에 대한 구속영장 청구는 행정부의 재정 부담을 가중시키는 전기한 법원의 결정에 대한 일종의 보복 조치의 첫 시도라고 판단되었던 것이다.

- 2차 파동

2차 사법파동은 1987년의 6·29선언이 있은 후 노태우 정부가 출범하고 불어닥친 민주화 바람에도 불구하고 과거 박정희 정권 이래 사법 당국의 부적절한 처사 등에 아무런 자기반성이나 사법계 민주화에 법조계 수뇌부가 성의를 보이지 않자 1988년에 일부 소장 판사 335명이 사법부 수뇌부의 개편을 주장하는 '새로운 대법관 구성에 즈음한 우리들의 견해'라는 성명을 발표한 데서 비롯되었다. 그리고 서울, 수원, 부산, 인천 지역 소장 판사 430여 명은 대법원장 선임 문제와 관련 '법원 독립과 사법부 민주화'를 요구하는 서명에 참여했다.

제5공화국의 연장선상에서 6공에서까지 5공 당시의 사법부 수뇌부를 재임명하자 이들은 김용철 대법원장의 사퇴와 함께 정부 기관원의 법원 상주 반대, 법관의 타처 파견 근무 중단, 유신 악법 철폐 등을 요구하였다. 결국 김 대법원장이 퇴진하고 그 후 장기승이 지명되었으나 국회에서 대법원장 임명 동의안이 부결되는 사태가 일어나 이일규 대법원장이 취임하게 되었다.

- 3차 파동

3차 사법파동은 박정희 정권과 관련이 있다고 하면 있고 간접적이라면 간접적인 연관성만 지닌 케이스이다. 파동의 내용은 근 30년이나 지속된 군사정권하에서 사법계가 저지른 수많은 부끄러운 짓들에 대해 사법부의 뉘우침이 없다는 전제 아래 김영삼 정부가 출범한 이후 서울중앙지법 민사단독 소장과 판사 40여 명이 사법부의 반성과 개혁을 촉구하는 건의서를 대법원장에게 전달한 사건이다. 이들은 '사법부의 자기반성 없이는 진정한 개혁이 이루어질 수 없다'는 내용을 발표했는데 결국 그들도 법원의 독립성 확보를 위해서는 법관의 신분보장이 전제가 되어야 한다는 생각 아래 법관회의의 개최를 요구하였다.

문민정부의 출범과 함께 사법부 개혁에 대한 국민적 기대감이 높아지고 있는 상황에서 1993년 5월에 대법원이 내놓은 사법부 개혁방안 등이 소장 판사들에게 실망을 안겨 주었기 때문에 '사법부의 자기반성 없이는 진정한 개혁이 이루어질 수 없다'는 주장에 변호사 단체 사법연수생들도 동조하면서 파문이 확산되었으며 결국 김덕주 대법원장의 퇴진으로 발전되었다.

- 4차 파동

4차 사법파동의 시작은 2003년 서울지법 북부지원의 박시환 판사가 대법관 인선 관행에 항의한 사건인데 서열과 기구위주의 대법관 재정에 반대하여 판사 160여 명이 인선 관행의 시정을 촉구하는 연판장에 서명한 바 있다. 그래서 이 사건을 일명 대법관 인선파동이라고도 부른다. 대법관 제청에 관한 소장 법관들의 의견을 통해 대법관 인선 관행을 항의한 것이지만 다음 대법원장은 예정대로 인선되었고 다만 4차 파동으로 인해 열린 전국법관회의 이후에 서울 고법부 장판사 전효숙이 첫 여성 헌법 재판관으로, 김영란 대전고법 부장판사가 첫 여성 대법관이 되어 대법관 인선 관행이 획기적으로 개선되었다는 것을 명기해 둔다.

2절 7·4공동성명

- 통일문제 해결을 위한 중대 결의

1972년 7월 4일에 발표된 7·4남북 공동성명은 그때까지 지속되어 오던 남북 간의 군사대결 구도를 풀어 주는, 남북이 극적으로 함께 이끌어 낸 첫 합의였다. 뿐만 아니라 한국의 통일문제를 외세에 의존하지 않고 외세의 간섭 없이 우리끼리 자주적으로 해결하자는 우리 민족의 의지가 처음으로 발현된 중대 결의이기도 했다. 이 같은 사연이 나오게 되기까지는 여러 가지 국내외적인 여건의 변화 등이 크게 작용했던 것으로 알려져 있다.

이른바 핑퐁외교라고 불리는 미국-중국 간의 화해 무드, 주한 미군의 철수 결정, 많은 국민들의 끈질긴 민주화 투쟁 조짐 등 국제·국내 정세들이 복합적으로 작용했던 것이다. 물론 남북 간의 이 같은 화해 무드는 양 정권의 최고 권력자들이 제각기 자신들의 권력기반 강화와 정권 연장에 이용하려는 정치적 의도 때문에 일단 중단은 되었지만 그 취지만은 불씨로 남아 시간을 두고 아직 살아 있다가는 식고, 식었다가는 다시 되살아나곤 하고 있다.

남한의 집권자는 10월 유신(1972년 10월 17일)으로, 북한의 집권자는 같은 해 12월의 '사회주의 헌법 채택'으로 각기 국내 문제에 신경을 쏟는 바람에 모처럼 구성되었던 남북 협력을 도모할 남북조절위원회(남쪽 이후락 중앙정보부장, 북쪽 김영남 노동당 조직지도부장이 공동위원장)도 활동을 못 해보고 중단되고 말았다.

- 성명 내용

남북 양쪽에서 그만큼 정열적으로 힘을 쏟은 끝에 겨우 합의해서 마련한 7·4공동성명의 내용은 다음과 같다.

1. 첫째, 통일은 외세에 의존하거나 외세의 간섭을 받음이 없이 자주적으로 해결하여야 한다.
   둘째, 통일은 서로 상대방을 반대하는 무력행사에 의거하지 않고 평화적 방법으로 실현하여야 한다.
   셋째, 사상과 이념, 제도의 차이를 초월하여 우선 하나의 민족으로서 민족 대단결을 도모하여야 한다.
2. 쌍방은 긴장상태의 완화, 상대방 주상 비방 중지, 무장도발 중지, 불의의 군사충돌사고 방지 합의.
3. 남북 사이에 다방면에 걸친 제반분야의 교류 실시.

4. 적십자회담 성사 적극 협조.

5. 서울과 평양 사이에 상설 직통전화 개통.

6. 이후락 부장과 김영남 부장을 공동위원장으로 하는 남북조절위
   원회 구성 운영.

7. 합의 사항을 성실히 이행할 것을 엄숙히 약속.

이 7·4성명에 의거해서 남북 양측은 서울, 평양, 판문점을 서로 오가며 수차례의 예비회담과 본회담을 거듭하게 되고 성명에 표시된 각종 약속을 실천에 옮겨 갔다. 본회의를 서울과 평양에서 교대 개최했다.(1971년 10월 6일 예비회담) 남북 직통전화 20회선 개통(1972년 8월 16일 예비회담), 5개 의제 합의문서 교환(1972년 8월 30일~9월 2일), 11월 11일 0시를 기하여 대남·대북 방송의 중지 합의(1972년 11월 4일), 각 분야의 교류, 간사회 구성, 공동 사무국 설치 합의서 교환 등 양측의 회의는 이때까지 대체로 순조로웠지만 1974년 11월 30일 북측은 갑자기 조절위의 무기한 연기를 제의하고 남쪽의 무마에도 불구하고 남북 간 회담은 일단 중단 상태로 들어갔다.

7·4성명이 나오기까지의 감추어진 뒷이야기는 많지만 아무튼 박 정권은 남북적십자회담을 추진하면서 대북 접촉을 시도하고 이 과정에서 남의 중앙정보부장 이후락의 신임장을 가진 정홍진과 북의 노동당 김영남 조직부장의 신임장을 지참한 북한의 김덕현 실무자가 판문점에서 비밀 접촉을 하게 된다. 그 결과 1972년 5월 남한의 중앙정보부장 이후락과 북한의 제2 부수상 박성철이 평양과 서울을 오가며 '자주', '평화', '민족 대단결'이라는 3대 통일 원칙을 비롯한

'상호 중상, 비방 및 무력도발 중지, 다방면에 걸친 교류의 실현' 등에 합의를 보았다.

또 6월 29일 이 같은 합의사항을 추진해 남북 간 제반 문제를 해결하고 합의한 통일 원칙에 기초해서 통일문제를 해결하고자 하는 목적으로 '남북조절위원회'를 구성하는 데 의견을 모았다. 이에 따라 7월 4일 오전 10시 쌍방은 서울과 평양에서 조국통일 원칙을 발표하기로 했던 것이다. 비밀리에 진행되었던 이 같은 사실을 밝히면서 이후락은 '1972년 5월 2일부터 5일간 평양을 다녀왔다. 김영주 노동당 조직부장과 회담했으며 김일성과도 두 차례 회담했다. 또 평양의 김영주 부장을 대리해서 박성철 부수상이 5월 29일부터 6월 1일까지 서울에 왔었다. 박성철은 나와 두 차례, 박정희 대통령과는 한 차례 회담했다'고 밝혔다.

곧이어 발표된 7·4남북 공동성명은 앞에서 언급한 것처럼 한국의 통일을 외세에 의존하거나 외세의 간섭 없이 우리 민족끼리 성취하자는 것과 통일을 위한 세 가지 원칙 '자주', '평화', '민족단결'을 남북 당사자들끼리 처음으로 확정했다는 점에서 지대한 의의를 가지는 것이라고 해야 할 것이다. 당시 서울의 어느 일간지가 '아, 통일은 오는가'라고 벅찬 감회를 신문 1면 머리기사 제목으로 뽑았을 만큼 7·4성명은 국민에게 큰 감동과 흥분을 안겨 주었던 것이 사실이다. 비록 남북 양측의 내적인 사정으로 결실을 맺지 못하고 말기는 했으나 7·4성명의 취지와 뜻, 통일을 위한 원칙과 방법 등은 아직 유효하다고 보아야 하며 또 앞으로도 계속 살아 있어야 한다고 믿고 싶다.

3절 이산가족 찾기와 첫 상봉

- 한국적십자사의 '가족 찾기' 제의

1945년 해방으로 한국이 남북으로 나누어진 데다가 1950년에 일어난 6·25전쟁으로 남북 간의 왕래의 길이 막히고 많은 가족들이 이산하게 되는 국가적 비극을 맞게 되었다. 따로 떨어진 가족들은 서로 교신은커녕 생사조차 알 수 없는 참담한 상태로 60년 이상을 지내고 있는데 이제 떨어져 사는 가족들의 나이가 나이인지라 많은 이산가족들이 거의 상봉을 포기하고 있는 것이 현실이다.

그동안에 띄엄띄엄 이산가족의 상봉이 있기는 했으나 그 수가 워낙 적어서 총 이산가족의 몇 천분의 1도 되지 않는 지경이다. 그나마 한 번에 100여 명, 200여 명씩 만나게 된 것은 1971년에 한국적십자사가 북한적십자를 상대로 '남북 가족 찾기 회담'을 제의한 데서 비롯되었다. 1971년 8월 12일 한국적십자사가 남북 가족 찾기를 북쪽에 제의하자 이틀 후인 14일 북측이 이를 수락, 판문점에서 연락관회의를 열자고 응답을 해 왔고, 같은 달 20일에 남북 연락관회의가 분단 26년 만에 첫 대면을 하게 된다. 결과적으로 이때의 남북 접촉에서는 기대했던 결과를 내지 못하고 말았지만 남북이 분단된 후 남북 간에 서로 말문을 텄다는 점에서 큰 의의를 가지는 것이었다. 물론 이 같은 양쪽 적십자 간의 대화는 7월 4일에 보였던 7·4공동성명이 남북 간의 화해 분위기를 조성했기 때문에 이루어진 것이기는 한데 그 후 수차의 어려운 고비를 맞고도 40년이 훨씬 지난 현재까지 가족 상봉의 길을 이어오고 있으니 큰 다행이라 하겠다.

남북 적십자 간의 예비회담은 박정희의 6·23선언(1972년 6월 23일의 평화통일 외교 정책 7개안)과 김대중의 동경 납치사건(1973년 8월 8일) 등을 이유로 북쪽의 김영남이 일방적으로 회담 중단을 선언하면서 이후락의 철회 요청에도 불구하고 북한 적십자사마저 서울에서 개최될 예정이던 제8차 본회담에 불응, 남북 간 회담은 일시 중단되었다.

- 분단 후 첫 이산가족 상봉

중단된 남북 적십자 회담은 박정희의 사후인 1980년 10월 4일 남한의 적십자 총재 유창순이 남·북적의 수해물자 인도 인수 작업이 종료되는 시점에 북적 손성필 위원장에게 적십자 본회의 재개를 제의하여, 10월 29일 북측이 이의 수용의사를 표방함으로써 1985년 5월과 12월 사이에 8차에서 10차까지의 본회담을 개최하게 된다. 5월 27일에서 30일 사이에 서울에서 열린 제8차 본회의는 남북 이산가족 고향방문 및 예술 공연단 교환에 합의, 이어 9월 20일부터 23일까지 고향방문단 51명, 기자 수행원 50명, 예술 공연단 50명 등 151명의 상호방문(남한 측에서는 35가구가 재북 가족 45명과 상봉하고, 북측에서는 30가구가 재남 가족 51명과 상봉)이 이루어졌다. 진정 역사적인 첫 가족 방문행사였다.

그러나 그 후 이산가족 상봉은 다시 실쭉해졌다. 1989년 1월에는 북측이 남한의 한미 합동 군사훈련을 이유 삼아 이런 상황에서 적십자회담 재개는 무의미하다는 대남 서한을 발송해 왔었고, 같은 해 5월에는 다시 이북에서 예술단 교환을 제의해 와서 방문단 규모(총 571명)와 원칙에 합의했으나 1990년 11월의 실무자 접촉에서 북측이 '혁명가족'의 공연 주장을 고집함으로써 또 한 번 무산되었다.

– 근본적 해법은 안 나와

1990년 7월 20일에는 한국의 국회 본회의가 '이산가족 문제의 조속한 해결'을 촉구하는 결의문을 채택했으나 북측의 무반응으로 아무런 진전이 없었으며 1992년 5월에는 1차 실무자회담을 가지기는 했으나 접촉과정에서 북측의 이인모(남한에서의 장기수 사상범) 송환과 핵 사찰문제 거론 중지 등 전제조건을 제시하는 바람에 유산, 또 한번은 대북 구호물자 전달에서 우리 측의 이산가족 문제 해결 주장 때문에 이북이 회담을 거부하는 등, 수없는 거부와 중단과 유산이 계속되다가 김대중이 대통령에 취임하면서 2000년 3월 베를린 선언을 통해 북한에 인도적 차원의 이산가족 문제 해결을 촉구하고 남북 정상회담에서 '공동선언'까지 채택, 이산가족 상봉이 두세 차례에 걸쳐 성사되기도 했으나 이 또한 뜻하지 않던 금강산 관광객의 일원이 피격되는 불상사 등 여러 사건들이 연발되어 10년 가까이 중단되었다가 겨우 되살아나기도 했다.

이 문제는 최근에 이르기까지 근본적인 해결 방안을 위한 새로운 국면을 찾지 못한 채 간헐적으로 소가족들만 상봉의 행운을 누리고 있는 데 그치고 있다. 가뭄에 콩 나듯이 드문드문 극소수의 운 좋은 가족들만이 상봉할 기회를 가지는 비정상적이고 비상식적인 상봉 방법에서 벗어나 이산가족의 생사 확인, 서신 교환이나 화면 상면 등의 방법은 인도적인 면에서도 조속히 해결해야 될 일이 아닐 수 없다. 그러나 40년 전인 1971년에 마련되었던 이산가족 상봉의 물꼬가 아직 끊이지 않고 지속되고 있다는 사실 하나에나마 작은 위안을 받아야 하는 것이 오늘날의 주어진 현실이다.

4절 국가 비상사태 선언

– 안보 앞세운 국민의 자유 유보 시사

1971년 11월 6일 대통령 박정희는 국가 비상사태를 선언한다. 이 날 박정희가 청와대에서 긴급 국무회의와 국가안전보장회의 연대회의의 의결을 거쳐 선언한 내용은 다음과 같다.

1. 정부 시책을 국가안보 최우선으로 하고
2. 일체의 사회불안을 용납지 않으며 동시에 불안요소를 배제하고
3. 언론은 무책임한 안보 논의를 삼가고
4. 최악의 경우 국민이 향유하고 있는 자유의 일부도 유보할 결의를 가져야 한다.

이 같은 선언이 있은 후 박정희는 특별 담화문에서 '최근 급변하는 국제정세는 우리의 안전 보장에 중대한 영향을 끼치고 있고 한반도

의 국지적 사정은 침략적인 책동을 멈추지 않고 있는 북괴의 적화통일 욕심 때문에 긴장이 더욱 고조되고 있는데 우리의 내부사정은 향토예비군이나 대학 군사교련마저도 그 시비가 분분할 뿐 아니라 진정으로 국가를 위하는 안보론보다는 당리당략이나 선거 전략을 위한 무책임한 안보론으로 국민을 현혹시키고 있으며 또한 혹세무민의 일부 지식인들은 언론자유를 빙자하여 무책임한 안보론을 분별없이 들고 나와 민심을 더욱 혼란케 하고 있는 것이 현실이다. 이와 같은 무절제하고 무궤도한 안보 논의는 국민의 사기를 저하시킬 뿐 아니라 국민의 단결과 국론의 통일을 저해하고 나아가서는 국가안보에도 크게 유해한 결과를 가져오는 것이다' 하였다. 대충 이상과 같은 전제 아래 나온 것이 정부의 안보 최우선 정책이며 그를 위해 국민의 자유도 유보시킬 수 있다는 국가 비상사태의 선언이었다.

- 선언의 내용

선언의 전문은 다음과 같다.

최근 중공(中共)의 유엔 가입을 비롯한 국제정세의 급변과 이것이 한반도에 미치는 영향 및 북한 괴뢰의 남침 준비에 광분하고 있는 제 양상들을 정부는 예의주시하여 검토해 본 결과 현재 대한민국은 안전 보장상 중대한 차원의 시점에 처해 있다고 단정하기에 이르렀다.

따라서 정부는 국가 비상사태를 선언하여 온 국민에게 이 사실을 알리고 다음과 같이 정부와 국민이 혼연일체가 되어 비상사태를 극복할 결의를 새로이 할 필요를 절감하여 이에 선언한다.

1. 정부의 시책은 국가안보를 최우선으로 하고 조속히 만전의 안보 상태를 확립한다.
2. 안보상 취약점이 될 일체의 사회불안을 용납하지 않으며 불안 요소를 배제한다.
3. 언론은 무책임한 안보 논의를 삼가야 한다.
4. 모든 국민은 안보상 실무수행에 자진 성실하여야 한다.
5. 모든 국민은 안보 위주의 새 가치관을 확립해야 한다.
6. 최악의 경우 우리가 향유하고 있는 자유의 일부도 유보할 결의를 가져야 한다.

- 정부 비방 막기 위한 방책

국가안보의 중요성은 굳이 박정희의 국가 비상사태 선언이 아니더라도 국민 누구나가 익히 알고 있는 일이다. 그렇다면 박정희가 느닷없이 그러한 선언을 발표한 데에는 나름대로의 다른 속셈이 있으리라고 추정하게 되는 것은 그다지 어려운 일이 아니다. 이해 11월 8일에 있은 민주수호 국민협의회의 학원탄압에 대한 성명이나 11월 11일에 나온 한국천주교 주교단의 부정부패, 빈부 차, 도의 타락 등

시정을 요구하는 '공동 교서'에 적지 않은 자극을 받고 그 같은 정부 비방에 불쾌해진 대통령이 정부 비방을 막기 위한 방책의 하나로 이를 구상해 낸 것이 아닌가 하는 추측도 한때 나왔었지만 그 선언을 단순히 일시적인 자극이나 노여움에서 나온 것이라고 보기에는 내용이 너무 노골적이고 직설적이었다는 점을 간과할 수는 없을 것으로 보인다. 안보상 취약점이 될 일체의 불안을 용납하지 않고 또 불안 요소를 배제한다는 것은 일체의 반정부 시위 등을 용납하지 않고 배제하겠다는 뜻으로 받아들여졌고, 언론의 무책임한 안보 논의를 삼가라는 말이나 일부 지식인들의 언론자유를 빙자한 분별없는 무책임한 민심 혼란을 질책한 것은 어설프게 정부를 비판하면 안보를 해치는 행위로 간주하겠다는 경고장으로 여겨졌고, 국민의 자유를 일부 유보하겠다고 하는 결의는 국민의 자유로운 인권을 제한할 수 있다는 말로 들릴 수 있었다.

당시의 청와대 대변인 김성진은 '선언'의 법적 근거를 묻는 질문에 '헌법상 대통령이 보유한 권한인 긴급명령 발동 직전의 통치권의 행사'라고 설명하였는데 그 말은 바로 이듬해에 발동된 10·17유신 헌법 사태를 미리 예고한 것이 아니었을까 하는 의구심을 낳게 했으며 박정희가 이미 그때부터 영구 집권을 쟁취하기 위한 구상을 하고 있었음을 말해 주는 증거라고 추정할 수 있다.

5절 8 · 3조치 <small>(기업 사채 동결)</small>

- 경제 긴급 명령

1972년 8월 3일 박정희는 '경제의 안정과 성장에 관한 긴급 명령' (8 · 3조치)을 발표하고 기업이 과도하게 안고 있는 채무의 원금과 이자 상환 부담을 경감하여 기업의 채무구조를 개선하고 투자를 촉진함으로써 안정적인 경제성장의 기반을 구축하고자 한 것으로 일명 기업 사채(私債) 동결 명령이었다.

군사정권은 집권 3년 동안 숱한 시행착오를 범하고 통화정책의 실패, 급격히 늘어난 통화량(1961년 5월 말 현재 230억 원에서 1962년 5월 말에는 310억 원으로 증가), 인플레이션의 급상승, 외화의 고갈(1963년 5월 말 현재 2억1천400만 달러가 1964년 9월 말에는 1억7백만 달러로 절반인 1억7천만 달러 감소) 등 많은 경제적 어려움을 초래하였으나 1960년대 후반부터 놀랄만한 고도성장률을 기록함으로써 나라의 빈곤과 이른바 춘궁기를 극복하는 데 이바지하게 된다.

- 소수 기업체에 혜택

1960년대 후반에 들어서면서 박 정권은 국가 경제 운영의 방향을 수출주도형 성장 전술에 두었고 그 같은 정책 수행을 위해 정부의 강력한 직접 통제 수단을 구사했다. 특정 산업의 진흥을 위해 가격기구의 적절한 이용, 정부의 적정 투자, 정부에 의한 강력한 자금조달 수단 등도 동원되었다. 주요 산업에 대한 투자목표를 설정해 놓고 이의 달성을 위해 재정 금융상의 지원을 집중적으로 지원했다. 이와 같은 경제 운영의 목표와 방법이 한국의 경제를 급성장시키는 데 도움이 되었다는 것은 부인하기 어렵다. 그러나 군사정부 당국은 개인 기업들의 업무 결정에 직간접으로 통제를 가하는 한편 비교적 소수의 기업체에만 특혜 대부와 조세상 혜택을 부여했다. 이렇게 함으로써 정부는 이들이 취득한 막대한 이득을 정부 주도 사업에 투자할 수 있도록 만들었다.

그러나 이렇게 과도하게 커진 기업체들 때문에 경제는 탄력성을 잃게 되고 이들과 대기업들이 정부 정책에까지 막대한 영향력을 끼칠 수 있게 되었다. 급속한 경제성장을 달성하기는 했으나 구조적으로 많은 문제가 발생하기 시작했다. 국내 자본이 부족한 가운데 정부는 경제성장을 뒷받침할 투자 수요의 급증에 따라 팽창적 통화정책을 계속 유지하였고 앞에서 지적한 것처럼 인플레이션을 만연시켰다. 기업의 자금 수요는 급증하였으나 제도 금융권의 자금공급은 이를 충족하기 어렵게 되었다.

충족되지 않는 자금 수요 때문에 높은 금리의 사채가 성행하였으며 기업도 고리의 사채에 의존할 수밖에 없게 되었다. 기업의 재무구조가 악화되었고 낮은 기업의 기술수준과 어우러져 차관기업을 포함한 많은 기업들이 부실기업으로 변해갔다. 특히 1972년 상반기 중에 민간투자와 고용 증대가 둔화되면서 경기하강 징후가 나타나기 시작하자 정부는 종전의 재정금융 정책으로는 경제의 활성화가 어렵다고 판단하고 8월 2일 대통령 긴급명령권을 발동, '경제의 안전과 성장에 관한 긴급명령'을 공포하기에 이르렀던 것이다.

- 기업 사채의 동결

1972년 8월 3일부터 효력을 발휘한 것이 이른바 기업 사채의 동결령이라는 8·3조치였다. 이 조치는 기업이 안고 있는 과도한 채무의 원금과 이자의 상환 부담을 경감해 줌으로써 기업의 재무구조를 개선하고 투자를 추진시켜 안정적인 경제성장 기반을 구축하겠다는 것이었는데 그 내용은 다음과 같다.

1. 1972년 8월 2일 현재 기업이 부담하고 있는 모든 사채를 관할 세무서 또는 금융기관에 신고하고 신고한 사채는 3년 거치 5년 분할 상환 조건의 새로운 채권 채무관계로 전환하였다. 이자는 1개월마다 지급하고 이자율은 월 1.35%(연 16.2%)로 하되 당초 이자율이 월 1.35% 미만인 경우에는 종래의 이자율을 적용하도록 하였다.
2. 2천억 원 범위 내에서 금융기관의 기업에 대한 단기 대출금 잔

액의 30%에 해당하는 금액을 연리 8%, 3년 거치 5년 분할 상환
조건의 장기저리대출로 바꾸어 대출하도록 하였다. 대환에 필요
한 자금은 금융기관이 특별 금융 채권을 발행하고 한국은행이
이를 인수하도록 하였다.

3. 정부는 중소기업 보증기업과 농수산업자 신용보증기금에 각 10
   억 원씩 출연하는 한편 신용보증기금을 새로 설치하여 각 금융
   기관에 대해 8월 3일 이후 5년간 대출금 잔액의 0.5% 이내에 해
   당하는 금액을 매년 신용보증기금으로 출연하도록 하여 담보 능
   력이 약한 중소기업에 대한 신용대출을 촉진하도록 하였다.

4. 한국산업은행에 산업 합리화 기금을 설치하여 기업에 장기 저리
   자금을 공급하는 한편 중요 산업의 고정자산에 대한 기업의 특
   별 감가상각을 종전의 30%에서 40%로 인상하고 법인세 및 소득
   세의 투자 공제율을 상향 조정하는 등 세제상의 혜택을 부여하여
   산업 합리화를 촉진하고 기업의 투자 확대를 유도하였다.

특히 주목할 만한 일로 정부는 산업 합리화 자금을 선별적으로 지
원함으로써 산업 및 기업의 구조조정을 추진하였다는 것을 들 수 있
다. 산업 합리화 지정 대상이 되는 산업은 국민의 필수물자를 생산하
거나 기간산업이거나 중요 기자재 또는 원자재를 담당하는 산업이거
나 수출, 관광 등 외화 가득 산업이거나 농어민 소득 향상과 관련되는
등 정부가 육성하고자 하는 특정 산업 등에 한정하여 지원하였다.

이상의 여러 자금은 전문화, 계열화, 기업 간 합병, 사업 정리, 자본
증가 또는 재무구조 개선, 기술 개발 또는 혁신 등 구조조정과 관련

되는 것에 한정하여 지원하였다.

5. 재정의 탄력적 운용을 위해 내국세의 일정 비율로 고정되어 있
  던 지방 교부세와 지방교육재정 교부금 및 도로 정비 사업비를
  매년 경제 여건이나 예산 사정에 따라 신축적으로 조정할 수 있
  도록 하였다.

– 종합경제 안전책

또 8·3조치와 함께 부수 조치로 5개항의 종합경제 안정책이 시
행되었다. 금융기관의 금리를 즉시 대폭적으로 인하, 환율을 1달러
400원 선에서 안정시키고, 공공요금의 인상을 억제, 물가 상승률을
연 3% 이내로 억제하고 1973년도 예산 규모의 증대를 최대한으로
억제하는 조치 등이 그 5개항이었다. 6일 후인 8월 9일에 집계된 이
8·3긴급명령으로 인한 신고 사채는 도합 3,507억 1,700만 원에 이
르러, 자금 사정에 허덕이던 많은 기업들이 일단 숨을 돌리는 데 도
움이 된 것은 분명했다.

그러나 이상과 같은 정부의 상식을 넘어선 조치가 일시적으로 효
력을 나타낸 것은 사실이나 일부 특정 기업에 대한 특혜가 더 두드러
지면서 앞에서 지적한 것처럼 훗날 한국 경제는 오랫동안 탄력성을
잃게 되고 과도하게 커진 대기업으로 하여금 괴력을 지니게 함으로
써 정부에서조차 다루기 힘든 존재로 부상되었다.

제8대에서
제9대 사이

(1972년 10월 17일~1973년 3월 12일)

1절 유신헌법과 한국적 민주주의

박정희는 1972년 10월 17일 대통령 특별선언을 발표하고 전국에 비상계엄을 선포하면서 국회를 해산시켰다. 동시에 계엄사 포고 1호로 전국의 대학교 휴교와 신문, 통신의 사전 검열제를 실시했다.

- 체제 개혁 담화 발표

박정희의 특별 담화 내용은 현재 우리나라가 처해 있는 어려운 국내외의 사정에 대비하기 위해 우리 실정에 가장 알맞은 체제 개혁을 단행해야 하겠다는 결심을 하게 되었다는 전제 아래 발표되었다.

(전략) 지금 우리의 주변에서는 아직도 무질서와 비능률이 활개를 치고 있으며 정계는 파쟁과 정략의 갈등에서 좀처럼 헤어나지 못하고 있습니다. 그뿐 아니라 이 같은 민족적 대과업마저도 하나

의 정략적인 시빗거리로 삼으려는 경향마저 없지 않습니다. … (중략) … 우리 헌법과 각종 법령 그리고 현 체제는 동서 양극 체제하의 냉전시대에 만들어졌고, 하물며 남북의 대화 같은 것은 전연 예상치도 못했던 시기에 제정된 것이기 때문에 오늘과 같은 국면에 처해서는 마땅히 이에 적응할 수 있는 새로운 체제로의 일대 개혁이 있어야 하겠습니다. 이제 일대 개혁의 불가피성을 염두에 두고 우리의 정치 현실을 직시할 때 나는 정상적인 방법으로는 도저히 이 같은 개혁이 이루어질 수 없다는 판단을 내리게 되었습니다. … (중략) … 이번 비상조치는 결코 한낱 정권의 입장에서가 아니라 국권을 수호하고 사상과 이념을 초월한 성실한 대화를 통해 전쟁 재발의 위험을 미연에 막고 우리 민족의 운명과도 직결되는 불가피한 조치라고 확신합니다. … (중략) … 이제 나는 다음과 같은 약 2개월간의 헌법 일부 조항의 효력을 중지시키는 비상조치를 국민 앞에 선포하는 바입니다.

1. 1972년 10월 17일 19시를 기하여 국회를 해산하고 정당 및 정치활동의 중지 등 현행 헌법의 일부 조항 효력을 정지시킨다.
2. 일부 효력이 정지된 헌법조항의 기능은 비상 국무회의에 의하여 수행되며 비상 국무회의 기능은 현행 헌법의 국무회의가 수행한다.
3. 비상 국무회의는 1972년 10월 27일까지 조국의 평화통일을 지향하는 헌법 개정안을 공고하며 이를 공고한 날로부터 1개월 이내에 국민투표에 부쳐 확정한다.

4. 헌법 개정안이 확정되면 개정된 헌법 절차에 따라 늦어도 금년
  연말 이전에 헌정 질서를 정상화시킨다. (중략)

우리는 자유민주 체제보다 더 훌륭한 제도를 아직 갖지 못했습니다. 그러나 아무리 훌륭한 제도라 하더라도 이를 지킬 수 있는 능력이 없을 때는 이 민주체제처럼 취약한 제도 또한 없는 것입니다.

나는 지금 우리 민주제도에 그 스스로를 지켜 나가며 더욱 발전할 수 있는 활력소를 불어넣어 주고 이를 바탕으로 남북 대화를 굳게 뒷받침해 줌으로써 평화통일과 번영의 기틀을 마련하고자 이 개혁을 단행하는 것입니다. … (중략) … 나는 지금 이 특별 선언을 발표하면서 오직 민주제도의 건전한 발전과 조국통일의 영광된 그 날만을 기원하고 있으며 나의 이 기원이 곧 우리 국민 모두의 기원일 것으로 믿고 있습니다. (후략)

이 담화 하나로 8대 국회는 1년 2개월 남짓의 단명으로 끝이 나고 이렇게 시작된 국회의 공백상태는 1973년 3월 12일 9대 국회가 개원되기까지 5개월이 걸렸다.

– 유신헌법 개정

제4공화국의 헌법 '유신헌법'이 의정사상 7차로 개정되었다. 말이 개정이지 사실상 구헌법을 법 절차 없이 폐기하고 새 헌법을 제정

한 것이었다. 앞에서 소개한 '10·17선언'에서 이미 밝힌 바와 같이 박정희는 유신헌법을 제정하게 된 이유를 '우리 민족의 지상 과제인 조국의 평화적 통일을 뒷받침하기 위해 우리의 정치 체제를 개혁한다'고 선언하면서 초헌법적인 국가긴급권을 발동, 다시 국회를 해산해 정치 활동을 금지하는 한편 전국적인 비상계엄을 선포한 뒤 10일 이내에 헌법 개정안을 작성하여 국민투표로써 확정하도록 지시했다.

새 헌법은 평화적 통일 지향과 한국적 민주주의의 토착화를 2대 특징으로 하고 있으며 비상 국무회의에서 의결, 공고되었다. 그리고 1972년 11월 21일에는 형식적으로 마련한 절차에 따라 국민투표를 거쳐 투표율 91.5% 중 압도적 찬성으로 확정, 12월 27일 공표와 동시에 시행되었다. 박정희의 장기 집권을 위해 마련된 개헌, 국가의 기본권을 송두리째 침해한 유신헌법은 권력 구조에 있어 대통령 권한의 비대로 독재를 가능하게 한 것으로서 전문과 12장 126조 및 11조의 부칙으로 이루어졌다.

– 유신헌법이란

유신헌법의 주요 내용

1. 법률 유보 조항을 만들어 기본권 제한을 자의대로 보다 쉽게 하였으며

2. 통일주체국민회의를 설치하고

3. 대통령의 권한을 대폭 강화, 국가 원수(元首)로 만들었으며

4. 정당 국가적 경향을 완화하고

5. 정부가 국무총리를 중심으로 연대성을 가지게 하였으며

6. 국회의 회기를 단축하면서 권한을 약화시켰으며

7. 위헌 법률 심사기관을 대법원에서 헌법위원회로 바꾸고

8. 법관을 대통령이 임명토록 하였으며

9. 대통령을 통일주체국민회의에서 선거토록 하였고

10. 국민 투표제를 채택하였으며

11. 지방의회를 통일이 달성될 때까지 구성하지 않기로 한 것

– 국가긴급권

국가가 가진 긴급권이란 문자 그대로 국가가 긴급한 상황에 처했을 때 발동할 수 있는 권한이다. 전쟁, 내란, 경제공황이나 대규모의 자연재해 등 평상시의 입헌주의적 통치 기구로써는 대처할 수 없는 긴급사태에서 국가의 존립을 보존하기 위해서 내리는 계엄령이나 긴급조치와 같은 것이다. 그러니 긴급권의 발동이란 극히 드물게 필요한 것이며 극도로 제한되어 있어야 한다는 것이 상식이요 또 정상인 것이다. 그런데 박정희는 자신의 집권을 위협하는 사태나 강한 반발과 비난이 나오기만 해도 또 자신의 권력 유지에 필요하다고 판단했을 때 시도 때도 없이 긴급권을 발동했다. 전쟁이나 내란, 경제대공황, 대규모 자연재해의 증후가 전혀 없던 1972년 10월에 난데없이

대통령 특별 선언 하나로 계엄령을 선포했으며 국회를 해산시켰으니 법의 절차 없이 발표한 대통령 담화가 헌법을 포함한 모든 법 위에 군림하는 격이 되었다.

1972년 10월 17일에 계엄사가 포고한 긴급조치 1호나 1975년 5월 13일에 내린 긴급조치 9호도 그렇지만 데모를 막기 위해 한 대학에 휴교령을 내린 1975년 4월 8일의 긴급조치 7호는 얼마나 긴급조치가 법이 규정한 국가의 긴급권을 남용한 것인지 분명히 말해 준다. 1972년의 긴급조치 1호와 1975년의 긴급조치 9호의 내용을 소개한다.

- 대통령 긴급조치 제1호

1. 대한민국 헌법을 부정, 반대, 왜곡 또는 비방하는 일체의 행위를 금한다.

2. 대한민국 헌법의 개정 또는 폐지를 주장, 발의, 제안 또는 청원하는 일체의 행위를 금한다.

3. 유언비어를 날조, 유포하는 일체의 행위를 금한다.

4. 전 1, 2, 3호에서 금한 행위를 권유, 선동, 선전하거나 방송, 보도, 출판 기타 방법으로 이를 타인에게 알리는 일체의 언동을 금한다.

5. 이 조치를 위반한 자와 이 조치를 비방한 자는 법관의 영장 없이 체포, 구속, 압수, 수색하며 15년 이하의 징역에 처한다. 이 경우

에는 15년 이하의 자격정지를 병과할 수 있다.

6. 이 조치에 위반된 자와 이 조치를 비방한 자는 비상 군법회의에서 심판, 처단한다.

7. 이 조치는 1974년 1월 8일 17시부터 시행한다.

– 긴급조치 제9호

1. 다음 각 호의 행위를 금한다.

    가. 유언비어를 날조, 유포하거나 사실을 왜곡하여 전파하는 일체 행위.

    나. 집회, 시위 또는 신문, 방송, 통신 등 공중 전파 수단이나 문서, 도서, 음반 등 표현물에 의하여 대한민국 헌법을 부정, 반대, 왜곡 또는 비방하거나 그 개정 또는 폐지를 주장, 청원, 선동 또는 선전하는 행위.

    다. 학교 당국의 지도, 감독하에 행하는 수업, 연구, 또는 학교장의 사전 허가를 받았거나 기타 의례적, 비정치적 활동을 제외한 학생의 집회, 시위, 또는 정치 관여 행위.

2. 제1에 위반되는 내용을 방송, 보도, 기타의 방법으로 공연히 전파하거나 그 내용의 표현물을 제작, 배포, 판매, 소지 또는 전시하는 행위를 금한다.

3. 재산을 도피시킬 목적으로 대한민국 또는 대한민국 국민의 재산을 국외로 이동하거나 국내에 반입될 재산을 국외에 은익 또

는 처분하는 행위를 금한다.

4. 관계 서류의 허위 기재, 기타 부정한 방법으로 해외 이주의 허가를 받거나 국외로 도피하는 행위를 금한다.

5. 주무부 장관은 이 조치 위반자 범행 당시의 그 소속 학교, 단체, 사업체 또는 그 대표자나 장에 대하여 다음 각 호의 명령이나 조치를 할 수 있다.

　가. 대표자나 장에 대한 소속 임직원, 교직원 또는 학생의 해임이나 재적의 명령

　나. 대표자나 장, 소속 임직원, 교직원이나 학생의 해임 또는 제적의 조치

　다. 방송, 보도, 제작, 판매 또는 배포의 금지 조치

　라. 휴업, 휴교, 정간, 폐간, 해산 또는 폐쇄의 조치

　마. 승인, 등록, 인가 또는 면허의 취소 조치

6. 국회의원이 국회에서 직무상 행한 발언은 이 조치에 저촉되더라도 처벌하지 아니한다. 다만 그 발언을 방송, 보도, 기타의 방법으로 공연히 전파한 자는 그러하지 아니한다.

7. 이 조치 또는 이에 의한 주무부 장관의 조치에 위반한 자는 1년 이상의 유기징역에 처한다. 이 경우에는 10년 이하의 자격정지를 병과한다.

8. 이 조치 또는 이에 의한 주무부 장관의 조치에 위반한 자는 법관의 영장 없이 체포, 구금, 압수 또는 수색할 수 있다.

9. 이 조치 실행 후 특정범죄가중처벌 등에 관한 법률 제2조(뇌물죄의 가중처벌)의 죄를 범한 공무원이나 정부 관리, 기업체의 간부직

원 또는 동법 제5조(국고손실)의 죄를 범한 회계 관계 직원 등에 대하여는 동법 각 조에 정한 형이 수뢰액 또는 국고손실액의 10배에 해당하는 벌금을 부과한다.

10. 이 조치 위반의 죄는 일반 법원에서 심판한다.

11. 이 조치의 시행을 위하여 필요한 사항은 주무부 장관이 정한다.

12. 국방부 장관은 서울특별시장, 부산시장 또는 도지사로부터 치안 질서 유지를 위한 병력 출동의 요청을 받은 때에는 이에 응하여 지원할 수 있다.

13. 이 조치에 의한 주무부 장관의 명령이나 조치는 사법적 심사의 대상이 되지 아니한다.

14. 이 조치는 1975년 5월 13일 15시부터 시행한다.

2절 통일주체국민회의와 유정회(維政會)

- 특별 선언으로 국회 해산

대통령이 계엄령을 선포해서 국회를 해산하고 유신헌법의 개헌(제7차 개헌)을 한 것이 1972년의 '10·17특별 선언'이었다. 이 개헌에 따라 대통령은 통일주체국민회의에서 뽑는 간선제 선출로 바뀌었고 국회의원의 3분의 1을 대통령이 임명하게 됨으로써 대통령의 권한이 막강해졌을 뿐만 아니라 헌법의 개정을 통일주체국민회의 의결 사항으로 못 박아 놓은 탓에 대통령 외에는 실질적으로 개헌을 할 수 없게 만들었다. 더욱이 대통령이 통일주체국민회의의 의장직을 겸하게 만들어 놓았으니 대통령이 행정부와 입법부를 동시에 장악하는 형태가 되었다. 거기에다 대통령이 검사를 자의대로 임명할 수 있는 임명권을 갖게 되고 계엄령, 정당해산, 국회해산, 헌법 정지 등의 비상조치권을 행사할 수 있게 만들었으니 이는 민주주의 국가의 대통령이 아니라 3권을 자기 뜻대로 움직이고 행사하는 옛날의 왕보다 더 강력한 전권을 한 손에 쥐게 된 것이다.

– 대통령을 뽑는 통일주체국민회의

통일주체국민회의 대의원의 3분의 1은 대통령이 임명하고 나머지 3분의 2는 국민이 선출하도록 되어 있었다. 국민이 선출하는 대의원도 대부분이 행정부가 지원하는 사람들이어서 대통령이 임명하는 대의원이나 선출 방법만 달랐지 초록은 동색이었음은 두말할 나위도 없었다. 또 설사 국민이 선출하는 3분의 2의 대다수가 진정 국민들의 뜻에 의해 선출될 수 있었다고 하더라도 헌법 개정에 제동을 걸 수 있는 대의원 3분의 1만 확보하고 있다면 헌법 개정은 불가능한 것이고 따라서 개헌의 성취 여부는 대통령만이 가질 수 있는 권한이 되어 버렸다. 이와 같은 법을 만들어 놓은 뒤에 박정희는 1972년 11월 21일에 결과가 뻔한 개헌 찬반 여부 국민투표를 실시, 91.5%라는 압도적 찬성으로 유신헌법을 통과시켰다.

그런 후 12월 15일에 첫 통일주체국민회의 대의원을 선출하고 12월 23일 그렇게 선출된 대의원 등에 의해 8대 대통령 박정희가 선출되었다. 그리고 그가 8대 대통령으로 취임을 마친 12월 29일, 빈틈없는 사전 준비를 해 놓고는 정치활동의 재개를 허용한다. 이렇게 마련된 것이 12월 30일에 공표된 개정 국회의원선거법과 정당법이었으며 이 새 법률로 이루어진 법에 따라 1973년 3월 17일에 9대 국회의원 선거를 실시했다. 결과는 공화당 73, 신민당 52, 통일당 2, 무소속

19였지만 대통령이 임명한 유정회(유신정우회의 약칭) 의원 73명을 합쳐서 대통령은 의석의 3분의 2라는 절대다수를 확보하게 되었던 것이다.

- 유신정우회

1973년 2월 5일 유신헌법에 따라 대통령의 추천으로 통일주체국민회의에서 선출된 전국구 국회의원들이 유신정우회라는 원내 교섭단체를 구성했다. 이들의 주요 활동 업무는 대통령 박정희의 지도 이념을 입법 활동에 구현하기 위한 것이었다. 이들 전국구 의원 73명은 여당인 민주공화당에 합류하지 않고 3월 1일 유신정우회를 창립하고 백두진을 회장으로 선출했다. 유정회는 의원총회에서 여러 분과위원회와 정책위원회 그리고 행정실 원내총무단 대변인 등 정당 조직에 준하는 조직 체계를 갖추었으며 박정희의 지도 이념을 입법 활동에 구현함으로써 유신헌법 체제의 수호 및 발전을 위한 원내 전위대 역할을 담당하였다.

임기는 3년으로, 3년마다 3분의 1씩 개편을 해서 1979년 3월의 제3기까지 존속되다가 79년 10월 26일 박정희의 사망으로 존재 이유를 상실, 1980년 10월 2일 제5공화국 헌법이 발효됨과 동시에 공식 해체되었다.

제9대 국회

(1973년 3월 12일~1979년 3월 17일)

1절 김대중 납치사건

- 대낮에 호텔에서

1973년 8월 8일 일본의 관방장관은 '한국의 전 국회의원 김대중이 유숙하고 있던 동경의 그랜드팰리스 호텔에서 어떤 자들에 의해 연행되었다'고 밝히면서 '김 씨와 함께 있던 사람으로부터 경찰에 통보된 바에 의하면, 김 씨는 8일 오후 1시 조금 지나 호텔에서 한국말을 사용하는 5명 이상의 남자들에 의해 납치되었으며 범인이나 기타 문제에 관해서는 현재 조사 중에 있다. 김 씨는 1975년 10월 한국에 계엄령이 선포된 후에 일본과 미국을 왕래하고 있으며 본국에서 대통령 선거에 관련되어 소추된 바 있어 사실상 망명에 가까운 생활을 하고 있다고 듣고 있다. 일본에는 지난달 상순부터 체류하고 있었다'고 전했다.

이렇게 실종되었던 김대중은 실종된 지 5일하고 9시간 만인 8월 13일 밤 10시 20분 경 서울 마포구 동교동 자택에 나타났다. 입술과

눈썹 위가 찢어져 피가 맺혀 있고 오른쪽 다리에 상처가 나고, 양 손목은 붕대로 감겨 있었다. 그는 자기를 집 근처에 데려다 준 사람들이 '우리는 구국동맹 행동대원'이라고 신분을 밝혔다고 말했다. 본인이 도하 신문에 밝힌 사건의 경위는 대략 다음과 같다.

- 납치 경위, 배로 한국까지

나는 8일 오전 11시쯤 양일동 씨와 점심을 같이하기 위해 동경 그랜드팰리스 호텔을 찾아 갔다. 점심식사 자리엔 나중에 김경인 의원이 합석했다. 경호원은 1층 로비에 있었다. 낮 12시 40~50분쯤 점심을 끝내고 2시에 약속이 있어 엘리베이터를 타려고 복도로 나왔는데 청년 6~7명이 앞을 막았다. 그들은 갑자기 나를 덮쳐 방으로 밀어 넣고 입을 막았다. 마취제였다. 일단 정신을 잃었으나 그들에게 끌려 나올 때는 다시 정신이 들었다. 그때 깨어난 것을 보이면 안 될 것 같아 계속 정신을 잃은 것처럼 축 늘어진 시늉을 했다. 엘리베이터를 탔는데 내려가는 도중 일본인 남녀가 타기에 그들을 보고 '사람 살려'라고 소리를 치자 납치자 서너 명이 나를 때려서 다시 잠시 정신을 잃었다.

일본인 남녀는 내가 다시 정신을 잃기 전에 7층에서 내렸다. 호텔 지하실 차고로 끌려 내려온 뒤 자동차에 실렸다. 자동차가 달리는 동안 그들 무릎 위에 나를 엎어 놓고 입을 막았다. 자동차는 네다섯 시간을 달렸다. 마취가 잘 안 드는 것을 알아차린 그들은 나의 배를 마구 쳤다. 다리의 부상은 그때 입은 것이다. 짐작건대 오사카 근처까지 온 것 같았는데 일본의 교통경찰들이 검문을 하고 있었는지 차의 방향을 바꾸어 딴 길로 접어들었다.

자동차가 멎었고 차고에서 엘리베이터에 실려 올라가서 그곳 방에 눕혀진 채 손발이 묶이고 얼굴은 코만 남겨 놓은 채 얼굴과 귀까지 화물 포장용 테이프로 감겼다. 그리고 다시 사건 경위에 대한 말이 계속되었다. 그들은 나를 묶은 채 다시 자동차에 싣고 1시간 이상 달렸다. 바닷가에 세우기에 바다에 던져 버리려나 생각했는데 모터보트에 나를 태우고 머리에 보자기를 씌웠다. 보트로 1시간쯤 달려가서 큰 배에 나를 옮겨 태우고 처음에 묶은 결박을 풀더니 다시 온몸을 단단히 묶었다. 그들끼리 15시 50분이라고 얘기하는 것으로 미루어 그때가 납치 다음 날인 9일 새벽 1시쯤이라고 짐작했다.

- 김 의원 집 앞에서 석방

그들은 앞으로 어떤 행동을 할 것인지 전혀 눈치채지 못하게 행동했으며 오늘이 며칠이며 몇 시인지 전혀 말을 해 주지 않았다. 그들은 배 위에 있던 나를 끌고 선체의 밑바닥 같은 데로 데려갔다. 거기서 결박을 다시 해서 발조차 뻗을 수 없을 만큼 꼼짝할 수 없게 했다. 배를 타고 항해를 얼마 동안 했는지 배는 11일 오전에 육지에 닿았다. 육지에 도착한 후로는 음료수도 주고 담배도 주었다. 배에서 내리기 직전엔 의사가 와서 치료도 해 주었다. 혈압을 재어 보더니 혈압이 낮다고 혈압을 올려 주는 주사를 놔 주었다.

육지에 내린 다음 그들은 '집으로 보내 주겠는데 우리가 말하는 대로 약속을 지키겠느냐'고 물었다. 집 앞에 내려 줄 테니 3분쯤 서 있다가 눈가리개를 풀고 걸어가라는 것이었다. 그들이 '악을 쓰거나 하지 않겠느냐'고 묻기에 '내가 그 정도의 신의도 못 지키는 사람으로 보이냐'고 말을 했다. 그들은 나를 승용차에 태웠다. 일행은 3명, 내 양옆에 각 1명이 있고 다른 한 명이 운전을 했다. 차에 태운 후 2시간 동안 서울로 들어와서 동교동 동교교회 근처에서 나를 내려 주고 '서서 오줌을 누는 체 하라'고 해서 나는 오줌을 누고는 한 50~60미터 거리에 있는 집으로 당도했다. 그러니까 해상에서 사흘, 육상에서 이틀 있다가 우리 집 근처에 데려와 풀어 주어서 집으로 온 것이다.

- 짐작되는 배후

이상이 김대중 실종사건의 경위이다. 그 후 이후락이 '동경에 있는 김대중을 무조건 데려 오라'고 명령한 것이 밝혀지고 하태준 해외공작국장과 이철희 등이 두 차례나 반대했으나 이후락의 '나는 하고 싶어서 하는 줄 아느냐'는 말로 더 이상 반대하지 못했던 것으로 알려져 있다. 박정희가 지시했다는 말은 나오지 않았으나 이후락이 어쩔 수 없이 수행했다면 그 뒤에 누가 있느냐 하는 것은 굳이 말을 안 해도 자명한 일이다. 납치사건에 동원된 인원은 동경에서 25명, 오사카에서 부산 구간과 용금호 선장 등 21명으로 도합 46명이었으며 실행

팀은 9개조로 편성되었다는 것도 밝혀졌다.

9일 오전에 오사카를 출발해서 관문(關門)해협(모지와 시모노세키 간 해협)을 통과할 무렵 주한 미 대사 하비브가 박정희에게 김대중을 풀어 줄 것을 요청했고 10일 현해탄에서 용금호 선원들이 '김대중을 죽일 것이냐 안 죽일 것이냐'고 물었을 때 납치단원들로부터 '죽이지 않는다'는 대답을 들었다고 한다. 그리고 김대중은 앞에서 소개한 것처럼 11일 밤 부산에 도착, 12일 오전 7시 부산 부두에 진입하고 다음 날 동교동 김대중 집 앞에서 석방됐다.

한때 항간에 나돌았던 현해탄에서의 미국 비행기 출현설은 양쪽 모두의 부정으로 아직도 밝혀지지 않은 채 남아 있지만 이들에 대한 공소시효는 이미 지난 상태이다. 사건 직후 일본 경찰은 비록 출국이 타의에 의한 것이었다고 하더라도 불법 출국이 틀림없는 김대중의 신병 인도를 요구할 기세를 보였으나 크게 외교 문제화되지는 않고 쉬 무마된 것으로 알려져 있다.

2절 긴급조치 1호의 비 당위성(當爲性)

국민의 기본권을 도외시한 유신헌법이 개인 독재를 가능케 한 법이라는 것은 이미 밝혀진 바 있거니와 1974년 1월 8일에는 개헌 논의를 금지하고 현행 헌법(유신헌법)을 부정, 반대 또는 비방하는 행위를 금지하는 대통령 긴급조치 제1호가 나왔다. 결론부터 말해서 유신헌법에 근거, 선포된 긴급조치 1호는 '국민의 기본권을 침해하는 것이기 때문에 위헌'이라는 2010년 12월 17일의 대법원 판결로 법적효력을 잃었으며 이는 유신시대의 긴급조치에 대한 위헌 선언을 인정한 첫 판례였다.

- 긴급조치 1호는 위헌

이렇게 위헌 판정을 받은 1974년의 긴급조치 제1호의 내용은 앞의 장 '제8대에서 제9대 사이'에서 소개한 것처럼 유신헌법 자체가 국민의 기본권을 현저히 침해하고 대통령의 권한을 극대화한 것이 거니와 국가긴급권의 발동으로 국회를 해산하고 일체의 정치활동을 금지하는 긴급조치 1호나 기타 조치 같은 것은 법치의 근간을 뒤흔든 초헌법적 조치였다.

이 조치 1호에 의해 유신헌법 개정 100만 인 서명운동을 벌이던 장준하, 백기완이 1974년 1월에 '개정의 개 자만 말해도 잡혀가니 이런 놈의 나라가 어디 있느냐'며 박정희를 비방했다고 해서 구속 기소되어 비상 군법회의에서 각기 15년형을 선고받기도 했다. 그래서 당시 민주화 운동가들은 1970년대를 긴조시대(긴급조치 시대)라고 부르기까지 했다. 1호 조치의 위헌판결로 박정희 시대의 거의 모든 정치 판결은 위법 판결로 치부되었지만 대법원의 전원 합의의 위헌판결을 유도해 낸 것은 대통령 긴급조치 1호와 반공법을 위반한 혐의로 징역형을 선고받은 오종상(69세) 씨의 재심에서 면소 판결을 한 원심을 깨고 심리에 참여한 대법관 12명 전원 일치로 무죄를 선고했던 것이다. 오 씨는 1974년 5월 버스 칸에서 옆에 앉은 여학생이 '반공·근면·저축·수출 증대 웅변대회에 나가는 길'이라는 말을 듣고 정부를 비판한 것을 여학생이 교사에게 그 얘기를 전하고 교사가 이를 신고함으로써 중정으로 끌려가 고문을 당하고 징역 3년을 선고받은 것으로 되어 있다. 대법원은 '긴급조치 제1호는 유신헌법에 대한 논의 자체를 전면 금지함으로써 이른바 유신체제에 대한 국민적 저항을 탄압하기 위한 것이 분명하다'며 '현행 헌법은 물론 당시 유신헌법상의 긴급조치 발동 요건조차 갖추지 못한 채 한계를 벗어나 국민의 기본권을 침해했기 때문에 위헌'이라고 긴급조치의 위헌성을 강조했다. 재판부는 이번 판결과 함께 긴급조치 제1호가 합헌이라는 전제하에 선고했던 기존의 대법원 판결들을 모두 폐기했다.

- 위헌성 판단은 헌재가

이처럼 대법원에서 위헌판결을 내렸지만 '긴급조치에 대한 위헌성 판단은 헌재(憲裁)가 해야 한다'는 주장이 법조계에서 제기되었다. 대법원의 위헌판결의 효력은 재심 소송을 낸 개개인에게만 해당된다는 해석인 것이다. 헌재가 위헌 결정을 하게 되면 대법원 선고와는 달리 소송을 낸 사람들뿐만 아니라 소송을 내지 않은 피해자들도 법적 효력을 입게 되기 때문이라는 주장이다. 그간 법원은 유신 시대의 긴급조치에 대한 판결과 관련, 해당 조치의 해제로 형이 폐지됐다는 이유로 별도 판결을 해 왔는데 면소 판결은 형사사건 재판 중 사면이나 공소시효의 완성, 처벌의 근거였던 법령의 개폐에 따른 혐의 폐지 등이 있을 때 법원이 형벌권의 소멸 또는 형벌권이 없음을 알리는 판결로서 유무죄를 판단하지 않는 것이다. 오 씨의 경우만 하더라도 '면소 판결은 재판청구권 등을 침해한다'고 해서 서울고법에 위헌법률 심판재정을 신청하였으나 각하되었으며 오 씨는 이 결정에 불복해 다시 헌법재판소에 헌법 소원 재판을 청구했었다.

헌법은 법률의 위헌성 여부를 헌재에서 판단하도록 하고 있으니 법률보다 아래인 명령, 규칙 등의 위헌성 여부를 대법원에서 판단해 왔었다. 이에 대법원 전원합의체에서는 이를 넓게 해석해서 판결문

에 '긴급조치의 위헌 심판 기관'이라는 항목을 별도로 둬서 설명하고
있다. 판결문은 '긴급조치는 국회의 입법권 행사를 전혀 거치지 않았
으므로 헌재의 위헌 심판 대상이 되는 법률에 해당된다고 할 수 없고
그 심사권은 최종적으로 대법원에 속한다'고 밝혔었다.

이 긴급조치 1호 위법자들은 유신헌법이 1975년 2월 12일 국민의
찬반투표로 가결된 후인 2월 15일 모두 석방되었으나 인혁당(人革
黨) 관련자들은 제외되었다. 유신헌법은 1972년 12월 27일에 공포되
면서 그때까지 묶어 두었던 정치활동을 재개하도록 하고 통일주체
국민회의가 27일 8대 대통령으로 박정희를 선출했으며 유신헌법이
공포되는 같은 날 취임을 하게 된다.

3절 박정희 저격 미수

- 육 여사 운명(殞命)

　1974년 8월 15일 장충동 국립극장에서 열린 제28회 광복절 기념식에서 대통령 박정희가 경축사를 낭독하던 중에 청중 한 명으로부터 저격을 당했다. 저격은 빗나가 그는 무사했으나 부인 육영수 여사가 두부에 총상을 입고 오전 10시 40분경부터 서울대 병원에서 수술을 받았으나 오후 7시경 운명했다. 청와대 대변인이 발표한 이날의 경위는 다음과 같다.

　"이날 오전 경축식장의 앞줄 좌석에 자리 잡고 있던 저격범은 10시 20분 좌석에서 갑자기 일어나 경축사를 읽고 있던 박 대통령을 저격했다. 제1발은 불발이 되었으며 제2탄은 박 대통령이 사용 중이던 연설대 우측에 맞고 빗나갔으며 저격범은 곧이어 단상에 앉아 있던 영부인 육영수 여사를 저격했다. 육 여사는 이 저격으로 머리에 총상을 입었고 장내에 있던 여자 합창단원 1명이 부상을 입었다. 서울대 부속병원에 입원한 육 여사는 오전 10시 40분부터 오후 4시 20분까지 서울의대의 신경외과 팀의 집도로 두부 관통상 수술을 받았으나 수술이 끝난 직후 주치의 민 박사는 용태가 중태라고 밝혔는데 2시간 40분쯤 후인 7시에 운명했다."

김 대변인은 또 저격범은 경호원들에 의해 현장에서 바로 체포되어 현재 경찰에 조사를 받고 있으며 그자는 일본 여권을 소지하고 있었다고 말했다.

- 범인은 재일교포 문세광

저격을 당한 뒤 박정희는 범인이 체포되는 것을 보고는 경축사 낭독을 계속했으며 경축식은 예정대로 끝을 맺었다. 병원으로 온 박 대통령은 영식(令息)과 영애(令愛) 그리고 육인수 국회문공위원장(육 여사의 오빠), 장덕진 농수산부장관(육 여사의 제부), 기타 가족들과 함께 육 여사의 임종을 지켜보았다. 향년 49세였던 육 여사의 유해는 이날 오후 8시 넘어 병원에서 청와대로 옮겨져 안치되었다. 15일 밤 수사본부는 범인은 재일 한국인 2세 문세광(文世光)이며 일본 명은 난조(南條世光)라고 발표했다. 문 씨의 본적은 경남 진양이며 출생지는 오사카이고 현주소는 오사카시 이쿠노구 나카가와쪼(生野區 中川町)였다. 문 씨가 사용한 여권은 일본인 요시이 유끼오(吉井幸雄)의 이름으로 된 여권이며 한국 입국 비자는 관광 비자였다. 범인 문 씨는 요시이의 부인과 잘 아는 사이로 부인에게 '은행에서 돈을 빌리는 데 필요하다'고 속이고 요시이의 호적 초본을 빌려 여권을 냈다고 말했다.

문 씨는 미화 1천2백 달러와 일화 2만 엔을 갖고 있었으며 8월 6일 KAL편으로 김포공항에 도착, 입국하여 그동안 조선호텔에 투숙하였다. 14일까지 문 씨는 미도파백화점, 경복궁, 워커힐, 남산, 창덕궁, 청평(淸平) 등을 관광했다. 범행에 사용한 권총은 미제 5연발 스미스웨슨 권총으로 오사카에서 개인 것을 두 자루 훔쳐 한 정은 버리고 한 정은 내용물을 뺀 트랜지스터라디오 케이스에 감춰 라디오로 가장하여 가지고 들어왔다. 탄환은 5발 있었는데 범행에 사용한 것은 4발이며 1발은 통 속에 남아 있었다.

– 한일 간의 수사 결과 차이

범인은 계속 배후가 없고 단독 범행이라고 주장하고 있지만 수사본부는 범인을 일단 조총련(朝總聯)계의 일부 소행으로 보고 추궁하였다. 범인의 국립극장 잠입 경위에 대해 본인의 자백으로는 비표인 리본을 달지 않았다고 말하고 있다는 것이다. 사건 발생 당일의 수사본부 발표는 대충 이상과 같거니와 그 후 한국과 일본이 각기 독자적으로 진행한 수사결과는 판이하게 다른 결과로 나타났다.

한국 측은 범인 문세광이 조총련에 포섭되어 북한과 조총련으로부터 암살 지령과 함께 자금을 전달받았다고 발표했지만 일본 측은 문세광이 김대중 납치사건에 분개, 박정희 독재를 무너뜨리기 위해 단독으로 저질렀다는 수사결과를 발표했다. 이 문제는 결국 정치적인 타협에 의해 해결되었지만 1970년대 중반 한일 간 정치적 유착 관계의 한 단면을 보여 주는 중요한 사건이었다고 할 만하다.

- 일 정부의 도의적 책임 추궁

박정희 정부는 이 사건에 대해 일본 정부에 도의적·법적 책임을 촉구하며 일본이 성의 있는 태도를 보이지 않을 경우 국교단절까지 고려하겠다는 태도를 표명했다. 박 정권으로서는 문세광과 관련된 일본의 법적·도의적 책임을 추궁함으로써 김대중 납치사건으로 인한 대일 관계에서의 궁지를 벗어날 속내를 가지고 있었던 것 같다. 결과적으로 그 사건을 서로 상쇄하는 효과를 얻었다고 할 수 있다. 당초 일본은 재일 한국인의 범죄로서 일본 정부는 법적·도의적 책임이 없다는 태도를 취했으나 한국의 외무부가 우시로쿠 주한 일본 대사에게 '일본 정부가 문 씨에게 일본 여권을 발급해 준 것은 분명히 하자가 된다'고 추궁하자 얼마 후 일본 측은 도의적 책임마저 없다고 한 것은 지나쳤다며 한 발짝 물러섰다. 더욱이 문 씨는 사용했던 총이 개인 것을 훔쳤다고 말했으나 한국 측 수사 과정에서 일본의 경찰서에서 총을 입수했다는 사실이 밝혀져 일본과의 외교 마찰이 표면화되었다.

– 정치적 타협

일본은 한국의 요구대로 수사에 착수하고 한일협정 체결에 관여한 시이나 일본 자민당 부총재를 특사로 한국으로 보내 사태수습을 시도했다. 미국도 한국 방위를 이유 삼아 한일 관계를 더는 악화시켜서는 안 된다는 입장을 한국에 전달했다. 한국은 이 사건이 조총련과 북한의 사주에 의한 것이라고 결론 내려 했지만 일본은 끝까지 '남한 혁명을 위한 망상에 사로잡힌 소영웅주의자의 범행'이라고 규정했다. 문 씨에게 암살 지령을 내린 조총련 간부 김호룡 등을 일본이 수사하지 않자 박정희는 일본대사와 시이나 특사 등을 만나 일본의 태도 여하에 따라 국교단절도 있을 수 있다고 시사하는 어조로 강경 항의를 했던 것으로 밝혀졌다.

이 같은 양국 간의 갈등은 미국이 개입하면서 봉합된 셈이다. 하비브 당시 미국 국무차관은 사건 발생 직후 '한일 관계가 손상되면 한국 방위도 어렵다'는 말로 한일 양국의 타협을 유도했다. 한국 외무부는 사건이 발생한 직후 작성한 '저격사건과 관련한 대일 조치 방안'이라는 문건을 통해 김대중 납치사건을 시사한 바 있었다. 일본의 수사 결과가 문 씨가 김대중 납치사건에 분개하여 박정희의 독재를 무너뜨리기 위해 한 단독 범행으로 몰고 갔었기 때문이다.

육영수 여사의 장례식은 국민장으로 하되 5일장으로 지내기로 결정되어 8월 19일 오전 중앙청 광장에서 영결식을 가졌으며 관공서는 휴무, 전국에서 조기를 달기로 하였다. (이 절의 일부 사실은 성신여대 산학협력단(성신여대 정치외교학과 교수 등)이 기술한 논문 참조)

4절 동아일보의 백지 광고

1974년 12월 26일 동아일보는 광고 해약 사태에 대한 우려를 보도하면서 세 면의 하단 광고를 백지로 내보내는 신문을 제작했다. 그해 10월 24일에 있었던 신민당과 재야인사들에 의한 민주회복 국민회의가 '민주회복 국민선언'을 발표한 것을 동아일보가 1면 머리기사로 크게 보도한 것에 대한 보복 조치로 정부가 광고 탄압을 강행하게 되고 이를 참다못한 동아일보가 백지광고로써 이를 사회에 고발했던 것이다.

- 광고 탄압의 배경

동아일보는 '민주회복 국민선언'뿐만 아니라 그때까지 수차 정부의 비위를 거스르는 많은 기사를 보도해 오고 있었다. 그동안 다른 언론 매체가 비교적 소홀히 다루었던 대학가의 시위 현장, 종교계의 인권 기도회, 노동운동 현장 등을 찾아다니며 유신체제가 감행해 온 인권탄압 실태를 집중적으로 보도하기도 했다. 공안 당국자들로부터 몇 번이나 '당신들 이렇게 너무 앞서가다가는 다친다'고 협박을 받았지만 1974년 11월 12일의 사내에서의 제작거부 투쟁 이후부터는 한층 더 야당과 재야의 민주화운동을 비중 있게 다루기 시작했다.

동아일보는 그해 11월 14일에 신민당 총재 김영삼의 기자회견을 1면 머리기사로 올렸는데 김영삼은 '개헌추진위의 투쟁'을 강화하겠다면서 개헌의 방향으로 '삼권 위에 군림하는 대통령의 지위와 권한을 제거하고 대통령 선거는 직선제로, 임기는 4년으로 하되 1차에 한해서 중임을 허용한다'는 내용을 제시했다. 11월 27일에는 각계의 중진 원로들이 망라된 71명이 '민주주의 국민선언'을 발표했는데 동아일보는 이 뉴스도 1면 탑으로 보도하면서 선언문 내용을 전했다.

1. 현행 헌법은 최단 시일 내에 합리적 절차를 거쳐 민주 헌법으로 대체되어야 한다.
2. 반정부는 반국가가 아니다. 우리는 반정부 행동으로 말미암아 복역, 구속, 연금 등을 당하고 있는 모든 인사들을 사면 석방하고 그들의 정치적 권리를 회복시켜야 한다.
3. 언론의 자유를 보장할 것을 요구한다.

그리고 선언에 서명한 윤보선 등 71명의 명단 전부를 밝혔다. 12월 25일에는 '민주회복 국민회의'의 창립총회 소식을 보도하고 이 국민회의가 상설 사무처를 두고 전국적으로 지방 조직까지 확대해 나갈 것이라는 소식도 전했다.

1974년 초까지만 해도 긴급조치 1호 등으로 개헌의 '개' 자도 입에 올리지 못하고 섣불리 발설이라도 했다가는 곧바로 군사법정에 회부되었던 것이 1년이 되기 전에 개헌 요구가 일간지 1면에 게재되기에 이르렀던 것인데, 이때 박정희 정권은 동아일보의 '자유언론 실천 운동'을 제지하지 못한다면 유신체제의 유지가 어려워질 것이라는 위기의식을 가지게 되었던 것 같다. 자유언론 실천운동에 의해 '선언'의 실체를 알게 된 기독교 교회협의회, 인권위원회, 한국교회여성 연합회, 천주교 정의구현 전국사제단 등이 잇따라 '선언'을 적극 지지하고 나섰다.

– 무한 권력에 대한 제한 필요성

'자유론'의 저자 영국의 존 스튜어트 밀은 '나라를 사랑하는 사람들이 할 일은 지배자가 사회에 대해서 행사할 수 있는 권력에 제한을 설정하는 일'이라며 이 제한이야말로 바로 자유의 본질이라고 말하였는데, 바야흐로 유신체제하의 한국에서도 유신체제가 가진 무소불위(無所不爲)의 무한 권력에 대한 제한의 필요성을 주장하는 여론이 일기 시작했던 것이다. 세계의 이목이 지켜보고 있는데 무슨 꼬투리를 잡아 동아일보를 폐간으로 몰아가기도 어렵고, 수백 수천이 되는 야당과 재야의 민주수호 단체들의 간부들을 모두 체포할 수도 없고 결국 박정희 정권은 사주의 경영권을 압박해서 손을 들게 하는 길밖에 택할 방법이 없다고 보고 광고 수입을 차단시켜 경영에 어려움을 주는 방법을 택하게 된다.

12월 하순 학생들이 겨울방학에 들어간 틈을 잡아 동아일보에 대한 광고 탄압의 수단을 발동했다. 12월 16일부터 동아와 장기 계약을 맺고 있는 기업들의 간부들이 신문사를 찾아와 '이유는 묻지 말아달라' 아니면 '사장님 지시라서'라는 말을 하고 광고 동판을 하나씩 찾아가기 시작했다.

흰일약품, 대한생명보험, 기아산업에 이어 롯데그룹, 오리엔트 시계, 미도파 백화점, 일동제약, 종근당, 한국 바이엘, 태평양화학 등 대형 광고주들이 광고 계약을 취소하고 이어서 대한비타민, 현대자동차 등 20여 곳이 떨어져 나갔으며 연말 대목을 앞둔 극장의 영화광고까지 일제히 자취를 감추고 말았다. 광고란을 메울 수 없어 백지 광고 면이 신문에 나가게 된 사유였다.(이상에 밝힌 사실들은 동아일보 자유언론실천운동백서와 동아일보사 노조 보도에서 발췌한 것이다)

전국적으로 동아일보를 돕자는 운동이 일어나고 개개인 시민들의 독지금과 성금이 답지해 들어왔지만 신문의 경영은 대단한 고초를 겪으면서 인내를 해야만 했다. 이 광고 해제 사태는 그 후 7개월간이나 지속되었다.

5절 지나치게 엄한 사회안전법

1975년 7월 9일 공화당은 많은 국민이 비상한 관심을 갖고 있던 사회안전법을 변칙 통과시켰다. 국회 본회의를 7번이나 연기해 가면서 새벽 3시 반까지 왈가왈부를 거듭하다가 결국 20개의 법안을 무더기로 통과시켰다. 그 무더기 법안 중에 사회안전법과 방위세법안, 민방위법안, 교육관계법, 국회법 개정 등 그 내용이 말썽의 소지가 될 수 있는 법들이 포함되어 있었다.

– 사회적 불안 조성

당초 사회안전법은 여야의 협상이 성공하여 보안처분 대상에서 야당이 주장한 반공법 4조 2항을 제외하기로 정해져 있었는데 여야의 원내총무와 정책위원장들이 합의한 내용을 여야 양당 모두가 반대하고 나서는 바람에 4조 2항 삭제가 백지화되고 말았다. 공화당의 김 부의장, 박 정책위원장, 길 총장, 김 원내총무 등 간부들이 반공법 4조 2항을 삭제한 데 대한 문제점을 다시 제기하게 되었고 강경파들이 이 같은 협상내용에 강력히 반대하면서 협상 무효를 주장하고 나섰으며 신민당에서도 김 총재가 '국회 기능 강화법안과 반공법 4조 2항 위반 삭제를 관철했으나 민방위 기본법에는 찬성할 수 없다'고 박영록, 한영수 등 일부 강경파의 의견에 손을 들어 주었다.

이 같은 김 총재의 발언이 전해지기가 무섭게 국회 법사위는 문제가 된 반공법 4조 2항 관계 조문을 삭제하지 않고 통과시켜 버렸다. 여당의 박준규 정책위원장이나 김용태 원내총무 그리고 야당의 이중재 정책위원장 등의 그동안의 협상 노력이 수포로 돌아갔으며 그 후부터는 여야 간의 협상 자체가 무용지물이 되어 버리는 경향이 조성되었다.

민방위 법안은 17세~50세 남성 중 현역 군경, 예비군, 학도, 호국단원인 학생을 제외한 남자로 민방위대를 편성하여 적의 침공이나 재난 등 민방위 사태가 발생할 경우 방재, 구조 등의 활동을 하도록 한 것인데 야당이 이 방위대 편성을 정치적인 목적에 이용하기 위한 것이라고 반대했던 것이었지만 그래도 여야 간에 가장 큰 쟁점거리가 되었던 것은 역시 사회안전법 중 시행령에 명시된 보안처분 대상 문제였다. 전문 25조 부칙으로 된 동 시행령은 '1. 피보호 관찰자는 매 3개월마다 다른 보안 처분자와의 통신, 회합 내용과 여행사항 등을 신고해야 하고 2. 피주거제한자는 주거 범위를 정하여 그 밖을 출입할 때는 관할 경찰서의 허락을 맡아야 하며 3. 피보안 감호자는 보안감호소에 수용하여 교화한다' 등으로 되어 있었다.

– 법 시행 효과에 의심

이 법 시행령은 사회안전법의 교화 대상자들에게 큰 심리적 충격과 불안감을 조장할 것이 분명하여 다른 많은 국민들에게까지 이 법의 벌칙의 심각한 결과에 대해 우려와 불안을 가지게 하고 있다는 것을 무시할 수 없다.

사실상 이 법의 대상이 되는 국민 중 과연 몇이 아직도 대한민국에 대해 적대감을 가지고 있는지 하는 것도 의심스럽고 법의 효과가 많은 국민에게 주는 심리적 불안감이 사회에 끼칠 악영향보다 큰지 여부도 간과할 수 없는 문제라고 할 것이다. 요컨대 법 자체가 지나치게 엄한 나머지 정당 내의 일부 정치인들뿐만 아니라 법조계, 언론계 그리고 많은 국민들이 이 법의 위험성을 지적, 걱정하고 있었다고 할 수 있다.

과거 일시적 사태 파악의 잘못으로 좌익에 동조했거나 아니면 6·25전쟁 중 뜻하지 않게 공산분자들에게 끌려 다닌 탓으로 부역자로 점 찍혔던 사람들이 수없이 많았다는 것은 국민 누구나가 잘 알고 있는 사실이다. 또는 좌익도 아니면서 과거의 정분 탓에 본의 아니게 불고지죄를 범하게 된 사람들까지 이 시행령의 보안처분 대상이 된다면 반공법 4조 2항 등 해당자들에겐 일상생활에까지 큰 영향을 주는 불안감과 신변의 위태로움을 유발할 가능성이 없지 않다고 보았던 것이다. 이 법은 그 후 여야 정치권에서 법의 시행에 신중을 기해야 한다는 점을 지적하여 개정의 필요성이 제기된 바 있으며 박정희 사후 그 내용이 크게 퇴색되었다.

아무튼 사회안전법은 북괴의 도전으로부터 우리 사회의 안전을 도모한다는 본래의 목적을 이루기보다는 사회적 불안감을 증대시켜 나갈 우려가 더 크다는 것을 많은 국민에게 인식시켜 주었던 것이 되었다.

6절 3 · 1민주구국선언

1976년 3월 1일 서울 명동성당에서 발표된 3 · 1민주구국선언은 일명 명동사건이라고 해서 서울지검이 수사를 맡고 집회에 모인 700명 가운데 선언문에 서명한 20인사 중에서 11명(김대중, 문익환, 함세웅, 이문영, 서남동, 안병무, 신현봉, 이해동, 윤반웅, 문정현)을 긴급조치 9호 위반 혐의로 구속 기소하고 7명(윤보선, 정일형, 함석헌, 이태영, 이우성, 김승훈, 장덕필)을 불구속 기소, 2명(김택암, 안춘석)을 기소유예 처분하였다.

- 민주구국선언은 긴급조치 9호 위반

이름 있는 정치인들과 재야인사들이 연관된 사건이라서 이 민주구국선언 사건은 세계적인 주목을 끌게 되고 외신들이 자세히 보도했으나 국내 언론은 3월 10일까지 한 줄도 보도하지 못했으며 정부의 공식 발표만을 기다리는 처지였다. 박정희 정부는 서울지검 서정

각 검사의 수사 결과를 통해서 '정치인과 재야 일부 인사들이 주동자가 되어 민주구국을 앞세워 정부를 비판한 것은 그들이 획책하고 있는 정권 쟁탈이 어려워지자 반정부적인 신부와 목사, 해직 교사 그리고 3·1운동, 4·19와 같은 학생을 중심한 민중 봉기를 기도, 획책하여 자신들의 목적 달성을 위한 것이다. 소위 민주구국선언이란 미명 아래 국가존망의 위기가 목전에 다가온 것처럼 국내외 제반 정세에 관한 허위 사실을 유포하고 유신헌법과 대통령 긴급조치의 철폐 및 현 정권의 퇴진을 주장하고 선동한 사실이 인정되는 바이며 이는 명백히 대통령 긴급조치 9호에 위반되는 것'이라면서 '정부 전복 선동'이라는 공안 사건으로 단정하고 관련자들의 연행과 수사를 하게 된 연유를 밝혔다.

검찰은 또한 유신체제가 공고해짐으로써 국내 정국이 안정되고 비약적인 경제발전이 이루어져서 통상적인 방법으로는 목적하는 정권 쟁취가 어려워졌음이 명백해졌기 때문에 사건을 꾸미게 된 것이라고도 설명했다. 검찰 측이 밝힌 이러한 설명의 옳고 그름은 국민들이 이미 그 시비를 더 잘 알고 있었을 것이므로 굳이 여기서 다시 판단을 할 필요를 느끼지 않거니와 이 사건은 기소 후 130일 만인 1976년 8월 3일의 판결공판에서 재판부는 전원을 유죄로 인정, 징역 8년에서 2년까지의 실형과 같은 기간의 자격정지처분을 선고하였다.

- 피고들 전원 유죄

피고인들은 이에 불복해서 항고를 하였고 항소를 맡은 변호사단은 재판부 기피신청을 하였으나 받아들여지지 않았다. 항고심은 12월 29일 재차 1심과 같은 판결을 하였는데 18명의 피고인 전원이 다시 항고심 판결에 불복, 12월 30일 대법원에 상고했다. 그러나 대법원 전원합의제(재판장 민복기 대법원장)는 1977년 3월 22일 민주구국선언은 '1. 사실을 왜곡하고 있고 2. 긴급조치와 헌법을 비방하고 있으며 3. 원심에 사실 오인이 없고 공소사실이 인정된다'는 판결 이유를 들어 피고인 전원에 대한 상고를 기각하였다. 피고인들은 법정에서 서슴없이 당위성이 없는 유신체제를 공박하였다.

첫째, 유신체제는 법적 절차에서 당위성이 없고 둘째, 유신헌법을 성립시킨 국민투표의 과정과 내용에 당위성이 없고 셋째, 정부가 주도하는 유신헌법의 목적에도 당위성이 없고 넷째, 유신헌법의 내용 자체가 독재적인 것으로서 민주공화국으로서의 당위성이 없다는 점을 들었다.

가톨릭교의 많은 신부와 개신교 목사들이 형을 받게 되면서 종교계와 신구교 양쪽의 수많은 신자들이 유신체제에 대한 정면 도전의 태세를 가지게 되었으며 1976년 말부터는 전국의 대학들이 일제히 시위를 시작했다. 3월 11일에는 서울대, 한양대, 중앙대, 이대 등지에 '민주구국선언'이 배포되고 3월 12일에는 한신대, 4월 19일에는 지방의 전남대, 계명대에서 4·19 기념식 후 선언문이 배포되었다. 1976년 12월 8일 서울대 법대생들의 데모를 계기로 본격적인 시위가 터져 나왔다. 또 3월 12일에는 구속된 김대중의 가족을 비롯한 구속자 가족협의회가 결성되었으며(회장 전 대통령 윤보선의 영부인 공덕귀), 3월 15일에는 추기경 김수환 등 2천여 명이 참가한 모임에서 '3·1 민주구국선언문은 정당한 국민적 요구'라는 성명을 발표한다.

– 국회조사위 구성

한편 국회에서는 3월 16일 3·1사건에 대해 집중 추궁하는 대정부 질의가 벌어졌고 신민당은 '3·1사건 특별조사위원회'를 제안했다. 3월 1일 전격적으로 발표된 '민주구국선언문'의 요지는 1. 이 나라는 민주주의의 기반 위에 서야 한다. 2. 경제입국의 구상과 자세가 근본적으로 재검토되어야 한다. 3. 민족통일은 오늘 이 겨레가 짊어진 최대의 과업이다. 4. 이때에 우리에게는 지켜야 할 마지막 선이 있다. 그것은 통일된 이 나라 이 겨레를 위한 최선의 제도의 정체가 '국민에게서 나와야 한다'는 민주주의의 대헌장이다. 다가오는 그날을 내다보면서 우리는 '민주역량을 키우고 있는가, 위축시키고 있는가'라고 묻고 있다. (5절의 앞의 내용 중 기소인 명단, 서울지검 발표문, 공판에서의 법정진술, 기타 명동사건S관련 성명서 결의문 요약 등은 '한국기독교 교회협의회 인권위원회, 민주구국 선언에서'에서 발췌)

1974년부터 1978년에 걸친 근 4년 동안 한국에서는 수없이 많은 민주선언, 양심선언, 민주시국선언, 교수자율권 선언 등이 발표되었으나 일반에게 알려진 것은 극히 드물었다. 박정희 정권이 물러난 뒤 발표된 것 중 대표적인 것 둘만 골라서 여기에 소개해 두고자 한다. 첫째는 1974년 11월 18일 한국의 지성을 대표하는 자유실천문인협의회가 내놓은 '101인 선언'이고 둘째는 각계 원로들 14인이 발표한 '민주주의 회복을 위한 건의서'이다.

- 자유실천문인협의회 101인 선언

오늘날 우리 현실은 민족사적으로 일대 위기를 맞이하고 있다. 사회 도처에서 불신과 불의, 부정과 부패가 만연하여 정직하고 근면한 사람은 살기 어렵고 거짓과 아첨에 능한 사람은 살기 편하게 되어 있으며, 왜곡된 근대화 정책의 무리한 강행으로 인하여 권력과 금력에서 소외된 대다수 국민들은 기초적인 생존마저 안심할 수 없는 지경에 이르고 말았다. 이러한 모순과 부조리는 반드시 극복되어야 한다.

그러나 그것은 몇몇 정치가의 독단적인 결정에 맡겨질 일이 아니라 전 국민적인 지혜와 용기에 의해서만 가능한 일이라 믿고 이에 우리 뜻있는 문학인 일동은 우리의 순수한 문학적 양심과 떳떳한 인간적 이성에 입각하여 다음과 같은 주장을 결의, 선언하는 바이며 이러한 우리의 주장이 실현되는 것만이 국민총화와 민족 안보에 이르는 길이라고 선언하는 바이다.

결의

1. 시인 김지하를 비롯하여 긴급조치로 구속된 모든 지식인, 종교

인 및 학생들은 즉각 석방되어야 한다.

2. 언론, 출판, 집회, 결사 및 신앙, 사상의 자유는 여하한 이유로도 제한될 수 없으며 교수, 언론인, 종교인, 예술가를 비롯한 모든 지식인은 이 자유의 수호에 적극 앞장서야 한다.

3. 시민 대중의 기본적 생존권을 보장하기 위한 획기적 조처가 있어야 하며 현행 노동제법은 민주적인 방향에서 개정되어야 한다.

4. 이상과 같은 사항들이 원칙적으로 해결되기 위해서는 자유민주주의 정신과 절차에 따른 새로운 헌법이 마련되어야 한다.

5. 이러한 우리의 주장은 어떠한 형태의 당리당략에도 이용되어서는 안 될 문학자적 순수성의 발로이며, 또한 어떠한 탄압 속에서도 계속될 인간 본연의 외침이다.

1974년 11월 18일
자유실천문인협의회

고문: 이희승, 이헌구, 박화성, 김정한, 이영도, 박두진, 김상옥, 이
　　　인, 박연희, 장용학

대표간사: 고은

간사: 신경림, 염무웅, 박태순, 황석영, 조해일

회원: 이선영 외 30인

(이상은 조선일보사 월간 조선 1985년 신년호 부록《사료 해방 40년》중 194~195쪽 내용을 전재한 것임)

– 민주주의 회복을 위한 건의서

김수한, 김재준 외 13인

(전략) 위 기명자들은 1973년 12월 13일 회합하여 현하 시국에 관한 의견을 교환한 결과 다음과 같은 합의를 보았기에 이를 정책수립에 참고하여 주시도록 각하께 간청하기로 하였습니다.

1. 현 시국은 민주주의 체제를 근본부터 또한 제도적으로 회복하여 억눌린 국민의 자유를 소생시키지 아니하고는 중대한 민족적 위기를 초래할 위험이 있다고 보는 바 이에 대한 각하의 적절한 조처를 기대하는 바입니다.

2. 정상적인 민주주의 체제로의 회복 후에는 적어도
   가. 국민의 기본권을 철저하게 보장할 것.
   나. 삼권분립의 체제를 재확립할 것.
   다. 공명선거에 의한 평화적 정권 교체의 길을 열 것.

위의 각 조항이 포함되어야 한다고 믿습니다.

위 3개항의 배경을 약간 부연하여 말하고자 합니다.

1. 평시, 전시를 막론하고 국가의 유지 발전에 가장 필수적으로 되는 것이 국민의 단결이며 그 단결은 국민의 자발적인 참여를 바탕으로 함으로써 비로소 저력을 발휘할 수 있을 것입니다.

   현재 국민 저변에 확산되어 있는 불안감, 불신감이 심각하여 이와 같은 단결을 기하기가 매우 어렵게 되어 있는 점에 깊은 배려가 있기를 바랍니다.

2. 북한과의 대화 확대는 북한의 기본입장이 공산주의에 있을 것

인 이상 우리 대한민국의 기본입장은 인간의 존엄과 자유를 바탕으로 한 민주주의를 떠날 수 없을 것입니다.

남북 관계에 있어서의 우위 확보는 오직 다양하고 탄력성 있는 국민 의견의 결집만이 이를 가능케 하는 것으로 믿습니다.

3. 우리 대한민국은 과거 우호 관계가 없었던 국가들에 문호를 개방한 가운데서도 기본적으로는 자유민주 진영의 대열을 이탈할 수 없습니다. 그러므로 만일 국내적인 민주체제를 갖추지 못하는 경우에는 국제적 고립을 면치 못할 것을 크게 우려하는 바입니다.

4. 정상적인 민주체제의 회복 후에 대한 다수 국민의 희망은 행정상의 방침 변경과 같은 일시적인 시책으로 무마되기는 어렵고 국가의 기본체제에 대한 근본적인 반성과 시정이 제도적으로 구현되어야 할 정도로 심각하다고 판단합니다.

이 점에 대하여 특히 깊은 통찰이 있기를 바라 마지않습니다.

5. 이와 같은 우리 의견을 각하께 직접 건의하는 것은 현행 헌법의 규정으로나 우리나라의 현실 상황으로나 각하의 결단에 의해서만 그 실현이 가능하기 때문입니다.

내외의 정세가 다단(多端)한 오늘날 민주주의 체제의 근본적인 회복만이 우리 대한민국의 활로라고 믿는 위 기명자들의 추정을 이해해 주시기를 바랍니다.

1973년 12월 31일

김수한, 김재준, 김홍일, 김관석, 백낙준, 유진오, 이병린, 이인, 이

정규, 이희승, 천관우, 한경직, 함석헌, 계훈제

(이상은 조선일보사 월간 조선 1985년 신년호 부록《사료 해방 40년》중
184~185쪽 내용을 전재한 것임)

제10대 국회

(1979년 10월 26일~1980년 5월 24일)

1절 YH 사건

- 천민(賤民)적 자본주의의 표본

1979년에 발생한 YH 사건은 박정희 정권의 경제정책이 경제성장
만을 추구하는 통에 근로자들에게 얼마나 가혹한 조건의 노동을 강
요하는 결과를 초래했는지를 제대로 보여 준 사건이다. 천민(賤民)적
자본주의의 대표적인 사례라고 해도 과언이 아니 될 것 같다. 1960
년대 중반에서 1970년대를 거쳐 1980년대 중반에 이르기까지 많은
우리나라 근로자들은 상상을 초월하는 나쁜 노동조건과 불량한 환
경 아래에서 노동을 해냈다. 청계천 변의 자그마한 봉제공장의 재단
사였던 전태일이 열악한 노동조건 때문에 '우리는 기계가 아니다. 우
리도 인간이다'라는 절규를 남기고 자살한 사건을 통해 그곳의 근로
자 특히 시골 출신의 어린 여공(女工)들이 겪었던 고초를 알 수 있게
되었거니와 그와 대동소이한 케이스로 어느 한 기업주의 부정행위
와 노조 탄압, 노동력 착취 그리고 기업주의 이익만을 편드는 권력기

관의 표본을 보여 준 것이 바로 YH 사건이었다.

YH무역은 장영호라는 사장이 세운 가발 가공 회사로 가발의 수출이 호경기를 만나 급성장할 때 적지 않은 치부를 했던 것으로 알려졌다. 1970년에는 수출실적 100만 달러를 달성하고 종업원이 4천여 명, 당시 수출 순위가 15위에 이르기까지 했다. 1970년 사장 장영호가 미국으로 이민을 가면서 상당한 액수의 회사 자금을 해외로 빼돌렸고 새로운 사장이 들어와서 1976년 대보해운 등을 설립하면서 YH의 자금을 유용, 개인 자산 축적에 열을 올렸다고 한다. 이때부터 YH의 사세는 급격히 기울기 시작했고 1970년대 후반 가발 산업이 사양화되면서 많은 타격을 받게 된다. 이즈음 회사에는 여공을 중심으로 노조가 설립되었는데 노조원들은 사장 등의 사재 축적에 항의를 하게 된다.

- 상식을 벗어난 노조 탄압

YH무역의 노조 탄압은 일반의 상식을 넘을 만큼 가혹했다. 1977년부터 YH무역은 일거리가 없다는 이유로 잦은 휴업을 하였는데 일거리가 없게 된 것은 경영진이 회사의 일거리를 다른 회사에 하청을 주었기 때문이었다. 하청을 받은 작은 회사들은 대개가 YH무역의 말단 관리자들이 회사의 지원을 받아 세운 회사들로 경영진은 노조를 분해시키기 위해 일부러 회사의 일거리를 빼돌렸으며 자주 휴업을 하면서 노동자들을 회사에서 몰아내려고 했다.

이런 비상식적인 조치에 끝나지 않고 새 기업주는 회사를 지방으로 이전하겠다고 관계 당국에 신청까지 하고 있었다. 지방에 쓸모없는 창고 하나를 구입해서 공장시설도 갖추지 않은 채 무조건 노동자들을 그곳으로 이동하라고 지시했으며 지시를 거부하는 노동자는 무조건 해고해 버렸다. 그리고 1979년 8월 YH무역회사는 끝내 폐업공고를 낸다.

노조는 폐업의 무효화를 위한 투쟁을 하지 않을 수 없었는데 수출 드라이브 정책이 최우선 정책이었음에도 불구하고 정부는 회사를 살려 보겠다는 노동자의 편을 들어 주는 대신 수출 역량이 아직 많았던 회사의 문을 닫겠다는 기업주 측의 편을 들어주었다. 기업주와 당국은 파업을 위한 스트라이크가 아닌 회사 존속을 위한 투쟁을 하는 여공들을 좌경 불순세력으로 몰고 이들의 해산에 나섰다. 회사에서 농성을 할 수 없게 된 YH 여공들은 안전하게 농성을 할 수 있는 곳을 찾다가 문동환, 고은, 이문영 등이 중간에 들어 신민당의 김영삼 총재를 찾아 의논한 끝에 YH 여공들은 8월 9일부터 신민당사에서 농성을 시작하게 된다.

사소한 사건이라면 사소한 사건으로 치부해 버릴 수도 있는 YH 여공들의 신민당 농성은 결과적으로 크나큰 태풍의 눈처럼 작용해서 엄청난 결과를 초래하게 되었다. 당시 우리나라의 경제사정은 1979년 연초에 일어난 제2차 석유파동의 영향을 받아 많은 회사들이 도산되어 실업자가 속출하였으며 물가도 급상승하게 되었다. 그동안 큰 성장을 기록한 경제를 바탕으로 유신체제를 밀어붙였던 박정희 정권도 경제위기를 맞으면서 흔들리기 시작했다.

- 여공 농성에 경찰권 발동

저임금에 바탕을 둔 국가주도의 수출드라이브 정책에도 한계가
와서 전국 각지에서 노동자들의 파업이 속출하고 동시에 학생과 민
중들의 민주화운동과 연계되어 나라 전체가 어지럽게 돌아가고 있
었다. 그 소용돌이 중심에 YH 여공들의 농성사태가 있다고 판단
한 당국은 신민당에서 농성 중인 여공들부터 정리하기로 결정하고
1979년 8월 11일 신민당에서 농성 중인 180여 여공을 강제해산시키
게 된다. 101작전으로 불렸던 이 작전에 2천여 명의 경관이 동원되
어 YH 여공들뿐만 아니라 신민당 당원, 야당 국회의원, 신문기자들
까지 무차별적으로 끌어내 갔다. 40여 시간이나 승강이가 계속된 끝
에 농성 중이던 여공들을 제압해 끌어내는 데는 단 26분밖에 걸리지
않았다. 그리고 소탕이 끝난 새벽 농성 여공들이 있던 자리에서 김경
숙의 시체가 발견되었다.

1970년대 말의 이 여공의 죽음은 70년대 초에 있었던 전태일의 자
살사건과 함께 한국 노동사에 특기할 만한 기록으로 남은 큰 사건이
었다. 여공 김경숙의 죽음이 자살이냐 사고사냐 아니면 다른 원인에
의한 것이냐 하는 데 대한 답은 아직도 의혹으로 남아 있지만 사인
규명의 길은 없어졌다고 보는 것이 옳을 것 같다. 우선 경찰이 밝힌
사인 자체가 몇 번이나 바뀐 데다가 신민당의 사인 규명 조사단마저
연이어 발생한 여러 큼직한 사건들 때문에 중도에서 조사를 중단하
고 말았기 때문이다.

– 밝히지 못한 여공 사망 원인

경찰은 사건 후 첫 번째 발표에서 '경찰이 진입했을 때 위에서 떨어지는 김 양을 경찰이 받아서 살아 있었다'라고 했는데 얼마 후 이 발표를 번복, '동맥 절단 후 투신자살을 기도한 것을 경찰이 병원으로 이송 중 사망했다'라고 고쳤다가 다시 최종 발표에서는 '경찰 진입 30분 전에 추락해서 사망한 것'으로 결론지었다. 두 번이나 사인과 그 결과를 바꿔가면서 경찰이 내렸다는 결론 자체도 의심스러운 것이어서 이를 믿는 사람은 적었다. 진상 규명이 가능했을 신민당 조사단조차 신민당 의원의 집단 농성, 신민당 가처분 신청에 의한 총재단 직무 정지, 정운갑 총재 직무대행에 대한 제명효력 정지결정 그리고 국회에서의 김영삼 총재 제명 결의, 연이어서 신민당, 통일당 등 야당 의원 69명의 의원직 사퇴서 제출 등으로 바쁘게 된 당의 일 처리 때문에 조사위의 활동이 중지되고 말았다. 이 같은 여공의 죽음이나 폭행을 당한 다른 노조원들의 수난은 결국 일부 악덕 경영인들의 비인간적인 노동력 착취 때문에 생긴 것이라고 해도 과언이 아니었다.

– 부마(釜馬) 시위에 계엄령 선포

1979년 10월 18일에는 학생 시위로 말미암아 부산시 일원에 비상계엄령이 선포되고 같은 날 마산, 창원에서 학생과 시민들의 시위가 거세져서 마산, 창원에도 역시 위수령이 선포되었다. 이 부·마 지구의 시위가 직접적으로 YH 사건과 관련이 있는 것이라고 말하기는 어렵지만 YH 사건의 연장선상에 신민당과 신민당 총재 김영삼이 있고 이런저런 구실을 만들어 김영삼의 국회의원 제명이 가결되고 그에 따른 신민당 등 야당 의원들의 총사퇴 움직임이 있었다는 점에서 YH 사건이 간접적으로나마 부마 시위와 관련이 있다고 말할 수 있으며 다시 그 연장선상에 김재규에 의한 박정희 시해사건이 있었다는 것도 부정만 하기 어렵다. 김재규가 부마 사태를 직접 목격하고는 사태를 이대로 두어서는 안 되겠다고 판단하고 박정희 제거를 결심했다는 것을 수사과정에서 밝힌 바 있었다고도 알려져 있다.

2절 김영삼 의원의 제명

- 징계 사유

1979년 10월 4일의 국회 본회의는 신민당 총재 김영삼 의원의 의원직 제명을 가결했다. 여당인 공화당과 유정회의 합동 조정회의에서 발표한 김영삼 의원의 징계 사유는 다음의 9개 항목이었다.

1. 1979년 9월 16일 미국 뉴욕타임스 기자와의 회견에서 미국 정부의 대한 압력 요청을 하는 등 반민족적 사대(事大) 망동을 했다.
2. 이 외지 회견에서 주한 미군의 존재를 내정간섭인 양 주장, 우리의 안보와 외교에 중대한 위해를 가져왔다.
3. 남의 나라(미국) 선거에 무분별한 언급과 간여로써 한국 정치인의 체통을 손상하고 한국인의 품위를 훼손시켰다.
4. 허언과 조언으로 국민여론과 국제여론을 오도했다.
5. 현행 헌법은 지킬 필요가 없다는 등 헌법과 헌법질서를 부인하

는 반의회주의자다.

6. 법원 결정과 중앙선관위 결정 모두를 부인, 사법부와 헌법기관
   에 도전하는 것은 용납될 수가 없다.

7. 김일성 면담 제의로 국론분열을 획책했다.

8. 신민당의 성격을 해방 정당으로 규정, 계급정당화를 획책했다.

9. 종교와 정치의 일치를 주장, 헌법정신을 부인하고 시대착오적
   인 혼란을 획책했다.

– 징계 사유에 대한 반박

이에 대해 신민당 비상대책회의는 '김영삼 총재 징계 사유에 대한
우리 당의 주장'을 발표하고 여당 측이 내건 9가지 징계 사유에 대해
조목조목 예를 들어 반박했다. 대책회의의 이 발표는 '김 총재를 국
회에서 추방하는 행위는 전 신민당원에 대한 정치 보복이며 그동안
계속되어 온 야당 말살 각본'이라고 말하면서 징계 동의안은 불법,
무효이며 어떤 징계 결의에도 승복할 수 없다고 선명했다. 신민당 대
책회의의 반박은 다음과 같다.

1. 미국에 대해 한국 내정간섭을 요청했다는 지적 : 우방인 미국이
   우리나라를 공동 수호함에 있어 그 기초가 되는 자유가 유보되
   고 민주주의가 제약되고 있는 현상을 개선하고 충고토록 촉구한
   것은 사대주의가 아니라 공고한 선린관계의 재확인이며 애국관

이다.

2. 주한 미군의 존재를 미국의 내정간섭인 양 주장했다는 지적 : 김
   총재는 회견에서 1981년까지 미군의 철수를 보류키로 한 미국
   의 결정을 찬양했으며 북괴의 침략을 막기 위해서 뿐만 아니라
   이 땅의 민주체제를 위해 노력하는 것도 중요함을 강조했다. 그
   러나 이 부분이 뉴욕타임스 회견 송고 기사에는 있었으나 보도
   되지 않았을 뿐이다.

3. 미 대통령 선거전에 간여했다는 지적 : 미국 대통령이 우리 국익
   에 도움이 되는 지도자이기를 바라는 마음은 우리 모두의 바람
   이다. 미국의 현직 대통령만을 의식하여 다른 정치 지도자를 비
   방하고 매도하는 여당의 태도야말로 근본적 사대주의다.

4. 카터 대통령과 단독 면담을 한 양 과장 선전했다는 지적 : 신민
   당 총재와 자유롭게 단독 면담할 기회조차 봉쇄키 위한 정부 여
   당의 노력에도 불구하고 카터 대통령의 국회 방문 때 김 총재와
   단독 면담한 사실은 국내외에 보도되었다.

5. 의회주의가 아니라 폭력 혁명의 신봉자라는 지적 : 8 · 11폭거
   와 같은 폭력 제어를 자행하고도 사과 한마디 할 수 없는 정부
   여당이야말로 우리나라의 건국이념과 자유민주주의를 외면하
   고 준법정신을 자기 편리대로 이용, '힘의 논리'에 의존한다는 반
   의회적 처사이다.

6. 법원과 선관위의 결정에 불복, 도전한다는 지적 : 그것은 정치권
   력의 작용에 의한 야당 분열 말살 정책에 굽히지 않는 떳떳한 야
   당의 자세이며 김 총재의 불복은 우리의 공식 기구와 당 헌장에

맞는 것이다.

7. 김일성 면담 제의로 국론을 분열시켰다는 지적 : 김 총재는 회견에서 통일의 주체도 민주세력이어야 하고 통일의 방법도 민주적이어야 하며 통일된 한국도 민주주의 국가여야 함을 분명히 밝힘으로써 그의 통일 의지를 민주주의적 국론에 합일시켰다.

8. 당 성격을 해방 정당으로 규정, 계급정당화했다는 지적 : 김 총재는 외신구락부 회견에서 우리 당은 민중의 정당, 대안 정당, 민주정당임을 명백히 밝히고 정치적 억압과 경제적 불공평으로부터의 해방을 주장하는 '해방의 정당'임을 주장함으로써 사회주의 정당 노선과 같지 않음을 분명히 했다.

9. 종교와 정치의 일치론을 주장했다는 지적 : 우리나라와 같이 자유가 유린되고 민주주의가 제약된 현실 속에서는 정치인이나 종교인은 모두 현실에 안주할 수 없고 불의와 억압에 항거해야 한다고 주장한 것은 어떠한 논리의 비약도 아니다.

- 김 의원 제명

이상과 같이 신민당 총재 김영삼에 대한 공화당의 징계 사유와 신민당에서 낸 징계 사유에 대한 비판과 반박하는 주장을 보면 김영삼 징계문제가 왜 생겨났는지 자명해진다. 징계 사유를 하나하나 따질 필요도 없이 김영삼 의원의 제명은 박정희와 박정희 정권을 반대하는 야당의 중심인물이니까 징계한다고 설명하는 것이 더 알기 쉬운 징계 사유가 될 법했다.

　김영삼의 의원직 박탈은 10월 13일의 신민당, 통일당 의원 69명의 의원직 사퇴서 제출(11월 5일 일괄 반려)로 이어지고 그렇지 않아도 거세게 일기 시작한 정권 반대 시위에 불을 지펴 10월 18일 부산에 비상계엄이, 20일엔 시위가 가열된 마산, 창원에 위수령이 선포되었다. 그리고 부마 사태의 진상을 보고 받은 중앙정보부장 김재규가 10월 26일 대통령 박정희를 시해하는 막다른 일을 저지르게 된다. 박정희를 둘러싼 측근들 그중에서도 특히 경호실장 차지철의 오만한 자세와 자신을 대통령 앞에서 마구 비난하는 자를 그냥 감싸기만 하는 대통령의 편애에 자극을 받았다는 직접적 동기도 물론 강하게 작용했을 것으로 짐작되지만 역시 김재규의 머리에는 부산, 마산에서의 학생과 시민들의 반정부 시위 그리고 전국적으로 번지고 있는 반정부, 반박정희 시위에 감정적인 동조감을 강하게 느끼지 않았나 하고 보는 관점에 일리가 없지 않음을 느끼게 한다.

3절 대통령 박정희의 시해

- 안가(安家)에서

대통령 박정희가 1979년 10월 27일 궁정동 안가에서 회식 도중 시해당했다. 가해자는 현역 중앙정보부장 김재규로, 박정희가 가장 믿었던 심복 중의 하나였다. 김재규가 박정희를 시해한 이유는 시해 후 선포된 계엄령에 의거 설치된 계엄사 합동 수사본부장 전두환의 발표에 따르면 '김재규가 대통령이 되겠다는 과대망상에 사로잡혀 빚은 내란 목적의 살인사건이며 군부 또는 여타 조직의 관련이나 외세의 조종이 개입한 사실은 없다'는 것이었다. 김재규와 청와대 경호실장 차지철의 사이가 매끄럽지 못했다는 것은 그전부터 알려져 있던 사실이었지만 이날 밤 차지철은 김재규를 만나자 정보부의 무능한 업무처리에 대한 과격한 공격을 했으며 흥분한 김재규는 일단 밖으로 나갔다가 수행원들에게 '안에서 총성이 나면 경호원을 처치하라'고 일러두었다.

- 범인 김재규, 차지철과 대통령 저격

그리고 얼마 후 옆방에서 수행원 박선호로부터 준비완료라는 보고를 받는 자리로 돌아와 바로 권총을 뽑아 차지철을 쏘고 일어나면서 대통령에게도 한 발을 발사했다. 그 후의 진행상황에 대해서는 당시의 신문 등에 자세하게 보도된 바 있어 여기서는 생략한다. 박대통령은 일단 병원으로 이송되었다가 운명한 후 청와대로 옮겨졌으며 범인 김재규는 육군본부에 체포되고 각의는 전국에 비상계엄령(제주 제외)을 발표하면서 '대통령 유고(有故)'라고 밝혔다가 7시 20분에 정식으로 '대통령 서거'를 발표한다.

계엄령은 다음과 같은 사항을 포고한다. (제주도 제외)

- 포고문

국가의 안전과 공공의 안녕 질서를 확립하고 국민의 생명과 재산을 보호하기 위하여 다음 사항을 포고한다.

1. 일체의 옥내외 집회는 허가받아야 하며 시위 등의 단체 활동은 금한다.
2. 언론, 출판, 보도는 사전에 검열을 받아야 한다.
3. 야간 통행금지는 22시부터 다음 날 04시까지로 한다.
4. 정당한 사유 없이 직장 이탈 및 태업 행위를 금한다.

5. 유언비어의 날조 및 유포 행위를 금한다.

6. 항만 및 공항의 출입은 검열을 받아야 한다.

7. 모든 대학(전문대학 포함)은 별도의 명이 있을 때까지 휴교 조치한다.

8. 일체의 집단적 난동, 소요 및 기타 범법 행위를 금한다.

9. 주한 외국인의 활동은 이를 보장한다.

상기 포고를 위반한 자는 영장 없이 체포 구금 수색하며 엄중 처단한다.

1979년 10월 27일

계엄사령관 육군대장 정승화

이날 밤 국무위원들이 소집되기 시작한 것은 밤 8시 30분경부터였다. 먼저 외무, 내무, 법무, 국방장관 등이 국방부 청사에 도착하여 회의를 열었으며 밤 11시를 전후해서 비상 국무회의가 긴급 소집되어 다른 각료들이 모여들었다. 그리고 비상계엄령 선포 계획이 오전 4시 전후에 미리 통고되고 보도진이 중앙청 기자실로 모여들었다. 27일 새벽 4시 22분쯤 김성진 문공부 장관이 '제주 일원을 제외한 전국에 비상계엄을 선포한다'고 발표했다. 이때만 해도 '대통령 유고'라고만 밝혔던 것을 서거라고 정식으로 바로잡은 것은 3시간 후인 7시 20분경이었다.

- '유고'에서 '서거'로

이어서 아침 9시에 김 문공부 장관은 추가 발표를 통해 '1979년 10월 26일 23시에 긴급히 소집된 임시 국무회의는 대통령의 유고로 인하여 국가의 안전과 사회질서의 유지를 위해 1979년 10월 27일 오전 4시를 기해 전국 일원(제주 제외)에 비상계엄을 선포키로 하였다'고 밝히고 비상계엄사령관엔 육군 참모총장 정승화 육군대장을 임명했다고 밝혔다. 이 발표문은 대통령 권한대행 최규하 국무총리 이름으로 발표되었다는 것도 밝혔다.

정부는 '헌법 제48조 규정에 의해 최규하 국무총리가 대통령의 권한을 대행하여 수행하게 되었음을 1979년 10월 26일 23시에 열린 임시 국무회의에 보고했다'는 사실도 알렸다. 계엄령이 선포되면서 27일 새벽 3시 35분을 전후해 탱크와 군 병력을 태운 트럭들이 서울시내에 진입, 도심 요소요소에 배치되었으며 트럭을 탄 군 병사들은 완전무장을 하고 있었다.

- 대통령 되겠다는 과대망상

박 대통령 시해 시의 전모는 1979년 11월 7일에 발표되었는데 범인 김재규의 범행 동기를 '1. 평소의 개인적 비위로 대통령의 경고 친서를 받았고 2. 정국 수습책의 거듭된 실패로 무능이 노정된 데다가 3. 군 후배이며 연하인 차 실장의 업무에 관섭하는 방자한 월권으로 수모를 당하고 있음에도 대통령이 차 실장만을 편애한다는 생각에서 불만이 누적됐으며 4. 요직 개편설과 함께 부산, 마산 소요사태와 관련, 자신에 대한 인책 해임설이 파다하여 불안했기 때문'이라고 말하고 있다.

김재규는 부마 사태를 대통령 제거의 계기로 역이용, 거사하여 중정부장의 막강한 권세와 방대한 조직력을 바탕으로 계엄군을 장악하면 사후 수습이 가능할 것이라는 판단 아래 시해 계획을 구상하게 됐다는 것이다. 김재규는 부산 사태가 중정의 정보 부재에 기인한 것이 아닌가 하는 박 대통령의 질책을 받고 그 같은 내용을 박에게 고해바친 차지철을 보면서 '각하 이 따위 버러지 같은 자를 데리고 정치를 하니 정치가 올바르게 되겠습니까' 하면서 차지철을 쏘고 이어 박 대통령에게도 한 발을 쏘았다고 법정에서 술회하고 있다.

- '민주회복을 위한 투사' 자처

그러나 그는 재판을 받으면서도 자신은 '부산, 마산을 돌아보면서 국민이 바라는 것이 민주주의의 복원이라는 것을 절감하고 민주주의를 회생시키기로 결심했다'는 취지의 발언을 하면서 자기가 민주회복을 위한 투사라는 것을 강조했다고 알려져 있다. 김재규는 박정희가 쿠데타를 계획하고 있을 때 국방부 총무과장으로 있으면서 자신이 박정희로부터 입수한 쿠데타 계획의 상세한 내용을 당시의 민주당 정권의 수뇌부 인사에게 고발한 적이 있었는데도 박정희는 그 사실을 전혀 모르고 김재규를 심복처럼 신뢰해서 중앙정보부장으로까지 발탁했는데 그 결과가 자신이 그의 총을 맞고 죽게 되는 아이러니한 결과를 낳았던 것이라고 할 수 있다. (이형,《장면 정권과 민주당》, 232~233쪽 참조)

독재와 영구 집권을 관철하기 위해서 헌법과 기타 모든 법 위에 자신을 올려놓고 유신헌법과 긴급명령의 발동 그리고 수도 없이 선포한 계엄령과 위수령 등 정권 유지를 위해 갖은 방법을 다 동원했던 박정희도 민심의 움직임과 시대와 사회의 조류 앞에서는 어쩔 수가 없었음을 역사에 기록해 두고 끝을 맺었다.

한국의정사 30년

초판 1쇄 인쇄 · 2016. 9. 9.
초판 1쇄 발행 · 2016. 9. 23.

지은이 · 이형
발행인 · 이상용 이성훈
발행처 · 청아출판사
출판등록 · 1979. 11. 13. 제9-84호
주소 · 경기도 파주시 회동길 363-15
대표전화 · 031-955-6031 팩시밀리 · 031-955-6036
E-mail · chungabook@naver.com

ISBN 978-89-368-1093-1 03900

* 잘못된 책은 구입한 서점에서 바꾸어 드립니다.
* 본 도서에 대한 문의 사항은 이메일을 통해 주십시오.

이 도서의 국립중앙도서관 출판예정도서목록(CIP)은 서지정보유통지원시스템 홈페이지(http://seoji.nl.go.kr)와 국가자료공동목록시스템(http://www.nl.go.kr/kolisnet)에서 이용하실 수 있습니다.(CIP제어번호: CIP2016020436)